祁新龙 著

宣和四年

1122年

北宋朝廷上的一次廷议

注定了大辽的覆灭

北宋的衰落和金国的崛起

生动的文笔

细腻的描述

透过历史背后的内幕

读懂宋朝兴衰的关键转折点

团结出版社

图书在版编目（CIP）数据

宣和四年 / 祁新龙著. —— 北京：团结出版社，
2019.8

ISBN 978-7-5126-7252-9

Ⅰ.①宣… Ⅱ.①祁… Ⅲ.①中国历史—宋代—通俗读物
②中国历史—辽金时代—通俗读物 Ⅳ.①K244.09②K246.09

中国版本图书馆CIP数据核字(2019)第152501号

出版：团结出版社
（北京市东城区东皇城根南街84号 邮编：100006）
电话：(010) 65228880　　65244790　（传真）
网址：www.tjpress.com
Email：65244790@163.com
经销：全国新华书店
印刷：三河市祥达印刷包装有限公司

开本：149×219　1/16
印张：26
字数：350千字
版次：2020年2月　第1版
印次：2020年2月　第1次印刷

书号：978-7-5126-7252-9
定价：68.00元

序　言

历史是什么？历史是书籍，是组成书籍的一个个文字符号。

我总觉得，那些文字是有生命的，那每一个字符，都拥有几千年经历。它们阅尽千帆，悠然自在，看惯红尘，不悲不喜；同时，它们又都是有温度的，每个文字散发的温度不一样，但组成的一个词，或者一句话，却可以温暖人心。而历史，作为大浪淘沙的产物，总是用准确恰当的文字表述，不多，也不少，必须恰到好处。这些恰到好处的文字，它们组成的历史，就是活生生的历史，是人类社会创造的历史，或繁华，或阴翳，或迷乱，或匪祸……这些看似枯燥无味的文字，却是一个个历史的连接点。把这些点连接起来，就是几千年来古人创造的文明，它们不仅是一个字、一段话、一个事件，这些文字的背后，潜藏着创造历史的大开大合，以及那些时代里被历史抹去的感情。所以，我喜欢历史，更喜欢写历史，喜欢窥探这些文字背后那些不同时代人的感情，他们在何种情怀下创造了历史？

至于说，为什么会写这样一本书，我的内心其实是很矛盾的。历史的车轮早已碾过，那些留下的痕迹，其实只是历史残留的一抹香气，真正碾压过的人和事，远比这些残留复杂得多。

比如三国的历史，在《三国志》里是一番样子，在《资治通鉴》里又是一番样子，当然，在《三国演义》里变化就更多了。三国的历史，在不同的人手里写出了不同的东西。把这些东西拿出来相互对证一下，发现大有出入。历史的真实，往往就是历史的虚构。在历史的车轮上，承载的也是那些影响历史的人和事，许多真实发生的事，太小，不值得一记。许多人物的命运，往往被隐去，在厚厚的历史书里，其实没有那些小人物的事情。中国的历史，都是英雄人物的历史。自从《史记》出现了十表、八书、十二本纪、三十世家、七十列传，便决定了后世书的写作体裁，后人再怎么翻新，都逃不出这些既定格式。

翻开"二十四史"，你会发现，其实都是写人的。从头至尾，从太祖到亡国之君，从列传到改朝换代，都是如此。那些事件，隐身在每个人物的命运里面，随着人物在那个特有时代里运转。

这时候，你追究历史，它往往又是虚幻的，不真实的，难以想象的，生涩的。但越是这样，我就越对这些隐身的东西入迷。我不知道，那简单几个字，到底隐含着怎样的魅力。古人总是很惜字，舍不得多用一个字，不像现在的网络小说，动辄几百万字。我想，一部《宋史》怕也只有这么多字。

那些简单的字，后面到底隐藏着什么呢？

比如，《宋史·太祖本纪》："太祖启运立极英武睿文神德圣功至明大孝皇帝，讳匡胤，姓赵氏，涿郡人也。高祖朓，是为僖祖，仕唐历永清、文安、幽都令。朓生珽，是为顺祖，历藩镇从事，累官兼御史中丞。

斑生敬，是为翼祖，历营、蓟、涿三州刺史。敬生弘殷，是为宣祖。周显德中，宣祖贵，赠敬左骁骑卫上将军。"这不足一百五十个字的介绍，就已经说明了太祖的前半生，有些太简单、太省略了。太祖怎么成长的，又是如何一步步成为将军的，里面并没有写。

这些，总让我迷惑，也让我思绪万千。

基于此，我对那些同一时代里不同人笔下的历史产生了浓厚的兴趣。这些简单的文字背后，一定有许多不为人知的东西，所以，我要做的就是挖掘这些文字背后的故事。

以前，我对史书是深信不疑的，总觉得那些东西都是后人智慧的结晶。但随着年龄的增长，随着知识的积累，随着对社会认识不断加深，史书上的东西，越来越满足不了我。即便是那些"二十四史"，也不能满足我的好奇心。我甚至讨厌那些编年的记述，总觉得，除了那些干巴巴的文字，历史的背后应该珍藏着许多不为人知的故事，正如余秋雨先生在《一个王朝的背影》里说："年长以后，我开始对这种情绪产生警惕。因为无数事实证明，在我们中国，许多情绪化的社会评判规范，虽然堂而皇之地传之久远，却包含着极大的不公正。我们缺少人类普遍意义上的价值启蒙，因此这些情绪化的社会评判规范大多是从封建正统观念逐渐引申出来的，带有很多盲目性。"

所以，我喜欢找来不同版本的历史书籍进行对照，追思那些历史背后的深层原因。这样让我产生了执念，似乎那些既定的事实里面隐藏着许多的不可预知。或许，历史书，其实并非真正的历史。所谓历史，即是被后人记载并留存下来的东西。即便某些大事件可能是真的，但这些大事件前后，或者大事件发生的当时，那些不为人知的东西，才是我所关注的。我常想，某件事的发生，绝非偶然，也不可能是历史上简单的几个字、一段话，或者一个暗喻。

历史应该有它本来的样子，有它发生的基础。

所以，我更关注的，是历史背后的东西，以及那些看起来似乎不相干，却内在相互影响的历史小事件。这些东西，充满了诱惑力，让我废寝忘食。比如说，日本偷袭珍珠港，其实就是一个事件，那么这个事件前后，到底发生了什么，历史并未深究，只是在教科书上写到日本偷袭珍珠港，导致第二次世界大战亚洲战场拉开序幕。我们所知道的，也只有这些。那么，日本为什么要偷袭珍珠港？又是怎样偷袭的？这些才是我所感兴趣的。

我曾不止一遍翻阅《中国通史》，并对照着"二十四史"、《资治通鉴》等进行对比，寻找它们之间的不同点。甚至文学作品中许多涉及历史的字眼，我都不曾放过。

在中国五千多年的历史中，要说我最感兴趣的，当然是宋史，这也是我要写《宣和四年》的一个很重要原因。宋朝，是中国历史上唯一一个皇帝与士大夫一起治理国家的朝代。细究中国历史，士大夫的地位，从来没有一个朝代可以和宋朝比拟。所以，我对宋史，有着一种特有的感情。看宋史，尽管会让人常常唏嘘不已，但正是在这种唏嘘中，宋代造就了辉煌的历史文化，繁荣了任何朝代都无法比拟的经济。

因为喜欢宋史，便对宋史里每一个年份都有了一些研究。北宋从赵匡胤陈桥兵变，到靖康之变，产生了许许多多让人眼花缭乱的事件，也涌现出好多登上历史舞台的优秀人物，他们对后世都产生了很大影响。经济的繁荣、文化的繁荣、社会的繁荣，都让这个朝代在五千年的历史里，熠熠生辉。

当然，宋史里有许多东西值得去写，那恐怕是一部巨书，我这等凡夫俗子是完成不了的。因此，我就选择一个小小的年份来写，这样，落笔点比较小，即便是撕开了写，也容易收起来。不然扯开口子写宋史，那将是我所不能胜任的，这点上我很有自知之明。

那我为什么偏偏选择了宣和四年这个年份呢？它比起中国历史上任何一个年份，都要普通，都没什么值得历史记住的。即便是四年后的靖康元年，发生了南北宋的分界，产生了一个著名的历史事件——靖康之难，那写起来，怕也要比宣和四年精彩得多。可我偏偏选择了这样一个年份。

说来也怪，起初想写这个主题，是偶然间看辽史时，才发现宣和四年这个年份的。这一年，影响中国历史的许多因素都展现出来，许多内因和外因正如爆发前的火山，涌动着即将发生的事件。那些地底下的力量，在这一年，找到了着力点，积攒着力量，做最后的喷发准备。宣和四年，看似平平常常的一年，却在这一年的前后，发生了许许多多影响中国历史政治的事件，所以，我选择了这样一个年份。以这一年份为圆点，以中国版图为圆，追根溯源，向四周辐射开来，就是整个中国历史的一个缩影。

当然，还有一点，便是这一年，拉开了两宋分割的序幕。四年后，完颜宗望等人举兵南下，灭了北宋，灭掉了那个占世界GDP三分之二的强国。这让四面楚歌的宋王朝，再一次面临亡国的危险。

于是，我要写写这一年，写写这一年世界的格局。

目　录

楔　子

　　公元1122年是一个重要的时间点。历史在这个时间点上，风起云涌，朝代更替。时代在洗着牌，历史在淘汰那些不合时宜者。风云际会中，一些人物呼之欲出，一些英雄磨刀霍霍，一些战争愈演愈烈，一些割裂在所难免，一些民族马上定乾坤，一些民族帝王上河游街……

　　这一年，是辽保大二年，是北宋宣和四年，是西夏元德四年，是金天辅六年，是北辽建福元年，是越南天符睿武三年，是日本保安三年……这一年，在中国西面的版图上，是辽国的土地，皇帝是天祚帝，一个骄奢淫逸的帝王；在长白山雪域上，是金国领土，皇帝是完颜阿骨打，一个改变历史的英雄；在辽国版图之中，还有个正在崛起的民族——蒙古，首领是合不勒，一个建立蒙兀王国的草原巴特尔（英雄）；在宋朝，皇帝是宋徽宗赵佶，一个琴棋书画样样精通的才子，他最喜欢花石纲，偶尔也落笔，挥洒自如，写的瘦金体无人能及。

这一年，也就是靖康之变的前四年，一个惊人的消息，仿佛长了脚，一夜之间便从北方草原传来：辽国天祚皇帝不思进取，朝政萎靡，结果被迅速崛起的金国又一次击败，天祚帝裤子都没穿整齐，便仓皇出逃。北宋朝上，那些朋党争论不休。江湖纷争，谁又说得清？话语权里，谁不是为了自己争风头，抢名利？

沉寂了多年的宋廷，这回有人站了出来，以忠君报国的大义，大肆宣扬伐辽的好处。现在可不是澶渊之盟时，怕你辽国。一百年前签订盟约，是宋辽实力相当，你奈何不了我，我也动不了你，所以才签订这个澶渊之盟，要不然，怎么会委曲求全？正如太祖赵匡胤说，卧榻之侧，岂容他人鼾睡？澶渊之盟共享天下，经济互相贸易的时代结束了。辽国再也没有萧太后，而宋朝，尽管垂弱，仍有中原男儿的铮铮铁骨。

况且辽国霸占了这么多年的幽云十六州，这回必须奉还了吧。那可是宋朝北面的屏障，没有这十六州，总感觉卧榻边上睡着别人，能让你安心？况且一百多年，互市，白花花的银子，也流到辽国不少，人不能太贪得无厌，不然，后果只能是死得很难看。

天祚帝的命运，辽国的命运，就在金和宋之间摇摆着，宋在等着金出兵，金在等着宋伐辽。

他们都很聪明，不愿以国家命运去涉险，而让另一方坐收渔翁之利。三方有些僵持，这僵持，竟然让天平偏向了辽国。宋金有些烦躁，也有些担忧。辽景宗时期的辽国，那是多么不可一世，现在可不能给天祚帝喘息的机会，不然老虎缓过气，肯定会伤人。

宋金在相互权衡事态的轻重缓急后，分析、研判，最终做出决定，必须收拾这最后的残局。

辽宋相互观望了一阵子，又在私底下进行了多次沟通。终于，两国目标一致了，相互都有了那么个意思。好吧，既然都有那么个意思，就联盟吧。你别等着我与金国打得不可开交时，来一招釜底抽薪，让我们两败俱伤，我也不能让你闲着看笑谈，既然一开始三家就卷入这场纷争中，那就谁都不准置身事外，三家都参与其中是最好的。

于是，辽宋联盟了。在"雄鸡脖子"的渤海湾里，穿梭着辽宋的船舰。天祚帝真成了秋后的蚂蚱，奄奄一息，做着垂死挣扎。最后又逃至大漠，总之他的晚年相当悲惨，死因众说纷纭，我在这里不想刨根问底，在公元1122年，已经没有多少意义了。我要说的，只是一个以狼为图腾、以太阳为神的民族，自此一蹶不振，中国这片版图上，辽再也不复存在。

而作为辽国最后的希望，耶律大石看到天祚帝不可救药，也只能远走他乡，在中亚建立西辽。但在中原的版图上，辽的大旗永远被尘土覆盖了。即便是多年后，拥有强大军队的耶律大石，面对数万里之遥的故乡，不得不翘首东望，然后客死他乡。

分裂的历史，注定是你强我弱，你兴起我衰亡，他上台你下台，你政治黑暗，他乘机崛起……历史，永远在进行着角逐，诞生王者的中原，时刻有人惦记。这便如做人一般，有些人辉煌一时，然后进入老年，盛极而衰。有些更年轻的人，代替了那些曾经的辉煌，创造出属于自己的辉煌。历史洗着牌，英雄层出不穷，更迭不断。

这时候，以完颜阿骨打为首的金国，在那大雪覆盖的北国，建立起自己的王朝，而且日上中天。海东青飞过的天空，洒满了王者的气息。长白山雪域之上，女真人正在开垦新的天地。西北方的草原上，以耶律延禧为主的辽国，日趋式微，国力一日不如一日。在金崛起的过程中，辽国做了垫背，金国的崛起，以削弱辽国为目标。而中原这片土地上，北宋正在进行着由强变弱的蜕变。此时的中原版图，实际上，也是三分天下的局面。一百多年前，宋辽二分天下的格局，似乎变成了金、辽、宋三国格局。不过，相对而言，辽属于较弱的一方罢了。而身处漠北草原腹地的蒙古，看到了希望，在合不勒的带领下，寻找着摆脱辽国的出路。

从草原而来的消息传播很快，在空气里变成一阵风，从辽国传遍了金国、大宋。女真人像一朵雪莲花，在长白山上，开得正妖艳……女真铁骑走过草原，留下一地英雄气息……

北宋，开封城里的樊楼，和往日一样红火，酒足饭饱的人夹杂在熙熙攘攘的人群中，摇摇摆摆地回了。只有那最高层偏角处的一间房里，宛若少妇闺中，有一个人，不用接客，不用弹唱，不用出卖自己的色相。她便是李师师。她对着镜子娇媚一笑，那镜子就醉了。桌上放着一笺锦书，那是徽宗用瘦金体写的情诗，"天长地久有时尽，此思此念无绝期"。李师师转手将赵佶的情书款款放在桌上，那桌上还有一本诗集，里面记载着秦观和周邦彦写给她的情诗。她阅人无数，唯独这个已经亡故的周邦彦，让她愧疚。这时候，一个小伙子钻了进来，顺手捡起桌上的情诗看了看。李师师笑了一下，那小伙子说："肯定是赵佶老儿写的，他的字，没人可比。"这个小伙子是燕青，李师师笑了，她明显感觉到燕青话里的酸气，她给燕青倒了一杯茶，两人相视一笑……

开封城里,世家大族,攀比之风,日甚一日。沉浸在温柔乡里的宋朝,早就遗忘了处处被包围的现状。宋徽宗,作为中原这片土地上的最高长官,早已遗忘了建中靖国时要达到的目标,他正在一步步挥霍着祖宗七辈人苦苦积攒下来的财富。

迅速崛起的金国,看到了辽国的腐朽,看到了天祚帝的无能,也感谢耶律章奴临时撤军。应该说,这一切都是天意。谋事在人,成事在天,即便是机关算尽,也改变不了兵败。但百足之虫死而不僵,单靠金国一方力量,还不足以灭掉辽国。于是,金国在权衡之后,觉得应该拉拢宋朝,一举灭辽。刚刚崛起的阿骨打,早就知道,没有谁比宋朝这个盟友更值得信赖了,他们垂涎了幽云十六州好多年,这是一块大饵,而宋朝,也是一条肥鱼。要捞住宋朝这条肥鱼,必须抛一个大饵,做个窝子,它才能上钩。

于是,海上之盟就以幽云十六州为筹码,抛给了北宋。

第一章
两宋兴亡

宋廷上下，大臣们吵个不停。

那些朋党在朝堂上已经吵了好几天，仍然吵不出个所以然。

有人说，宋为了幽云十六州，卧薪尝胆，忍气吞声，现在，苦尽甘来，机会终于来了。辽国气数已尽，天祚帝就是秋后的蚂蚱，蹦跶不了几天了。

也有人说，中京陷落，天祚帝逃至夹山，这是最好的机会，错过就对不起祖宗了。

有人说，联金灭辽是上上之策，一则可以报仇雪恨，二则可以收回幽云十六州，百利而无一害。收纳天祚帝，必然会触怒金国，又给自己树立一个敌人，有些得不偿失。

有人说，金国狼子野心，灭了辽难不保就把枪口对准宋，和那些野蛮人有何结盟的理由？辽宋百十年已不见战争，若宋朝单另挑起战争，会为世人所不齿。

有人说，成大事者，不拘小节。

……

所有人都在权衡利弊后，说出了自己独到的见解。最后，意见又分成两面：联金灭辽，收纳天祚帝。

婆说婆有理，公说公有理，朝堂之上的人群，明显形成了两种阵营——联盟派和不联盟派。宋徽宗脑袋有些胀痛。天天就是这些事，不停地吵，也争辩不出个结果来。老太监给徽宗递上一杯茶，徽宗喝了一口，润润嗓子，说："行啦，你们下去再吵吧，现在退朝，让朕好好缓一缓。"徽宗感觉耳边像飞舞着一群蜜蜂，嗡嗡嗡……

这几日，徽宗来了灵感，思谋着画一幅巨画，布局、结构、人物、景物、背景都有了雏形，在心里一遍又一遍打着腹稿。想抽出时间来好好画一下，有希望超过张择端的《清明上河图》呢！徽宗已经看到未来画的样子，看到了世人因看到这幅画后的瞠目结舌。

谁说的帝王就不能有爱好？况且，自己爱好专一，无非写字画画，收集奇珍异兽，喜爱美人而已。比起那些昏君，自己还算是勤勉的君王，国家大事从不拖延，唯一不同的，只是子嗣多了点。人年轻的时候，谁还没糊涂过？况且，率土之滨，莫非王臣。天下之女，都是王的女人。

徽宗有时候有些得意，以致后来每每对人提及一生引以为傲的，便是自己年轻时宠幸了多少女人，画了多少画，攒下了多少花石纲。这些东西都非一朝一夕得来的，里面有着自己的劳苦。

虽然才年过四十，徽宗却对国家大事疏于管理了。他一心专注于绘画、书法、收藏。好在，有蔡京这个得力助手。徽宗养尊处优，深居简出，偶尔回忆起年轻时妻妾成群的样子。

恰巧这时，传来了金使来见的八百里加急消息。

徽宗召集大臣广开言路，各抒己见，不必拘君臣之礼。于是，朝堂之上便开始争吵，各人有各人的见解，各人有各人的角度，就是不拿主意，让你觉得这也对，那也有道理。

徽宗早就烦了，心里刚刚思谋的那一幅画作，竟让这些烦琐的国事把灵感一扫而光。这些大臣，整天就知道叽叽喳喳吵个不停，根本不替自己想想。这么大个国家、这么多张嘴，都等着自己去解决肚子的问题。还今天一个上报，说要收回幽云十六州；明天一个上报，说天祚帝在宋廷境内流窜，能不能说些歌舞升平的事情？说些让人高兴的事情？催人搞的那批花石纲，到现在都没有送到开封，真不知道这些人是干什么吃的。

争论来争论去，总得有个人拍板，大家还是齐刷刷把目光射向了徽宗。

徽宗有些生气：你们真是站着说话不腰疼，天天拿着高俸禄，却没人能拿出一个主意，关键时刻，还得我自己拿主意。你们说说要你们这些大臣有什么用，除了叽里哇啦乱吼一通，显示自己还有点见地，或者搬出祖宗、圣人来约束我，还有什么本事。说什么九五之尊，关键时刻，你们会拧成一股绳来对付我，你们的那些肚里藏着什么样的小九九，我看一眼就知道。关键是，这些人总拿古人来教训自己，古人有什么了不起，可你刚要说你的不同改革策略，他们就一起站起来反对。从根本上说，这些人的嘴，就管不住，你说一句，他们嘴里就有十句等着你，让你想骂人，又骂不出口，毕竟自己是天子，不能失掉身份。况且还有太祖皇帝那一纸遗训，即便这帮文人如何放肆，都不能杀他们。这种遗训，竟然成了紧箍咒，让后世子孙不敢越雷池一步。

这些人，不拿主意就不拿吧，一天磨磨叽叽，没完没了上奏折，就知道吵吵。徽宗整天被这些事搞得头昏脑涨，别说画画了，就是那瘦金体，也好久不写了，笔法上都有些生分了。皇帝不能天天管这些鸡毛蒜皮啊，总要有个爱好吧。可有了琴棋书画的爱好，就需要静下心来创作。心没静下来，反倒让这些事情搅得愈加不宁。

争论不下的问题，再争论还是这个样子，他们永远都有搬不完的经典，引不完的语录。徽宗见状，干脆让他们都闭了嘴。金国来使已经在等着觐见徽宗。徽宗说，传吧。金使就来了，行了跪拜礼，大夸徽宗之英明神武，大谈宋朝之繁荣富庶。给徽宗一大顶高帽子，也给了朝堂之上的众人一大顶高帽子。当然四年后，这种局面一百八十度转变，徽宗成为昏德公，儿子钦宗被赐为重昏侯，向大金皇帝也行了大礼。

金国来使拿着厚礼，带着最真诚的圣意，在大宋朝廷之上，大说灭掉辽国的好处。许多大臣就参与其中，也觉得金使说得有道理。毕竟战与不战，幽云十六州都在那里，那是块巨大的蛋糕，只要到手，河北以北，便再次回到中原王朝当中。以长城为界，以后，任由谁来，都不怕。

徽宗想起了几年前，有个辽人，叫马植，是童贯引荐的，这人来到宋朝，提出了联金灭辽的想法，当时只是觉得有道理，但觉得金国乃蛮夷，不足结盟，有失体统，我堂堂大宋，礼仪之邦，怎能与蛮夷结盟。于是，当时提出的联金灭辽之策，并未采纳。但人既然是童贯引荐的，那就留下来任用吧，不能驳了童太师的面子。于是，就给了个官儿。这马植也是实在人，就说出了远交近攻的策略："女真恨辽人彻骨，若迁使自登莱涉海，结好女真，与约攻辽，兴国可图也。"太宗听了大喜，给马植赐了赵姓，名叫良嗣，让他进了外交部，专门联络金人。

现在金使来联盟，徽宗忽然想起有这么个人，不知道这家伙现在有什么看法。

徽宗问，赵良嗣何在？赵良嗣那天正好不在，徽宗有些失望。这些人，关键时刻掉链子，总是找不着人。真正需要他们时，有一堆又一堆理由。

金使有些不耐烦，想问问偌大的宋廷，难道没个主事人？徽宗问站在庙堂之上的股肱之臣，怎么办？所有人都交头接耳，窃窃私语，就是不敢大声说。宰相王黼眼睛如鹰一般，注视着那些想冒头的人。那目光里端着枪，只要谁冒头，一枪爆头，让你知道，皇帝是老大，他是老二的现实。官太小，就不要抢着说话，没你们说话的份儿。

没有人说话，也没有人表态。宋徽宗问，你们是吃干饭的吗？拿着朕发的俸禄，竟然一声不出，要你们有什么用？好，那个谁（隐去姓名），你说，你说说，怎么办？那人看了一眼王黼，说，这一仗可以打。徽宗说，你倒是说说怎么打？那人说，烦请王宰相讲一讲，我才疏学浅，不能站在全局高度分析当前形势。徽宗说，要往上升官时，你从来不说自己才疏学浅，狠着劲儿为自己贴标签，一遇到真要解决的问题，你就说才疏学浅？那人红着脸，不吭声。又问王黼，你是百官之首，你自己说说，怎么办？王黼收起了自己的鹰眼，满脸堆着笑说，臣以为同金联合，一举灭辽甚好。徽宗说，你具体说说。王黼说，这个，这个……说了一大堆这个，就是不愿意说出具体策略来。

宋徽宗有些不耐烦，好吧，就这样吧。王黼，你既然说联金灭辽可行，那你全权负责此事，不得有误。说完，徽宗甩了甩袖子，走了。对这种军事外交，徽宗不是很懂。反正有你宰相，有你文武大臣，这事情也不能自己一个人来做主，不给你们身上压点担子，你们就知道寻欢作乐。

王黼谢了恩，头仰着，走出了大殿。后面跟着一大帮大臣。那金使，便跟在王黼后面，坐着轿子，钻进了王黼家。

金使拿着许多世间罕有的艺术珍品，献给王黼。王黼心里暗暗吃惊：怎么会有如此罕世之物，全是自己喜欢的，搜刮了那么多年花石纲，依然不见这等佳品，看来民间好东西还是有很多……金使说，知道王宰相喜欢艺术品，专门找人跑遍了大江南北搞到手的。王黼笑了，这些东西，价值连城啊，我可不敢要。金使说，王宰相谦虚了，哪个不知您有超高的鉴赏艺术品的能力，这些东西，给了那些不懂得欣赏之人，岂不是可惜？艺术品，需要给懂的人看，不然，便如瞎子手里拿着夜明珠。

王黼指着金使，会心地哈哈大笑。这个使臣的嘴，说出来的都是蜜语。

王黼翻看了一会儿，压制不住地兴奋。金使眼睛里也是压制不住的兴奋。彼此都有目标，宰相志在这些东西，而金国，志在开疆拓土。这些东西，看似价值连城，比起那一座座城池而言，也只是一块废玉，一笔泼墨罢了。只要拿下那些城池，这些东西还会有。艺术品不就是人创造的吗？只要有人，什么样的艺术品制造不出来？

王黼啧啧称赞，眼里流露出贪婪的光。金使笑了，我要的就是这个效果，只要你愿意收，那就说明联盟是铁板一块。

这时候，金使拿出了那张合约书。王黼看了看，又端起了架子。金使表示，这些东西都是给宰相的，只要您愿意，大金愿与王宰相长久修好，建立宋金兄弟之谊，以后，黄金白银、古玩美玉，只要宰相想要，随时差人送到府上……

王黼笑着，便在那张联盟书上签了字。

这一年，是1120年，也就是宣和四年的前两年。

次日，上了早朝，王黼向徽宗禀报了此事，朝堂之上又是叽叽喳喳，窃窃私语。王黼说，有意见请大声说，别在底下窃论。所有的官员，全部闭了嘴。说假话，上级喜欢；说真话，领导不愿意啊，你的前程全在人家手里攥着，不要惹王宰相。恼了他，那就等着吃不了兜着走吧。谁说领导不记仇，那都是哄人的话，越是官大的领导，越小气，你必须时时顺着他的心思来。他让你笑，哪怕你爹死了，你也得笑；他让你哭，即便是心花怒放，你也得挤出几滴泪来。这就是政治，这就是前程，其他的都是扯淡。你看看那些所谓文人，为了一点臭架子、一点所谓的骨气，被领导搞掉的，有多少？屈原不是很牛吗，最终怎么样，一样流放你；即便才华横溢，即便你胸中有大策略，可你不知道上面还有个皇帝吗？你牛什么牛，再牛能牛过皇帝？你必须搞清楚这一点，才能进入政治圈。李白怎样，被流放，死于流放途中。当然，几年后，宋钦宗即位，还有位大名鼎鼎的蔡太师，人称书法奇才的蔡京，也是死于流放途中，此处暂且不表。

王黼表示，幽云十六州一直是宋朝的心病，自太祖皇帝以来，就将此地视为北宋开疆拓土的目标，太宗皇帝更是几次北上，意图夺回幽云十六州。现在既然有方法，为什么不实现这百年梦想？从太祖到哲宗，历时七代，都没有完成，现在好了，机会来了，就要实现这困扰几代皇帝的伟大梦想了，谁还有反对意见？宋徽宗会意地点了点头，王黼见徽宗也同意，声音提高了一个八度，又说了诸多与金联盟的种种好处。

然而，为什么要联盟？这必须要明确，是利益一致，还是目标一致？当然，在当前这种情况下，宋金确实目标不一致，宋是为了幽云十六州，而金则是为了彻底消灭辽，然后壮大自己。朝堂之上，有些官员看出了其中的猫腻，心里明镜一样，但嘴上就是不说，人在官场，还是少说话为妙。少说多做，那是几千年来老祖宗留下的最宝贵的经验。况且十几年寒窗，现在好不容易弄了个官，那也是溜了好多须，拍了许多马屁得来的。谁愿意将自己的前程付诸东流？俗话说得好，不在其位不谋其政，为何要得罪那人？天塌了，也有大个子顶着。于是，心里明白的，故意装着糊涂；心里糊涂的，那就更糊涂了，反正，这样的场合，不需要你明白。上面说怎么搞，下面就怎么搞。不要故意揣摩圣意，这容易招致祸端。杨修自认所谓伴君如伴虎，就是这道理。以为很懂曹操，还不是死在了曹操的屠刀之下。

如果你非得要当这个出头鸟，下了朝，你就去边疆吧，或者去海南岛，去那里种地也好，读书也好，朝堂之上是容不下你的。先王手里的包拯,动辄拉着铡刀,故意挑战皇帝权威。老祖宗真是肚量大,可以一而再再而三地让包拯改变圣意。在其他人手里,不能让这样的事情发生。那苏轼不是很牛嘛,那好,就让你去黄州,种你的地,读你的书。读书了不起啊?好像别人没读过书一样。

王宰相表示已经与金国建立了海上之盟,准备合力灭辽。心里明白的人在笑,心理糊涂的人,也在笑。庙堂之上,一片称赞王黼高明过人的声音。只有那么几个人,心里多少有些不快,毕竟身为人臣,不能建言献策已是不忠,也不能误国啊。他们在心里说:看着吧,好戏开始了,你以为金就是好人,那可是雪地里来的人,他们是吃肉长大的,不是吃粮食。他们是野蛮的,没有教化的,真看不出这里面暗藏着猫腻吗?这些人,明白的不说,明明看见了唇亡齿寒,却都是一副局外人的样子。他们更忘记了辽宋一百多年相安无事,正是先祖澶渊之盟打下的基础,现在却要打破这种平衡。看来,涉及国土,即便是最好的盟友都可以叛变。

这时候,只有一个人站了出来,他叫郑居中,时任太宰。当然,他尽管有点正气,但更多时候,正气往往会被踩在脚下。比起王黼,他毕竟有些官低位卑,说句话,还不如王黼鼻孔里的气。王黼鹰一样的眼睛里,射出了几把刀子,要把这个郑居中射倒在地。他躲开了王黼眼里的刀子,大声做着辩解。他说:"澶渊之盟至今百余年,兵不识刃,农不加役,虽汉唐的和亲之策,也不如我朝的安边之策。如今四方无虞,却要贸然毁约,恐招致天怒人怨。且用兵之道,胜负难料。若胜,国库必乏,人民必困;若败,遗害不知凡几。以太宗之神勇,收复燕云,两战皆败,今日何可轻开战端!"

王黼辩解："南北虽通好百年，然自累朝以来，彼之慢我者多矣。兼弱攻昧，武之善经也。今弗取，女真必强，中原故地将不复为我有。"王黼态度明确地表示，现在是结盟的最佳时机。

文武大臣又开始唏嘘。所有人都惊叹郑居中这家伙胆子太肥，这话是什么意思，太宗固然神武，难道徽宗就是手无缚鸡之力之人？况且，宋金联盟这件事，是王宰相一手促成的，你这样说，置王黼于何地？得罪了王黼，等着好果子吃吧。也有些人在看笑话：王黼，别以为你可以一手遮天，看看，还是有人不怕你，敢与你公然作对，怎么样，天下还不是你姓王的说了算吧？

王黼憋了一肚子气，使了个眼色，几个王黼的亲信，便纷纷上表，说王宰相联金灭辽之事，处理得甚是妥当，难道要置燕云十六州于不顾吗？既然现在有机会为什么不收回？这样如何对得住圣上的一片隆恩，如何对得住太祖的遗训？这些人，到了关键时刻，总是搬出圣上，搬出太祖太宗，让你再有理都变得词穷。

况且堂堂大宋朝堂之上，岂是你一人说了算？你把皇帝放在哪里？

徽宗打了个哈欠，有些累，听这帮人吵了一早上，还是没有吵出个所以然来，好吧，既然要我做决定，那就做了吧。既然王黼已经与金国签了盟书，那就联盟吧，只要能夺回幽云十六州，代价嘛，毕竟要出一些。天下没有免费的午餐。徽宗没有怪郑居中，毕竟祖训在那里摆着，即便是士大夫说了再过火的话，都不要轻易治罪。况且，尽管难听，也算是忠言逆耳。说不说是你身为人臣的事情，做不做就成了皇帝自己的事情了。郑居中有些失望，毕竟他没有遇到明主。如果是太祖太宗就好了，他们肯定会慎重权衡利弊后，才做出选择。郑居中笑了笑，不再言语，他开始考虑即将到来的人生之旅。他在设想，自己会被流放到哪里去呢？

看着徽宗下了决心，那些主战派，个个欢呼雀跃，怎能将大好河山拱手于人？这不是要他们的老脸无处搁？你一个书生，懂得什么带兵打仗，只知道纸上谈兵。所以，郑居中的话，像一阵风，刮过也就刮过了，没有人拿它当回事。武将们说话声大了，这回，他们占了主场，平时被这帮文人用笔顶着，脑子没他们灵活，说不过他们。到了扬眉吐气之时，他们谈论着自己的麾下将士孰优孰劣，毕竟好多年不出兵了，那些铁甲都有了斑斑锈迹。兵营里，大家都形成了懒散的样子，必须要训一训才好，不然全是乌合之众，上了战场，也毫无战斗力。

于是，满朝文武，齐心协力，大家难得的一致对外，即便那些主和派，也不敢说和，而在收复幽云十六州的大旗下，谁敢说出一个不字，那就成了大宋的罪人。于是，合力灭辽，成为大势所趋。

下了朝，所有人都往回走。大家绕开郑居中，好似郑居中身上有瘟疫一般，靠近他，就会降临灾难。你这家伙，等着王黼的手段吧。王黼后面出了殿门，走到郑居中跟前，看了一眼郑居中，那眼神里的内容太丰富，一般人根本不能读明白。王黼甩了甩袖子，继续向前去了。

郑居中晃了晃脑袋，试了试还在肩上的头，也回家了。自从张康国之事后，他早就看透了世事，所以，自己明着暗着和蔡京、王黼之流较着劲。悔恨自己当初不应该昏了头脑，帮助蔡京复相，尽管如此，蔡京并未对他进行打击报复，倒是徽宗让蔡京罢了相，让王黼代替了蔡京。本指望王黼可以改掉蔡京以前的弊病，不承想走了蔡京这匹狼，又来了王黼这只老虎，搞得整个朝廷鸡犬不宁。今日朝堂之上说了那些话，王黼此刻估计怒火中烧了吧。

无所谓了，反正得罪你王黼也不是一次两次了。早就将生死置之度外的郑居中还是有些无可奈何。

王黼回到家里，大发雷霆：这个郑居中，平时你在后面捣鬼，阴阳怪调，暗讽我骄奢淫逸、尸位素餐，这些我都忍了，只要你不在人面前说，我都可以忍你；今天，在朝堂之上大放厥词，你以为我怕你吗？

王黼召集亲信，秘谋如何收拾郑居中。那几个家伙，交头接耳，声音也不大，用手遮着王黼的耳朵，不停地出招。王黼说，这个郑居中之所以这样牛烘烘的，就是因为以和我作对为目的，得到了一大批士子的赞誉和支持，并把他当成了正义的领袖，所以在处置他的问题上，一定要谨慎，不要给世人留下把柄。不然，那些自命清高的文人，会大书特书，让你遗臭万年。

那些亲信表示，请宰相放心，保证做得干净利落，不给人留口实。

于是，次年，郑居中就死了。不知道怎么死的，就像张康国一样，历史给了他两个字：暴卒。

这个人死了好，死了就没有异己了。

朝堂上，继续歌舞升平。王黼一面粉饰着太平，一面上书让徽宗命童贯率军与金军合力夹击天祚帝。

我们来说说这个童贯。

首先，他是个宦官。中国历史上宦官乱政的事情，屡见不鲜。上至秦朝赵高，东汉末年十常侍作乱，蜀汉黄皓作乱，下至明朝刘瑾，清朝李莲英，都是这些人在作怪，更有甚者，直接让宦官灭国。

这个童贯，自小就被阉割了。没有命根子，自然也就对男女之事不感兴趣，但人活着，总得有些欲望才好，没欲望那就不是人了。为人一世，所恋的不外乎权钱色而已，既然色无缘，那就只有权和钱了。而权和钱实际上又是分不开的，有了钱，便也有了权；反过来，有了权，钱自然有人送来。而童贯的崛起，是权，是身后站着一位大靠山。

细翻历史，你会发现，历史上任何响当当的人物，都是有靠山的，也许靠山这个词不准确，应该是有贵人相助。这在世界上任何有成就的人身上都是相通的。朝里有人好做官，那是多少代人用血的经验换来的教训。在中国历史上，任何成功人物，都与他的社会关系分不开，要不，马克思说人是社会关系的总和，任何一个朝代都是如此，没有贵人相助，就上不了位。上不了位，那就干不成轰轰烈烈的大事。即便是那些流芳百世之人，无不是靠着某个人或者某层关系上位的。靠自己单枪匹马一路披荆斩棘的太少，毕竟向上的路会越来越窄，而且路上站满了人，你要向前走，就得有人在后面推你，在前面拉你，这必然得有人给你让位置。

童贯也不例外，不然，一个宦官，能一步步成为节度使？

带他出山的，也是个宦官，叫李宪。这个人是神宗手里的人。

李宪早年间混迹于延安府韩绛麾下，做个幕僚工作。偶尔给神宗上个疏，说说自己对边关问题的思考，受到了神宗的注意。这在今天看来，是完全行不通的办法，但在北宋就可以。

熙宁三年，也就是公元1070年，屯兵延安的韩绛想夺回西夏占去的横山寨，故而兵分几路，形成掎角之势，意图一鼓作气，以夺回故土来显示自己的忠心。作为蛮有主见的李宪，这时候坐不住了。他觉得这样做，会让本来就兵微将寡的延安府置于危险之地，且这样将兵力分散，极易被西夏军队各个击破。韩绛不听，总觉得李宪作为一个幕僚，目光太短浅。于是，韩绛发动了与西夏的战争。结果，真如李宪所言，韩绛兵败，将延安府置于险地。知道韩绛战败，神宗大为肝火，这明显就是偷鸡不成蚀把米。于是神宗贬谪了韩绛。而李宪作为多次上疏纵论边关时局的人物，这时候，又上了一道折子，说了当前边关问题，好多想法与神宗不谋而合。神宗对这个人调查了一番，发现原是个宦官，便派他去了太原府，让他在赵离幕下担任走马承受。赵离、李宪二人志趣相投，相见恨晚，一拍即合，许多防卫与进攻策略只需相视一笑，就明白彼此所想，大有当年赤壁之战时诸葛亮与周瑜的风范。李宪在赵离幕下，二人如鱼得水。这在一定程度上，保障了雁门关以西的北方要地布防得当，而对此虎视眈眈的西夏，见宋军布防严谨，也暂时不敢进军。

这时候，李宪又上疏，说边关问题，说神宗英明神武才让大宋江山永固。谁都喜欢顺耳的话，李宪的这些话，让神宗很欢喜，很受用。神宗很喜欢他，就将他调进京城，让李宪管一些苑囿、池沼、台殿、种艺等杂事。李宪仿佛得了宝，尽心尽力，每次到了神宗要使用这些地方时,李宪都事先准备好,诸事办得井井有条。这让神宗对其另眼相看,觉得李宪是个不可多得的人才,而自己身边正好缺少这样的人。于是,神宗每次出游,身边总要带着李宪。李宪得到神宗宠幸,其势力也越来越强。

三年后,西夏攻打大宋边界,神宗让王韶、李宪二人领兵前去边界,扫除西夏对大宋朝的干扰。这王韶乃文官,胸中素有韬略,而李宪又有实战经验,所以神宗此举还是有远见的。这二人也都想建功立业,到了地方,相互之间不但不扯后腿,还相互弥补不足。于是,两军交锋后,宋军大破西夏军队。宋军的胜利,让神宗很高兴,给两人都加封了官职,而李宪以功加封为昭宣使、嘉州防御使,回还京师后,又升为入内侍省押班、干当皇城司事。这些可是天天围着皇帝转,多少人梦寐以求的官职。李宪首先感谢神宗的英明神武,感谢神宗的知遇之恩,但他却萌生了一个更大的打算。他要去边疆开疆拓土,建功立业。神宗很不解,那战场上可是刀口舔血的日子,或许马革裹尸成了荣耀;或许稀里糊涂死了,也就是黄土一堆,哪有待在这皇宫里舒服? 李宪却执意要去。原来,这李宪发迹之事,遭到别人嫉妒,有人已经暗地里使了坏,进了谗言,只是神宗并未追究此事。于是,李宪就想远离朝廷是非之地,创一番事业再说。历朝历代对宦官干政都很提防,前车之鉴摆在那里。

神宗觉得一个宦官要去边疆建功立业,很是感动,就给了他一个官儿做。李宪到了西北,开始制造势力,培养亲信,很快成为边关一方势力。李宪的势力越来越大,童贯就在这时候跟了他。李宪觉得童贯是个有用之才,便让童贯在京城做了他的眼线。

不过，李宪没有童贯幸运，加上神宗去世，哲宗即位，这时候，许多政敌开始把矛头对准了李宪。他们弹劾李宪居功自傲，不受约束，想在西北自立为王。刚刚即位的哲宗还不能把控全局，主意还是高太后拿，而高太后不想再起战事，以免对哲宗政权产生冲击。恰巧御史中丞刘挚上疏："李宪贪功图名，屡于西北边疆滋生事端，罔上害民，贻患国家……"又说，"五路会师兴州，李宪失期；夏兵围攻永乐，李宪羁而不援；后又屯兵兰州，遗患至今……"总之，说了好多坏话。那些平日里擅长诡辩的文官，把李宪生平分析了一番，身在朝廷，凡事不能细究，一细究，发现谁身上都不干净。李宪经大家你一言我一语的分析，许多事情就露了出来。高太后下旨，免了李宪，命其在陈州养老。

李宪只能还了兵权，哭丧着脸向陈州而去。可他一个宦官，没有家眷，唯一培养的儿子童贯，从他失势后便很少再来看他。李宪虽被贬了官，却吃喝不愁，所以，整天无事可做，虚度光阴。每念及与神宗的交往，总是老泪纵横，最后死在了陈州。但他一手培养起来的童贯，却混得如鱼得水，前程似锦。

皇权全部在高太后手中，到了1085年，十七岁的哲宗应该亲政了，高太后却依然垂帘。这就让哲宗对高太后推崇的旧法及旧党人士越发抵触。当然，这也是宋代新旧党斗争最激烈的时期，王安石变法在神宗去世后就被废止。1086年春夏之交，王安石去世。手握大权的高太后向来讨厌新法，为了打击新党人士，高太后利用旧党人士制造了车盖亭诗案，诸多新党人士受到牵连，这成了北宋最大的一起文字狱案件。

不久，高太后去世。

此时，刚刚亲政的哲宗，胸有大略，想在摆脱了高太后垂帘的困境后有一番作为。他废除了高太后推崇的旧法，起用章惇等新党人士。然而，老天太不眷顾他了，他和辽景宗一般，成了一个病身子，二十几岁的人，却要日日用药。后宫里，不时传来御医匆忙的脚步声。身为宦官的童贯，却在暗处猫着，注视着这一切。毕竟有些事情可以预料，但不能参与其中，否则死无葬身之地。在忌讳宦官干政的体制里，悄悄猫着，等待时机，就是给自己机会。

果真不如所料，越来越多的御医前前后后忙着，药味越来越重，整个皇宫到处飘着浓烈的中药味儿。也怪他们没有好手艺，二十四岁的人，在一帮御医的包围圈里，永远地闭上了眼睛。这位不到十岁就当皇帝的宋哲宗，还没有享受够皇权带来的优越感，便撒手人寰。

短命的宋哲宗，在位十五年，十七岁亲政，二十五岁就病逝了。他还没有真正享受集权一身的威严和后宫三千佳丽的滋润，就一命呜呼了。

那么，大宋江山交给谁呢？

哲宗没有子嗣，只能从他的兄弟里选择一位当皇帝。可是这一堆人，到底选谁呢？向太后有些慌乱，一向不问朝政的她，被众人推到了台前。幕后工作应该告一段落了。当然，这也得益于她的长寿。她怎么能想到这种决策国家命运之事，会落到自己头上。向太后召集群臣，商议对策，国不可一日无君啊。那么多的事情，还要国君做决断呢。

群臣又开始叽叽喳喳。宰相作为百官之首，有着主持国家大事的权力。此时的北宋宰相是章惇。向太后坐在帘子后面，表示出了急切的心情，问章惇有何建议。章惇建议立简王，说简王有王者风范，可复太祖太宗之风。再者，简王与哲宗乃同母所生，是先帝同母弟，立简王最为恰当。向太后一听立这位简王，心里多少有些不乐意。毕竟简王和哲宗均由朱太妃所生，这哲宗刚刚去世，又要立朱太妃的儿子，恐怕自己以后的日子会不好过，这章惇不知是缺心眼儿，还是故意和自己过不去？向太后说话的语气都变了。她对章惇说，什么叫同母弟，先帝这六个儿子不都是哀家的儿子吗？这一问，章惇马上反应过来，知道自己说错话了。尽管哲宗是朱太妃所生，但向太后才是皇太后，谁是老大应该搞清楚。章惇觉得自己说错了话，慌乱中便说，若按照嫡长子继承制和立长不立幼的原则，现在哲宗去世，申王为长，应该立申王。向太后说，申王有眼疾，大宋江山，不能交给一位有眼疾的人吧？这一问，章惇噎住了，回答不出来。三番五次弄巧成拙，让章惇不敢再多说话了。朝堂之上，所有人面面相觑，不敢轻言。向太后要的就是这效果，她沉吟了片刻，在帘子缝隙里扫视了众人一眼，清了清嗓子说，申王有眼疾，按照立长不立幼的原则，接下来就是端王了。这里插一嘴，这个端王是谁呢？我想看过《水浒传》的人肯定知道，《水浒传》开头说的高俅发迹，就是从蹴鞠说起的，这里面爱踢蹴鞠的人就是端王。

　　向太后说，端王如何？章惇碰了两回钉子，却没有碰清醒。当向太后问众人端王如何时，其实心里早就认可了端王为皇位的不二人选。章惇又一次显示出了自己的担当以及敢于说真话的直率。章惇说，端王轻佻，不可以君天下。向太后却说，先帝哲宗说端王有福相，定能不负众望。章惇还要争辩，但听到向太后决绝的语气，吓得不再说话。于是，章惇闭了嘴。反正这皇位是你赵家的，我只是出主意，具体拿主意的还是你们自己。当然，这里面还有个重要的原因，便是向太后一向对这位高权重的章惇有戒备之心，不相信他，这回就是要立端王来打杀一下章惇的锐气。几年后，这位太后安定了北宋宗室，便长眠于地下。然而，她没有想到的是，自己为了一己之私，便葬送了整个北宋王朝。

章惇孤掌难鸣，于是，端王赵佶就被选成了北宋第八位皇帝，即宋徽宗。当然，章惇的结局可想而知。人家没当皇帝时，你说人家轻佻，现在偏偏被你说成轻佻的人当了皇帝，该把你章惇放在哪里呢？

所以，端王赵佶，一个琴棋书画样样精通的才子，一个一辈子也没想过自己要当皇帝的人，就在这一年，被人推上了皇帝的宝座。

赵佶仓促上位。

刚刚接过大宋江山的徽宗赵佶，还是希望干一番事业的，所以他把第一个年号改成建中靖国。这个建中靖国是什么意思呢？首先说"建中"，谓建立中正之道，以为共同的准则。《尚书·仲虺之诰》："王懋昭大德，建中于民，以义制事，以礼制心，垂裕后昆。"蔡沉《书集传》："立中道于天下。中者，天下之所同有也。"所谓"靖国"，《左传》僖公二十三年"吾以靖国也"。建中靖国，意为使国家安定、繁荣富强。徽宗第一年当皇帝时，给自己搞了个这样的年号，那就是要向天下表明他的态度和治理目标。这让我们很难与后来的徽宗相联系起来。年轻人的理想有时候真的不能忽视，他们内心爆发的力量,有时候超乎想象。

徽宗在向太后的陪伴下,开始了帝王之旅。这时候,向太后凡事都要过问,徽宗只是很老实地沿着哲宗设定的路线,一步一步推动着运转的国家机器。这皇帝,有时候也不难嘛,无非就是批批奏折,做做决议,反正举国上下他一个人说了算。当然,徽宗每下决定之前,总是要去征得向太后的意见。

一年后,看到大宋江山有了当家人,向太后放心地离开人间,去了极乐世界。此时,大宋江山全部交付到徽宗手里。向太后在时,他甚至觉得自己做个决定都不自由,现在向太后去世,他忽然感觉到孤立无援,原来向太后一直是自己的后盾。

然而此时,一个更大的隐患暴露出来,这是历朝历代皇帝都棘手的问题,宋朝几代先王为此伤透了脑筋,这便是朋党之争。所谓朋党,就是形成各自利益的小集团。但这种小集团只为自己集团的利益而不顾国家利益,最终损害的却是皇权,这就让宋朝的天子不愿意了。所以天子最痛恨的就是朋党。王安石、欧阳修、苏轼等人,就受此迫害。尽管痛恨这样拉帮结派,可就是制止不了朋党集团的形成。作为统治者,他们对此没有更好的处理办法,更不可能制定出调和两派之间矛盾的制度,于是,朋党斗争愈演愈烈。向太后在时,那些新旧党派,还被向太后压着,不敢有蠢蠢欲动的意思。向太后一死,他们就开始发难,相互搞破坏。徽宗其实早就看到了这一切,所以,他上台后,按照向太后的意思,继续使用旧党人士。向太后去世后,他发现这些旧党人士更是变本加厉,意图置新党人士于死地。朝廷之上的斗争,已经演化成了你死我活的攻击。为了缓解新旧党派的斗争，宋徽宗改用新党，先把气焰嚣张的旧党晾一晾再说。结果，这种在新旧党派之间的调和之力，并没有发挥作用，而是让新旧党斗争更剧烈，宋徽宗此举，无异于在新旧党之间添了一把火。作为大宋这艘大船的掌舵人，本来是要改变这一切的，但做了很多工作，他竟然发现改变不了这种朋党之争。他不停地为双方调停，越调停，斗争越激烈。

宋徽宗累了。这世间最复杂的莫过于人心了。有些人掏心掏肺，仍然落不下个好；有些人想尽一切办法拉拢，却装得一本正经，不愿意与自己为伍。宋徽宗真累了，他不想再管这些斗争，看你们随便怎么斗都可以。宋徽宗重新想到了自己的爱好，于是开始收集奇珍异兽、古玩字画，顺便也临摹一下《兰亭集序》。

这时候，就有士子说他不节俭，过着奢靡生活，完全没有帝王相。宋徽宗憋了一肚子的火。这些人，不知道自己身上又臭又硬的毛病，就专挑皇帝的毛病。但这是直谏，你还不能发火，只能虚心接受。

毕竟自己的皇位还不稳定，自己的那些弟弟，完全有可能替代自己。这时候向太后不可能再活过来主持大局，况且章惇虽然被贬，但自己的轻佻已经被贴上标签。宋徽宗很无奈，觉得自己很无辜，堂堂一国之君，却要被别人监视，连个自己的爱好都不能有。况且你被监视了，谏官说了你犯的错误，你还不能发火，只能改正。宋徽宗退还了上贡的奇珍异宝，放生了奇珍异兽，想从根本上摘掉自己轻佻的标签，好好有一番作为。但不久他就发现，朋党之争，涉及国家根基，这些人手里握着权力，排斥异己，培养势力。而这些朋党之争，完全不受他的控制。他想了各种办法调停，都收效甚微。这些本来属于不同的执政理念，最后演变成了人身攻击。而所谓的争论，早已不是有政治见地的相互争论，而是发展成你死我活的官场明争暗斗。

怎么办呢？徽宗没有能力解决这个矛盾，再说，他自幼不喜欢儒家经典以及那些治国安邦之策，现在要用了，方知读书太少。总不能把这些官员都免职了吧？免职了谁来支撑偌大的国家机构？即便是将这些人都免职了，难道换上新人后，就能保证没有新的朋党之争？这是几代人积攒下来的痼疾，必须有猛药攻之，方能根除。可是这剂猛药由谁去开药方呢？

这些人，个个都是饱学之士，熟读经典，对儒家治国之策信手拈来，而这些正是宋徽宗欠缺的。你要管理这些人，就要用儒家的大学问来管。既然他们喜欢拿这些东西来指导自己治国安邦，这些东西，也就成了他们安身立命的根本。可是儒家经典经过这么多朝代更迭，早就有了一整套的治国之论，现学现卖怕有些困难，何况让一个不喜欢这类学问的人去学习，能学到多少呢？徽宗本来没有被作为接班人培养，匆忙上来后，发现自己对治国之道一窍不通。尤其这帮人，根本管不住。他们当面一套、背面一套，两面三刀的做法，让徽宗伤透了脑筋。

管不住，也得管啊，不能任由这种争论进行下去，否则到时候，就不仅仅是官员之间的你死我活了，而是整个国家根基要动摇了。将来国家机器的运转，还得指望这些人呢，把他们都贬谪，或者都杀了，那他不成了光杆司令了？这些人之间的斗争固然可恨，但国家的正常运行，没有这些人不行。

为了缓解这种斗争，宋徽宗起用了王安石变法一派的人，又遭到了旧法支持者的强烈抵触。后来，宋徽宗压根就不管这些了，任由你们斗争，自己去写瘦金体了。这东西好，按照自己的意志来，想怎么写，就怎么写。而这种体，竟成了一绝，风流了一个朝代。

这时候，笔触回到开头，我们再来说童贯。一直猫在暗处的童贯，看到选择了端王，觉得机会终于来了，便开始效仿李宪。这回，他比李宪幸运。

童贯的幸运，是把蔡京引进了京城。当然，蔡京属于两面三刀的人，谁得势他就投靠谁，总是在新旧党派之间变换着角色，属于八面玲珑的人物。加上这时的徽宗，调停不了新旧党派的斗争，钻进了自己的书画中，不问朝政。蔡京利用自己书法上的造诣，很快得到了徽宗的宠幸。此时与蔡京争相的两个人，一个是曾布，一个是韩忠彦。这两个人，在手段、权术上远不及蔡京。不久，二人便被蔡京搞掉，蔡京顺利当上了宰相。

作为引荐之人，童贯走近了蔡京。毕竟蔡京是他引进京城的，现在发迹了，总不能忘了老朋友吧。吃水不忘挖井人，乌鸦还反哺呢！当然，蔡京给徽宗举荐童贯，徽宗就给了童贯一支军队。但童贯在军事上，简直就是糊涂虫，当然，也有人说是白痴，反正就那意思。这位依靠蔡京上位的童贯，也表现不出自己的领路人李宪一样过人的谋略。他带兵打仗往往都是失利者多，战胜者少。但童贯把败仗隐匿不报，胜仗全部上报。加上已经是宰相的蔡京不断给徽宗吹耳边风，不久，童贯就在蔡京的举荐下成了节度使。

那么节度使到底是个什么官？有学者做过考究，宋朝的节度使，相当于现在的军区书记或司令职位。可以试想一下，大军区司令员全国共有几人，当然，这前后还发生了震惊宋朝的宋江起义、方腊起义，不过宋江起义在宣和三年春天被平定，方腊起义虽然也在几个月后被平定，但这两次起义瞬间点燃了民间反抗的大火，让沉迷在歌舞升平中的徽宗着实捏了一把汗。方腊起义的战火，瞬间开始蔓延，而且越烧越大。蔡京便命童贯率军剿灭方腊起义军。童贯这回还真没让蔡京失望，他领着大宋正规军，浩浩荡荡扑向了方腊的起义农民军。两军相持，训练还算有素的北宋大军，一举灭了方腊起义军。童贯一生最辉煌的时刻，或许就是率大军灭了方腊（并非《水浒传》里所述，方腊由宋江等人所灭）。

这可是天大的功业，蔡京以此为由，给徽宗上书，说了童贯如何不顾个人安危冲锋陷阵，只为大宋国泰民安。徽宗很高兴，把童贯宣进宫，问了前方战况。童贯绘声绘色，徽宗大为振奋，蔡京被擢升为太师，改封楚国公，总揽军权。总揽军权的意思，至少应该是军委副主席了吧。至此，北宋大军指挥权落在了童贯手里。这也注定了会有后来一连串的败仗。

那么，我们回到前面，继续说宋金联合灭辽。童贯作为大宋军委副主席，肯定不能回避。所以，他率军北上，和金军两面夹击，直逼岌岌可危的辽国。

让人想不到的事情发生了。区区几千辽军残部，于后退途中，在耶律大石等人的指挥下，竟将童贯率领的近十五万宋军打得节节败退，毫无还手之力。就是童贯本人，也差点被辽军俘虏，要不是韩世忠及时出现救了童贯，怕是世上再无童贯了。

这场联盟之战，其实主战场在金国，宋朝只是做了个样子。于是，天祚帝逃亡时，看似北宋与金双面夹击，实际上宋只是附庸，这也让金军看到了宋军的软弱，为后来完颜娄室、完颜宗望率军攻宋埋下了隐患。于是，辽军节节败退……尽管，这其中还有个耶律大石，但历史的滚滚洪流，谁能阻挡得了？

结果可想而知。

灭辽之后，金国实力进一步加强，已经雄踞一方的金国，看到了宋朝的糜烂，便不想把幽云十六州给宋朝了。于是，作为联盟筹码的幽云十六州，也全部落入金国，并未如大家期待的，回到宋朝版图上。直到南宋最后一个皇帝投水身亡，幽云十六州永远地成了一个梦。从北宋建立，到南宋灭亡，三百一十九年，只能翘首遥望，家山何处？正如宋徽宗被掳后那首诗所说：彻夜西风撼破扉，萧条孤馆一灯微。家山回首三千里，目断天南无雁飞。

说好的幽云十六州呢？说好的海上之盟呢？

金军见宋军不堪一击，幽云十六州怎么能给你？北宋那些谈判家，拿着海上之盟一纸文书，义正词严地表明，金国违背了海上之约，是不道德的，是有失人心的，必然会被耻笑和诟病……大宋朝堂之上，许多人也都严正斥责，大骂金国狼子野心，说话不算数。可在宋廷之上，即便是吼破嗓子，金人也是听不到的。所以，随便你怎么骂，反正幽云十六州已经落到金国手中，这是不争的事实。在一个需要拳头来解决问题的事件中，你给他讲道理，那不是自找苦吃？能用拳头解决的事情，还是不要去讲道理，枪杆子里面出政权。于是，有人建议，派出使团，问问金国为何这般不守信用。那些使团带着宋廷的态度，北上与金国协商。经过多日数次交涉，最终宋金达成协议，当然，这些所谓的协议多少有些丢脸。但蔡京说，只要能换回幽云地区，钱不是问题。于是，宋朝以二十万两银、三十万匹绢给金，并纳燕京代租钱一百万贯，金才交还燕京。于北宋而言，燕京实际上是用钱买来的。大司令童贯率军进城时，城里早已人去楼空，仿佛一座废都，到处是"城市丘墟，狐狸穴处"。童贯看了看，心里有些酸楚，这是空城啊，要它何用？可这也是北宋建国以来最大的收获，空城也是城池啊，总比没有好吧。当然，真是可惜了那么多钱。想想又觉得不可惜，皇帝一年买花石纲的钱，比这多多了，宋朝最不缺的就是钱，国库里多的是钱，随便征收赋税，便有黄金白银源源不断进入国库。

收获了大批财物、百姓及中原特产，金军便北撤养精蓄锐去了，把一座空了心的燕京留给大宋。空了的燕京，残颓不堪，城破萧条，宛如地震一般。金国是不可能将燕京的一切原封不动留给大宋朝的，这些东西是他们急需的生活及生产资料。即便不急需，也不能留给你，好让你来这里发展，然后对付自己？金国早将目光转移到了富庶的北宋王朝。看看这帮宋人，仗还没正式开打，就被区区几千辽兵打成了菜泥。现在回去，让女人好好生孩子，过不了两年，大宋，就是下一个被吃掉的目标。

而大宋朝这边，用重金将燕京赎回，实现了祖宗没有实现的目标，自然是要庆贺一番的。于是，整个开封城，还是往日一般歌舞升平。花石纲继续从数百里乃至数千里外向开封运着。宋徽宗有些得意，方腊灭了，梁山泊水寇灭了，燕京落入手中，天下又安定了。该是享受太平的时候了，叫上宫女，约上文人雅士，品茗醉酒，最是惬意不过了。正如徽宗这首《声声慢》：

声声慢·宫梅粉淡

[宋] 赵佶

宫梅粉淡，岸柳金匀，皇州乍庆春回。凤阙端门，棚山彩建蓬莱。沈沈洞天向晚，宝舆还、花满钧台。轻烟里，算谁将金莲，陆地齐开。

触处声歌鼎沸，香鞯趁，雕轮隐隐轻雷。万家帘幕，千步锦绣相挨。银蟾皓月如昼，共乘欢、争忍归来。疏钟断，听行歌、犹在禁街。

徽宗内心扬扬得意，约上李师师，叫上蔡京，一起写写瘦金体，一起看看张择端的《清明上河图》，小日子过得没法说了。当然，李师师是无辜的，她不就是青楼的头牌嘛，宋徽宗三千佳丽都看不上，竟然喜欢这个头牌。李师师被卷进了历史和战争的旋涡，戴上了红颜祸水的帽子，实际情况是，你宋徽宗不招惹李师师，人家会自动找上你吗？让这个女人背黑锅，也有些莫名其妙。李师师本来和周邦彦关系挺好的。那官场不得意的书生周邦彦，也只能和李师师填词、品茗，寄托哀伤。即便这样，宋徽宗还是容不下他，男人的占有欲和遇到喜爱之物必须弄到手的天性，让宋徽宗急了眼，一个小小官员，竟然跟皇帝争女人，结果，周邦彦被贬得远远的。宋徽宗想说，这里是我的天下，真不识抬举。

宋朝上下一片粉饰太平，但金国却在厉兵秣马。他们对宋朝觊觎已久，正在等待时机。金国早就想一口吞掉北宋。当童贯率领的十五万大军被辽军打得节节败退时，金国或许早就有吞了北宋王朝的意思。好在还有那一纸海上之盟的盟约。金国需要的就是宋徽宗不思朝政。也许他们在暗地里笑着，赵佶老儿你就好好玩，等到哭的时候，就知道居安思危、防患于未然的意识有多么重要。让一个天天写瘦金体的人来掌管国家机器，本身就很扯淡，便如那宰相章惇说徽宗轻佻，果然被言中。你就写你的瘦金体吧，苏门四学士，哪一个书法拎出来都是台面货，你一个皇帝，不好好治理天下，净想着诗词歌赋、琴棋书画，全然不顾老百姓死活，更不顾祖宗艰辛打下的基业。

时间很快，不知不觉它就溜走了。徽宗拿着御笔，对着群臣，高谈阔论，说着《兰亭集序》的书法。王黼表示，如果用瘦金体写一幅，那可能胜过王羲之呢。徽宗笑着不说话，这家伙，拍马屁总能拍在正地方，明明是拍马屁，还让你心里很舒服，很享受。

时间一晃，就是两年。

两年后，也就是公元1124年，灭了辽的金，目光开始转移，他们看到了宋朝的富有，那挥金如土的帝王，早已让混入开封的金国探子眼红。那樊楼的酒，一壶也得好多钱，相当于一户家庭半年的收入。一个酒楼都这般富丽堂皇，那宋廷真不知有多少钱。金国探子回报称，开封遍地是金。这让时任金太宗的完颜晟很不爽，他的子民还在贫困中度日。宋朝进贡的那些金银和布匹远远不够，这两年人口大增，给他们做衣服，给部族人编织古列延都废去了好多布匹。回报的探子说完，完颜晟心里就痒痒。宋廷的富裕，再一次燃起了金太宗攻宋的强烈愿望。天下财富一起分享才是王道，不能仅仅让宋人富有，大金的子民还有衣不蔽体者，还有食不果腹者。既然北宋皇帝喜欢玩，不喜欢治理国家，那大金就抢一把，如同当年抢燕京一样。这个世界总是很不公平，宋朝这么富裕，皇帝却昏庸无道；大金有开疆拓土之志，却物资匮乏。所以，宋金之间，正在酝酿着一场变动。

金国开始谋划向南进军，那里有大量的丝绸、茶叶、稻谷……而这些正好是金国所缺乏的。于是，一场南下掠夺的计划，在北方雪地上滋根发芽。起初，金国也不敢贸然前进，尽管他们看到了宋朝军队的弱势，但宋廷之所以这么富庶，四方之所以不敢贸然前进，那肯定是有原因的。好吧，那就试试宋廷的底气。金国尝试打了一下边境，结果边境守将不堪一击，多年未加训练的宋军步兵与金军铁骑一对峙，就一溃千里。完颜宗望征服宋朝的心里再一次燃起了一团大火。宋军哪里是久未战争，简直是一帮散兵游勇，和骁勇善战的金军相比，不可同日而语。

于是，宣和四年刚刚建立的盟友关系，在两年后成了一纸空文。那些款项，抵不上一支冲锋陷阵的军队。于是，完颜宗翰多次率军南下，宋军闻风丧胆。而金国军权到了完颜宗弼手里，那气焰更是不可一世。他率军南下，从阿城上京，一直到河南开封，绵延几千里，一路如入无人之境，直捣开封。赵匡胤创下的万世基业，在不肖子孙手里还未经历十代，便戛然而止。那条长城，终归还是没能挡住金军的战马。

这时候，也有宗泽、张所等人半路拦截，小胜了几仗。但仍然是败多胜少，作为大军区司令员，童贯对带兵打仗本身就一窍不通，再加上自己怯战，往往战斗还没开始，在气势上，宋军就输了。

之前捞了一大笔好处的金军，本来也只是试探一下宋朝的实力，能打过就打一下，打不过了，抢一把就走，反正马上民族擅长长途跋涉，只要为大金抢到钱和生产资料，胜不胜都无所谓。没承想宋朝士兵久未训练，一开打，便成了乌合之众，战斗力实在不敢恭维。出发前，完颜宗干还对完颜宗翰说宋朝是一头狮子，不要惹毛了就好，抢一把就走。现在看来，大宋明显就是一只羊，一只任人宰割的羊。

完颜宗翰劫获了大批物资、工匠、人口。这些东西对于大金的发展，那是至关重要的。这次就带这些吧，等着用完了再来，宋朝有的是人和钱。旗开得胜的他带着大军快乐地回到了上京。

公元1125年，尝到了好处的金军再一次由北而下。这回完颜晟命完颜斜也为大元帅，完颜娄室、完颜宗望，还有将来主战岳飞的完颜宗弼都在其中。当然，这回他们给自己找了更好的由头，就是为了张觉之事而来，要宋朝给个说法，为什么要收留金国叛徒？插一句补充下这个张觉。张觉原是辽国将领，金国击败天祚帝后，张觉降金，完颜晟改平州为南京，任命张觉为南京留守。后来，张觉思谋与其在宋金夹缝中生存，不如找个好靠山，但金人也不相信他，只让他留守南京，以防北宋北上。现在看来，他不过是金人手里的一颗棋子，完全没有安全感。金国嫌他是辽国旧将，怕他日后反金，张觉觉得，这是大金不把他当人看，所以时时刻刻提防着他。把他放在这南京城，不就是最好的佐证嘛。宋金一旦发生战争，首当其冲的就是南京。张觉越想越觉得憋屈，于是他举兵反金。金国早就料到有此一天，率兵来灭张觉，结果张觉被完颜宗望打败。一路南逃，张觉乞降北宋，时任燕山宣抚使的王安中收留了张觉。后来，完颜宗望领兵侵犯边界，要求宋廷交出张觉。不得已，王安中命人将张觉杀死，脑袋交由金国，完颜宗望便领兵回去了。想不到这次，金国竟以此为由来伐宋，宋朝这时候懊悔自己不该收留张觉，可张觉已经被杀了，现在又重提往事，金国似有项庄舞剑意在沛公之意，司马昭之心路人皆知。大宋朝堂之上，一片谩骂之声，说金人狼子野心，毫无江湖道义。

不管你骂不骂，大金军队都来了。

金军兵分两路，一路南下，如入无人之境。铁浮屠所到之处，宋军望风而逃，百姓流离失所，国破山河犹在，城春草木依旧。郭药师成了墙头草，谁对他有利，他就降谁。这不，大金军队直扑而来，他又降了金。中山府彻底陷落，而从中山府到汴京，不到十日路程。宋朝上下一片慌乱。有人偷偷拿着细软，领着家眷跑出了开封；有人秘密联络金国，约定打过来时不要伤害自己，黄金白银，要多少给多少。

徽宗说，不行就放弃汴京，向南撤离吧。好歹留得青山在，不怕没柴烧。

这时，给事中吴敏去见徽宗，竭力反对逃跑，主张任用有威望的官员，坚持固守。不然，皇帝一走，军心难稳，后方必然大乱，还不如背水一战，鹿死谁手，尚未可知。徽宗觉得有道理，这时候，举国上下都在看着他，他可不能临阵脱逃。此时，吴敏乘机推荐，让宋徽宗起用太常少卿李纲。徽宗觉得可以，便允了。李纲是主战派，才不怕你金国呢,于是他奏上"御戎五策",斩钉截铁地分析了宋金当前的主要形势,并提出让徽宗退位给太子的想法。徽宗用眼睛剜了一眼李纲,尽管很生气,但又不得不承认,这是很好的一招。

大殿内,所有人都来去匆匆,做着大难来临时的准备。前方不断传来战报,徽宗大惊失色,完全想不到自己以为的盛世,竟然挡不住一支吃肉的野蛮民族。君臣在大殿之上大声叫嚣,该如何退敌?李纲建议让韩世忠、宗泽等外面军队勤王,开封城里的守军等待外援到后,两面夹击,保证让金军败退。

有人怕了,说万一金军提前攻城怎么办?攻破了城怎么办?

有人说,还不如提前下降表,还能保证不会死无葬身之地。

也有人说,打一仗,也不见得会失败,开封城的守军近二十万,而他金军也就十万,况且是长途跋涉,不足为惧……

徽宗被这些人吵得实在受不了。徽宗说,每次到了关键时刻,你们什么作用都不起,就知道乱吼。好吧,这个皇帝,我也不想当了,没意思,太没意思了。当个皇帝有什么意思呢,整天担惊受怕的,完全没有一点幸福感,还不如直接退了,当个太上皇,什么心也不用操。

于是,徽宗退了位,太子赵桓接位,是为宋钦宗。当然,赵桓是被政治绑架了,被历史绑架了。在人人自危的年代,他才不愿意当什么皇帝呢。可徽宗退位,你是太子,你不上谁上?太平年代,你巴不得你老父亲这样做;现在战争年代,既然皇帝退位,你就得上,这是使命使然,不能逃避,除非你有做不了皇帝的理由。宋钦宗哪里有准备,完全一脸蒙逼样。皇帝这担子有点重,做太子可以,做皇帝就算了,高处不胜寒,这样硬逼着,充其量也是赶着鸭子进鸡窝,手忙脚乱。

再说赵桓接过来的这个烂摊子，腐朽到根子里了，金玉其外，败絮其中。而赵桓又没有做皇帝的经验，即便是作为接班人，徽宗都没有提前培养，此刻已顾不得那么多了。赵桓就这样被推上了神坛。当了皇帝的赵桓，许多事情根本不会做，不得不一次又一次请教徽宗。

徽宗看着赵桓，看着刚刚被自己提起来的李纲，看着眼前跪了一大片的群臣，嘴里哆嗦着，一时竟无语。宋徽宗瞅了有一会儿，叹了一声说，平日里，你们大宴宾客，你们为所欲为，把国家的钱当成了自己的钱，使劲儿花，反正又不是你们掏腰包，你们把纳税人的钱，当成了为自己牟私利的理由，现在，到了需要你们出力的时候，却没有一个能靠得住的。群臣都低着头，不敢有一句怨言，只是异口同声地说着"臣等有罪"。宋徽宗糊涂了一辈子，这会儿好像比谁都清醒，灾难让人清醒，太平容易致人萎靡。李存勖宠幸伶人的故事才过去多少年，陈后主的《后庭花》犹在耳边回响……

赵桓问，父皇，现在京城人心惶惶，到底该怎么办呢？

徽宗说，我早已心灰意冷了，你去问李纲吧，如果大宋朝还有忠臣，那就只有李纲了。如今你是皇帝，你说了算。以后，朝廷之事，你就全权做主吧，不要再来问我了。徽宗甩了甩衣袖，走了。

徽宗带着一伙人，自汴京而出，直奔亳州，避难去了。而作为徽宗一手提起来的蔡京，看到徽宗跑了，也带着家眷，追随徽宗而去，并给自己的逃跑取了个高大上的名字"扈从"徽宗。童贯等人，也不思抗金，都跟着徽宗跑了。这件事让刚刚继承大统的赵桓尤为恼火。

此时，太学生陈东等上书，指蔡京、王黼、童贯、梁师成、李彦、朱勔为六贼，上书内容直指此六人"异名同罪"，请求赵桓将他们处死，以平复士子之心，达到"传首四方，以谢天下"的目的。

李纲上书说，外面有太学生要求整治贪官。赵桓问，谁是贪官？李纲说，宰相为百官之首，哪个贪污腐败了，他最清楚。这时候王黼早已吓得两腿颤抖，支支吾吾地表示，朝廷之上皆是忠良。

赵桓暴跳如雷，破口大骂，狠狠地爆了一回粗口。他拿着一幅画对着王黼说，皆是忠良？你看看你们，雍容华贵，骄奢淫逸，忠良就是这样的吗？你们不为国家前程着想，总想着捞钱，官做得越大，吃喝嫖赌抽就样样俱全。想想看，你们刚刚入仕为官时，哪一个不是立志要为天地立心，为生民立命，为往圣继绝学？看看现在的你们，肚子一个比一个大，整人的方式一个比一个绝，敛财的渠道一个比一个多，还说你们都是忠良。大宋朝上，你王黼就是最大的贪官。王黼早已吓得魂飞魄散，瘫坐在地上，身体颤抖如筛糠。

赵桓问，怎么处理王黼？

李纲说，斩立决。赵桓又问，其他五人怎么办？李纲说，按党纪国法办。于是，王黼被当众斩首。王黼被抄了家，金银不计其数，是国家财政收入的好几倍。赵桓有些感谢赵佶，这是父亲留给他的礼物，要不然，国家财政这一块还有个大窟窿。李彦、梁师成赐死，而朱勔也被贬官流放，最终被杀。跟着徽宗去了亳州的蔡京、童贯，钦宗发去一道圣旨，被贬官流放。蔡京也被炒了家，财宝比王黼的还多。被流放时，蔡京已是老年，流放生活，那可不是常人所能忍受的。苏东坡式的人，北宋也就那一个，几次流放，都能坦然面对，却也死在了被召回的途中。反观蔡京，就没有苏东坡达观了。蔡京享受了半辈子荣华富贵，这回，该到偿还的时候了，出来混总是要还的。于是，蔡京出了京城，不久，便和李白一样，死在了流放途中。不一样的是，李白流芳百世，蔡京遗臭万年。

靖康元年正月，理应是过年时节，宋金却开始了拉锯战。钦宗因采纳李纲等人的防御政策，加上金军西路军在太原受阻，围住开封的东路军，在完颜宗望的领导下，不得不与宋廷议和，第一次金军围困开封得到了解决。这时候，有个人必须提一提，他叫种师道，是抗金名将，其人和以后的岳飞不相上下。种家世代都出武将，种世衡、种诂、种谔、种诊、种谊、种朴、种师道、种师中等人皆为将帅之才。种家子弟从军战死沙场者也有数十人。种家人素有镇守边关的责任感。在北宋一朝，种家人才辈出，与当年的天波帅府有一拼，但这家人不受朝廷重用。尤其是澶渊之盟后，北宋战事很少，武将家庭的人就自然不受待见。到了靖康之变时，种师道作为将门之后，自然想力挽狂澜。可当时主和派占据上风，宋钦宗又偏向主和派，种师道许多策略都得不到支持。尤其是这次宋金议和后，种师道更是被边缘化了。最后，种师道忧愤而死。这在《宋史》《东都事略》等文献中均有记载。当然，现在也很少有人提及这些当年的英雄了，实为憾事。

宋金开始议和。也就是从此刻起，宋金几十年战战停停，边议边战的局面正式拉开。宋朝使节到金营与完颜宗望谈判，完颜宗望提出：要金五百万两、银五千万两、牛马等各万匹、绢帛百万匹，还得割让太原、中山、河间三镇，并以亲王做人质，才能议和。这场议和谈判持续了一个多月，最后，赵构代表宋朝亲王作为人质去了金营。

到了二月份时，议和还是相持不下，赵桓一心想议和，最终不得不割让太原、中山、河间三镇，宋金达成了和议。作为人质的康王赵构，被换成了肃王赵枢，康王回京复命。

然而，这一年，金军并未闲着，他们收获了大批金银财宝，由完颜宗弼到会宁府向金太宗报捷，同时准备下一次围攻。加上此时，宋钦宗虽然答应割让太原、中山、河间三镇，但并未履行割让手续，这让金国大为恼火。八月份，金军率两路军南下继续攻宋。这次，抵抗要比上一次弱得多。九月份，太原就沦陷了。到了年底腊月，东西两路军都会集在开封城下。金国大军已将开封城围成了铁桶一般。外面，一只苍蝇也飞不进来；里面，一只苍蝇也飞不出去。钦宗赵桓不得不派出敢死队，在夜晚突袭金军薄弱之处，送赵构出城联络各方力量，准备勤王。

围住开封的金军，并未急着攻城。开封城城池坚固，易守难攻，开封城的守军，又死死守着，不易破城。金军也担心外围的宋军来勤王，两面夹击，他们必败无疑。于是，宋金双方在对峙着。但金军围住开封一个月了，仍然不见勤王之师。这时候，金军才知道，只有赵构一个人在外面，领着大将们却不敢轻举妄动，因为城里面有他的老婆和老母。这位做过人质的康王，对金军的惧怕，让他早就成了惊弓之鸟。

于是，靖康二年正月，看到没有勤王之师的完颜娄室、完颜宗望、完颜宗翰等人，开始命人攻城。围困了大半年的开封，早已人心惶惶，不久，开封就被攻破。金军直入皇宫，烧毁了花石纲、字画、名草，把皇宫洗劫一空后，又让士兵抢劫开封城里的富家大族。金军逗留多日后，带着三千多俘虏，开始北归。这三千多人里，有北宋的最后两个皇帝宋徽宗和宋钦宗，还有皇室的皇子、公主。宋朝高祖赵光义一族，几乎被断了根。而这次事件，被历史深深地记载在耻辱柱上，有了一个专有名词，"靖康之变"。此后的中原汉人，都以此为耻，发愤图强，意图收复河山。

金军北返后，大片被占领的北宋领土的管理成了问题，于是，他们在北宋的国土上，立下了一个傀儡政权，大楚。这个楚国的皇帝，正是多次出使金国的北宋谄媚之人张邦昌。

至此，辉煌一时的北宋王朝，退出了历史舞台，前七代帝王积攒的基业，也随着金军南下成了一片虚无。开封这座有着百万人口的城市开始萧条，并从此一蹶不振。随着赵构南迁，中原政治、经济、文化，也开始南移。最终，临安成了断开封后一百多年的中心。

九泉之下的赵匡胤或许不会想到，自己辛苦打下的基业，竟然就这样被草原民族灭了。他是希望后辈们一直延续赵家血脉的，所以那《百家姓》都把赵姓排在了最前面，万世千秋，文治武功，一样都不能少。

赵匡胤怎么能想到，陈桥驿兵变和唐末的经验教训，让他立了一个错误的决定：重文轻武。尽管北宋王朝因为重文轻武，经济十分发达，当世界还在基督教的战乱中烽烟四起时，开封已成了全世界最大的都市，拥有一百万人口。北宋王朝创下的GDP，约占世界GDP的三分之二，出现了各个领域里的领军人物，一直影响着后世，出现了让世界至今都津津乐道的灿烂文化，特别是让全世界啧啧称赞的宋词，仿佛成了宋代的符号，说起宋朝，每个人都会想到宋词。

可文治武功、文武之道，一张一弛，不可偏废。孔圣人都说，质胜文则野，文胜质则史。所以，富得流油的北宋王朝，金银满地，宫殿富丽，可这些东西是需要一支强大的军队来驻守的。如若不然，这便如一个三岁孩子手握一锭金元宝，谁见了都想夺取。

文化、经济高度繁荣，国防却很空虚，又加上徽宗有不良嗜好，这就滋生了以蔡京为首的腐败集团的出现。所以，即便是这样集所有优势为一体的北宋王朝，依然抵不住败家子的败坏，那些成捆成车成船的花石纲，从全国各地运至开封。花石纲太高了，墙挡住了，那好办，拆墙；桥挡住了，那也是小菜一碟，拆桥就是了。即便是庙，也能拆。于是，前七代皇帝苦心经营、节衣缩食积攒下来的财富，都变成了石头、古玩、字画。这些本应该是用来解决民生问题、解决边关问题、解决国家内部矛盾问题的财政，全部变成了毫无用处的花石纲。甚至有的老百姓家里有祖传东西，都会被官方洗劫一空。一个国家的衰败，从统治者的不良嗜好开始。

这期间，还有两个不安分的家伙，站出来呼吁公平——一个叫方腊，一个叫宋江。方腊起义的声势要比宋江大得多，方腊的战火差点就烧着了北宋的根基，不过，很快便被镇压下去。那一百零八将的故事，也在民间流传甚广，后人还写成了《水浒传》，经金圣叹一评，挑出纲目，成了我们今天看到的四大名著之一。

北宋士大夫心里真的好恨。生活在了一个最富裕的时代，却也生活在了一个最耻辱的时代。索性，就有人说几句气话，还不如叫大金灭了得好。但说归说，大家心里都有一股恨。

北宋灭亡了，但赵构还在，宋室大臣们还在，南方大片国土还在。政权灭亡了，可以重建，国家还有继承人。

留下的赵构，在众人拥护下，在应天府，也就是今天的河南商丘，成立了南宋小朝廷。

在南京应天府草草建都的南宋王朝，早已是夕阳西下，在一日不如一日了。自此，十几年的宋金之战，如拉锯一般开始上演。

刚刚被大家推上皇帝宝座的赵构，还是信心满满，要做一番事情。他在文武大臣面前表了态，一定要北伐，迎回二圣，直捣黄龙。说得满朝文武满眼都是泪，感动着南京城里的每一株花草，就连空气中的云彩都有些悲壮。那些许久的期待，或许会在赵构这个皇帝手里，重新返回。那些往日的繁华，就看赵构如何做了。

赵构被大家推着坐上了龙椅，那龙椅虽然是临时做的，远没有开封城里的龙椅高大上，但这好歹也是龙椅，这是权力的象征，这是九五之尊的坐榻，别人可是只能看，不能坐的。金銮殿上，雕梁画栋，采凤章鸾。应天府里，一片安宁。这就是南宋。

赵构有些不适应，说自己难当大任。群臣说，国不可一日无君，况且靖康之变后，太宗赵光义一族，就剩下了康王您，您不当皇帝谁当？又有个别言辞犀利的臣僚说，您要是不当这个皇帝，怎能对得起太宗，怎能对得起北宋九代帝王苦苦经营的帝国，怎能对得起在五国城受苦受难的徽钦二帝？况且让你当皇帝，不是白白当的，大宋那么大的家业，还等着你去收拾，还等着你去改变。

赵构有些无可奈何，毕竟，他怎么也不会想到自己会成为南宋的开国皇帝，要像当年黄袍加身的太祖一样，开创一个帝国盛世。

赵构和宋钦宗一样，被人匆忙扶上龙椅，但在骨子里，依然还是个王爷的做派。好吧，既然大家如此相信自己，自己也不能负了众望。为了让众人放心，也表明自己的决心，赵构在登基的第一天，就把自己的灯，挂在了大殿上，说这是自己的母亲送给自己的一盏灯，如明镜一般，陪着自己读书，陪着自己成长。如今，韦太后被金人掳去，就让这盏灯挂在大殿上，时刻提醒自己，也提醒文武大臣，不能忘了这世仇。日后，国富民强了，一定要以此为鉴，文治武功，不再受人牵制。文武大臣，都很激动，他们依稀可见太祖赵匡胤的身影。

然而，在权力面前，人是会变的。当坐在那个宝座上，享受到了皇权至上的感觉后，这个帝王便有了自己的小心思。那便是愈加握紧了手中的权力，北宋前九代皇帝与士大夫共治天下的局面结束了。在赵构这里，集皇权于一身，才是他要做的，对于那些谏官，他早就想废除了。皇帝一切都是合理的、不容置疑的。要不然怎么说一言九鼎，怎么说金口玉言。可那些谏官，动不动批评自己这个没做好，那个对不起祖宗，让赵构老上火了。

赵构要形成自己的权威，形成一言九鼎的格局，那时候，看谁还敢说自己的不是。

这其实是可以理解的。一个从小在屈辱中长大的人，等他掌了实权，他会变本加厉。赵构又不是圣人，可以约束自己，时刻反省自己，更谈不上与秦皇汉武这样的大帝王比拟，他充其量也就是一个普通皇子，一个在偶然间捡到皇位的普通皇子。在他的骨子里，从未想过有这么一天。当然，比普通人命好的是，他一出生，就生在帝王家，从小养尊处优。所以，赵构也会舞文弄墨，骑马射箭，在宋徽宗的儿子中，算得上文武全才，可能比赵桓还要有一定的气节。可惜，当年接替皇位的不是赵构，而是赵桓。要不然，北宋可能就不会灭亡了。然而，历史容不得任何假设。

赵构一直很争气的原因是他的母亲韦太后一直不被宋徽宗宠幸。据说，韦太后因为姿色一般，又没有后台，只是宫里的一个侍女，只能干那些粗活重活，就如同元稹的《宫女》里描述那样，"寥落古行宫，宫花寂寞红。白头宫女在，闲坐说玄宗"。不过，有时候，机遇很难得，韦氏后来结识了和自己一样身为宫女的乔氏。乔氏生得天资聪颖，貌美如花，韦氏知道乔氏定有出头之日。于是，她耍了个小心眼，两人暗自结为姐妹，并发誓谁将来发达了，都不可忘了对方。后来，乔氏的美貌果然被过惯后宫生活的徽宗看中，宠幸了乔氏。所谓宠幸，其实就是陪着皇帝睡几晚上，运气好了，可以一发中的，生下皇子公主，你的身份就此改变。如果睡了几晚上，依然无果，皇帝便找其他女人去了。这皇帝便如一台播种机，在广袤的大地上任意播种，普天之下，所有的女人都是王的女人。再说，平民百姓家里的女子，哪个不愿意让皇帝宠幸，即便是潦潦草草一晚上，一生也就够了。何况还有那么多人，一辈子都得不到宠幸，当了一辈子老处女，老了老了，还得为自己的将来做打算。身在徽宗宠幸中的乔氏，也是性情中人，不忘旧时姐妹，趁机向徽宗推荐了韦氏。徽宗磨不开面子，毕竟才尝了几口乔氏的温润，那美好的感觉还没尝够。况且，徽宗也对乔氏口里说的这个韦氏有些好奇，于是差人叫来了韦氏。韦氏颤颤巍巍来到了圣驾面前，低着头，不敢说话。徽宗一看，并没有多少过人之处，即便是女性最基本的外貌，韦氏也没有。她是人堆里一抓一大把的那种类型，徽宗多少有些失望。乔氏就告诉徽宗，韦氏说得一嘴好笑话，可以让徽宗忘了烦忧。徽宗哦了一声，表示愿意听。那乔氏便使了个眼色，韦氏就给徽宗说笑话，果然逗得徽宗大笑。

这第一次见面，总算留下了些印象。徽宗烦恼了，就叫韦氏说笑话、解闷儿。偶尔酒醉后，沉醉不知归路时，守在身边的韦氏，就被徽宗宠幸了。后来，韦氏被封为平昌郡君。至于说平昌郡君是个什么职位也无从考究，因为整个两宋，只有这一个称号。韦氏在被封为平昌郡君第二年，也就是大观元年，这一年五月的一天，一个改变她命运的时刻到来了。这天是乙巳日（也就是1107年6月12日），这天，怀胎十月的韦氏生下了赵构。徽宗大喜，等孩子过了满月，就把韦氏封为了婕妤。你可别小看这个婕妤，这可是皇帝嫔妃的序列了，与原先的那个平昌郡君，不在一个级别上。

尽管如此，徽宗花心的本性不可能宠幸韦氏一人。再说了，韦氏要不是生下赵构，怕是这辈子就要在婕妤的身份上孤老终生了。

徽宗继续找其他女人去了。当然，后宫三千佳丽，他都不满足，你说这个人，得有多大精力？徽宗还轻装出宫，去青楼找李师师。

韦氏自己拉扯着赵构，看着他慢慢长大。不久，事情就出现了变故。皇子由皇后管理，负责起居、以及衣食住行读。赵构离开了韦氏，可想韦婕妤的生活该有多么寂寞无聊。当然，赵构偶尔也来看看自己的生母，陪她说说话。赵构看着自己生母凄凄惨惨戚戚的样子，真是别有一番滋味涌上心头。赵构很小便很懂事了，他想改变自己母亲的地位，可是那么多皇子，他没有优势。看到母亲以泪洗面，唉声叹气，他的心都碎了。

从小，赵构就是在别人冷眼中长大的。皇室后宫的斗争，那可是明争暗斗、死去活来的。所以，赵构要出人头地，要为母亲争回面子和尊严。可是在偌大的后宫斗争中，没有绝对的智慧，没有高人指点，没有机遇良缘，想脱颖而出，那无异于痴人说梦。

　　然而，机会恰恰就落在了赵构身上，当然，这种机会是别人不想要的，也是不敢要的，但对赵构而言，那可是期待已久了。错过这个机会，或许这辈子，他和母亲都将再无翻身之日。

　　那是靖康元年，节令是春天。开封城还是一片寒气逼人，整个开封处于一种白色恐怖中，人心惶惶。此时，金军已将开封围住。

　　围住开封的金军，在西路军受阻后，知道打进北宋也非易事，完颜宗望提出议和，要求宋朝派一名亲王当作人质。

　　宋廷上下，如热锅上的蚂蚁，慌乱不知所措。宋钦宗在朝堂上问哪位王爷愿意去，当即有几位表示自己身体不舒服，更有甚者，当即吓傻了，哭哭啼啼说自己才不去送死。看来明知去送死的活，没有人愿意干。宋钦宗失望极了，想不到偌大的皇室，竟然没有一人站出来为大宋江山出力。这时候，赵构看了看周围这些平日里和父亲一样花天酒地的兄弟，鼻子里冒出了不屑之气。赵构觉得，自己的机会来了。他翻身的筹码，就在于此。赵构站出来，对钦宗赵桓和文武大臣说："敌人必定要亲王出质，臣为宗社计，岂能辞避！"这番大义凛然决意赴死的气质，震撼了文武大臣。宋钦宗大喜，当场夸赞了一番。钦宗又问，宰相蔡京可愿前往？蔡京谎称自己年老体衰，怕是到不了金营，就一命呜呼啦，只怕负了皇上之望。钦宗大笑，看着蔡京那嘴脸，他知道，即便是派蔡京去，怕也完不成议和使命。于是，徽宗将张邦昌提升官阶，让张邦昌陪着赵构一同前往。这位张邦昌就是金灭了北宋后建立伪楚政权的皇帝。

张邦昌吓得心都悬在半空，赵构却春风得意。

身在寝宫的韦氏，听说自己的儿子赵构愿意去金国当人质，当下就蒙了。当赵构回到韦氏身边，韦氏就哭哭啼啼哀求赵构不要去送死。赵构却说，这是他翻身的好时机。恰巧这时候，又是韦太后生辰，宋徽宗赵佶说好要来祝贺的，大家都在等着，宋徽宗就是迟迟不来。韦太后哭着不让赵构去，对大宋而言，有那么多皇子，谁去都可以。可对她自己而言，她只有康王赵构，既然得不到皇帝的宠幸，有这儿子也算老天待自己不薄。可他要是有个三长两短，自己也就没活下去的希望了。大家在等待中，宋徽宗来了，表示了祝福，韦太后又哀求宋徽宗，希望另派其他皇子去，赵构就是他的命根子。徽宗本来高高兴兴来祝寿，一听这话，心里就来了气：身为大宋朝皇子，理应为国分忧，你不但不鼓励这种行为，还阻止，你的政治站位怎么那么低。身为皇室一员，在危急时刻不出动，等着外人来分担吗？韦氏说，皇上有那么多皇子，可我只有构儿啊，他要是出事了，你让我怎么活？徽宗有些不耐烦，当即表示愿意把韦太后升成贵妃，日后把寝宫设在自己寝宫旁边，可以日日侍候徽宗。韦太后不愿意，她看透了后宫你死我活的斗争，年轻的时候都得不到宠幸，现在朱老颜黄了，难道会被再宠幸？赵构听了却大喜。想不到自己这一去，为母亲争取到连升几级的荣耀，即便是死了，也值了。

赵构去了金营，当然，陪同的还有张邦昌，以及一些保护赵构的高手。

在金营，负责议和的人是完颜宗望。完颜宗弼意图羞辱赵构，说大宋个个都是手无缚鸡之力的男人，根本就没有资格谈条件。赵构却说，大宋朝个个铮铮铁骨，随即指着旁边放置的一弯大弓说，想必这就是二台子的弓吧？完颜宗望说，正是。赵构说，一试便知。完颜宗望将弓给了赵构，赵构弯腰拉弓，竟将完颜宗望的大弓拉开。完颜宗望大惊，安排他们休息，议和之事择日再谈。

看到赵构的臂力和勇气，完颜宗望开始怀疑派来的赵构不是皇室亲王，而是武将假扮的。于是，下定决心要这帮人的命。护卫探听到消息后，一帮人掩护赵构一行，从金营逃了出来。一行人一路南逃，至磁州崔府君庙附近时，实在困乏至极，赵构命众人休憩。迷糊中，赵构听闻有人在他耳边说，金军将至，赵构翻身就往外面跑。逃到不远处，便有一条河挡住了去路。赵构问侍从，前方之河是哪条？便有人回复说是夹江。此时，天色已暗，河面上没有船只，只有雾蒙蒙一片水汽罩着夹江。赵构想，这次便要死了。说时迟，那时快，就在赵构极度崩溃之时，有匹马直奔而来，载着赵构从河中渡过。等到了岸上，下了马，赵构竟然发现自己骑的马是泥做的。赵构回来后，肃王赵枢代替了赵构。

这次去金营，让赵构吓破了胆，此后只要提起金兵，赵构就瑟瑟发抖。九死一生回来的赵构，在宗泽的接应下，暂时得到了休整。不久，赵构便回到了京城，与家人团聚了。

时年冬天，金军又一次来侵扰，赵桓又让赵构去求和。赵构心中一万个不愿意，但也只能领命前往。赵构到达磁州时，被驻守在此地的大将宗泽劝停，赵构便在宗泽处以观事变。

然而此时，金军已经将开封围得铁桶一般，根本进不去，开封成了一座孤城。宗泽等人建议，赶紧召集外地的宋军勤王，只要城不破，他们两面夹击，保证破了金军。况且金军孤军深入，援军迟迟不能到，只要外面的勤王之兵与开封的守军两面夹击，里应外合，金军自会腹背受敌，马上撤军。从没有当过家的赵构，这时候完全没了主意，优柔寡断的他，想起自己的母亲和老婆还在城里，万一勤王失败，后果将不堪设想。他让众将领审时度势，不可轻举妄动。

战争局势，瞬息万变。时机抓不好，就可能失去反败为胜的希望。

金军也知道外围有韩世忠、宗泽、张浚等部在私底下秘密集结，只要这些部队向开封扑来，完颜宗望、完颜宗翰的大军自然会腹背受敌。完颜宗望让探子持续关注开封外面的军队动向，情况有变，马上来报，做好撤军准备。

然而，勤王之师迟迟未来，开封城内早已是人心惶惶。于是，围住开封的金军更大胆了，他们恐吓诱惑，让开封城里的百姓开门，让徽、钦二帝开城门。开封城里的徽、钦二帝等不来勤王之师，又难以收拢人心。那些文武大臣，都抱病不上朝，私底下却在悄悄转移财物，暗中和金人交换信息。事态局势，已快到了崩溃边缘，一触即发。于是，徽、钦二帝打开城门，下降表。看着城门打开，完颜宗望笑了，他也有些耗不起了，粮草日渐减少，后面还有大宋朝主力部队虎视眈眈，如果再破不了城，只能撤回去了。

金军进了城，烧杀抢掠，无恶不作。当时说好的只要投降，不伤城里的一草一木。完颜宗望坐在开封城大殿上，叫人拉来了字画、古玩等罕世绝品，在徽、钦二帝跟前，放了一把火，烧了。那些花石纲，全部丢进黄河，沉了底。徽宗心都烂了，那可是多少人收集来的，那里面是满满的心血。

曾经盛极一时，人口达百万的开封城，一座象征北宋王朝的城市，一座曾经让世界都羡慕的城市，日渐衰落，残破不堪。那些士大夫看不到希望，那些知识分子看不到前途，于是，他们开始率家南迁，中国的经济文化中心，自此也落入南方。直到多年以后，岳飞率兵打到朱仙镇，距离开封还有三十多里地，依然没有收复失地开封。开封，从此萧条下去，金军不仅摧毁了一座城，也摧毁了一座城的文化，摧毁了一座城的民心。一个没有文化的城市，是一座空心的城市，是一座没有内生动力的城市，当然，也肯定是一座没有灵魂的城市。往日的繁华，只能永远地定格在历史长河中，任由后世评说。

赵构的犹豫不决，断送了北宋王朝，也为自己的帝王时代迎来了春天。

亲眼看着开封陷落，却不能去救，你说这滋味，只能如人饮水，冷暖自知。北宋朝灭亡了，大家都瞅着赵构，看赵构怎么安排，反正你是老大，救不救，都是你说了算。江山社稷是你赵家的，我们这些文武大臣，充其量也只是给你打工的，是挥师北上还是率军南下，还得你拿主意。赵构早就乱了阵脚，他哪里会想到金军破了开封，掳了所有皇室宗亲。

完颜宗望等人灭了北宋，满载而归，后面跟着三千多人的北宋皇室，而把开封留给了张邦昌，建立了伪楚政权，替自己守着那份家业。张邦昌不敢自己称帝，那是大逆不道之举，后世将会用无尽的唾沫淹死他，也淹死他的后人。张邦昌在金军退后，在开封城里寻找残留的皇室，结果一无所获，只有康王赵构，远在大名府。

张邦昌不敢直接找赵构，他已经犯了欺君之罪，找到赵构，必然死无葬身之地。于是，张邦昌找到了当时被哲宗废弃的居于民间的皇后孟氏，请她出来主持大局。孟氏再次成为决定皇权的女人。让我们忽然想起，多年前，向太后在哲宗陡然驾崩后，寻找继承人时的情景，当时宰相说端王轻佻，不足以担当大任，可向太后就是要选择端王。这次，又如出一辙。孟氏在皇宫里享受到久违的高高在上的礼遇，便找了张纸写了个"手书"，让赵构继承大统。按说，这个被废掉的孟氏，是无权干涉朝政的，可特殊时期，特殊对待。

这位孟太后，在赵构皇位的接替上出了不少力，可以这样说，没有这位孟太后，就没有赵构的南宋江山。我们不禁想起，日后赵构因为没有子嗣，便找到太祖赵匡胤的民间分支后代宋孝宗，如果这时候，众人不让赵构接替皇位，而是在民间找太祖后裔，也是能找到的。当然，如果那样，南宋王朝将不知该以何种情况存在。

关于这位孟太后，还有必要说一说。

孟太后，是哲宗时期的皇后，也就是赵构伯母。当年，哲宗年轻去世，没有子嗣，皇位传给弟弟徽宗。哲宗在位时，有高太后、向太后两位德高望重的太后，哲宗是不能不听话的，她们给哲宗选了孟氏作为皇后，两人生有一女，是为福庆公主。这个公主命不长，得了不治之症。

后来高太后去世，向太后又不能干政。于是，哲宗喜欢的一个御侍刘氏，乘机讨得哲宗欢心，常说孟氏坏话，哲宗便对孟氏越发不待见。但孟氏是高太后和向太后为自己选的皇后，不能轻易废除，否则将是对高太后和向太后的大不敬。这位刘氏，为了上位，想尽了办法，找出各种子虚乌有的事情来陷害孟皇后，孟皇后也是处处提防着。

公元1093年，也就是元祐八年，德高望重的高太后、英宗的皇后高氏去世，结束了长达九年垂帘听政的生活。哲宗亲政，一朝天子一朝臣的时代开始了。哲宗开始起用新党，极力排斥旧党，而孟皇后是支持旧党的高太后推上来的人，从政治站位上，皇帝和皇后自然而然便成了两个阵营的人。手握实权的哲宗，要好好享受一下集皇权于一身的滋味，好好享受一下没有人约束的滋味。他起用大批新党人士，但王安石变法却终止了。哲宗的御侍刘氏，看到自己的机会来了，便制造了"符水"事件。这个事件，其实早在三年前就发生了，当时哲宗与孟氏女儿福庆公主染重疾，孟氏的姐姐请道士带着治病符水来给公主看病，没承想，公主的病没有治好，反而夭折了。刘氏以此为由，大做文章。于是，孟氏被废除了皇后。

当然，究其缘由，应该是哲宗在高太后垂帘听政阴影下的九年时间，让他感受到被人束缚的不自在，他需要摆脱这种影响，需要建立受自己掌控的一班人，所以，亲政以后，起用新党人士。哲宗为了给自己树立威望，或者开创新局面吧，他极力打击旧党人士，苏轼、苏辙、黄庭坚等人受到牵连。而孟氏作为皇后，是旧党阵营里的人。所以，孟氏被废，身份一落千丈，空守寂寞，而刘氏也顺利上位。这场小三上位的故事里，正房终归没有比拼过小三，最终被pass掉了。

当然，这位孟氏因祸得福，活了更长时间，在以后赵构即位上，出了大力。此处暂且不表。

且说，元符三年，也就是公元1100年，哲宗驾崩。到处传播种子的哲宗，却没有在广袤的土地上种出一株苗来。这大概与那位刘氏有着必然的关系，后宫斗争到了明枪易躲、暗箭难防的境地。即使有时候，哲宗可能使某位妃子或者侍女怀孕，但为了保护自己的权威，刘氏也不会让这些孩子生下来。而刘氏自己，也没生下一儿半女。

那么，就另选继承大统之人吧。这时候，向太后力排众议，选了端王，就是徽宗赵佶，刘氏自此失势。徽宗知道孟氏遭遇，也颇为同情这位皇后，便派人将她接到宫中，希望她能颐养天年。

刚刚登基的赵佶，完全不知道该如何处理朝廷之事，于是请向太后垂帘听政。向太后为了缓解因为王安石变法导致的宗室之争，起用旧党人士，废除新法改革。作为刚刚接替皇位的徽宗，也只能拥护旧党。于是，新旧党就在这些帝王更迭中，你方唱罢我登场。当然，尽管政见不同，但他们之间的斗争还没有到达白热化的状态。王安石被贬以后，苏轼还站出来说过话。正如当年，王安石在苏轼被贬后，给他送行一样。这些君子之间，可以和而不同，但绝不会恶意报复。

然而，很不幸，九个月后，向太后去世。懵懵懂懂的徽宗，起用蔡京为宰相。蔡京这家伙，本来是新党人士，在手握大权后，上来就排斥新党，制造了"元祐党人事件"。具体事情是，向太后去世后，宋徽宗独揽大权，当然也想树立自己的威信，新皇帝上任，三把火是要烧起来的。宋徽宗令中书省进呈"元祐"中反对新法及在"元符"中有过激言行的大臣姓名。蔡京将文彦博、吕公著、司马光、苏辙、苏轼、黄庭坚、程颐等一百二十人，分别定其罪状，称作奸党，并由徽宗亲自书写姓名，刻于石上，竖于端礼门外，称之"元祐党人碑"。不许党人子孙留在京师，不许参加科考，而且碑上列名的人一律"永不录用"。后来，更增"元祐党人"为三百零九人，其中陆佃、章敦、曾布等为新党。这一做法，让新旧党人之争落下帷幕。

作为旧党派的孟太后，也因此受了牵连，重新被贬为庶人，继续当起了道姑。皇家很有意思，不直接说让她当道姑，而是给她赐了个名号"希微元通知和妙静仙师"。其实，也就是个道姑，高大上的名字后面是凄苦的人生。

从此，这位孟太后开始了正式的道姑生涯，而且，这种日子，一过就是二十五年。她竟然像小强一样坚强，秋风夜语，冷月对空，手持念珠和拂尘，一过就是二十五年。二十五年不问世事的生活，也许很惬意，最起码不会再有人陷害自己，日子简单、自由。

也许是老天特别眷顾这位被废的太后，靖康元年，还在整日诵经的孟太后遭遇了一场大火。大火将她的瑶华宫化为灰烬，而她竟然安然无恙。有时候，你不得不佩服生命何其强大。孟太后只能换地方，她迁居延宁宫，不问世事。不久，延宁宫又发生火灾，真是怪了。当然，这次，她依然没事。连着烧了两座安身之处，孟太后无处可去，只能寻访亲人。孟太后找到了当时还健在的弟弟，便搬到位于大相国寺附近的弟弟家居住。有时候，你不能相信那些荣华富贵，那些东西都是过眼云烟，瞬间就没了。只有亲人是长久的，时刻为你做后盾。

不久，就发生了靖康之变，北宋皇室无一幸免，而这位居于民间的皇后，却因被贬为庶人竟然躲过了此劫。命运，有时真不在自己手中握着。我们总是想要抗争命运，抗争来抗争去，最后还是逃脱不了它的安排。那些皇室宗亲享受了多年的荣华富贵，这次，全部到五国城受苦，赵光义这一族人里，单单剩下了孟太后和赵构。

于是，那位伪楚皇帝张邦昌，就找到了这位受过不少苦、人生坎坷的孟太后出来主持大局。没承想，这位孟太后为了大宋江山稳固，毅然站出来，写了手书。当然，这时候必须叫手书，毕竟孟氏是废了的皇太后。

张邦昌差人给身在南京的赵构送去传国玉玺，以及孟太后的手书。这回，就名正言顺了。不久，赵构在南京应天府称帝，史称南宋。

南宋是建立了，可是半壁江山已经落入金人之手。宋以长江为天堑，隔江而治，金人的铁骑再厉害，在水里也发挥不了效用。

当时，主战派李纲呼声很高。赵构不得不起用李纲为宰相，总揽朝政大权。但李纲性子耿直，整天除了说北伐，说迎回二圣，就没有其他想法了。这让赵构很为难，南宋刚刚建国不久，百废待兴，一切都需从头开始，一切都等着赵构去收拾，这时候去北伐，国空兵乏，打不了金人不说，怕是连老本都要蚀光。

赵构开始故意远离、疏远李纲。一个天天在你耳边喊着打呀杀呀的人，你能受得了？这时候，遗留下来的黄潜善、汪伯彦之流，走向了赵构。这些家伙，整天就知道拍马屁，可这些马屁拍得好，能让人心情畅快。汪伯彦这个家伙，说的话很好听，也总是顺着赵构的意愿来；不像李纲，动不动就高声大气，好像所有人都耳朵不好使。

不久，金军听说赵构在南京建立了小朝廷，便开始南下讨伐。他们做梦也没想到，这个当时被认为是武将顶替的康王赵构，却是个货真价实的家伙。完颜宗望憋了一肚子气，而完颜宗翰更是暴跳如雷。靖康之变的大网里漏掉了赵构这条大鱼，真是遗憾。不然赵光义一族，就会被灭族的。

金军黑压压一片，直扑南京。李纲上书说，可以背水一战，金军长途跋涉而来，粮草不济，肯定想着要速战速决，咱们来个闭门不出，耗死他们。然而，赵构怕了，上回当人质，差点就命丧黄泉，完颜宗望的手段，他早就领教过。况且，靖康之变前，主战派就不同意南迁，结果，整个宋氏王朝家族几乎全部消亡。赵构可不能步父亲徽宗和兄长钦宗的后尘。

李纲据理力争，赵构却不想打。打什么呀，就这点家底，还没打，就底朝天了。李纲搬出了太祖、太宗，搬出了受苦受难的徽、钦二帝。赵构顿时火冒三丈。你李纲拽什么，不就是天天嚷嚷着要打仗吗？动辄还搬出来老先人，现在是搬出先人的时期吗？好吧，你不适合当宰相，一点大局观念都没有，你李纲的政治站位还是乡镇干部级别的，现在却成了百官之首，留你也是尸位素餐，当官不为君主着想，一天净想着打仗，这回，罢免了你的宰相职位，你去打仗吧。

赵构便遂了李纲的愿望，任命李纲为开封留守。你不是说要守住开封吗？这回就给你个实现愿望的机会。于是，赵构支走了李纲。李纲在宰相的位置上，只待了七十五天，就结束了自己的宰相生涯。李纲执政时，曾经联络民间力量与南宋抗金力量一道，到处打伏击，金军也是防不胜防。然而，李纲被贬，那些主战派失去了主心骨，便也散了。举国上下，一切都听从了赵构的意思。尽管如此，李纲在做开封留守期间，各处防护做得非常周到，一段时期内，金军再不敢南下。

随即，赵构采纳了汪伯彦之流的建议，放弃南京，退守扬州，随行的还有那位孟太后。丢下南京后，赵构带着一帮人向扬州奔去。那可是个好地方，产美酒，产美食，也产美人。这时候，宗泽又连上二十四道奏折，请求赵构北伐。赵构都置之不理。宗泽忧愤而死，临死时，嘴里还念叨着"过河！过河"！而接替宗泽的，是他的副将杜充。这个人，城府比较深，平时少言语，善于察言观色，八面玲珑，属于笑面虎式的人物。这是中国官僚时代的产物，为了往上爬可以不惜一切。当他接替了宗泽之位后，便开始做两面派：一面向金军示好，一面在宋朝这边表示誓死效忠。见人说人话，见鬼说鬼话。

金军于建炎二年（公元1128年）又直扑而来，完颜宗弼这回发誓，不捉赵构誓不北还。随即，大名府、相州、濮州等地相继陷落。而济南知府刘豫，看到赵构跑了，他自己也做了两姓家奴，直接投了金人。东面的大门全部打开，战报一波接着一波从前线传到了扬州。而此时的赵构，却将军国大事一概交由黄潜善、汪伯彦等人处理。文官可以出谋划策，但要身在朝堂之上的文官处理远在几百里之外的战争，他们就显得力不从心了。汪伯彦之流，自然是一味乞和。战败了，就求和，反正江山社稷又不是他家的。赵构自己却钻在深宫里，天天饮酒作乐，完全忘了当年差点被金军要了命的往事。人没有了忧患意识，注定不会有好下场。孟子说，生于忧患，死于安乐，那是被印证了的真理。前方不断传来战败的消息，赵构闷闷不乐，醉酒、宴饮，完全不想了解当前宋金战况。赵构整日厮混于后宫，排遣沉郁。当他看着眼前的舞姬，出水芙蓉般的容颜，莲藕般的玉腿，还有那羞羞答答的红脸蛋，早已将世事遗忘在了九霄云外。正如那句古语说的"金戈铁马破空来，欢声笑语犹不觉"。

金军一路势如破竹，不久便攻陷了泗州。身在扬州的宋高宗，震惊得嘴巴都合不拢。赵构叫来了黄潜善和汪伯彦，两人支支吾吾说不出个所以然来。不久，金军又攻陷天长（今安徽境内），此地距离扬州不足二百里。暗中，金军五百铁骑先遣队已朝扬州而来。当岗哨处的探子跑着告诉赵构，金军已到城下时，还在和宫女厮混的赵构，裤子都没穿整齐，骑了一匹马便朝南而去。在那个叫瓜洲的地方，叫了一艘小船，带着他过了长江。如果说，当时的那位载客船夫心生歹意，估计南宋王朝就此灭亡了。

赵构自己跑了，把军民留给了金军。扬州军民见此，便也丢了家业，轻骑南下。任何家业，比起性命都不值得一提。他们出了扬州城，一路向南。路上被踩踏致死者，不计其数。金军追到扬州，烧杀抢掠，扬州又被毁了。金军又追到长江边上，急于过江的军民，早已慌作一团。几十万人死的死、伤的伤，最后活下来的都成了金军的俘虏。名噪一时的扬州和当年被攻破的汴京一样，成了一座空城。几代人积攒的财富，被金军洗劫一空。要想在短时间内恢复扬州的繁华，怕是难上加难。如果当时，赵构不是南逃至扬州，这些灾难，扬州的百姓本可以躲得过。宋高宗自己跑了，把江山社稷、黎民百姓留给了金军，金军不费吹灰之力，又破了扬州。那士气，高过了扬州城墙。

赵构此次看似一人向南逃跑，却改变了整个中国历史的走向。以后几百年，南方都成了富裕的代名词，中国经济、文化的重心也由此落到了南方。

再说南逃的赵构，刚歇歇脚，还没有缓过气来，就发生"苗刘兵变"。跟着他南逃的军中，有两个军官，一个叫苗傅，一个叫刘正彦。他们早就看不惯赵构一路南逃的行径，于是发动了兵变，逼迫他退位，让年仅三岁的太子赵旉即位，由前面提到的那位孟太后垂帘听政。一向对时局不好把控也没能力把控的孟太后，这回断然拒绝了苗刘的要求，不受苗刘威胁。恰巧这时候，韩世忠的老婆梁红玉被苗刘请来要挟韩世忠。亏得梁红玉急中生智，联系上了韩世忠。韩世忠又通知了当时在杜充手下带兵的岳飞，于是一场救赵构的大戏上演：韩世忠救了赵构，赵旉退位，赵构继续成为宋高宗。这位两岁多的皇帝赵旉在位仅仅二十六天，便退位了。但这个赵构的独子命不好，在赵构南逃的过程中，被宫女绊倒的炉子活活吓死，此后赵构再无子嗣。

赵构被救了，却从此不再相信武将。武将叛变后，造成的时局混乱以及给人们带来的灾难，远比一个文臣贪腐带来的灾难大得多。以后，赵构都对手握重兵的武将多有忌惮和戒备之心。当然，还有后面的"淮西兵变"，更加深了他对武将的不放心。一个文臣贪污不可怕，也就是些银子，银子花完了，可以提高赋税，继续征收。可武将要是叛乱，那可会动摇国家根基，甚至有灭国的可能，他们手中都有大权。此事暂且不表。

且说高宗刚刚缓了口气，平复了一下受"苗刘兵变"影响的心情，把那紧张的情绪舒缓一下。赵构设宴，款待几位肱股之臣。赏赐了岳飞和韩世忠，赐予梁红玉安国夫人称号。酒席摆完，岳飞回了杜充部，韩世忠也回到了水师里。这时候，完颜宗弼的大军直扑而来，还喊出了个口号：搜山检海捉赵构。

完颜宗弼大军很快到了建康。建康，这座故都，一样没能守住。宋朝守将，听到金军到来，有一部分会直接弃城而逃，也有些吓得瑟瑟发抖不敢出战，从士气上就输了。建康，是东南面的重要城市，也是长江以南的大门。这地方，曾经是东晋的国都，乌衣巷口的野草是否还如当年一样茂盛？朱雀桥边的夕阳是否格外美丽？没时间顾及这些了，金军的金戈铁马滚滚而来，建康失守了。还在前方稍做休整的赵构听说建康被破，肝胆俱裂，赶紧收拾细软，带着宫女继续向南跑。金军一路而来，又破了杭州，在宋朝境内竟无人可挡。

赵构一路南逃，最后在定海停下了脚步，也就是现在浙江舟山，原因是前面一片白茫茫的大海，前途未知。只听得浪声依旧，波涛汹涌，后面又传来金军的呐喊声，怎么办？向前，就是一望无际的陌生地域——大海；向后，则只有死路一条。赵构狠下心来，左右不就是个死吗，进海。他们扬帆起航，逃到了海上。追至定海的金军，没法再往海上走了。完颜宗弼孤军深入，已经犯了兵家之大忌，加上南方多润泽之地，不适合战马前行，宋朝各地百姓组织的义兵，又都到处打埋伏，完颜宗弼感觉到了一股杀气，如果再不北撤，一意孤行追至海上，怕是自己也要命丧于此。看来赵构有老天保佑，天不灭他。如果自己逆天而行，那也是无济于事。现在周遭都暗藏杀机，处处都有人在盯着，不北还，更待何时？于是，完颜宗弼不打算追了，决定北还。

就在完颜宗弼北还的时候，在黄天荡与韩世忠碰了个正着。黄天荡，一个长满芦苇的长江深水湾，这里地势险要，两边都是崇山峻岭，雾霭沉沉。完颜宗弼心里有些紧张，命令属下加紧脚程，争取快速通过。他估计得没错，他来的时候，顺风顺水，没人拦截；回去的时候，韩世忠的水军已在这里摆好了阵势，请君入瓮呢。韩世忠率大小战舰五百艘、八千余名水军将士，已经将完颜宗弼十万大军团团围住。接着当然是开火。有属下建议突围上山，完颜宗弼说，此刻上岸，岳飞肯定等着呢，上去就是死。韩世忠与金军相持不下，金军粮草用尽。无奈之余，完颜宗弼在江上与韩世忠隔水对话，完颜宗弼以掳去的财宝作为条件，让韩世忠放他们北上。韩世忠拒绝了完颜宗弼的请求，双方在黄天荡相持四十多天。韩世忠八千水军，把完颜宗弼十万大军打得落花流水。后因秦桧从中斡旋，完颜宗弼才得以突围北上。

此时，乘着金军溃败，在岸上的岳飞率军攻打建康，金军无心恋战，没有死磕到底，岳飞乘机收复了建康。自此，岳飞登上了自己的舞台，开始大展身手。还在海上漂荡的赵构，听说岳飞收复了建康，激动地向陆地跑来。晕船的他，这些日子真是受苦了，坐在船上，随着波浪晃动，他也在不停晃动着，一个堂堂的帝王，哪里受过此等委屈？赵构在船上，晕头转向，脑袋里一团糨糊。

岳飞将赵构迎回临安。

完颜宗弼在黄天荡吃了大亏，知道了宋军也非全都是童贯率领的部队。他们也都是刀头舔血的汉子，想要再来攻打，怕是有难度。

而东方战场上，岳飞和韩世忠正在等着他的再次南下。于是，金国改变了策略。他们采取了以和议佐攻战、以僭逆诱叛党的策略。将全面进攻南宋的方略改为东守西攻。在东面，让投降的济南知府刘豫建立伪齐政权，让其接管淮东、淮西和京西三个攻宋战场，实现以汉制汉的目的，也为东面的战场创下一个缓冲地带。在西面，他们率军而下，集中兵力攻取川陕地区，意图通过控制长江上游，顺着长江而下，形成迂回之势，从而夺取临安。

然而，让完颜宗弼失算的是，西南并非他所想象的那样。

在川蜀，有一支部队已经等待他多时了。当完颜宗弼大军到达川蜀大门陇南时，遇到了前所未有的抵抗——和尚原之战，彻底打破了完颜宗弼意图攻占长江上游的美梦。就在这当口，两位英雄应运而生。

这一年，是宣和四年后的第六年，即南宋建炎四年。建炎是宋高宗赵构的年号。和宣和四年一样，同样又是四年。宣和是宋徽宗的年号。当然，这两个四年也就差六年时间。宣和四年种下的因，要在这个建炎四年来了结。宋徽宗此时已经在五国城受苦，他难以想象的是，他的儿子赵构，以及他建立的南宋王朝，同样在四年这个特殊年代里，备受考验。

这里必须交代一下秦桧。因为正是这一年，秦桧领着曾经在靖康之变中被金人掳去的全家，从五国城回到了南宋，举国上下一片哗然。而这个从五国城回来的秦桧，还带着赵构老娘也就是韦太后亲笔手书。手书里说，秦桧巧言善辩，博学多闻，是值得重用的人才。

意思是希望赵构能够重用秦桧。

赵构看了韦太后的手书，觉得应该重用秦桧。此时的宰相叫赵鼎。这位宰相在位期间，陪着赵构一路南逃，不说有功绩，就说鞍前马后，也很辛苦。他坚决反对使用秦桧，说秦桧回来时还带着家眷、银两，这哪里是逃回来的，分明是被人放回来的。

赵构不是不知道这一点，即便如此，赵构还是起用了秦桧。不久，赵鼎被罢相，秦桧顺利登上宰相宝座。当然，这里面有些困扰你可能不明白，那便是赵构乞和的心理，他不想再打下去了。经过被山检海后的赵构，已经对收回故土不抱任何希望了，更不要说迎回二圣。如果迎回二圣，那么，赵构将置于何地？一个是自己的父亲，一个是自己的哥哥，两个都是曾经的皇帝。退一万步说，即便是要迎回二圣，要北伐，可是金人的厉害他早就领教过了。如果北伐失败，你岳飞、韩世忠殉国可以，但大宋不能在自己手中灭亡，那他就成了亡国之君，后人将会用各种版本来骂他千世万世。所以，这时候的赵构，一心想到的是要议和。只要偏安一隅，只要金人不来灭国，对他而言，任用秦桧是值得的。况且，秦桧从北边回来，那肯定与北边的主和派关系密切，把这议和之事交给秦桧，最恰当不过了。

按照当时的情况，意识形态的力量还是很强大的，如果皇帝主动议和，那将被千万百姓所不齿，从此也会失去民心。所以，找个秦桧上来，这些问题秦桧会帮着他背黑锅。他还是明君，世人只会骂秦桧是卖国贼。所以，赵构要用秦桧，还要重用，也只有秦桧才能达到自己议和的目的。

意识形态这个东西，太重要了。它可以为你的政治服务，当然也可以成为你政权的绊脚石。历朝历代，都重视意识形态，就足以说明其优越性。

好在，秦桧真为高宗挡开了这一切。于是，建炎四年，以秦桧为代表的主和派，来往于宋金两个阵地。主战派则在西南战场上奋勇厮杀，创出了许多战争史上的经典战例。

那好，我们继续说宋金西南的战争。

这一年，从东面战场上无法突破防线的金军，把目光转到了西南面。这里是长江上游，驻兵少，从这里突破，然后顺江而下，一样可以拿下江南。

于是，建炎四年秋，金军派两路大军，各率数万人向陕西而来。他们把目标锁定在富平，也就是今天陕西富平县。而此时，宋军的最高领导人是张浚，他将自己的军队分为五路，分别从五个地方驻守，形成了掎角之势，哪里被攻打，其他人可以及时救援。他没有采取曲端（南宋名将，高宗建炎初年，任泾原路经略司统制官，屯兵泾州，多次击败金兵）固守天险、以守为攻的建议，而是要主动出击，打击金军锐气。张浚先命权永兴军路经略使吴玠收复长安，也就是今天的陕西西安，又命令环庆路经略使赵哲收复麟州、延州。没承想，这两路大军都胜了。初战告捷，张浚便觉得金军非大家说的那么传奇和厉害，他自己的手下不费吹灰之力便将其制服，张浚心里多少有了轻视敌人的意思。更不要说戒骄戒躁了。关公当年要不是有些骄傲，也不至于失掉荆州，前车之鉴啊。

有了小小的胜利，张浚有些膨胀。张浚命人向东进发，一举将金军赶出中原。而此时，在东面战场上失意的完颜宗弼，率领两万轻骑兵从洛阳赶来,驻守在陕西的完颜娄室也率军数万由河东到了富平附近,阻遏宋军东进。张浚见金军主力到了,觉得自己也非等闲之辈,按照高宗的意思,决战的时刻到了,况且金军不足十万,而他手下的军队有近二十万之众,号称四十万。当然,他也想如岳飞一样,开创一番伟业。于是,宋金两军在耀州(陕西铜川市辖区,古称耀县,地处陕西中部渭北高原南缘,是关中通向陕北的天然门户,素有"北山锁钥""关辅襟喉"之美誉)附近集结,准备决一死战。

就在决战前,两军虽都集结到位,但金军的援军,完颜娄室还未到位,正在赶来的路上。金军一直不出兵迎战,张浚就给金军送去女人的衣服,羞辱金国主帅连个女人都不如。金国守将还是不出,任由张浚谩骂。

无计可施的张浚,暴跳如雷,他问诸将,可有破敌之策,大家都摇头。张浚想起了当年诸葛亮与司马懿的对峙,好像就在这附近,这回成了他与金军的对峙。他开始学习诸葛亮,派人跑到阵前叫骂,金军依然据守不出。不久,完颜娄室的援军到达。张浚有恃无恐,自己二十万的兵力,而完颜娄室和完颜宗辅的军队加起来,实际兵力也不足五万,双方实力相差四五倍不止,何惧你区区一个完颜娄室。张浚又顿生一计,重赏之下必有勇夫。他让人登出告事,称全军有能生擒完颜娄室者,授节度使并赏银、绢各以万计。消息传到金军阵营里,对面的完颜娄室看到张浚这般,也效仿起了张浚,张榜告其部下有能活捉张浚者,奖驴一头、布一匹。张浚气得来回在军营打转,他的人头在金军眼里也就值一头驴、一匹布,这是在羞辱自己,羞辱大宋。张浚召集各部将,商讨如何对策。吴玠建议,宋军所处地势不利，应移据高地，以遏制金军骑兵。刘锡和其他将领却认为，宋军人多势众，跟前又有沼泽芦苇，不利于金骑兵。张浚故而未采纳吴玠的建议。

九月二十四日，陕西富平，已经有了丝丝秋风，那风里传递着冷的信息，这对于宋军来说非常不利。而对于常年生活在北方雪地的金军而言，却是最有利的条件。这时候，完颜娄室派出了三千轻骑兵，来了一招突袭之计，让天天准备打仗的宋军有些措手不及。完颜娄室让轻骑兵突袭，自己则带着大军扑来。张浚手下的五路大军，完全没有形成合力，相互配合不默契，发挥不了作用。他们各自为战，瞬间就被金军破了。加上守将赵哲临时逃跑，宋军一溃千里。岂不闻"兵是将之胆，将是兵之威"，主将若逃跑，底下的军队自然成了无头苍蝇，只能自乱阵脚。宋金战斗之初，主将逃跑而导致许多败仗，怕是源自于此。

号称有四十万大军的张浚部，被金军打得落花流水。富平之战失败后，有一大部分宋军投降金军，在他们的引导下，金军大肆开展各种掳财活动，一时间，陕西大片地方失守。整个陕北、关中地区通通落入金军手里。

张浚退到了秦州，就是今天甘肃的天水市，宋廷上下都震惊万分。张浚重兵守不住，陕西若失，川蜀危矣。宋军撤退到兴州、和尚原、大散关及阶州、成州等地，重新设防，以阻金军。

面对这样的情况，宋军守备不足，金军虎视眈眈。稍有不慎，川陕就丢了。金军从陕西商州向南开来。而要南进，眼前横着第一道关卡，就是和尚原。金军派出乌鲁折合部二万人马，向和尚原而来。此时守在和尚原的将领，正是吴玠、吴璘兄弟。

当然，这回好像换了角色。富平之战时，宋军多，金军少，宋军却一败涂地。而此时留守和尚原的吴氏兄弟手下只有几千人，各种史籍记载不同，有说六千的，也有说八千的，还有说七千的，总之不到一万人。而金军两万人，且都是骑兵。按照常理，此战宋军必败。

然而历史就是有那么多意想不到。乌鲁折合的两万人，驻扎在和尚原外面，大声叫嚣着。他们知道和尚原里的守军不多，更增加了他们的信心。此情景与之前张浚在富平叫嚣金军时何其相似。

战争还没开始，其实就已经注定了胜败。战争之前，吴玠就把众将叫在帐篷里商议，他让弟弟吴璘固守和尚原。随即他按照自己的兵力，对死守和尚原做了部署。他对安雄（吴玠副将）说，金军不知道和尚原的具体地形地貌，更不知道这里有多少条路，所以，你带着一队人马埋伏在北山，等着金军全部进入和尚原，听我们战声响起，你便从后面包抄。又对另一副将汤威说，你此去正面迎敌，只许败不许胜，你的任务是把金军诱入小峪中，到时候，我亲自带兵在那里等着他们。这里，就不由得让我们想起了《三国演义》里，诸葛亮首战告捷时的安排，当时夏侯惇带领十万兵马而来，诸葛亮就是让刘备做引子，引着夏侯惇进了博望坡。

这是一招诱敌深入的计策。安雄、汤威二人各自带军出了和尚原，实行吴玠原先的部署。这时，金军乌鲁折合士气正旺，眼睛里有些不屑，那意思很明显，你号称四十万大军都奈何不了我，现在区区几千人就想翻天，简直是痴人说梦。汤威按照吴玠的部署，领着不多的人摇旗呐喊呼战，乌鲁折合看到汤威有些得瑟，夹马而来，挥刀与汤威大战。两人大战几个回合，不见胜负，乌鲁折合有些暴躁，连个小小的副将都收拾不了，如何破这和尚原? 恰巧此时，汤威看出了乌鲁折合的心理，于是，使了个计策，不敌乌鲁折合，折马往回走。乌鲁折合哪能让你轻易走，提马追来。汤威只是率领残部一路狂奔，后面紧跟着乌鲁折合的先遣队。等汤威跑了数里地，把乌鲁折合引到了一个狭窄处，等在这里的吴玠率兵而出，直接迎战乌鲁折合。这时候，乌鲁折合的副将孛堇哈哩来迎战，不出数回合，孛堇哈哩被吴玠斩于马下。乌鲁折合大惊，率部撤退。这时候，埋伏在远处的安雄带领部众冲了出来，将金军团团围住。

乱了阵脚的金兵开始聚拢，但吴玠的兵士虽少，却两面夹击金军，金军一溃千里，两万余人折了一大半。乌鲁折合带着残部逃了回去。完颜宗弼闻讯大惊失色，于是集结了陕西的金军，当然，其中有一部分是宋朝的降将，向和尚原而来。吴玠早就想到完颜宗弼会亲自来的，于是，他让人连夜准备连弩，还有一种大弓，可以射出长矛一样的箭。

吴玠大帐内，各将领都在商议对策。副将们说，完颜宗弼此次来者不善啊，不知道将军有何良策? 吴玠说，古人打仗，讲求天时地利人和，所以，咱们虽然占不上天时人和，地利却是咱们的优势。金兵优势在于平原地带，骑兵可以所向披靡，但在这和尚原，他们的骑兵就起不了作用。所以，我们就要巧妙运用地理优势。我猜想，金兵此来，主力在前，粮饷必在后军。和尚原地势险要，易守难攻，等战争打响后，汤威带一队人，绕到金军后面，烧了其粮草辎重，断其后路。剩余的人，分三队，两队埋伏在北山和南山密林里，等着金军进来。我留少部分人马守在城墙上，只要金军来，咱们就连弩伺候，到时候，四路兵马同时出动，纵使他完颜宗弼有万般能耐，也要让他在这深山密林中有去无回。

且说，完颜宗弼率军到了和尚原，扬言要吴玠人头。站在和尚原城头上的吴玠，哈哈大笑。随即连弩触动，吴玠将守城将士分成好几批次，连着放箭，金军前卫队死伤无数。完颜宗弼下令强攻和尚原。这时候，汤威绕道金军后面，发现金军粮草果然在后面，他命人点着了金军粮草，顿时火光漫天。金军大惊，开始自乱阵脚，此时埋伏在南北二山的伏兵，也是连弩齐上。金军顿时乱作一团。吴玠开了城门率军扑向城外的金军，一时间血流成河，厮杀声震天响。

就连完颜宗弼也中了箭，赶紧率兵撤退。吴玠命人乘胜追击。至此，完颜宗弼的五万大军，有三万以上折在了和尚原的大山里。据史料记载，在今天礼县宽川镇到天水市汪川镇这里，曾经建有十二座城堡，又称十二连城。据说，金军溃逃途中，在这片山里，就被杀死了一大片。河道里的水都是红色的。

此次，完颜宗弼吃了大亏，自己也受了箭伤，于是他马不停蹄地从陕西跑到了河北燕山府，才停下脚步。吴玠此举，粉碎了金军意图从川陕进入、形成合围之势来灭亡南宋的美梦。当然，后面还有仙人关之战、饶凤关之战，结果都是宋军打败金军，吴玠也因此声名大噪。吴玠的这几仗，也被列入南宋中兴以来的十三处战功（明州、大仪镇、和尚原、仙人关、顺昌、唐岛、皂角林、胥浦桥、采石、蔡州、茨湖、确山、海州之战，被定为中兴以来十三处战功）。

宋高宗赵构听闻吴玠击退了完颜宗弼大军，甚为高兴，对其进行了封赏。和尚原之战、饶凤关之战、仙人关之战，让吴玠守住了西南大门，金军再也不敢贸然进军。而东方战场上，岳飞也在厉兵秣马。

但是，吴玠却更得高宗喜爱，原因是吴玠好色。高宗觉得，是人就有弱点，没有弱点的人，一定是有所图的人。高宗向来对武将不放心。后来，韩世忠看透了这一点，广置田产。岳飞却不好色，不要钱，高宗就越来越提防岳飞了。反过来看吴玠，他本人好色，把美丽女子尽收帐中。有战事，则策马长鞭；无战事，则饮酒作乐。据《史记》记载，吴玠还选了蜀中的美人送给岳飞，结果被岳飞拒绝，据说搞得好尴尬。

吴玠此举，让高宗放心，但对他却是无益的。因为经过和尚原、饶凤关、仙人关等战役，金军不敢再来招惹吴玠。他的任务也就是守住西南大门，现在战事很少了，没有了战事之后，他终日思淫欲，结果身体日益衰弱。加上自己多年战争，总有些旧疾难以痊愈，身体出现了危机，而且吴玠明显感觉到了死亡之神在向他靠近，所以，在绍兴九年，宋金议和达成后，他曾请求高宗解除他的兵权，让他好好休养，结果高宗没有批准。绍兴九年秋月，吴玠病逝，享年四十七岁。

然而，和吴玠比起来，岳飞的下场就显得凄惨无比。两年后，岳飞以"莫须有"的罪名被赐死在风波亭。

韩世忠解甲归田，广置田产，成了不问世事的闲散之人。

至此，抗金名将悉数死的死，隐居的隐居，赵构无意间，也使用了一招杯酒释兵权，开始了自己安稳的时代。

唯一让赵构遗憾的是，完颜宗弼搜山检海时，吓得他失去了生育能力，以至于晚年时，赵构不得不寻找继承人。可是靖康之变，太宗赵光义一族基本断绝，剩下了他，还得了不孕不育症，太医想尽了办法，都没有治好。赵构不得不找太祖留在民间的后裔。找是找到了，但他后来又反悔了，原因是这个叫宋孝宗的太祖的子孙，把自己在位时的一切改革全部否定，尤其是给岳飞平了反，让他成了昏君的代表。看来即便是弟兄两个的后裔，也是各有各的不同，何况至孝宗，赵匡胤一族不知道更新了多少代。

至此，我们在无比惋惜中，来看两宋交替的故事。这些故事里，总有些无可奈何的成分，也有些时代造就的部分。高宗赵构得了"逃跑皇帝"的美称，手底下却有岳飞、韩世忠、张浚、刘光世这样的中兴四将，也有吴玠、吴璘这样的得力大将。可偏偏这样的良将，遇上了软弱怕事的赵构，历史就是这么不凑巧，加上苗刘兵变和淮西兵变的阴影，于是，悲剧一幕接一幕。尽管有"撼山易，撼岳家军难"的军队，也有和尚原大败完颜宗弼，使金军不敢再有从西南下的想法，可南宋依然只想偏安一隅，不思进取，只求苟全。宋孝宗尽管意图改革，企图恢复到北宋时期兴盛的面貌。但国家的富强，岂是一代人就能完成的，一个国家的富强，莫不是几代人苦心经营才有的结果。秦之所以横扫六国，非始皇一人之功，如若没有秦孝公、秦惠文王、秦昭襄王等国君改革，焉有横扫六合之基础？

南宋后期，朝堂之上僭逆横行，乌烟瘴气。后来又有贾似道乱政，蒙古铁骑兵临城下时，他们还在一味求和。

蒙古铁骑是马背上的民族，他们才不听你的求和，絮絮叨叨，磨磨叽叽，动不动就求和，连点骨气都没有，"犯强汉者，虽远必诛"的气势哪里去了? 还没打就进贡、就割地、就求和, 能不能像个男人, 拿出看家本事, 战场上一决生死。当然, 这些, 南宋统治者没有。于是, 南宋王朝顺利灭亡了, 让人记住的, 只是那场蹈海就义, 还有那个叫文天祥的人写过的一首《过零丁洋》。

一切都结束了, 当蒙古铁骑破了襄阳, 江南彻底陷落。我们无比感叹, 又无比惋惜。

第二章
辽国兴衰

辽国最后一个帝王，叫天祚帝，名字叫耶律延禧。宣和四年，也就是辽大宝二年。已经被金国打得节节败退的辽国，其国力早已不是萧太后时期的辽国。辽国军事实力比起澶渊之盟时，如冬天的太阳，没有多少余热了。

也就是这一年，一个秘密行动正在辽国高级将领间悄悄准备着。耶律延禧继续沉迷于酒色，不问朝政，辽国气数一日不如一日，举国上下都在忧虑，都在思考辽国前行的道路，仿佛只有这位皇帝，成了局外人。那些由八个部落组成的辽国旧臣，早就对这个皇帝不满了。耶律延禧的统兵副都监耶律余睹等部众，私底下意图废黜耶律延禧，立耶律延禧次子晋王耶律敖鲁斡为帝。这个耶律余睹，和天祚帝算是亲戚，他们的老婆是姊妹，两个人是连襟。《辽史》记载："妻，天祚文妃妹，文妃生晋王，最贤。时，萧奉先妹为天祚元妃，生秦王奉先，恐秦王不得立，诬余睹勾结萧昱，谋立晋王，杀昱，赐文妃死。余睹惧，引左右叛入女真。"这段记载，简单说明了耶律余睹与天祚帝的关系，当然这里面还有耶律余睹与萧奉先姊妹之间的斗争。

耶律余睹等人打算叛乱的消息不胫而走，还没实施，就胎死腹中。天祚帝将叛乱扼杀在萌芽中。按上面的记载说，是萧奉先诬告耶律余睹。我想大概两者都有，耶律余睹有反叛的心，加上萧奉先提前识破。此次政变还未行动就失败了。而作为此次事件的主谋耶律余睹则巧妙逃脱了，他带着自己的部众向金国投敌。天祚帝恨得咬牙切齿，但也无可奈何。嘴里不干不净骂着耶律余睹是喂不熟的狼，但咒骂起不了作用，只能让人心情更坏。在政权变革中，没有永远的朋友，只有永远的利益。在王权争霸中，没有亲情，只有权力。更不要说一个由众多部族组成的王朝。而作为告密者的萧奉先，此事后，却进一步得到了天祚帝的赏识，备受天祚帝宠幸。

这已经不是第一次自己人站起来反对自己。早在几年前，与金军对峙中，耶律章奴就曾干过这种事情。想不到祖宗阿保机创立的大业，在这些不肖子孙手里，竟成了自己人打自己人、相互拆台、相互扯后腿的局面。

随着耶律余睹的叛变，辽国军事实力进一步削弱。此时的辽国，兵微将寡，国库空虚，民众生活于水深火热之中，其实力再不能与金军匹敌。天祚帝只能带着有限人马到处逃窜，四处流浪，四海为家。

天祚帝将自己的队伍驻扎在鸳鸯泊。这里有一大片湖，还有丰美的水草，可以喂养战马。然而，刚刚驻军不久，投降大金的耶律余睹就作为金军先头部队，带人来攻打驻扎在鸳鸯泊的天祚帝。耶律余睹除了自己的部众，后面还跟着大金的铁骑。天祚帝和赵构一样，对大金的铁骑有些怵。

每个皇帝跟前，总有些跟班儿，这些人，吃饱了没事干，嚼舌根是他们的主业之一。整天闭门不出，跟在领导后面，总是成事不足，败事有余。天祚帝身边的这个，叫萧奉先，加上揭发耶律余睹有功，天祚帝更依赖萧奉先了。

当耶律余睹带兵向鸳鸯泊而来时，天祚帝问萧奉先该如何处置，萧奉先这家伙就出了馊主意。这个主意有多馊呢？当然，肯定如那坏掉馊掉的食物一样，让人呕吐。可就是这馊主意，天祚帝竟然采纳了。你说这一对人，真是前世的孽缘，让他们在今生相遇，就如宋徽宗和蔡京一样。那么这个萧奉先到底出了怎样的馊主意呢？他给天祚帝建议：耶律余睹此来不就是为了讨您的二儿子晋王耶律敖鲁斡吗？如果我们把晋王杀了，断了他这念想，耶律余睹肯定会退兵的。

天祚帝思谋了片刻，觉得萧奉先说得有道理。天祚帝说，可是晋王乃朕的亲儿子，我怎么忍心杀了他呢？萧奉先说，皇上难道您忘了，当初耶律余睹要立晋王为帝，晋王可是巴不得呢。他巴不得您死了，来接替您呢！况且，现在耶律余睹就在不远处，难不保他将晋王迎回去自立为帝，到时候，陛下您可就成了孤家寡人了！总之，这个晋王是个祸害，有他在，您就别想过一天安稳日子。

天祚帝面目狰狞，觉得萧奉先说得对啊。自己的儿子杀自己，那可是想都想不到的事情，要不耶律余睹怎么会无缘无故立晋王呢？

随即，天祚帝让自己的护卫队将晋王捉了回来。他看着还在挣扎的晋王，一言不发。天祚帝看着眼前的儿子，心里有了一丝怜悯，毕竟这是他的儿子，虎毒还不食子呢。萧奉先说，您可不能心软，您要是心软了，您的麻烦就来了，说不定这江山……当然萧奉先没有说下去，他大概猜到天祚帝已经知道了他的意思。天祚帝挥了一下手，左右护卫就处死了晋王，一同处死的还有晋王的母亲文妃萧瑟瑟。萧奉先这招借刀杀人，确立了他的妹妹元妃生下的儿子秦王的正统地位。然而，天祚帝却没想到这一层。

其他部族首领听说天祚帝将自己的儿子亲手杀了，顿觉不寒而栗。虎毒不食子，何况你还是大辽的皇帝。有几个年纪大的，就直接找上门来质问，天祚帝刚开始还有些狡辩，但看着所有贵族，个个虎视眈眈，个个眼中有恨，他怕了。这是人心向背的表现。天祚帝故意撑着面子，用皇帝的架子，挡回了那些询问的眼神，还表示自己是皇帝，处死谁，他完全有权力。贵族大臣们摇摇头，退回去了，嘴里念叨着大辽灭亡不久矣。萧奉先说，应该将这些散播谣言的家伙抓起来。天祚帝说，这都是肱股之臣，手底下都有部众，如何抓起来？萧奉先伸了伸舌头，不再言语。

这些贵族回去后，个个心拔凉拔凉的，天祚帝连自己的儿子都不放过，他们的命在天祚帝眼里，那不成了草芥？于是，私底下相互商议，纷纷决定背叛这个暴君。于是，天祚帝处死晋王后，一些看不到希望的部众独自走了，另一些投了耶律余睹。

众叛亲离，天祚帝成了孤家寡人。而他面前的耶律余睹非但没有退兵，反而引着金军直逼天祚帝的驻地而来。天祚帝慌乱中，带着身边不多的人，逃往云中，也就是今天山西大同一带。然而，金国并没有放过天祚帝的意思，一路追到了云中。刚刚在云中落脚的天祚帝，如丧家之犬一般，继续逃命。不久，金军攻陷云中，他又逃入夹山（今内蒙古萨拉齐西北大青山）。

夹山这地方，地处荒山之中，易守难攻，天祚帝带着自己的部众钻在深山里不出来。金军也不敢贸然进军。四月，天气渐渐变暖，经过休整的金军，开始向辽国要地西京进攻，也就是辽国首都，今天的大同市。不久，西京就陷落了。因天祚帝钻进夹山，不知所终，消息封闭，那些依然固守的辽国将士以为天祚帝在前线阵亡或被围，对天祚帝已不抱任何希望。于是，辽国旧臣在燕京拥立耶律淳——天祚帝的叔叔为皇帝，建立北辽政权。

然而此时，岌岌可危的北辽政权已经是强弩之末。南有宋朝军队，东有女真人铁骑，可谓腹背受敌。

当了北辽皇帝的耶律淳，心里难免有些战战兢兢，他自己怎样当上皇帝的，只有他自己清楚，在当今这个乱世中，北辽政权实在不堪一提。当然，当上皇帝，有个好处就是享受皇权。也许，耶律淳从未想过自己老了老了还能当一回皇帝。他在皇帝的位置上，做的第一件事，就是将生死未卜的天祚帝降封为湘阴王。眼下最重要的事情，便是与金结好，不然，金军的铁骑只要过来，北辽立马亡国。于是，耶律淳派出使者向金国奏表，请求将北辽纳为金国的附属国。那使者去了，意思表达了，却迟迟未收到金国是否认可其为附属国的答复，耶律淳一颗心一直悬着。

这时候，还有个更致命的事件，宋朝的军区总司令童贯率领着十五万大军一直在边界上巡视。且童贯派来使者，要求耶律淳交出幽云十六州，这样，那十五万大军就不会伤他北辽一兵一卒。耶律淳这老头儿此时挺有勇气，直接将童贯派来的使者斩杀。那意思很明显，我们虽然是小小的国家，但也不受你这威胁。两军交战，也不斩来使。使者这时候只是个传话的人，你耶律淳未免太不把大宋朝放在眼里了。童贯将这事情迅速报告给了宋朝老大赵佶，宋廷上下也都很气愤，让童贯出兵。于是，一个月后，这位军区总司令，派出大军直扑耶律淳的北辽政权。十五万宋军将北辽几千人围住，不让一只苍蝇飞走。

宋军扬言，只要耶律淳投降，他们会网开一面，高官厚禄等着他们。耶律淳这老头儿，再一次表现出了契丹人的骨气。他们尽管被围得水泄不通，但却没有怯场。这时，赵佶下令撤军。关于这场撤军，我有好多想不明白。既然到嘴的肉，为什么又放弃？实在搞不懂大boss赵佶的想法，搞艺术的人真让人想不通。你可以琢磨他们，但你永远猜不透他们心里在想些什么。

就在宋军撤退的途中，耶律大石指挥几千辽军，将撤退的十五万宋军打得抱头鼠窜，十五万大军折损了一大半，就连童贯也差点被辽军杀死。

这时，突然从远方传来一个消息，天祚帝集结五万辽军残部，已经向燕京而来。耶律淳赶紧召集众人商议对策，众人也无计可施。耶律淳说，天祚帝要是回来，我只有死路一条。当然，不久，他的话就应验了。天祚帝还没有来，六月二十四日这天，艳阳高照，耶律淳却死了。历史上说是病死的，我觉得吓死的可能性更大一些。这前有敌人，后有追兵，还有不共戴天的天祚帝。换了谁，谁也受不了啊。

于是宣和四年夏天，耶律淳死了。临死之时，他下旨：迎立天祚帝第五子、秦王耶律定继位；汉官李处温等大臣辅佐；妃子萧普贤女为太后，主持军国大事。

宣和四年的辽国，已成了强弩之末，然而，历史上的契丹，却是虎虎生威的部族，一度成为北部草原上的霸主，统治草原几个世纪。

据《辽史》记载，很早以前，有一男子骑着白马从土河而来，有一女子，驾着青牛车从潢河而下。两人在两河汇合处——西南端的木叶山相遇，一见钟情，拜了天地，拜了父母，拜了涛涛的土河、潢河，便结为夫妻，过上了男耕女织的生活。

那么这个木叶山在何处呢？根据考古学家考证，木叶山在今内蒙古自治区西拉木伦河与老哈河合流处，这两条河的原名是不是就叫土河与潢河不得而知，但这座木叶山，却也独特。远处看这座山，仿佛一座金字塔形状，山尖突出。木叶山实际是三座山，西北面一座转大，东南侧那两座略小一些，皆呈三角状。站在木叶山顶，极目北望，青山隐隐，白云悠悠，一脉大川，东西贯通，绵延无际。这在地理位置上，已经算是天然屏障，在蒙古高原上，也属于鹤立鸡群的山坳了。所以，契丹族在这里落脚，并将木叶山作为养育自己的神山，世世代代祭奠。几百年后，一个叫蒙兀族的部落，在不儿罕山和斡难河边上崛起，崛起的方式和契丹有些相似。

木叶山底下的西拉沐木伦河，常年绿水浩荡，从不断流，河边水草丰美，适宜放牧。木叶山南面，是科尔沁沙地，沙丘连绵起伏，一望无际。这种地貌有着独特的地理结构，它是沙漠，却不乏水源，沙丘和湖泊、绿洲交相掩映，别有一番洞天。

这两人在木叶山下定居，以山为依托，筑草而居，依山傍水，有了自己的一片小天地。这里远离回鹘，远离匈奴，没有战争，没有厮杀，有的只是阿哥阿妹勤劳朴实，有的只是马儿跑、鸟儿叫的世外桃源。当中原各种势力你死我活拼斗时，这里却是一片人间净土。时间久远，慢慢就模糊了年轮，不知道今夕为何年。

好在，男人和女人都很强壮，他们饲养的牛羊成群成对，散在山坡上，宛如一朵朵盛开的野棉花。牛儿吃饱后，钻在阴凉处，悠闲地甩着尾巴，女人用深情的目光注视着男人……生活俨然成了一种向往，日子细水长流到可以遗忘。

不久，他们先后生下了八个儿子。安静的古列延里，有了孩子的啼哭和嬉笑。八个儿子个个如牛犊儿，健壮彪悍。男人教他们骑马打猎，射箭猎杀。木叶山特有的地域，特有的水土，造就了他们坚韧的性格。看着八个儿子逐渐长大，男人和女人想到了要为他们成家。按照草原的习俗，男子九岁以后就可以成亲。

男人和女人在草原其他部族里，为八个儿子分别娶了媳妇。远离其他部族的两个人的木叶山，现在成了一大家子。马儿、牛、羊的数量也在不断增加。

后来，便如那《愚公移山》里说的，八个儿子又生儿子，儿子又有了孙子，子又生孙，孙又有子。整个木叶山下，筑起一大片古列延，各有各的帐篷。这里开始有了不停地繁衍生活的契丹人，男人和女人看着儿孙们个个生龙活虎，享受到了天伦之乐。他们为这里带来了希望，为这里养育了八个部落。各个部落里都生活着一大片人。

男人和女人已经去世，被尊为始祖父、始祖母，后代要记住他们的功绩。八个儿子的子孙，也各自分出了一支，形成了自己的部落。等到了唐朝时，契丹部落已经是草原上的大部族。青牛白马的子孙，开始像草原上的草一样，长出了一茬又一茬，向四周蔓延开来。

契丹的部落以木叶山为基点，开始向四周扩散。此时的契丹，已经拥有了强大的人力资源。闲时，他们打猎牧马放牛羊；战时，则一呼百应，骑上马背就可以打仗。

一个新崛起的草原部落诞生了。他们人口众多，地域辽阔，能征善战，让中原王朝边界一度受到侵袭。

然而，八个部落，因为各自为营，互相之间你不服我，我也不服你，所以，早期的契丹人虽然彪悍，但没有形成合力。在魏晋南北朝时，他们到处抢掠生产物资，用以补充自己部族的需要，却不敢大规模进军，只能打游击战，骚扰一下，抢一把就走。等到了隋唐时，强大的隋唐是惹不起的。《隋唐英雄传》说里，罗通就扫荡过一次北方游牧民族。唐朝的军队，那都是科班出身，武器精良，战斗力远超过契丹。这时候的契丹只能臣服，所以，他们只能归附隋唐，成为隋唐的附属。当然，谁都想强大，谁都想在王朝更替的中国版图上建立自己的政权，但契丹这条路，似乎走得比较漫长。

契丹也希望"五胡十六国"时期的局面出现，但强大的唐朝没有给他们机会。既然打不过，就归附吧，归附了也有好处，唐朝会给物资，给好处，还有那些先进的技术，都值得学习。这时候的契丹，内部也在不断演变。就如同封建专制那一套制度一样，契丹内部也在不断完善自己的体制，意图通过体制改革，力求得到更大的发展。

到唐朝初年，契丹形成了世选联盟长制度。其中的大贺氏，成了契丹里最为兴盛的部族。契丹可汗，往往也在这族人里产生。大贺氏里，曾经产生过十个契丹可汗，他们分别是：咄罗、摩会、屈哥、阿不固、李尽忠、失活、娑固、郁于、咄于、邵固。大贺氏也成了早期契丹产生首领的部族。唐朝建国十年，也就是公元628年，在北方草原上，还有一个重要的部族，回鹘。这个部族也非常强大，一度侵犯隋唐边界。契丹这时候还并未成气候，和强大的唐朝不能硬碰硬，也不能与回鹘发生正面冲突，否则正在茁壮成长的契丹就会遭受灭族之灾。但，回鹘和唐朝这时候都想拉拢契丹，夹在回鹘与唐朝之间的契丹有些难受。契丹部族思谋再三，意见也未统一。但他们面对的现状是必须找一个靠山，或者靠一棵大树，才不至于在战争中遭受灭顶之灾。契丹人很精明，他们的首领也具有高瞻远瞩的目光，最后他们在首领大贺摩会的带领下，降了唐朝，成了唐朝的附属国。唐王朝便给了他们封赏，给了名誉上的称呼，封了王侯。当然，还赐予了那些契丹急需的物资，以及发展的技术等。后来，看着契丹无意翻盘，就给契丹赐予国姓李姓。

契丹在唐朝强大国力的庇护下，回鹘自然也不敢惹他们。但后来，逐渐强大的契丹总想自立，人在屋檐下，总有寄居在别人领地的意思，只有自立门户，才能算是有自己的一方土地。唐朝前期，国富民强，契丹不敢有所作为，但他们密切注视着唐王朝的更迭。后来，天载难逢的机会终于到了。于是，在万岁通天元年，也就是公元696年，一场蓄谋已久的反叛正式上演。这一年，因天气不好，契丹部落受到天灾，牛羊多死伤，野物也少有，整个契丹部族人都处于饥饿状态。契丹向唐朝求救，希望及时补助救灾物资。时任营州都督的赵文翽却没有及时下拨赈灾物资，导致怨声四起，契丹部族多有暴乱滋生，到处抢食物、打砸物资店面的事情时有发生。赵文翽并未意识到问题的严重性，也未出面安抚契丹，而是一味地派兵镇压契丹暴乱。契丹这次被推上了风口浪尖。这时候，契丹大贺氏联盟长李尽忠，叫上他的大舅哥孙万荣起兵反唐。李尽忠占领了营州，并自称是无上可汗。让自己的大舅哥孙万荣为先锋，以营州为据点，开始召集人们向檀州进发。唐朝上下震动，此事也成了这一年最大的事件。那些文武大臣有些旁观者的意思，看你武后如何处置此事。

此时的唐朝，正是武则天执政时期，万岁通天，是武则天第一个年号。这一年，武则天刚刚执政，准备多年的武后正式成了大周皇帝。武后要立威，要稳固人心，就要想尽各种办法，协调一切力量……然而，历史就是这么不凑巧，偏偏这时候，这位李尽忠就反叛了，这让刚刚执政，根基还不稳，需要巩固政权的武则天大为恼火。于是，武则天就派重兵镇压，据史料记载："遣左鹰扬卫将军曹仁师、右金吾卫大将军张玄遇、左威卫大将军李多祚、司农少卿麻仁节等二十八将讨之。秋，七月，辛亥，以春官尚书梁王武三思为榆关道安抚大使，姚璹副之，以备契丹。改李尽忠为李尽灭，孙万荣为孙万斩。"

当然，这场仗打得很郁闷，一个小小契丹反叛，大周的军队几个月没有平定下来。八月份一次大规模的战争中，大周军上了李尽忠的圈套，损失惨重，这场战役叫黄獐谷之役，没承想骁勇善战的大周军，被契丹不到十万人打得落花流水。而这一役，也成了中国战争史上设伏歼敌的典型战例。武则天要树威，要给所有不听话的人树威，却被契丹部族打败，脸上有些无光。她急需要找一个人来收拾这个烂摊子，好让大周国运亨通。

这时候，那位念天地之悠悠的陈子昂上疏："恩制免天下罪人及募诸色奴充兵讨击契丹，此乃捷急之计，非天子之兵。且比来刑狱久清，罪人全少，奴多怯弱，不惯征行，纵其募集，未足可用。况当今天下忠臣勇士，万分未用其一，契丹小孽，假命待诛，何劳免罪赎奴，损国大体！臣恐此策不可威示天下。"武后允了。于是，此事由陈子昂全权负责。他将在狱受刑的亡命之徒集中到一起，给他们开了个会，告诉这些亡命徒，如果这次帮着大周灭了李尽忠，之前的罪责一律免去，还有重赏；如果不帮，那就等着孤老终生，最后死在狱中。这情节，和那些好莱坞大片里面的罪犯有些相似。那些政府不便出面的事情交给这些人，会有意想不到的结果。同时，故意放出风去，让这些消息传递到全国各个监狱。那些分散在全国各地的亡命徒和死刑犯一听，很乐意。横竖是个死，与其在监狱里等死，还不如上战场，这就是拿命赌一次，万一在战场上活下来，以后就成了自由身了。生命诚可贵，自由价更高啊！

于是，九月份，武则天下令天下所有愿意参战的囚犯及士庶家奴骁勇者充军，凡有成就者，必重赏。而重赏之下，必有勇夫。于是，山东附近的诸州自己设置武骑团兵，准备后续力量。同时，武后又下诏，让同州刺史、建安王武攸宜为右武威卫大将军，当这次大清剿的总指挥，以那位大诗人、右拾遗陈子昂为总管府参谋，率领这一大帮人征讨契丹。也是这时候，这位陈子昂在到达幽州时，面对故国他乡，感慨万千，他一辈子郁郁不得志，这临了，还接了个这样的活儿，这不是他所愿的，于是，便写下了那首《登幽州台歌》：前不见古人，后不见来者。念天地之悠悠，独怆然而涕下！

此时，东突厥派人送来突厥王的亲笔书信，那书信上表明，东突厥愿意助大周灭李尽忠。武后笑了，只要你不反，给你物资，给你钱都是可以的。武后大肆表扬了一番东突厥，并赐予黄金白银几车。于是，东突厥大军和大周军浩浩荡荡向李尽忠开进。两军交战，还不到一个月，就有了转折性胜利。十月份，东突厥军队将李尽忠、孙万荣妻儿全部捉住，死死控制住了叛军的大后方。消息很快传到洛阳，武后大喜。偏偏这时候，李尽忠莫名其妙就病死了。契丹军部，只剩下孙万荣带着残部继续抵抗唐朝的围剿。

孙万荣的残部顽强抵抗唐朝一年多，靠着东奔西窜来活命。最后孙万荣被家奴杀死，将头献给了唐朝，而孙万荣的契丹残部投靠了突厥。自此，这场小小的闹剧以契丹失败而告终。

到了开元三年，强大的唐朝再一次显示出强大的优越感。长安城里各国人都在来回走动，操着各种语言的人，在长安做买卖，一个盛世终于开始了。李白都赞誉这时期的女子说：云想衣裳花想容，春风拂槛露华浓。若非群玉山头见，会向瑶台月下逢。已经成为突厥附属的契丹，看到了唐朝的富庶，再一次上表，诚心表示愿意归附。这时候的唐玄宗，正是意气风发的年纪，他开创的开元盛世，被后世大书特书。看到契丹的上书，唐玄宗表现出一个帝王的胸襟，说，来吧，大唐给你一碗饭吃。放心，大唐不会记仇，只会让你和你的族人更加富强。于是，契丹部族再一次回到了大唐的怀抱。

并且，唐玄宗将自己的女儿永乐公主嫁给了李尽忠的堂弟李失活——时任契丹首领。玄宗还恢复了松漠府，以李失活为都督，把李失活封为松漠郡王，授左金吾卫大将军。这厚待，让李失活找到了家的感觉，赌咒发誓再也不反唐，如果再反，天理不容。玄宗很满意，这个女婿还算听话。这李失活也践行了自己的诺言，以后几年，契丹与唐朝关系一直很好。可这家伙好像命不长。开元六年，也就是公元718年，此时距离唐朝建国刚刚一百年。这是个值得庆贺的年份，唐玄宗早就想搞个国庆，庆祝江山永固，庆祝祖宗保佑，可这一年，自己的女婿，李失活却病死了，多少给了唐王朝一些晦气。

女婿死了，契丹得有个人来主持大局吧。这时候，李失活的堂弟李娑固因为个人威望较高，大家一致推荐其为契丹首领。于是，李娑固给玄宗上了书，表示愿意继承契丹大业，继续和唐修好。唐玄宗很欣慰，就让他袭承了李失活的爵位。当然，玄宗心里还有一丝愧疚，女儿永乐公主嫁出去没几年，年纪轻轻就守了寡，怎么办呢？女儿的大好日子还长着呢，这就成了寡妇，以后就得过苦日子了。即便她是契丹先首领的女人，可是李失活一死，谁来怜惜她？玄宗想到了李失活的堂弟，刚刚继承李失活王位的李娑固。于是玄宗设宴，叫上了李娑固，也叫上了永乐公主，将所有手底下的人都打发了。这算是一顿家宴，一家人在一起，说说体己话，免了那些世俗礼节。

玄宗端着酒杯，意味深长地说，我的女儿，年纪轻轻就当了寡妇，她以后的日子该怎么过呀？他是你哥哥的女人，你哥哥却丢下了她。永乐公主也哭哭啼啼，说好的宴席，搞得像个追悼会。李娑固说，承蒙皇上看得起，如果公主不弃，我愿意娶她。玄宗笑了。这在中原王朝是有悖于三纲五常的，是伦理道德绝不容许的事情，但在李唐皇家就可以。任何国家制度的形成与约束，都可以将某些人除外。李唐的祖先和契丹一样，是少数民族，也不讲究这些，所以，玄宗的女儿便先后嫁给弟兄两个人。当李娑固表示愿意取永乐公主时，玄宗笑了，知道这小子将来能成事。嫂子嫁给了小叔子，一家人的小日子又开始了，反正嫁给谁，都是契丹的首领，无所谓小叔子还是大叔子，只要你们永远是大唐的臣子，嫁给谁都无异。女人在这时候，其实是皇权的黏合剂。作为皇室女儿，有责任也有担当做好和亲事宜，即便你有一万个不愿意，但使命使然。于契丹而言，这也是世代与大唐建立外交的契机。

小日子过起来了。松漠都督府还是他们的老本营。李娑固两口子小蜜月都没过完，契丹内部便有人开始觊觎首领的位置，跃跃欲试，总想着搞事情。那些手握兵权的权臣，都想坐在首领的位置上感受一下一把手的感觉。于是，许多契丹部族内部暗藏的力量开始外泄，并表现出了强大的生命力。李娑固已经意识到问题的严重性，可他对此竟无能为力。无法调停的矛盾，就像长在身上的瘤子，一天天在不断膨胀。李娑固处处提防，时时留心，希望可以把这些"不服"的因素压下去。不然，自己的小命都将不保。然而，尽管李娑固处处提防，两年后，仍然有个叫可突于的家伙蠢蠢欲动了。

这个可突于虽然是李娑固的副手，但是地位仅次于李娑固。相较而言，李娑固从小养尊处优，在深宫大院里长大，不知道江湖的繁杂，不知道人心的复杂。可突于看到李娑固不如自己，契丹交给这家伙手里，那是迟早要出问题的。于是，就在开元八年，公元720年，可突于自立为王，并率兵攻打李娑固。在军事上，李娑固几近于白痴，根本不是可突于的对手，还没打，他自己就慌了，不得不投奔营州（唐代的营州在今辽宁省朝阳一带），联合大哥的助手李大酺反击可突于。结果这两人命都比较短，在战争中，均被可突于擒杀。

可突于害怕唐朝来攻打，于是在杀了李娑固后，立马上书说，自己誓死效忠唐朝，为大唐鞠躬尽瘁，死而后已。因这位被寄予厚望的李娑固，不思进取，整日饮酒作乐，所以他代为处置，乞求大唐皇帝不要怪怒，并谦虚地说今李娑固已死，可以立娑固堂弟李郁于为主，他愿辅佐之。唐玄宗知道这家伙的伎俩，但这家伙又没说反唐，只是杀了自己的女婿，所以，从战略上来说，不好对其进行讨伐。唐玄宗就下令让李郁于袭承爵位，并把自己的又一个女儿燕郡公主赐给李郁于。

也不知道这时候的契丹王族到底怎么了，这位李郁于过了一段好日子，便病死了。这大概与可突于有关，他手握重兵，大权在握。这些契丹首领总是福缘很浅，好事情在他们生命里总是那么短暂，又可惜了那位燕郡公主。玄宗没办法，只能让李郁于的弟弟李吐于接了他哥哥的爵位，继续当着契丹的首领，并问了李吐于是否愿意娶自己的嫂子，李吐于说愿意。这位燕郡公主又嫁给了李吐于，看来唐玄宗惯用这样的方式，而这些契丹首领对此也无所谓，反正他们真正傍的是唐朝的实力，即便是嫁给他们一个傻子，他们都愿意。

这位李吐于比起李娑固，虽然命比较长，但个人魅力明显不足，气势上也有些软蛋。深知他是首领，但契丹的国家权力其实在可突于手里。李吐于也学习中原文化，早就知道了汉献帝被曹操置为傀儡皇帝的故事。这么想着，他便越来越忌惮可突于，生怕有一天，自己也做了不明不白的刀下之鬼。

可突于实际上挟天子以令诸侯，统管着契丹所有部族大权。迫于这种压力，李吐于带着自己的老婆燕郡公主跑到了长安，不敢再回松漠。可突于要的就是这效果，让你坐不住最好。唐玄宗只能将女婿女儿收留，不然他们就成了可突于的刀下鬼。这时候，这位可突于便又立李尽忠的弟弟李邵固为主。无可奈何的唐玄宗，只能拜邵固左羽林军员外大将军、静析军经略大使，改封广化郡王，又把女儿东华公主赐给了李邵固。这位开创了开元盛世的帝王，肚量也真是大，连着嫁了三个女儿，换了五个女婿，可这位可突于依然不停换着君主，玄宗却对此一味忍让。

且说李邵固回松漠后，为感谢大唐的赐封，于是准备了厚礼，让这位不听话的可突于入朝进贡，一则探听一下唐朝对契丹的态度，二则也是拉拢关系。本来对李邵固不屑一顾的可突于，这回还真接受了李邵固的这个建议，因为这也是他想做的。可突于带着大批财宝，向唐朝缓缓进军，当然，此次他还想了解唐朝的虚实，看看唐朝的军队。接待他的人是中书侍郎李元纮。这个接待可重要了，只有综合能力很强的人才会干好这项工作。外交工作，以接待为基础。而此次这位李元纮，在这方面来说，就显得不太成熟。李元纮早就听说过可突于那些行径，对可突于很不齿，在接待过程中，偶尔也甩脸子，说风凉话，故意要杀一杀可突于的傲气，这让可突于很不高兴。

在给大唐进贡后，可突于负气匆匆走了。回去后，可突于把在唐朝受到的委屈释放到了李邵固身上。于是，开元十八年，公元730年，一直在苦苦煎熬要上位的可突于终于还是忍不住了，他学了司马昭，杀掉了李邵固，重新又立遥辇屈列为契丹傀儡王。当然，这回，他没有向唐朝妥协，而是带着契丹部族投靠了突厥。李邵固被杀，他的老婆东华公主也成了寡妇。这回事情有点大，可突于公开与唐朝对立，她必须离开契丹，所以，这位东华公主扮成平民，一路逃跑，投靠到大唐边防军队。

上面这段契丹王位更迭之事，在中国王朝史上绝无仅有，这种不断更换君主的做法，让本身就不稳定的契丹内部，陷入了王朝不断更新的乱局泥沼中，一发不可收拾。甚至，这位可突于不再从大贺氏家族选立可汗，曾经辉煌一时的大贺氏，一个产生可汗的部族，被契丹彻底冷落。那位投靠大唐的摩会可汗，或许也想不到，自己的子孙，黄金家族的人，在可突于的手里被永远从契丹中心家族中勾除。

当然，这时候，另外一个家族显示出了自己的独特优势，那就是遥辇氏家族。从此，契丹可汗人选转入遥辇氏家族。

再说唐朝与契丹的关系。忍了好久的大唐，这回终于忍不住了。有个一而再，没有再而三。大唐对你契丹仁至义尽，你还是喂不熟的狼。好吧，既然你朝秦暮楚随风倒，那就给你点颜色看看。于是，战争一触即发。开元二十年，公元732年，唐玄宗命礼部尚书信安王李祎为行军副大总管，领众与幽州长史赵含章出塞大破契丹、奚，俘获甚众，可突于逃跑，奚族投降。次年，薛楚玉派郭英杰率领一万骑兵与投降的奚人攻打契丹，契丹再败。至此，契丹与大唐的关系到了白热化时期。第三年，公元734年六月，幽州长史兼御史中丞张守珪大战契丹，屡次击破。可突于率领的契丹部众损失惨重，可突于陷入绝境。这时候，已经看不到希望的可突于耍了个心眼，他派人送出降表，想通过诈降方式来瓦解张守珪。张守珪本以为可突于这回是真心悔过，于是就给了他一次机会。张守珪派管记王悔处理契丹投降事宜，但这位王悔到了契丹军中却发现可突于诈降，心里顿时大惊。于是他暗地里派人和契丹牙官李过折联络。这李过折听说可突于诈降，担心契丹部族命运会毁于一旦，也是大吃一惊，赶紧率部夜袭可突于、屈烈，并将其斩杀，其余诸部见李过折骁勇，不敢再战，纷纷归了李过折。于是，李过折率领余众归降唐朝。张守珪出兵紫蒙州，检阅了契丹部众，并给他们物资来安抚，契丹部众将枭屈列、可突于的首级悬于天津桥（天津桥为隋唐洛阳城中轴建筑群中的"七天建筑"之一，始建于隋，废于元代。初为浮桥，后为石桥。隋唐时，天津桥横跨于穿城而过的洛河上，为连接洛河两岸的交通要道，正西是东都苑，苑东洛河北岸有上阳宫。桥正北是皇城和宫城，殿阁巍峨，桥南为里坊区，十分繁华）。

开元二十三年，公元五年，正月，可突于的首级被送到东都。可突于余党泥礼竖起大旗，号称要为可突于报仇雪恨。于是，泥礼弑杀李过折和他的儿子，屠灭其家，只有一子李刺干逃至安东都护府，唐朝赐封李刺干为左骁卫将军。泥礼拥立遥辇氏迪辇组里为阻午可汗，契丹再次归附突厥。

至此，纷乱的契丹开始衰落。公元745年，也就是安史之乱的前十年,突厥被灭,契丹部族投降唐朝。

此后,契丹慑于大唐之威,一直以大唐附属存在。直到公元907年,他们才摆脱了大唐的束缚。

公元907年,大唐节度使朱温灭了唐朝。从公元618年,太祖李渊建唐,到907年大唐灭亡,共历二十一帝,享国二百八十九年。大唐,在中国历史上,是最强盛的王朝。文化高度繁荣、经济高度繁华、国家高度包容,唐朝一度成为外国人津津乐道的国家。同时,唐朝又高度重视与周边国家的交往,最早的外交制度,应该就是这时候发展起来的。玄奘西游天竺国,取回了那么多经书,为中国佛教的发展打下了基础……然而,再强大的国家,也有它寿终正寝的时候。这一年,唐哀宗,大唐最后一个皇帝,在朱温的逼迫下,禅位给朱温。自此,大唐灭亡。

随着唐末五代藩镇割据逐步加大,各种势力又开始拉锯战。朱温、李克用、耶律阿保机等人先后登上历史舞台,中国社会进入到又一个大动乱时期。

也是这一年,身为唐朝附属的契丹,看到唐朝分崩离析,觉得是时候脱离唐朝了。于是,他们在首领耶律阿保机的指挥下,迅速北还,彻底摆脱唐朝的附属,成为中国北部草原上的独立民族。

阿保机本来没有可汗的份儿,他不属于遥辇氏,汗位继承上,他压根就没有进入考察对象的范围。但机会往往是给有准备的人的,此时的阿保机,通过个人的勇气,加上智慧的头颅,逐渐在契丹部声名鹊起。他先后收服了鞑靼(塔塔尔族)、女真、室韦(蒙古族)

等部众，成为遥辇钦德可汗身边的红人，深得遥辇钦德的信任和器重。

公元906年冬月，天气很冷，草原上已经有了厚厚的积雪。如果没有什么战事，人们就躲在毡房里喝马奶酒，大块吃肉，准备过冬。然而，就在这个冬月，契丹部痕德可汗遥辇钦德患重病去世。刚刚摆脱大唐束缚的契丹，整个部族又陷入到一片沉痛之中。逐渐强大起来的契丹族运怎样？部族重任交给谁？这一切都让契丹部众陷入迷茫。

当然，痕德可汗去世时，曾经留下话，让阿保机接替可汗位置。然而，阿保机所处的部落为迭剌部，而非遥辇氏。尽管此时的迭剌部已经成为契丹八部最强大的部落，但可汗是从遥辇氏里产生的。让阿保机担任可汗，这与祖宗家法不合。如何顺利当上可汗，成了困扰阿保机的最大任务。任何朝代，一旦涉及继承事情，都不敢马虎大意，因为此事处理不好，极易造成契丹内部混乱。已经在本部夷离堇（军事首领）位置上干了五六年的阿保机，深知可汗之位牵动着整个契丹族人的神经。一些有资格的人，已经跃跃欲试，准备继承可汗。也有些不同意阿保机做可汗的声音，在契丹内部滋根生芽。阿保机组织召开了契丹贵族大会，将汗位继承之事公之于众。此事既要做得合情合理，又要不违背祖宗家法。果然，会场上，就有人提出可汗必须从遥辇氏产生的提议，还有人认为，应该遵从痕德可汗的遗愿……那些贵族叽叽喳喳说着，最后大家还是决定遵从痕德可汗的遗愿，让迭剌部的耶律阿保机继承可汗位。反正契丹首领三年换一次，不行了再换回去。于是，阿保机被人推上了大汗的位置。

成了可汗的耶律阿保机通过与中原民族不断交往，发现了中原文化与政治制度的先进性，并对汉族文化产生了浓厚兴趣。他自己带头先学，也鼓励契丹贵族学习中原先进文化。

阿保机学起了汉人官场制度，他本人虽为契丹大首领，却在这时候效仿中原王朝，在契丹称继皇帝位，尊母萧氏为皇太后，立皇后萧氏。设立南北两个宰相职位，总揽国家大政，萧辖剌、耶律欧里思被推选为北、南宰相，并命这两位宰相开展上朝仪式，全面效仿中原文化。这两个宰相也完全按照阿保机的意思，在朝堂之上率群臣拜阿保机为天皇帝。皇后，就坐在阿保机身边，称地皇后。同时，有心机的阿保机诏皇族承遥辇氏九帐为第十帐，以弟耶律迭栗底为迭烈府夷离堇，设官统领部众。这样，契丹部落的实际掌控权就回到了迭剌部。

阿保机从契丹可汗不断更换的事情中，看到换届选举的弊端，一个人在可汗位置上还没有开展自己的改革，说不定到了换届之年，就被换下去了，根本实现不了改革的意图。而契丹要强大，必须要改革。那么，改革的起点，其实就是换届选举制度。这本是契丹部族旧制，已经不适合而今契丹的发展了。但正因为是旧制，所以，要彻底改变它，那等于说要推翻祖先设立的制度，其困难程度不言而喻。

草原的可汗推选，有个制度，叫世选制，便是首领三年一选，以此相代。这种制度和我们现代的村干部选举有些相似。但这对于雄心勃勃的阿保机却成了致命的打击。他在多年和汉民族打交道的过程中，早就对中原君主专制以及嫡长子继承制产生了浓厚的兴趣。所以，为了让他的可汗位置永固，为了可以持久地将契丹统领下去，他想出了一系列办法来改变推选可汗的政策。

汉人的嫡长子继承制，是目前最好的方式。这里面不存在为了皇位争权夺势的情况。每个皇室，嫡长子只有一个。反观契丹部族，这些年，为了可汗位置，让多少人死于非命。可是真正要改变这种制度，那将是在人们固有的观念里注入一股新鲜血液，契丹人会接受吗？

焦急中的阿保机，无计可施，因为不久，就又到了换届的日子。

公元909年，是换届年。但这时候，阿保机不愿意交出可汗的位置。原来的可汗从遥辇氏里产生，痕德可汗把汗位传给他，也就预示着以后的可汗要从耶律氏中产生了。尽管他自己现在是可汗，可换届之日逼近，他能有什么好的措施呢？阿保机这回确实使了心眼。就在换届选举的时候，阿保机并未表示出要让位的意思。他不组织选举，也不让位，时间就那么推移着。从909年推到了910年，他还是没有让位的意思。这让他的几个弟弟大为恼火。在大家资历差不多、身份一样、辈分一样的前提下，你阿保机为什么不让位？老祖宗留下来的制度不遵守了吗？

从公元907年春到910年春，三年时间一晃而过，八部又开始张罗着准备推选新可汗。当然，这次阿保机感到自己并没有连任的可能，因为弟弟们都长大了，且个个战功赫赫，万一自己被选下去了怎么办？他自己预想的那些改革，难道要被终止吗？这已不是个人的荣辱与共，而是整个契丹族的生死存亡了。如果契丹为了可汗位置再出现混战，那么他们就将重回到黑暗中，永远只能做别人的附庸了。这当然不是阿保机希望看到的。

就在阿保机犹豫不决的时候，契丹部落有个人冒了出来。这个人，就是阿保机的叔父耶律辖底。从辈分上来说，这个人比阿保机高一辈，有优势，当然也可以成为契丹部可汗的候选人之一。他在痕德可汗在位时曾经叛变过契丹，被追杀，就逃跑了。后来，痕德可汗死了，他自己又回来了。阿保机给他安排了一个于越的职位。这本来是个有实权的职位，结果阿保机党政一把抓，不给手底下人实权。这个于越的职位，也就成了一个空架子。这位阿保机的叔父得不到权力，使唤不了人，心中便暗暗记下了这仇恨。

本来三年一次的换届选举，一直推到了第五年，阿保机仍然"久不受代"，没有改选的意思。阿保机不肯交出权力，其他人便没有当选的机会。所有人都在窃窃私语，都在私底下说着换届选举的事情，阿保机也听到了一些耳风。

受了委屈的耶律辖底，早就想报仇了。再说了，他也想把那可汗至高无上的权力搞到手玩儿几天。于是，耶律辖底便撺掇阿保机的几个弟弟，煽风点火，意图实现换届选举。他把阿保机的几个弟弟约到家里，倒上酒，端上肉，便有一句没一句试探这帮弟弟，是否对可汗的位置有想法。果不出他所料，他一说，阿保机的弟弟们便直骂阿保机不懂礼数。于是耶律辖底便说起风凉话，火上浇油，挑拨阿保机与弟弟之间的关系，他好从中得利。他说阿保机想独裁，一个人霸占着可汗的位置不挪窝。阿保机不挪窝，那么其他人这辈子都别想着当可汗。

耶律辖底躲在幕后煽风点火，并私底下与阿保机几个弟弟来往密切，行动可疑。曾经有人告诉阿保机，让阿保机注意耶律辖底。阿保机却觉得不能大动干戈，必须慎重处理，况且，这事情一旦处理不好，便有血光之灾。阿保机继续当着可汗，发号施令，运行改革，让契丹族人继续扩大着。

不久，阿保机的这帮弟弟就躲在一起策划，凡有不懂的地方，就悄悄去问耶律辖底。耶律辖底并不出面，只负责出谋划策。当然，耶律辖底是八面玲珑的人，他一边鼓动阿保机的弟弟站出来反对阿保机，一面又在众人面前说阿保机是千年难遇的雄主，契丹部落在他手里，一定会有所为。这位阿保机的叔父人前一面，人后又一面，做起了墙头草，见人说人话，见鬼说鬼话，完全成了口蜜腹剑、两面三刀之人。阿保机知道他们交往密切，但想着总归是弟弟，是亲人，他们不会对自己下手的。于是，这些事情也就没有引起阿保机的警觉，他把更多的精力放在了如何扩大契丹问题上。当然，还有另外一点，就是当年这位叔父反叛契丹，曾经跑到了渤海，后来痕德可汗去世后，听到了自己耶律氏子孙阿保机做了可汗，他就回来了。阿保机在他归来时，曾以可汗职位相让，他拒绝了，现在说他组织自己的弟弟反叛，阿保机多少有点不信。当年，他可是诚心诚意让出可汗的位置，是耶律辖底自己不愿意做。如果他现在再反对自己，那就是搬起石头砸自己的脚，拿巴掌扇自己的脸。这在道德上，是要受谴责的。

当然，这位耶律辖底并未想到这些，在权力面前，没有人愿意妥协，即便是再亲的人。武则天都说，欲成大事者，至亲亦可杀。

耶律辖底将阿保机的几个弟弟组织在一起，三五日小宴一次，私底下秘密商议政变。阿保机的弟弟刺葛、迭刺、寅底石和安瑞等人，被这位叔父说得眼睛都绿了。这位叔父讽刺挖苦阿保机的这几位弟弟窝囊，是自己的权利要自己争取。他阿保机有什么资格连任可汗，他的江山，还不是你们给打下来的。于是，被怂恿后的几个弟弟，再也忍受不了耶律辖底的羞辱和嘲笑，再也忍受不了在阿保机手底下为他做牛做马，还要受他的训斥，他们公然开始反叛阿保机。他们打着维护氏族世选制的旗号，互通声气，秘密串联，组成武装叛乱集团，开始向阿保机摊牌。当然，阿保机并未害怕，草原上的部族，为了汗位大开杀戒的事例太多了，在阿保机这里，这些事儿不算什么，只是，他不想契丹人再有血光之灾而已。许多传进他耳朵里的有关弟弟们密谋的事情，他睁一只眼闭一只眼。只要他们不表现出来，阿保机是不会对他们下手的。然而，让阿保机没想到的是，他的这些弟弟们还是坐不住了。他们连续三年，发动了三次较大规模的夺权斗争，史称"诸弟之乱"。

在这场变乱中，阿保机的四个弟弟出了很大力。当然，三弟寅底石和四弟安瑞则完全是懵懂年少，无知无畏，没有主见，只是受其兄长剌葛的蛊惑而已。但是阿保机大弟剌葛、二弟迭剌，都是跟着阿保机身经百战的人，他们知晓礼仪，懂得国家机器运行，所以，他们在这次叛乱中成了主角，破坏力也是空前所未有的。这叛变，让阿保机心痛不已。他一手壮大的契丹部族，在自己亲人手里竟然面临前所未有的考验，甚至存在亡国的危险。

他们叛乱的原因很简单，都想当可汗。既然可汗三年选一次，大哥你却战功卓著，你当五年了，还不让位置，这就有些耍赖了。既然你耍赖，就不要怪兄弟们不给面子。于是，这大弟、二弟两人，带着不懂事的三弟、四弟，举起了反抗阿保机的大旗。他最不愿意看到的诸弟反叛的现实，就真实地发生在眼前。

尽管如此，阿保机还是没有怪罪他们，在第一次叛乱被平息后，阿保机带着他的弟弟们登上了木叶山，这里是契丹发家之地，是契丹祖先的定居地。阿保机让人牵着牛羊牲畜，在山顶进行宰杀，并告慰了先人，希望他们可以继续护卫，让契丹部落越来越强大。几个兄弟看了，心里似乎有了一丝惭愧。阿保机和他们立誓，绝不反叛契丹，几个兄弟心口不一地发了誓。阿保机赦免了自己的弟弟，毕竟血浓于水，他们的身上共同流淌着父母的血液，流淌着契丹男儿的血液。然而，第二年，就在阿保机南征之时，这帮弟弟又蠢蠢欲动了。这一次，耶律辖底从幕后走到了台前，他带领着阿保机的几个弟弟，举兵进攻阿保机，进行第二次反叛。这次让阿保机吃惊的是，除了他知道的这几个人外，刚刚任命的惕隐官耶律滑哥等人，都参加了叛乱。这个惕隐官是阿保机专门设立处理各部族之间矛盾的官员，想不到，自己这么相信的人，这么重要岗位上的人，也举起大旗反叛自己，这等于在他的心窝子上捅刀子。阿保机怒了，他为了安抚诸弟，在一年前与他们在祖先的山上歃血盟誓，他相信弟兄们经过上次之事，不应该再有不轨行为。那是对着木叶山发过的誓言，那誓言里说了，不应该再有这样的变乱。没想时间不到一年，这些人就又反叛自己。当然，如果我们对元史有所了解就知道，一百多年后，同样的草原英雄铁木真与札木合的较量也同出一辄。他们曾经三次结拜成安达，札木合在铁木真强大后，曾不止一次想置铁木真于死地，十三翼之战，铁木真差点就被札木合灭了。草原这种争雄的局面，总在上演。

阿保机捉住了这些反叛之人，看着他们，首先质问耶律滑哥为什么反叛，耶律滑哥却说他自始至终都不承认阿保机是契丹可汗。阿保机一气之下，将耶律滑哥五马分尸。耶律辖底被打进大牢，最后也被处死。当然，阿保机还是对自己的弟弟网开一面，希望他们能够洗心革面，与他一起把契丹壮大。然而，有了前两次失败后，阿保机这几个弟弟也变精了，他们开始积蓄力量，自己身后站着的大军才是说话的底气。于是，一年后，他们又开始反叛，这场斗争持续了大半年，阿保机将自己的大弟、二弟都打败了。虽然这次平定了两个兄弟的叛乱，却给契丹部族带来无可挽救的创伤，生活物资大量遭到破坏，尤其是马匹，原来有一万多匹，现在剩下的只有一小半。

尽管平复了弟弟的叛乱，但其他七部的不同声音，却时不时传进了阿保机的耳朵里。是的，换届选举的问题不解决，整个契丹就没有一天安宁的日子，这才是症结所在。虽然平息了战争，但换届选举不能不执行。契丹由八部组成，不是一部，更不是阿保机的一言堂。这时候，七部首领都逼着阿保机举行换届选举，无奈之下的阿保机交出了可汗鼓，决定不再担任契丹可汗。他不想再看到契丹自己人之间的厮杀了。七部首领都爽快同意了阿保机交出可汗大权的决定。但阿保机交出实权的同时，也提出将这几年收拢的汉人给自己，让他带着这些汉人和自己的部族在栾城（位于今石家庄市东南。春秋时期，晋国中军元帅、正卿栾书即采食于此，建为栾邑，栾城因此而得名）建立汉城，七部首领同意了。阿保机在汉人文化影响下，建立了汉城。这里有滦河，适宜放牧，也适宜种植，因此，身在此地的阿保机大力发展盐铁。这些盐铁免费输送给契丹七部。次年，阿保机派人告诉七部首领说，我免费给你们提供盐铁，你们难道没有一句感谢的话吗？于是，七部首领都来汉城感谢阿保机。酒酣之际，阿保机发动埋伏在暗处的将士将七部首领全部杀掉。至此，草原上换届选举的可汗制度结束，中央集权专制式形成。

　　贞明二年，公元916年，统一了各部的阿保机觉得建国时刻到来了。中原的李克用、朱温、南唐不都有了自己的国家吗？所以，这一年，阿保机效仿中原，建立契丹国，开始称帝，并将自己的部族迁移到皇城，也就是上京。阿保机在上京建都后，效仿汉制，制定法律，颁定官爵位次，又命人制造文字，文字分为契丹大字和契丹小字。制度改革及文字创造为契丹日后的振兴打下了坚实基础。至此，一个新兴的北方草原部落建立的国家诞生了。以后，它以两百多年的寿命，在中国北方草原的版图上称雄，并成为中国第一个以狼为图腾的国家，与中原以龙为图腾的国家相区别。

　　耶律阿保机建立了契丹国，也就是后来的辽国，阿保机成了辽太祖。刚刚建都的阿保机，雄心勃勃，跃跃欲试。中原版图上，到处都是争霸天下的人，没有人管得了草原上的契丹。

　　于是，阿保机利用这种优势，瞅准时机，在中原各种力量火拼的缝隙中，捞着一把好处就走。中原的各种势力对此也无可奈何。大争之世，谁愿意再树立一个强大的敌人？所以，阿保机乘机到处捞好处，不断收编那些草原上的小部族。因此，大辽的势力一直拓展到西域诸国，吐谷浑、党项、阻卜诸部纷纷归降。

　　这时候，阿保机把目标转移到南方。南方的富庶，他早就听说了。当年和李克用结拜为兄弟，曾经见识过南方的那些富庶的城镇，以及城镇上醉人的酒香、可口的吃食，这在草原上是绝无仅有的。所以，下南方好，只要在南方夺得几座城池，那契丹的子民便可以享受南方的先进文明了。

正在阿保机意图进攻南方时，一个令人惊喜万分的消息传到了他的耳朵里。幽云十六州之一的新州守将卢文进不满李存勖让其率部攻打后梁的意图，找人送来了降书，表示愿意归附契丹。阿保机看着这份降书，内心很激动。这是送到嘴边的肉，这是不战而屈人之兵。且这个卢文进手底下还有那么多将士，如果吸收了卢文进，这对于刚刚兴起的契丹无疑是如虎添翼。再说这卢文进本就是南方人，对南方的政治格局、经济命脉、人文底蕴都一清二楚，收编了他，百利而无一害。尽管这个卢文进是个顺风倒，谁对他有利，他便倒向谁。即便如此，这个人的归附，对契丹而言也是有着重大作用的。权衡再三后，阿保机决定收编卢文进。

阿保机亲自迎接卢文进，并在大帐内设宴款待他。这在契丹部族里，是至高无上的荣誉。阿保机端着酒杯，对众将说，今日，你们来，我欢迎。我以国宴来款待你们，希望你们好好帮助我，咱们在这乱世中闯出一番事业。卢文进及所属将领连连称赞。

卢文进在契丹休整了一段时期。这期间，阿保机与卢文进经常畅谈治国之策。阿保机从各个方面了解中原政治格局，并询问了当今天下大势。卢文进按照自己的分析，对阿保机当前的各项部署做了修正。

契丹部落几个月没动刀动枪，士兵们都有些懒洋洋了。那些调皮的士兵，平日里无事便摔起了跤。阿保机协调好了内部各种关系，契丹内部一片祥和之气。阿保机觉得时机成熟了。

正值九月，战马膘肥体壮，阿保机决定向南用兵。阿保机征求卢文进的意见，卢文进早就发现这个阿保机远比自己想象的要厉害得多，同意他出兵。于是，这年深秋，阿保机和卢文进率部，号称三十万大军，攻打新州和幽州。时任新州守将的周德威见契丹人多势众，自己的兵力远远不如，便弃城后退到幽州。契丹部马上占领了新州，士气高涨。

于是，阿保机乘着契丹士气高涨之际，率部从新州直扑幽州。幽州作为幽云十六州的核心地带，城墙高大坚固，与新州相比，不可同日而语。于是，周德威放心守着城，一边又差人向李存勖求救。李存勖闻之大惊，派出自己的堂兄李嗣源到幽州救援。

契丹对幽州之战，并未如阿保机想像那般顺利。契丹大军发动多次大规模攻城，都未能攻破幽州。反而将士死伤无数，部队损失惨重。阿保机见短时间内拿不下幽州，便想来个持久战。他命人将幽州团团围住，等到幽州城里弹尽粮绝，他们自己会出来投降。于是，阿保机与幽州的周德威就这样对峙着。幽州城里人心惶惶，他们听说契丹人到处烧杀抢掠，只要城墙被攻破，幽州怕是要毁了，覆巢之下，安有完卵？最吃亏的还不是这些百姓，他们招谁惹谁了，要跟着受苦？

契丹军士将幽州城围攻了将近二百天，周德威迟迟不见援军到来，就动了要投降的念头。毕竟这样长期围攻下去，人心会崩溃，到时候，怕是江河决堤，一发不可收拾，还不如趁早投了阿保机，说不定还能谋个一官半职。

就在周德威摇摆不定时，李嗣源的援兵却到了。这时候，周德威的守城将士和阿保机的围城将士都到了疲惫边缘，他们再也经不起这样的折腾了。将近一年，没有战争，就这样围着。这时候，李嗣源从后面冲了出来，阿保机腹背受敌。幽州守城将士看到援军到来，个个打了鸡血一样，打开城门，直扑阿保机的契丹军。

阿保机被迫撤兵，在退守过程中，阿保机让卢文进驻守平州（今辽宁省、吉林省一带），他率部众向后方撤退。不过，他有些太担心了，李嗣源的兵并未追来。但阿骨打觉得，中原战场实在乱得紧，进入中原战场，保不准就会被那一群群逐鹿中原的人杀掉。于是，他放弃了进攻中原，意图在草原上称雄，并不断壮大自己。

就在这时，又发生了一件大事，让阿保机又一次鼓起了南下的勇气。

这件事的发生绝非偶然，而是酝酿已久。就如同暗藏在地下的岩浆，到了一个临界点，就爆发了。

公元921年，正月，天气有些冷，尤其是在河北这地方，后面就是漠北大草原。这个季节，不宜外出，只适合在家里暖被窝，抱老婆。

然而，被朱温封为赵国公的，还与朱温是儿女亲家的王镕，这时候却带着一帮人到处打猎。北方草原有冬猎的习惯，当然，据说这个王镕其实是回鹘的后裔，所以，他在冬天打猎，也就不足为奇了。但他这打猎，却引出了一端祸事，让自己命丧黄泉。且说这王镕打完猎，带着满满的收获往回走。这时候，天暗了，便决定住在一个叫鹊营庄的地方。吃晚饭时，大家都很尽兴地喝着酒，说着今日的收获。

王镕也是满面春风，好久都没有这么舒畅过了。整天待在宫里，听到的消息不是今天你把他灭了，就是明天他又投降了谁，这些事情太郁闷，搞得人一点兴致都没有。他身边的一个宦官石希蒙，冒出头来。他看出了王镕的意思，为了显示自己的才能，也为了体现自己的价值，石希蒙建议说，天气这么好，怎么不多打几天猎，好不容易出来一趟，就这样草草回去，下回出来，又不知道何时了？王镕看了一眼石希蒙，觉得这宦官还不错，能看出自己的意思来，众将也都随声附和。于是，王镕下令再打几天猎，让将士们也尽尽兴。这时候，一个叫李弘规的将领却说，你看人家晋王李存勖，哪有时间打猎，他每天都带着兵在到处拓展自己的疆土，不畏枪林弹雨，不畏流血牺牲，可反观大王您却带着自己最尖锐的部队出来打猎，不思进取。何况，咱们出来已经有一个多月了，大王您只留了少量将士守城，实际上给别人留了一座空城，如果这时候有人过来攻打，咱们赵国还有国吗？如果城破了，咱们到哪里去呢？王镕一听，觉得李弘规劝说得很有道理，也暗暗对后方的赵国都担心起来，并表示天明了马上回城。于是当下无话，准备都睡了，一早起来便回。这件事让石希蒙心中产生了恨意，他建议王镕再打几天猎，这个李弘规却故意和他过不去，规劝王镕回去，似乎有意和他对着干。石希蒙给王镕端了一碗醒酒汤，王镕喝了，脑袋多少有些清醒。这时候石希蒙说，大王您对李弘规太骄纵了，他仗着自己手握兵权，完全不把您放在眼里啊，就说刚才，这哪里是劝谏，简直就是逼宫嘛。王镕说，李将军也是一片好心，你怎会有如此想法？石希蒙说，画龙画虎难画骨，知人知面不知心啊。大王您对李将军这般爱戴，但他手里握着兵权，要是对大王怀有异心，那可不敢想象，常言说得好：害人之心不可有，防人之心不可无啊！王镕说，我想李将军不会有害我之心的。石希蒙却说，有没有，大王您明天一试便知。随即，石希蒙附耳对王镕献了一计。王镕这个糊涂蛋，果真上了当，心情不悦地睡了。次日，王镕改变了主意，说暂时不回宫，继续打几天猎。李弘规听到王镕不回宫后很是愤怒，一个国君，出尔反尔，说话跟放屁一样。李弘规的谋士说，大王陡然改变主意，多与石希蒙这个宦官有关，昨晚明明说好的要回宫，早上起来就变了。于是，李弘规便派手下带刀来到王镕帐前说道，而今出来一个多月了，军士们都很疲惫，希望大王能马上回宫。王镕不快，但也没有明显表现出来。这时候，李弘规进来，对着王镕说，大王今天早上改变主意，我想一定与石希蒙有关，如今大争之世，请大王擦亮自己的眼睛，亲贤臣，远小人。王镕说，我一直都是亲贤臣远小人的。李弘规说，大王早上忽然改变主意，肯定是石希蒙迷惑大王，请大王斩了他。王镕说，我堂堂一国之君，难道还要受一个宦官的蛊惑？李弘规见王镕无意杀石希蒙，便挥了一下手。于是，他的几个手下钻进里间，抓住了石希蒙，当着王镕的面，将石希蒙杀死，并将石希蒙的人头扔到王镕面前。看到这一幕，王镕早就吓傻了，他同意马上回宫。王镕在心里生了恨，这李弘规还真是不拿他当王。打狗还要看主人，这家伙说杀他的侍从就杀，完全没把他放在眼里，这样的人留不得，留下终究是个祸患。王镕回到镇州赵王宫后，派其子王昭祚和养子王德明率兵将李弘规和手下几十家满门抄斩。此事引起了李弘规手下强烈不满，于是，李弘规手下一千多士卒从子城西门翻墙进入赵王宫，杀死了王镕以及他的妻妾。由于忌惮朱温，他们只留下了王镕的儿媳妇——朱温的女儿普宁公主,并将此事报告给了后梁。

按说此事与阿保机没有关系,但这件事,却注定了要与阿保机扯上关系。

叛军杀了王镕后就知道,事情败露,朱温肯定会报复。在大争之世,谁都可以将他们灭掉。于是,这帮叛将头目张文礼在并起的群雄中找靠山,最终,他们把靠山选在了阿保机身上。张文礼差人向阿保机送去了求救信,希望可以求得庇护,并愿意与阿保机一起出兵讨伐李存勖,以解阿保机幽州失败之仇。契丹部落里有人建议,以防有诈。阿保机觉得,是不是朋友不要紧,只要大家利益目标一致,即便是短暂的一致,都可以利用。于是阿保机同意了张文礼的求救,并约好与张文礼、卢文进一起再度进军李存勖。

阿保机率领的契丹部族很快攻陷涿州,继续向定州开拔。在定州,阿保机和李存勖列开阵势,准备来一场雌雄之战。于是,在沙河及望都(沙河、望都均在河北省境内),两军对垒,相互在士气上较量着。先是一阵将领单打独斗,双方都有死伤,最后,便全军出动。然而,没想到的是,这一次,因为地形关系,加上冬天大雪纷飞,雪下了好几天,有数尺深,根本不便于契丹骑兵行军,反观李存勖的步兵,却个个灵活自如。所以,这次阿保机损失惨重,加上契丹兵马粮草奇缺,伤亡很大。阿保机只好撤兵。

南下两次受挫,阿保机决定先不南下了。看来文化这个东西真的很重要,中原文化那是一股很重要的力量,可以改变血液的力量。

他把目标对准了草原上的部落。不久,他就实现了统一草原诸部的愿望。现在,还剩下一个高丽和渤海了。据说这两个地方也有着丰厚的物资，这对于契丹来说，那可是很重要的东西。于是，阿保机率部向渤海开拔。当然，渤海远没有他想像的那么坚强，不久他就攻下了渤海和高丽，整个鸡头上的东北部也全部落入契丹手里。这时候，契丹统一了整个北部草原。西至阿尔泰山，东到高丽，好大一片土地，都尽归阿保机手里。

阿保机让太子耶律倍留守渤海，并将渤海改为丹东。阿保机封耶律倍为丹东王，全权处理丹东事务，设置军事化管理，阻止了渤海国意图死灰复燃的美梦。在今天，丹东依然被沿用，可见当时契丹的文化渗透。

然而，就在这当口，一直感觉身体不适的阿保机溘然长逝，享年五十五岁。这位还准备大展身手的开国皇帝，便死在了扶余城。当然，他之前努力地改变换届选举制度，也就是想学习汉人嫡长子继承制的想法，并未落实。他死后，皇位由他的二儿子耶律德光继承，这也就为老大丹东王耶律倍造反埋下了伏笔。这样的做法，只能让兄弟两个反目。毕竟这制度是阿保机亲手创造的，老二耶律德光却不遵守它。后面，耶律德光和耶律倍便各自管理着自己的营地。然而，老大耶律倍还得听老二的，毕竟老二耶律德光才是皇帝，有着至高无上的皇权。这皇权本来应该是属于耶律倍的。于是，丹东王明着服从耶律德光，暗地里却在想办法夺取本该属于自己的江山。耶律德光也对耶律倍越来越忌惮。有耶律倍在一天，他的皇位就不会永固，总在受着威胁。况且，耶律倍还有丹东那一大片地方和一支强大的军队。

后来，耶律德光对老大耶律倍越来越不放心，总在不断地削弱耶律倍的势力。本来，耶律倍就一直怀恨在心，他是在母亲述律平的威逼下把皇位让给弟弟的。现在耶律德光却反过来防着他，好像他做了多不好的事情一样。于是，耶律倍开始了各种反击。这些事，让后唐君主李嗣源看到，他觉得，瓜分契丹的时候到了。李嗣源派人悄悄给耶律倍送去手书，表达了愿意和耶律倍共享天下的意愿，希望耶律倍带着他的族人来投奔自己。于是，公元930年，耶律倍带着自己心爱的妾室以及部众，当然还有他一直被汉化的珍藏图书。从辽东渡海投奔后唐，并写了一首诗，名曰《海上诗》，刻在了渤海边上的一块木牌上："小山压大山，大山全无力。羞见故乡人，从此投外国。"这首诗里，表达了一种自己被逼无奈的心情。当然，这位耶律倍最后还是客死他乡。

而作为辽国的第二任皇帝，耶律德光在解决了老大之后，便开始了他雄心勃勃的征途。当然，他除了解决了老大耶律倍之外，还夺取了幽云十六州，而且以后这十六州，都成了大宋的心病，一代代刻在了北宋皇帝的耻辱柱上。耶律德光在位二十年，大刀阔斧地进行改革，让辽国一度成为最强大的国家。

耶律德光在位期间，也算勤勉。在国家改革上，着实下了一番功夫，契丹从此变强，成为整个草原上最强大的部族。耶律德光这位皇帝在辽国功绩有很多，当然，最大的功绩有三个：其一，攻破后晋都城开封，吞了后晋；其二，收留石敬瑭，得到了幽云十六州；其三，改国号为辽。从最后一点上看，此时的契丹，早已不是耶律阿保机时期的契丹了，他们改国号为辽，正式建立自己的王朝，一个强烈的信号，就是通过建立辽国，表明契丹要进军中原的决心。当然，这在以后成了现实。

这三件事，其实是相互联系在一起、相互融合，有着千丝万缕内在牵扯的。

天显十一年，公元936年，这一年，饱受非议的石敬瑭，在家里装病半年多，闭门不见客。本想以此让后唐君主李从珂消去怕他举兵造反的疑虑，他好一心一意扶持后唐，毕竟，他自己发迹之地是后唐。如果反了后唐，他自己怎么有脸去见地底下的先帝和自己的岳父李嗣源。让石敬瑭想不到的是，此举不但没消除李从珂的顾虑，反而让李从珂疑心更重。又有宦官提起三国时期，司马懿为了消除曹爽的顾虑，在家装病的故事，李从珂便越发害怕手握重兵的石敬瑭。李从珂用各种办法，不断地试探石敬瑭，不断暗示石敬瑭，这让石敬瑭无所适从，不敢去上朝，也不敢外出，只能在家里生闷气。他自己都没有想到司马懿装病意图谋反之事，宫里嚼舌头的人已将他比作司马懿了。石敬瑭之所以能成为今天手握重兵的后唐大将，得益于李嗣源的知遇之恩。他对李家人心怀感激，从未想过要反后唐。然而，李从珂并不这样想，他步步紧逼，不断提醒着石敬瑭。终于在李从珂不断逼迫下，石敬瑭萌生了反心。一个让君主不断怀疑的下属，日子肯定不好过。一个让君主不放心的武将，日子也不好过。这时候，大家其实都心知肚明，只是彼此没有挑明而已。李从珂早就知道石敬瑭在暗自培养势力，太原的守军其实就是石敬瑭的亲信，那些人和石敬瑭都有过命的关系，李从珂的话他们不一定听，但石敬瑭让他们来灭了后唐，他们绝对会义无反顾。如若石敬瑭反叛，这对后唐将是致命打击。

李从珂很苦恼。事情就在那里明摆着，他却不好直接处理石敬瑭，毕竟石敬瑭并未表现出要反唐的意思。李从珂明白，面对这种手握重兵的武将，处理他和朝廷的关系时一定要慎重，一旦处理不好，将有灭国之灾。从魏晋南北朝四百多年的战乱，到安史之乱之后，整个大唐王朝的战乱就是赤裸裸的教训、血的教训，是用一堆堆死人堆出来的教训。这让李从珂伤透了脑筋。石敬瑭成了君主忌惮的大臣。君臣关系一旦到了这个地步，注定会出事，只是个时间问题了。李从珂害怕了，一旦石敬瑭起了反心，他虽为天子，也不能扭转战局。他日日提防着石敬瑭，又偷偷下了暗杀的决定，但石敬瑭是何等人物，轻易能暗杀得了？最后，有太监提议，可以调离。这是一招重棋。如果石敬瑭不愿意调离，君臣关系就白热化了。太监说，不怕，又没革掉他的官职，只是让他到其他地方任节度使，算是平调。如果石敬瑭不听指挥，则以叛国罪论处，到时候，他也无话可说。如果他乖乖听话，愿意调离，这样一来，石敬瑭原先培养的军队就与他断了，此为一举两得，一石二鸟之计……李从珂觉得挺有道理，那些大臣都靠不住，关键时刻，还是身边的宦官作用大。所以，李从珂便对石敬瑭耍了个调任的绝招，欲把石敬瑭从太原调至郓州（今山东东平县）任节度使。

消息不胫而走，圣旨还没下来，朝廷上早已议论纷纷。这也是李从珂的计谋，想放出风去，看看石敬瑭的举动再做决定。这回，石敬瑭不能装病了，他必须主动出击，不然，他几十年在边疆创下的基业——由他领导的一批军队，将会随着自己被调离，而从此被李从珂吞掉。石敬瑭最怕的事情，果不其然就发生了，天命不可违啊！一想到自己一旦被调至郓州任节度使，那他将会是鱼肉，躺在刀俎上任人宰割。于是，石敬瑭决定反后唐李从珂。果然，圣旨到了，李从珂下令将石敬瑭调至郓州就任。这对君臣的关系，到此时，已到了剑拔弩张的地步。也许李从珂不调离石敬瑭，石敬瑭估计也不会反后唐。但要是不做此举，李从珂如芒刺背，日日不得安稳，左右、横竖都要面对这一切，那就早点面对吧。这对君臣在心里较劲已久，石敬瑭知道，他必须反抗，不然怎么死的都不知道。于是，当圣旨下来的那一刻，石敬瑭就做好了最坏的打算。他抛弃家业，也没有去郓州赴任，而是率自己的随从直奔太原，去了他的大本营。这样一来，等于说石敬瑭反了。李从珂知道，如果石敬瑭去任郓州节度使，那么他还不可能杀石敬瑭，如果不去，石敬瑭必死，这也是他的意思。逃至太原的石敬瑭，准备开始和后唐打仗——这是必须的，一个国家绝不容许反臣活着，况且是石敬瑭反了后唐，不是后唐抛弃了他，后唐诛灭反叛之人，天理昭昭。于是，后唐的军队直扑太原。一个太原节度使，再如何强大，也终归不是后唐的对手。石敬瑭也不想把自己积攒下来的老本蚀光，他还要依靠太原的家底来东山再起。可反观后唐，李从珂对石敬瑭要一心杀之而后快呢！石敬瑭被逼无奈，只能派人向自己的邻邦契丹求救，并许诺：只要耶律德光助自己灭了后唐，他将以幽云十六州作为报酬，而且愿意做耶律德光的儿子。看到石敬瑭如丧家之犬，耶律德光爽快地答应了。南下之路，早在建国时就明确了。况且，明着和后唐打，自己总免不了伤敌一千自损八百的后果，如果这次有石敬瑭帮忙，灭后唐，那就简单多了。况且还有幽云十六州这块大肥肉，实在是诱惑太大。于是，就在这一年（936年）耶律德光亲自率领五万铁骑从草原向南而来，与石敬瑭兵合一处，准备对后唐实施灭国打击。

两军对垒于晋阳城。这晋阳城四面环山，地理位置优越。按说后唐的军队不会败，但戏剧性的转折就发生在一瞬间。后唐军队有些轻浮，觉得辽军远道而来，定会速战速决，不然粮草不济，肯定会退兵，这和诸葛亮当年兵出祁山如出一辙。李从珂对草原上这些野蛮民族本来就不看好，他们就知道打仗，就知道放牧，身上有股子草原味儿。在中原人眼里，契丹是野蛮民族，和中原人就不在一个档次上。况且草原上，动不动就为了点利益大打出手，今天还一起喝酒呢，明天早上说不定就站在对立的阵营里了。所以，当耶律德光率着铁骑而来时，守在晋阳城的后唐守将并未产生恐惧。

那么，这一仗该如何打？后唐军一眼就看到了契丹的弱点，契丹军想速战速决。耶律德光也在看着地形，想着最佳出兵办法。如果强攻，死伤将会很重，所以，得想点办法才好。在观看了晋阳城的地形地貌后，耶律德光有了自己的主意。这回，耶律德光想来一招诱敌深入，然后合而围之。别看耶律德光是契丹人，他对汉文化也是颇为熟悉的。于是，耶律德光用自己当了一回饵，引着契丹先头军队来战，李从珂扬言，抓住耶律德光者连升三级……两军对垒，几个回合下来，耶律德光已经砍掉了后唐军几个将领的脑袋，后唐军个个憋着一股气，准备对契丹进行致命打击。这时候，耶律德光佯装败下阵来，由几个副将顶上去，结果都被后唐将士砍杀，后唐士气大涨，耶律德光见此情景，向后撤去。杀红了眼的后唐军不会轻易让耶律德光撤退，后唐大军紧追上来。这正好中了耶律德光之计。后唐的军队钻入了死胡同里，然后耶律德光命令早就埋伏在半山上的伏兵一哄而出，将后唐军队拦腰斩断，一分为二，让撒了一路的后唐军不能首尾相接。这场战役，持续了一夜，杀死后唐精锐部队一万多人。

后唐军大乱，到处流窜。耶律德光率轻骑继续追击乱了阵脚的后唐军。后唐军早就溃不成军，耶律德光的轻骑兵斩首敌将数万，几乎消灭了后唐主要部队。剩余的一些军队，三三五五，不成气候，都是些散兵游勇，他们钻入深山老林里，或者偏僻沙漠中，不敢露面。耶律德光看着自己轻而易举就灭了后唐，不免有些沾沾自喜。他率部往回走，把那些败兵残将留给了石敬瑭，石敬瑭乘机派出部队，扫清了后唐残余势力。石敬瑭与耶律德光又乘机率大军直逼洛阳。李从珂看到后唐大势已去，便带着传国玉玺与曹太后、刘皇后以及儿子李重美等人登上玄武楼，把油浇在身上，点燃了自己，自焚而死。至此，由三支箭的故事发愤图强的后唐灭亡。后唐从李存勖建国，到李嗣源、李从厚、李从珂，先后经历四帝，当然，如果加上李克用，应该算作五帝。李克用手里的后唐，那可是割据势力最强大的一方，和当时朱温不相上下。

后唐的灭亡，给了耶律德光无限的信心。向南进军，这在耶律阿保机时代是想都不敢想的事情，而今，在这个契丹的后世子孙手里实现了。真应该去祖坟上放一串鞭炮，以敬慰祖先在天之灵。

灭了后唐后，耶律德光并未在洛阳建都，而是撤回去了。他立石敬瑭为皇帝，石敬瑭便在太原称帝，建立后晋。从一个太原节度使变成了一个帝王，这无疑是质的飞跃。当了后晋皇帝的石敬瑭，也履行了自己的诺言，表示世代向契丹称臣，认耶律德光为父亲，而此时的耶律德光比石敬瑭小十几岁，石敬瑭因此也成了儿皇帝，以后一千多年都被人诟病。

建立后晋的石敬瑭将幽云十六州让了出来，这在契丹开疆拓土史上，是想也不敢想的事情。至此，中原北方的固守之地落在辽国之手。这幽云十六州是中原的北大门，直接关系到中原王朝的兴衰，直接导致以后黄河以北、以东地区的北方土地几乎无险可守，袒露于外族的威胁之下。以后契丹、女真、蒙古族南下入侵中原，以此为基础，逐步向南侵移。

石敬瑭在儿皇帝的位置上坐了几年，国家机器开始运转，社会也相对稳定。后晋抱有契丹这条大腿，其他小国家对后晋只能敬而远之。过了几年皇权至上的石敬瑭，享受到了一言九鼎的快乐感和成就感，便忘记了他这皇位的来之不易，开始了中国历史上任何帝王都有的奢靡之风，醉心于享乐。这在今天，被列入四风，是人们深恶痛绝的做法。但封建社会的石敬瑭，毕竟也算是这世间的皇帝。后晋说大不大、说小不小，当然，身后还靠着耶律德光这棵大树，即便有战事，契丹也不会置自己于不顾。于是，石敬瑭更加骄奢淫逸，不理朝政。李存勖宠幸伶官的亡国之事还在耳边回响，这位刚刚有了点成就的帝王就不知道自己姓什么了，完全遁入到五里雾中，不知人间几何。

当然，石敬瑭在晚年时，所犯的最大错误是不用文人。这一点正好与大宋朝相反，宋太祖赵匡胤正是看到了这些弊端，所以才有了宋朝重文轻武的国策。晚年的石敬瑭，早已不是年轻时候开疆拓土的武将，他在骄奢淫逸中混天撩日，紧紧握着自己手中的权力，就怕别人来分他手里的皇权。他害怕文人干政，许多历史证明，文人是不能惹的。他们脑袋转得快，手中的笔其实就是一支可以上阵杀敌的军队，古代那些文人出使他国，行使外交权力，用一番话往往就能使两个剑拔弩张的国家止戈罢兵。

加上那些宦官嚼舌根子，说这些个文人一天吃饱了没事干，就想着怎么弄权，怎么为自己搞好处，贪污腐败，蝇营狗苟，所以，石敬瑭便越发对士子反感。后晋的许多大臣，他都不放心，总觉得这些人每天都在觊觎自己的皇权，于是，这些文人越是直谏，他便对其越猜忌。这样导致的结果就是政令不通。他把一切都交给自己身边的宦官，让他们去处理这些事情。因此，汉末宦官专政的场面再现了。整个后晋，吏治腐败，朝纲紊乱，民怨四起。

偏偏这时候，属于石敬瑭管辖的雁门关以北的游牧民族吐谷浑，不服契丹领导，反了契丹。吐谷浑在隋唐时期，被隋炀帝杨广打败后，一直流窜，后来归属到唐朝，想不到现在又死灰复燃。吐谷浑酋长白承福带着族人逃到了河东，降了石敬瑭的手下刘知远。而这个刘知远，不请示汇报，自作主张将吐谷浑部族收留。石敬瑭知道此事会惹来大麻烦。而此时的刘知远，早已不是当年他手底下的一名小兵卒，而是手握重兵的节度使，就像当年李从珂时代的他一样。在这种情况下，石敬瑭知道不能直接指责刘知远，否则刘知远有可能脱离后晋，自立为王，那样就得不偿失了。为今之计，先笼络住刘知远为上策，当然也要给契丹一个交代。

果不其然，不久，契丹派出使臣来到后晋，询问吐谷浑归刘知远之事。石敬瑭这次心虚了，不管是不是他授意让刘知远吸纳吐谷浑叛众的，这事情都会如数算在他的头上。石敬瑭不敢见使者，谎称自己有病，这让出使后晋的契丹使臣感到了事情的微妙。当然，这时候，石敬瑭确实病了。作为后晋王朝的老大，虽然也是一方诸侯，可要跟手握重兵正在强大的契丹比，自己就显得势单力薄。加上刘知远重兵在握，节度使可以将在外君命有所不受。尽管是皇帝，享尽了荣华富贵，可这关键时刻，手里的王牌没了，而今后晋的兵权实际有一部分在刘知远手里。于是，石敬瑭这个儿皇帝，这个沙陀人，这个在五代十国里有过辉煌一瞬的人，竟然在这一年忧郁成疾。御医也无计可施，只能摇头叹息。后晋上下一片慌乱，契丹的使者还没走，刘知远又虎视眈眈……石敬瑭还是没能逃过这一劫，这一年六月，石敬瑭在家中死去，时年五十一岁，谥圣文章武明德孝皇帝，庙号高祖，葬于显陵。

契丹见石敬瑭死了，也就不再追究吐谷浑之事，还对后晋安慰了一番，送来了耶律德光的哀悼。

不久，石敬瑭的养子石重贵接替石敬瑭的职务，继续任后晋皇帝。

这个石重贵比较年轻，有年轻人血气方刚的一面，看事情远没有石敬瑭看得远。所以，在他接替后晋后，向契丹送去了通知书，还送去了珠宝，也送去了年轻人的血气方刚。

契丹大殿之上，文臣武将本来其乐融融。送上问候的后晋使臣却对耶律德光说，我们老大石重贵说了，给您当孙子可以，但是，只当孙子，不称臣，后晋是后晋，辽国是辽国，此后将单另过日子，不再属于契丹的一部分，后晋与契丹的附属关系也必须解除。耶律德光听了，火冒三丈：你父亲石敬瑭都对我毕恭毕敬，你一个愣头青，耍什么二杆子。于是，公元944年，耶律德光又亲自率军南下，向后晋扑来。当时后晋、契丹势均力敌，而后晋接过来的是后唐的广大面积，幅员辽阔，遍地是金。两军交战，互有死伤。此次南下，辽军并未讨得多少便宜，耶律德光只能撤军，石重贵有些得意。然而次年，耶律德光又率军而来。但这回，又出现了意想不到的事情。当耶律德光攻打后晋的消息传到后晋时，那些文武大臣首先就慌了。这可能是亡国之战，还是早想出路得好，良禽择木而栖。尤其是后晋大将杜重威想效仿石敬瑭，给契丹做儿皇帝。一方面，杜重威要求石重贵调动皇城御林军，对契丹实施打击。实则是让皇城空虚，他好乘虚而入。另一方面，杜重威上书给耶律德光，希望杀死石重贵以后让他当皇帝，耶律德光爽快答应了。于是，两军刚交上火，杜重威、李守贞、张彦泽等率领所部二十万人前来投降，归到了耶律德光的手下，这让耶律德光如虎添翼。

石重贵此刻肠子都悔青了，在还未强大起来之前，最好夹着尾巴做人，这回玩火玩大了。

公元946年正月，天气比较寒冷，雁门关上，传来了阵阵铁骑之声。耶律德光的军队，已经向后晋都城——开封杀来。石重贵不堪一击，加之二十万精锐又投了契丹，现在掉转矛头对着自己。战争还没有到达热潮，石重贵就被杀，后晋便灭亡了。

占领了开封的耶律德光看到开封城的繁华，看到石敬瑭每天接受群臣跪拜的大殿，心里有了留恋之感，为什么还要回到草原上去，这里不是很好吗？这里有房子，有街道，有市场，人们所需应有尽有。于是，这一年，耶律德光决定在开封选择佳期正式登基，改国号为大辽，他自己在崇元殿接受百官朝贺。至此，由阿保机建立的契丹国，到耶律德光建立的大辽国，其国力已经不可同日而语了。建立这种和中原一样的王朝，在阿保机时代是不敢想像的。他们在开封建都，那些统治区的中原汉人以为大辽将会效仿中原王朝，建立起自己的一套行政体系，以维持国家机器的正常运转，可他们等来的却是烧杀抢掠。

耶律德光虽然在开封称帝，却还沿袭着草原上的做法，完全忽视了中原汉人与草原民族的不同习性。他们不知道汉人的习俗，更不懂得统治汉人是需要汉人的智慧的。

就在部众进入开封后，耶律德光把这次胜利与任何一次草原战争一样看待。他坚持着对各部族征讨时的态度，觉得只要胜利了，就可以占领一切，这也是草原上的习俗。但这次他们忽略了这里不是草原，而是中原腹地，入乡随俗的老传统，被丢在了脑后。于是，占领开封的耶律德光给他的部众下了一道命令：以牧马为名，四处抢掠，实行"打草谷"。收到命令的契丹士兵在开封城里大肆杀掠，辽军所到之处，饿殍遍野，好好的一座城被搞得乌烟瘴气。这些士兵在开封烧杀抢掠完毕，继续向外延伸，开封几百里之内的城池无一幸免。此举留下了恶名，让聚居在城镇里的汉民族强烈不满。"打草谷"的结果，导致开封、洛阳附近数百里地方受到重创，一个个繁华的城市，瞬间断壁残垣，惨不忍睹。辽军这不是开疆拓土，而是自掘坟墓。到了这种地步，耶律德光还觉得不过瘾。他又以犒军为名，严令后晋官括钱，不论任何人，都得献出钱帛，以满足辽军胜利的欲望。

"打草谷"过后，城镇瞬间回到了原始状态。建一座城需要几代人苦苦积攒，但毁一座城，只需要一支军队"打草谷"就够了。耶律德光此举导致怨声载道，民不聊生。李克用、李存勖、李从珂，以及后来的后晋石敬瑭在位时，也未曾这般干过，所以，人们很怀念石敬瑭，民间不断传出要反抗的声音，而在开封城里的契丹兵士也常有被暗杀的情况。

看到耶律德光在开封称帝，当时身在晋阳城的刘知远，本就对这位草原上的雄主不服，所以他才敢私自收留吐谷浑部族。这会儿，你耶律德光称帝，而且在中原地盘称帝，这多少就有些欺负人的意思。汉人没人了吗? 要你一个草原人来中原当皇帝。

于是，早有反心的刘知远巧妙地利用了"汉家山河"的故技，打起了民族正统论和姓氏正统论两杆大旗。随即，刘知远也在晋阳城宣布称帝，但刘知远并未急着更换国号和年号，他继续沿用后晋年号，直到第二年，他才确定国号为汉，这便是后汉政权。此时，民族正统论和姓氏正统论这两杆大旗一旦有人树立起来，就有很大的煽动性和魅惑性。刘知远的大旗，煽进了好多中原人的心里。这中原王朝本就是汉人的天下，汉人争来争去，无可厚非，但你草原上的野蛮民族也想分一杯羹，那就太不把中原王朝的汉人当回事儿了。加上耶律德光之前搞得怨声四起，"打草谷"像一把大火，烧掉了契丹人入主中原的希望。

于是，开封附近诸镇和后晋旧将纷纷效仿，举起了反抗契丹的大旗。一时间，起义军到处开花，许多地方起兵响应。开封城里的百姓，早就受够了耶律德光，群起反抗。接着各地发生了讨伐暴君耶律德光的声音，那声音甚嚣尘上。起义军声势浩大，足以湮没一切力量。不能用野蛮来统治汉地，这是多少代先人总结出来的教训。

那些反抗契丹的力量，由少到多，由分散到聚集，开始逐渐强大。大部多至数万人，小部不下千百人。这些人，充分使用了麻雀战、游击战。他们专门找有契丹人管辖的州县去偷袭。而许多原来被耶律德光赐予掌管军事权的汉族管理者，纷纷倒戈。这些人，带着不堪忍受契丹打压的仇恨，冲向了基业尚未稳固的辽国。

反抗辽国的将领带人攻进城池，杀人放火，将契丹官吏尽数杀光，其行径其实与辽军"打草谷"无异。在这场反抗运动中，当时在澶州的起义军声势最为浩大，他们在首领王琼的带领下，攻破宋、亳、密三州，契丹部众纷纷逃走，身在开封的耶律德光听说这些城市相继失守，心里早就怕了。这时候，他开始为自己的行为暗暗后悔。

耶律德光开始准备退路，他任命萧翰为宣武军节度使，留守开封。而他自己则带着后晋降官数千人，宫女、宦官数百人以及后晋府库所有财物，离开开封，北行，向草原奔去。那里是他的大本营，估计汉人不会打过来。这场声势浩大的北归，和多年后金军灭亡北宋后，掳了北宋王室所有人北归的场景有些相似。不一样的是，金国当时是胜利之师，满载而归，拉着战利品，慢慢悠悠地走。而耶律德光则是在慌乱中往回逃命。当然，让人更不耻的是，耶律德光在北归路上，还不忘"打草谷"。许多州县的人民，皆死于非命。尤其是他们路过相州时，守城将士不让进城，被后晋军打败的耶律德光本身就有怨气，便命人强攻相州，相州保卫战最终因寡不敌众而失败。等耶律德光破城后，便命令人开始大屠杀，完全与暴君无异。相州城中死伤无数，血流成河。耶律德光还命令士兵，凡是遇到男子，全部杀掉；遇到妇女，全部奸淫。据史料记载，等耶律德光北归大军过相州后，相州就成了一座孤坟，到处是老鸦乱叫，到处是百姓尸体，经事后查点，死者有十余万人。

当然，上天也是公平的，对于这样的暴君，上天也会及时收回他的性命。等到耶律德光的北归大部队走到栾城时，耶律德光不知何故，忽然驾崩。有传言说他因病而死，但死迹可疑。耶律德光死时，年方四十六岁，正值青壮年，比起他的父亲耶律阿保机，他还短命八岁。耶律德光死后，下葬于凤山，陵墓曰怀陵，庙号太宗。

辽太宗耶律德光去世后，辽国还出现了两个接替皇位的人，一个叫辽世宗，一个叫辽穆宗。这两个皇帝在位期间，整个辽国贵族为了皇位，不惜到处设置暗杀组织，这两位皇帝均被莫名其妙暗杀。这时的辽国，内乱不断，八个部族之间相互撕扯，互不服气，辽国的政治、经济、文化遭到了前所未有的破坏。到了接替者辽景宗时，这种状态依然如长久的痼疾，如梦魇一般困扰着新的帝王辽景宗耶律贤。

这位叫贤的帝王，也的确贤明。辽国的中兴，他出了很大力。他首先终止了部族之间相互扯皮的现象。经过辽世宗和辽穆宗两代帝王的教训，辽景宗早就看到辽国内部机构的不合理，所以，辽景宗想通过改革来挽回在政治斗争中逐渐衰败的辽国国运。必须认识到，整个辽国已经在走下坡路了，如果还不实施改革，任由其混乱发展下去，用不了多久，大辽就得土崩瓦解。辽景宗非常着急，他要实现体制改革，以使大辽国运如日中天。他开始分析当前局势，包括国内和"国际"形式。他的许多治国理政方法也都是根据国家当前存在的种种问题制定的，有很强的操作性和指导性。不久，辽景宗就用自己独特的治理之法，拉回了走下坡路的大辽王朝，大辽又开始艰难地向上走。

这一切，都归结于辽景宗。必须承认，辽景宗是一位很有魄力的皇帝，但他有个致命的弱点，便是他常年体弱多病，必须要卧床静养。因此，他必须要有个得力帮手，代替他去实现他的改革意图。这时候，真有这么一个人闪现出来，并逐渐表现出她政治手腕的成熟。这个人，便是辽景宗的皇后，人称萧皇后。

这位萧皇后，小字燕燕，也称萧燕燕，实际名字叫萧绰。当然，这位萧皇后之所以有名，之所以被我们记住，是因为她组织辽军与北宋展开的几次战争。尤其是以民间杨家将为主的各种反映杨家忠君报国的电影、电视剧，让我们记住了这个人的名字。我记得小时候，看到这位萧太后就恨得咬牙切齿，因为在她的策划下，金沙滩一役使杨家将几乎全军覆没，弟兄七八个，只剩了六郎单打独斗，以后杨门女将，十二寡妇西征，都成了脍炙人口的故事。

然而，历史上的萧皇后，绝不是电视剧演的那样。这个女人，在政治手腕上，辽国无人能敌。要不然，一个天天躺在床上病蔫蔫的辽景宗早被人给收拾了，暗杀皇帝，辽国第一。而这位萧皇后，在活着的时候，竟然帮着辽景宗治理好辽国政治的好多痼疾，并让辽国日益强大起来，达到了建国以来最繁荣的时期。

我们回过来再说这位萧皇后。当然，这时候只能称其为萧皇后。《杨家将演义》里面说的萧太后，那是辽景宗已经去世，她辅佐辽景宗的儿子时，萧皇后就变成了萧太后。但此时，这是他与夫君共治天下的时候。此时的萧皇后，帮着辽景宗处理了好多棘手的问题。从此，辽景宗制定了一个制度，以后，皇帝和皇后齐名，并称二圣，这有点像唐高宗、武则天时期的李唐王朝。

萧皇后与辽景宗经过几年励精图治，辽国上下是一片欣欣向荣的景象。辽国举国上下都开始佩服萧皇后的统治，也愿意为她卖力。身在病榻之上的辽景宗更是让萧皇后放手去干，不要有思想顾虑，他会为她挡开一切阻碍辽国强大的阻力。于是乎，辽国越发兴盛，国家空前繁荣，这在阿保机和耶律德光时期是想也不敢想的事情。

然而，就在辽国蒸蒸日上之时，后周归德军节度使、检校太尉赵匡胤，在陈桥驿发动兵变，建立了唐末战乱七十几年后又一个统一的王朝——北宋。且北宋一路扫平了南方五代十国时期的所有割据政权，他们把目标放在了北方，也就是契丹部族。

辽国与北宋，战争一触即发。横扫各种藩镇割据局面的北宋王朝，立志要一统天下。辽国经过前几代皇帝与汉人打交道，知道了汉人也非任人宰割的羔羊，汉人最可贵之处就在于有思想。思想是最复杂的东西，这东西能反映一个人的内心活动，并指挥人的行动，继而形成一整套的规则制度，用于约束人的行为。

宋辽之间，那些引发战争的东西正在积蓄，并表现出燎原之势。这一次，不是后晋石敬瑭，也不是李克用，更非朱温，这次来的人叫赵光义。且这次，赵光义初试锋芒，便夺取了辽国附属国北汉，辽国上下震惊。萧皇后调兵遣将，准备迎敌。士气正旺的赵光义，夺取北汉政权后，都没休整，便继续北上，那可是奔着幽云十六州而去的。这地方对于南方的北宋王朝而言，是北大门，是必须夺回来的，所以，此战，无论如何必须拿下幽云十六州。宋辽两军在幽州摆开阵势，准备大干一场。所向披靡的宋太宗赵光义，在向幽州进军的过程中，不断有汉人降将来投，也有辽人实力不济被打败。

战争的天平本来偏向宋军。他们一路北上，所向披靡。当然，这也让北宋军队对辽产生了轻视。等两军对战时，战局发生了一百八十度大转折。于是，北宋历史上，最耻辱的一战开始了。这一战，叫高梁河之战。这一战，直接扭转了辽军不利的局面，辽军以少胜多，宋军惨败，并以此奠定了后面澶渊之盟的签订。

那是公元979年的夏天，日子是七月初六，已经相互摸透底细的宋辽两军，正准备着这一场决定两国命运的战争。辽国派出耶律沙带领辽国铁骑到达幽州，而一路没有失败的赵光义，也是紧赶慢赶到了幽州界。于是，辽宋两军相遇于这个叫高梁河的地方。这地方，据现代地理学家和水利学家考证，其实就在北京紫竹院附近。而今的紫竹院，是一个偌大的公园，里面有大片的荷花，有假山，有亭子。

而在一千多年前，高梁河，又称高梁水，辽金时代称高良河，发源于平地泉。这个平地泉，就是现在紫竹院里的那片紫竹院湖。两军在这里相持，并进行惨烈战斗。辽将耶律沙因为兵少，首场战斗下来，就被黑压压的宋军击败。于是，他们退到了幽州城里面。赵光义下令，猛攻幽州城，即便是搭人墙，即便是浮尸遍野，也要攻破幽州城。

可这座城，好似要比其他地方难攻。宋军日日紧攻，也破不了幽州城，只有双方死伤的士兵不断从城墙上落下。原来这萧皇后早有先见之明，在政治改革时，就对幽州的城墙进行了加固和加高。于是，宋军连续近二十日不停猛攻幽州城，仍然难以攻破。而这些士兵一路北上，连着打仗，心里早就疲惫不堪。现在对着幽州城，又是一顿猛攻，却没有攻下来，士卒早已疲惫。然而此时，在前不久战斗中失败的辽将耶律休哥，却率大部队以迅雷不及掩耳之势扑到了赵光义后边。耶律休哥并未让他的士兵提前进攻，而是等待时机。到了傍晚时分，天色微明，四周开始有了暗色，万物也逐渐模糊起来。攻了一天城池的宋军又累又饿，拖着疲惫的身躯收兵回营。就在这时，耶律休哥让他的部众人人手持火炬直冲，顷刻，便火光漫天，大有草木皆兵之感。眼前连成一片的火光，让本就疲惫不堪的、不知辽军虚实的宋军未等开战，心里便多了一分怵怕。

耶律休哥先让败退下来的耶律沙重新整顿军马，前去与赵光义的部队继续正面较量，而他则与耶律斜轸各自引骑兵从侧面杀出。疲惫不堪的宋军受到辽军的三面围攻，早就慌成一团，自乱了阵脚。于是辽军乘胜追击，宋军大败，死者万余人。赵光义也不知去向，没了主心骨的宋军更是慌乱万分，连夜南退，争道奔走，溃不成军。

高梁河之战，拉开了辽宋战争的序幕，也让长于行政、短于军事的宋太宗看到在短时间内灭辽，意图收归在石敬瑭手里丢掉的幽云十六州的不现实。

宋军不得不退回开封，以待时机。三年后，公元982年，辽景宗去世,萧皇后变成了萧太后。宋朝以赵光义为代表的北伐势力,又开始商讨北伐辽国。理由很简单,辽景宗去世,辽国军心不稳。于是,万事俱备的北宋,终于在四年后,也就是公元986年,派出三路大军向辽国开拔。东路以曹彬任幽州道行营前军马步水陆都部署,崔彦进为副,另外还让米信为幽州西北道行营马步军都部署,率军向涿州进军;中路则以田重进为定州路都部署,从定州进发;西路以潘美为行营马步军都部署,杨业为副都部署,出雁门关,攻取大同。细看这三路军的部署,其实是不对等的,赵光义把重点放在了东路军上。

辽国此时的辽圣宗只有十几岁,完全不知道战争是怎么一回事儿。这时候的辽国,萧太后摄政。为了有效应对北上三路宋军,萧太后让耶律休哥抵御东路军,耶律斜轸抵御中、西两路军,自己带着儿子辽圣宗在驼罗口(今北京南口附近)督战。五月,耶律休哥与萧太后两路军围击北宋大军,曹彬见事态对东路军不利,便下令撤军。曹彬仓皇南撤中,被后追上来的辽军击败。东路军边走边战,无心恋战,等退到拒马河(北京五大水系之一,大清河支流,发源于太行山麓)时,因在夜晚撤军,东路军在慌乱中人马相踏,伤亡甚众,最后退到了高阳(今天河北高阳)。

东路军失利,让对其寄予厚望的赵光义慌乱极了。这人一旦慌乱,便容易下错误的决定。慌乱中的赵光义没有及时补救东路军的失败,而是急忙下令中、西路军全线撤退。于是西路军后方兵力全部南撤,把正在前方激战的杨业撂在了半路上。主将杨业得不到后方有力的支援,最终兵败被俘,自己的儿子杨延玉及所有部属尽数殉国,这点和《杨家将演义》有些相似。已经身为俘虏的杨业,悲愤交加，对于降辽后各种优厚政策毫不理会。辽军对杨业很礼遇，这越发让杨业觉得无地自容，终于绝食而亡。当然，《杨家将演义》里加入了很多当时人们内心的美好想法，说杨业最后撞死在李陵碑前，暗讽赵光义亏待忠良。杨业死后，萧太后命人将杨业的头颅割下，装入匣中，在边关传递展览。辽国士气大振，相反宋军却士气低迷，战斗力丧失。

连续两次大规模战斗，宋军都以失败告终，自此，宋朝不敢再轻易向辽用兵。北伐，成了一个梦；幽云十六州，也成了一个梦。然而，辽国看到宋朝的软弱，却想攻宋，拿下南方大片富庶土地。于是，公元1004年深秋，萧太后亲率二十万辽国精锐部队南征大宋。辽军势如破竹，宋军却一路败北。不到两个月的工夫，声势浩大的辽军便攻到了澶州。这个地方，是黄河以北的军事要地，距北宋都城开封仅一河之隔。

宋廷上下大为震惊，想不到辽国的军队竟这般风驰电掣。时任宰相的寇准（字平仲）建议宋真宗御驾亲征。宋真宗采纳了寇准的建议。当宋真宗领着宋军准备和辽军大干一仗时，没想到黄河两岸数十万义军纷纷参加到抗辽斗争中，这与一百多年以后岳飞联合义军攻打金国如出一辙。宋朝，军事上总是疲软，但民间反抗的力量却从未间歇过。义军的帮忙，使得宋军士气大振。这完全超出了萧太后的预想，辽军队伍里也有了一丝胆怯之意，毕竟此时辽军在明，而那些民间的义军在暗，俗话说，"明枪易躲，暗箭难防"。隔河对峙的宋辽两军，谁也没有首先发动战争，只是对峙着。恰巧此时，辽国名将萧挞凛，战神一般的人物，在察看地形时被宋军用弩射中身亡。辽军士气大跌，萎靡不振。看到这些不利条件，萧太后综合各方面因素，审时度势，再次使出大政治家的手腕，她决定阵前议和。于是，历史上著名的澶渊之盟达成。宋辽约为兄弟之国，辽圣宗称宋真宗为兄，宋真宗则称萧太后为叔母；边界问题继续维持原有的疆域；同时，宋国每年向辽国提供三十万金帛。

接着双方就撤军了。而且到天祚帝之前，宋辽两国再无大规模战争。边界上人们可以互市，宋辽两国也相互来往，一个宋辽共享天下的时代到来了。

澶渊之盟的达成，保证了以后一百多年宋辽两国相安无事，经济上相互来往。于是，辽国得到了空前发展，许多制度受汉文化熏陶，逐渐开始实现汉化管理模式。而止息干戈的宋朝，也迎来了最为辉煌的发展时期。这时候的北宋王朝，实现了帝王与士大夫共治天下的中国历史上绝无仅有的繁荣局面，北宋经济高度发达，积攒了满满的财富。加上欧阳修、王安石几代人改革的努力，北宋成为当时全世界最富裕的国家，开封成了国际大都市，拥有一百多万人口，《清明上河图》就是很好的证明。

辽宋开始和平共处的时代。辽圣宗、辽兴宗先后七十多年，辽宋再无战事。经过前几代皇帝苦心孤诣的积累，两国均达到了中等发达国家水平。然而，太平盛世的下面，却隐藏着不安定的因素。即便是辽宋这样富裕的国家，在败家子儿的手里，用不了几年便会挥霍完毕。在北宋，赵佶把几代人积攒下来的财富全变成古玩字画，变成了花石纲。当然，这时候的辽国，也面临着政治危机、经济危机、制度危机……

辽国的第八位皇帝辽道宗耶律洪基，从辽兴宗手里接过大辽的家业，开始了长达四十六年的执政。

这位耶律洪基算得上是昏君了，整日不思朝政，吃饱了便思淫欲，乱性情，为人昏庸，忠奸莫辨，迷于酒色，却好汉文化，多作诗赋，有《清宁集》存于世上。他和搜集花石纲又偏爱瘦金体的宋徽宗有一拼。这两个人不在同一时代，前后相差近半个世纪，但他们的行为却神一般相似，所以，当国家大权落在这样人手里时，注定会成为时代的悲剧。金庸先生在《天龙八部》里把这位皇帝写成了雄心勃勃的英主，实则是不准确的。这两个人完全是一副败家子儿的模样，而这位辽道宗比宋徽宗还有过之而不及。辽圣宗与萧太后中兴的辽国，在这位耶律洪基手里开始大把大把被消耗掉。

当然，最让人不齿的是发生在公元1075年的一件事。这件事说起来有些复杂，且听我慢慢道来。辽国宫廷之间的斗争向来你死我活，大家为了那个皇位可以不惜兵刃相见。当然，在任何人面前，这种为了争皇权而不惜一切的事例比比皆是。在辽国就更为明显，八个部落互不服气，辽国自耶律阿保机以来，为此死伤过的人不计其数。

到了这位辽道宗时，面临着这样一场浩劫。史家为它专门命名，是为重元之乱，亦称滦河之变。这时候，涌现出一个影响辽国国运的人：耶律乙辛。就是他，鼓动昏庸的辽道宗，把整个辽国搞得鸡犬不宁。具体事件是：公元1063年七月，耶律重元，也就是辽道宗的叔叔，时任辽国兵马大元帅。这位叔叔觊觎皇位已久，想通过政变来当皇帝。于是，耶律重元父子及其同党趁道宗往太子山秋捺（四时捺钵辽国皇帝秋季移营的地方——在辽国，有四个都城，皇帝每个季度到一处进行居住，处理全国事宜，是为四时捺钵）之机，发动叛乱。一时间战乱四起，血流成河，耶律重元率领四百余人进攻道宗行官，导致逐渐稳定的辽国再一次面临内讧的危机。这位耶律重元自立为皇帝，并任萧胡睹为枢密使。辽道宗虽然自己去了太子山秋捺钵，但是快速稳定情绪，给皇官的守卫布置还比较妥当。当耶律重元攻进皇官后，守卫南院枢密使耶律仁、耶律乙辛等率宫廷卫士反击，耶律重元的政变被粉碎。还没当几天皇帝的耶律重元无处可逃，最后选择了自杀。

随着这场政变的粉碎，辽道宗对这位耶律乙辛倍加信任、倍加恩宠。于是，祸事便来了。十二年后，也就是公元1075年，已经一步步上升到太师职位的耶律乙辛，深得辽道宗信赖。辽道宗诏令四方如有军事行动，允许乙辛斟酌事态自行处理，这就给了耶律乙辛非常大的军事权。自古王者都将军事权掌握在自己手里，这位昏庸的辽道宗却把兵权给了别人，实际上是把自己架在热火上煎烤。

也就是这一年，看到辽道宗不务正业，沉迷酒色的现状，耶律乙辛觉得等待的时机到来了。十二年前他粉碎了别人发动政变；十二年后，他自己开始发动政变，意图夺取皇位，成为辽国的君主。反正谁夺到皇位，谁就是皇帝，自古胜者为王，败者为寇。

这位觊觎皇权的人，为了实施自己篡权的目的，又不让辽道宗发现，于是要了好些招式，打了好多擦边球。第一招，他把目光转移到辽道宗的后院，只要不让你后院安稳，辽道宗就没有多少精力去顾及其他。于是，耶律乙辛在辽道宗耳边吹风。他拿出一本册子，递给辽道宗，辽道宗并不明白其中含义，他用自己惯用的伎俩，说此乃皇后写的思春诗词，由于道宗您不经常宠幸皇后，所以，皇后便写了这些诗词，表达了对某一个人的爱恋。辽道宗红着脖子问，这个人是谁? 耶律乙辛说，此人乃伶人赵惟一。辽道宗脸红了，眼睛里有了火，耶律乙辛觉得再加一把火，就会燃起来。于是告诉辽道宗说，皇后与伶人赵惟一不仅相互欣赏、相互爱慕，他们早就有夫妻之实。辽道宗听后，暴跳如雷。

辽道宗失去理智，来回在宫中走着，鼻子里的气可以呼死一头牛。道宗在想此事，心中有些后悔，他不该冷落了皇后。可冷落了，你也不能出轨啊，这是对皇权的亵渎。于是，辽道宗如一头发了疯的狮子，开始到处伤人。当然，任何男人听到自己老婆和别人私通，都会如狮子一样。任何男人听到别人说自己的女人与其他男性有染时，绝大多数人会宁可信其有，辽道宗就更显出了低劣的智商，他对这种诬陷完全相信，并在心里滋生了杀意。于是，辽道宗便令皇后自杀。于是，皇后萧观音被赐死，史称"十香词冤案"。这在后面会说到，此处暂且不表。

耶律乙辛成功实施了第一步后，有些得意，也有些担忧。他的举动明眼人一眼就可以看出来，况且辽国有那么多明眼人。耶律乙辛担心此举太过，招致萧观音的儿子，也就是皇太子报复，于是，一不做二不休，便开始谋划除掉皇太子耶律濬。公元1077年，耶律乙辛想了好长时间，又生出一计，加上他制造各种假象，太子耶律濬图谋抢位的消息满天飞，耶律乙辛又在辽道宗耳边吹风。辽道宗一听自己还没死，儿子便开始抢皇位，心里便又生了恨。耶律乙辛说，太子此举是为了他母亲萧观音报仇。说起萧观音，辽道宗有了一丝愧疚，十年修得同船渡，百年修得共枕眠，况且那位已经长埋于地下的萧观音，还为自己生了儿子。但一想到儿子要报仇，要夺自己的皇位，耶律洪基又下了狠心，成大事者，至亲亦可杀。于是，任由太子耶律浚百般申辩，辽道宗听不进去一句，耳边又吹进耶律乙辛的话。于是，辽道宗将自己的儿子、将来继承自己大统的太子囚禁起来。不久，耶律乙辛怕辽道宗反悔，放了太子，那么他的末日也将到来。于是，耶律乙辛便派人在囚室暗杀了太子，并第一时间制造出了病死的假象。太子妃也跟着被害，太子的儿女被良臣送出了宫，在民间长大。

太子的儿子，叫作耶律延禧。后来，辽道宗意识到自己上了当，便猛烈地粉碎了耶律乙辛的阴谋，并将这位孙子，耶律延禧正式任命为自己的接班人。辽道宗心有悔意，便对这位孙子疼爱有加。历史就是这么巧合，辽道宗在位四十六年，如果当年太子耶律浚不死，估计皇位就与耶律延禧没什么关系了，也就不会有天祚帝被宋金夹击之事，辽国的命运说不定也会改变。然而，历史容不得假设。

辽道宗在位期间，辽国开始走下坡路。加上辽道宗骄奢淫逸，不分忠奸，导致辽国乌烟瘴气，国力持续下滑。此时的辽国与辽圣宗时期的辽国，不可同日而语。

公元1101年，辽道宗去世，二十六岁的耶律延禧即位，是为天祚皇帝。在错综复杂的辽国政治格局中，天祚帝脱颖而出，抑或是命运挨到他了。机会有时候就爱开玩笑，有些人机关算尽，有些人却得来全不费工夫。如果天祚帝被耶律乙辛杀害，辽国该是怎样一种境遇呢? 当然, 历史更容不得假设。这位耶律延禧成了辽国的皇帝, 成为辽国的亡国之君, 以后有人说起天祚帝, 都是亡国之君的代号。

当然, 历史很巧合, 公元1100年, 宋哲宗去世, 向太后让端王赵佶继了大统。从时间上看, 天祚帝与宋徽宗几乎是同一时间成为皇帝的。这是两个亡国之君又巧妙地同一时间即位。宋徽宗唯一比天祚帝好的, 就是宋徽宗比较命长。而天祚帝在靖康前后就死了, 死因不明。而徽宗还在金国逼迫下娶了金人女子, 据野史记载, 还生了娃。

回过头来说天祚帝。话说即位后的天祚帝, 心里永远记着仇恨, 记着杀死自己祖母和父母亲的凶手。于是, 天祚帝命人开启耶律乙辛的坟墓, 鞭尸了耶律乙辛, 报了仇。

做了这些事情的天祚帝, 便开始了自己的帝王之旅。

这位自幼饱受磨难的耶律延禧, 早就看惯了宫廷斗争的残酷, 早就见识到了人间的冷暖。可以这样说, 耶律延禧的童年是痛苦的, 是充满血色的, 是散发着白色恐怖的。于是, 当他继承大统后, 便开始享乐, 开始弥补童年受过的委屈和困苦。从辽道宗手里接过江山社稷的天祚帝, 错误地以为宫廷之乱早就平息, 他所能做的便是尽情享受。然而此时的辽国, 已经国困民乏, 如果不整顿, 亡国之日不远矣。马背上的部族都有狩猎的习惯, 而天祚帝把这习惯发扬成了生活日常。

实际情况是, 辽道宗在位四十六年, 让在萧皇后、辽圣宗手里逐渐强大的辽国逐渐削弱。这位辽道宗沉迷酒色, 不问朝政, 辽国几代帝王经营的帝国在他手里出现衰落。这一点和明朝万历皇帝一样。万历皇帝二十五年不上班, 天天躲在后宫里, 沉迷酒色。结果他刚死，崇祯皇帝就被李自成赶下了台，吊死在煤山之上。而这位辽道宗在位时间长达四十六年。他用四十六年的时间，来动摇一个近二百年历史的辽国根基。

他的接替者，耶律延禧，并非如崇祯皇帝一样，想力挽狂澜。这位耶律延禧更是全盘继承了辽道宗的做法。辽道宗杀了自己老婆儿子，而天祚帝也做到了这一点。整个大辽王朝出现了裂痕，而且愈来愈大。天祚帝的骄奢淫逸，让本就岌岌可危的辽国蒙上了一层灰暗。

天祚帝的宠臣萧奉先，一肚子坏水，就如同他祖父的宠臣耶律乙辛一样。天祚帝掘坟之事才过去几年，他便开始了祖父一样的道路。亲小人，远贤臣，是辽国消亡之重要缘由之一。这里有必要介绍一下这位人物。因为就在这一年，宣和四年，萧奉先被天祚帝赐死，时间正好是本书所要叙述的这一年。就如同两三年后，蔡京被赐死一样。

这个叫萧奉先的人，本是靠着裙带关系上位的，他的妹妹被天祚帝选为元妃，而他的另一个妹妹萧夺里懒，这是天祚帝的皇后。也就是说，萧奉先实际上是天祚帝的大舅哥。在小国家，喜欢用国舅这个词。他的确是国舅，但这位国舅爷为了自己的利益，不惜以辽国的国运为赌注，结果换来的只能是灭亡。

加上天祚帝不学无术，只知道钓鱼、打猎、好色、饮酒这些陋习，让辽国陷入泥沼。而这些不良嗜好于国家统治而言，无异于慢性毒药，一点点蚕食着帝国的根基。于是，天祚帝在宠臣萧奉先的帮助下，倒行逆施，杀了自己的另外一个老婆，杀了自己的儿子。虎毒不食子，为了天祚帝所谓的辽国帝业，辽国最有希望中兴的晋王，被他的父亲天祚帝杀了。于是，辽国上下寒了心，许多部族有了反心，与其在天祚帝手下卖命，不如起兵自立。

辽国内斗又开始了。而这内斗竟然是宠臣与后宫之间的斗争。萧奉先为了给两个姐姐争势力，也为了自己的外甥抢皇储之位，设计害死了晋王母子。辽国上下一片哗然。耶律章奴早在十几年前就觉得天祚帝会断送辽国大业，想不到一语成谶。

就在辽国内斗时，金国顺势崛起，而这一崛起，辽国便不再是对手。金军越打越多，辽军越打越少，最后连家底都赔光了，天祚帝不得不开始逃亡。本来只有到了四时捺钵时，辽国皇帝才会出动，这回没有到四时捺钵，天祚帝便领兵出行。这次与以往有所不同，以前是巡视，这次是逃亡。

最后，天祚帝逃至混同江边上的夹山，在这个地方，有了悔意的天祚帝意识到自己的昏庸。他把气全部撒在萧奉先身上，他在将士面前赐死了萧奉先，让萧奉先来顶替他的罪行。但大厦将倾，身处其中的人，又如何能躲得过呢？

逃亡途中的天祚帝，只顾着活命，早已将大辽的家业置之脑后。于是天祚帝的叔叔在辽国旧臣簇拥下，成立了北辽政权。而北辽政权在宋金的夹击之下，还没有出世，便胎死腹中。

耶律大石率军找到天祚帝，并希望天祚帝养精蓄锐，韬光养晦，以待时机，大辽翻身之日将会再度到来。天祚帝不听劝阻，要出兵与大金对峙，结果，天祚帝被大金名将完颜娄室成功抓获。

随着天祚帝被俘，辉煌一时的大辽王朝在天祚帝手里"顺利"灭亡了。不管天祚帝有意无意，他都是亡国之君，和历史上任何一个亡国之君一样，他的事迹将被死死钉在耻辱柱上，以后如果人类还在，他的事迹便不会被遗忘。

天祚帝死因不明，说法很多。有说病死的，有说被金人杀死的，我想这些已经不重要了。重要的是，在宣和四年，辽国迎来了末日。从宣和四年，天祚帝弑杀妻子那一刻起，辽国便注定了要灭亡。

历史的车轮早已滚过，那些碾压的痕迹，只是历史的残留。我们在这些碾压的痕迹里，窥探当年的历史事实，意图通过手中的笔来恢复历史，其实是有些不全面的。历史中，那些真实发生的事情，远比写出来的这点东西复杂得多，轰轰烈烈得多。在此，我们书写宣和四年，书写辽史，其实只是在浩瀚辽史中取了一瓢来饮。但不管怎样，一个以太阳为神、以狼为图腾的部族消失在中国版图上。契丹，这个响亮的名字，也从中国历史的资料里被封印。那些杀戮、那些内讧、那些轰轰烈烈的往事，都随着时间的推移，在历史中被定格，成为后人的唏嘘或者笑谈。

最后一节，我们说说辽国文化，这是个绕不过去的话题。文化是一个民族的灵魂。没有文化的民族，是没有前途的民族。没有文化的国家，是空壳的国家。

辽国，是契丹人建立的国家。从南北朝游牧民族，到归附隋唐，最终在五代十国时期崛起的契丹王朝，它之所以能有这么经久不衰的生命力，便是它与汉文化民族一次次交融的过程中，不断吸收优秀的汉文化。在汉文化的影响下，富于创造力的契丹民族创造出了契丹丰富的文化。通过这些文化支撑，让契丹成了一个传奇的民族。

在契丹族不断扩张的途中，大量的汉人、渤海人成了契丹的子民。这些汉人也将中原灿烂的文化传到了契丹。归附契丹的汉人，在契丹继续着他们原有的生活方式和文化交流方式。在统治之初，契丹统治者为了安抚这些归附的汉人，允许他们使用原有的文字，也尊重他们的信仰。所以，许多汉代先进的文化，传到了契丹，这些中原文化与契丹游牧文化进行碰撞、融合。

在契丹不断壮大过程中，契丹作为游牧野蛮民族逐渐向中原农耕民族学习文化，加上他们固有的一些游牧文化，通过不断吸收与融合，从而创造了辽国灿烂的文化。当然，他们效仿中原王朝，首先创造了文字这个文化载体。

这种文字，我们今天称之为契丹文。

在创造文字之前，契丹人之间只是口语相传。从发音上看，契丹语属于阿尔泰语系。耶律阿保机在与中原人不断的交流中，发现了汉字的魅力，许多东西都可以用汉字来记载。加上唐末，中原王朝战乱不断，藩镇割据势力你争我斗，契丹族乘机脱离了唐朝束缚，成为北部草原上一个崛起的民族。作为契丹首领的阿保机，早就想领着契丹民族创立一番家业。然而，这些年来，在与中原人的交往与对立中，阿保机越来越发现汉字的重要性，而他自己对汉字也如着了迷一般。在研究中原王朝不断衰败与崛起的实例中，文字这个东西起着至关重要的作用。这种情况下，契丹要想立于不败之地，也必须有一种自己的文字，来作为契丹的精神引领。于是，阿保机让几位大臣专门研究汉字，希望可以通过改编汉字，来创造一种契丹文。然而，这种创造文字的工程不是轻易能够成功的，需要不断尝试和完善。好在，皇天不负有心人。公元920年，耶律突吕不和耶律鲁不古两位契丹文字创造者，在一次次失败中，终于创造出了一种不是汉字，却与汉字很相似的文字。这种字，成为契丹进入文明时代的象征。在今天，我们将这种文字称之为契丹大字。契丹大字的诞生，让这个好战的民族开始兴民智。阿保机让契丹部族全部学习契丹大字，对于不好好学习，或者不能学习契丹大字的人，在建功立业及为官晋爵上都给予限制。于是，契丹大字很快在契丹部族传播开来。之后，又由阿保机的弟弟迭剌参考回鹘文，创造了契丹小字。至此，契丹由一个口语相传的民族，一下子有了质的飞跃。随着契丹文字的日趋完善，契丹文从表现形式上有了契丹大字和契丹小字之分。契丹统治时期，契丹大字与契丹小字共用。契丹大字有近三千个单字，已经和我们现代汉语的常用字差不多。而为了更好地记忆和表达，迭剌创造的契丹小字就派上了用场。契丹小字是拼音文字，大约五百个发音符号。契丹小字除了便于记忆和表达之外，写法较契丹大字也简单多了。

契丹两种字体的创造，让契丹有了根与魂，契丹的命脉也由此改变。这个民族的高度自觉和创新意识，影响了后来许多少数民族建立的国家。比如，契丹文对西夏党项民族的影响，使其创立了党项文字。而女真族，也依靠契丹文与汉字创造了女真文字。后来元朝也在契丹文与汉字基础上，创造了八思巴文字。契丹字从诞生起，便有了经久的生命力，一直被契丹、金、西夏等民族运用，直到金明昌二年，才由金章宗废止。

有了文字，加上辽国统治者推崇汉制，效仿汉法，就让契丹的文字有了新的生命力。契丹的社会形态，也发生了根本性的转变，由一个没有文字、迁徙不定、不知礼义的民族，进入到知书达理的文明社会。契丹利用大字与小字创造了一系列灿烂文化，其中之一便是文学艺术的辉煌。

辽国建国初期，便产生了最出色的契丹诗人耶律倍。这位耶律倍是耶律阿保机的长子，又是皇太子，被阿保机封为丹东人皇王。耶律倍自幼好学，善读书。他跟着汉族文人张谏学习汉文化，懂音律，善书画，还能写出五言诗，在当时辽国可以算作大才。然而，他却不喜骑射。据《辽史》记载："通阴阳，知音律，精医药砭爇之术，工辽汉文章，尝译《阴符经》。"可见此人虽为皇太子，却是个全才，通音律，又善于书画，他的画作保留至今的也有许多。然而，就是因为他不善骑射，没有尊崇契丹人的尚武精神，所以，他的母亲非常不喜欢他。阿保机去世后，他处处受人排挤，不得已将自己的皇位让给弟弟耶律德光。在政治上的失意，让他在文学领域有了不浅的造诣。比如说这首《海上诗》：

小山压大山，大山全无力。
羞见故乡人，从此投外国。

"山"这个词，在契丹语里是"汗"的意思。耶律倍以此来明说弟弟耶律德光抢走了自己的皇位。他用大山、小山这样的词，暗讽耶律德光。除了写诗，他还喜欢收藏，懂风水、会看病、善翻译，所以，他是集藏书家、阴阳家、医学家、音乐家、文学家、翻译家、汉学家等于一身的多面手。当然，他也极力推崇儒学，善于学习儒学经典。他在文化和艺术方面的成就,让他有辽代第一位大艺术家之美称。

除了耶律倍,契丹王朝贵族也对汉文化情有独钟。在北宋王朝词风盛行时,他们也学着中原人,开始赋诗作词,用诗词来表述自己的主张或者情绪。到了澶渊之盟后,宋辽之间相互和平,文化便不知不觉间渗透到了辽国。此时,辽国的统治者中能作词赋诗者,不乏其人。特别是自辽道宗提倡文学之后,辽国朝野上下,也经常效仿汉人,吟诗作赋,尤以宴饮赋诗迭相唱和之举最为流行。到了兴宗、道宗时期,辽国上层饮酒赋诗已成为一种风气,但凡没有诗词助兴,酒宴便也乏味。比如辽圣宗耶律隆绪就喜欢将自己创作的诗词赐给属下,一则显示自己才华出众,恩泽属下;再则,也表明文字的高明之处,非常人能及。比如这首《传国玺诗》:

> 一时制美玉,千载助兴王。
> 中原既失鹿,此宝归北方。
> 子孙宜慎守,世业当永昌。

还有这首辽道宗的《题李俨黄花赋》:

> 昨日得卿黄花赋,碎剪金英填作句。
> 至今襟袖有余香,冷落秋风吹不去。

除了这些帝王善于诗词歌赋外,辽国的女性诗人,也成就辉煌。比如,辽道宗耶律洪基的皇后萧观音,就是善工诗词的女诗人,且气势不弱。她的《伏虎林应制》：

> 威风万里压南邦，东去能翻鸭绿江。
> 灵怪大千俱破胆，那教猛虎不投降。

这首诗，如果单从字面上看，我们很难想象这是出自一位女诗人之手。伏虎林是辽帝王秋季狩猎的地方，是四时捺钵之一。这首诗充满了游牧民族的强悍和威风，以及意图依靠武力吞并北宋和高丽而一统天下的雄心。这种雄健的手法，尤其是出自女性之手，在整个辽国还是很少见的。

除了《伏虎林应制》，萧观音的诗词在辽国可算最多，也最富有感情。比如，《十香词》，就出自她的手。当然，她也因此被诬陷，那么我们现在将这《十香词》摘录如下：

> 青丝七尺长，挽作内家妆；
> 不知眠枕上，倍觉绿云香。

> 红绡一幅强，轻阑白玉光；
> 试开胸探取，尤比颤酥香。

> 芙蓉失新颜，莲花落故妆；
> 两般总堪比，可似粉腮香。

蜷蛴那足并？长须学凤凰；
昨宵欢臂上，应惹颈边香。

和羹好滋味，送语出宫商；
安知郎口内，含有暖甘香。

非关兼酒气，不是口脂芳；
却疑花解语，风送过来香。

既摘上林蕊，还亲御苑桑；
归来便携手，纤纤春笋香。

凤靴抛合缝，罗袜卸轻霜；
谁将暖白玉，雕出软钩香。

解带色已颤，触手心愈忙；
那识罗裙内，销魂别有香。

咳唾千花酿，肌肤百合装；
无非瞰沉水，生得满身香。

辽道宗后期宠幸他人，萧观音受到冷落。在感受寂寞的时候，这位颇有天赋的女诗人便用诗词来寄托自己的哀伤和寂寞。满地黄花堆积，朱颜憔悴，谁人来问？于是，在这样的背景下，《十香词》便产生了。这十首词，是内心寂寞的排遣，是感情的转移。然而，对诗词也颇有研究的辽道宗，在受到谗言后，竟然不问青红皂白便对这位皇后予以刑罚。

现在看来，这十首词，除了有些抱怨，有些女人的小怨气之外，毫无思春之意，这完完全全是萧观音希望辽道宗来到她身边，她给他扫床，收拾屋子，为他弹琴，与他对饮，人人都看出来是浓浓的相思之意。她日日梳洗罢，过尽千帆皆不是，斜晖脉脉水悠悠，肠断白蘋洲。暗通音律和诗词的辽道宗，为何就将此看成了出轨之词，并最后引发了"十香词冤案"，着实匪夷所思。当然，除此之外，这位萧观音在受到辽道宗冷遇之后，还写过十首词，今天我们称作《回心院》：

回心院（十首）

其一

扫深殿，闭久金铺暗。游丝络网尘作堆，积岁青苔厚阶面。扫深殿，待君宴。

其二

拂象床，凭梦借高唐。敲坏半边知妾卧，恰当天处少辉光。拂象床，待君王。

其三

换香枕，一半无云锦。为是秋来展转多，理有双双泪痕渗。换香枕，待君寝。

其四

铺翠被，羞杀鸳鸯对。犹忆当时叫合欢，而今独覆相思袂。铺翠被，待君睡。

其五

装绣帐，金钩未敢上。解却四角夜光珠，不教照见愁模样。装绣帐，待君贶。

其六

叠锦茵，重重空自陈。只愿身当白玉体，不愿伊当薄命人。叠锦茵，待君临。

其七

展瑶席，花笑三韩碧。笑妾新铺玉一床，从来妇欢不终夕。展瑶席，待君息。

其八

剔银灯，须知一样明。偏是君来生彩晕，对妾故作青荧荧。剔银灯，待君行。

其九

蒸熏炉，能将孤闷苏。若道妾身多秽贱，自沾御香香彻肤。蒸熏炉，待君娱。

其十

张鸣筝，恰恰语娇莺。一从弹作房中曲，常和窗前风雨声。张鸣筝，
待君听。

这些词，都是一个女人得不到宠幸后的小抱怨，这十首《回心
院》词，写得缠绵悱恻，柔肠寸断。全词从头至尾，如泣如诉，写尽了
萧观音失宠后的凄凉之苦。当然，全词也表现出了浓浓的希望，希望
丈夫辽道宗重新回到她的身边。谁料，这《十香词》和《回心院》十
首，竟然成了萧观音丢命的丧声。

辽国文学作品上，还值得一提的是《醉义歌》。这首《醉义歌》，
作者是寺公大师，相传为一高僧。原诗用契丹文写成，后被耶律楚材
译为汉文，保存于楚材的《湛然居士文集》中。译成汉文的《醉义歌》
为七言歌行，长120句。这首诗歌是现存契丹人的诗作中篇幅最大，
且最具典型意义、属于古风式的诗词。此诗从重阳节饮酒入手，纵情
放歌，自比陶渊明和李太白，多方面、多侧面表达了对人生的感慨，
及对隐逸生活的喜爱："我爱南村农丈人，山溪幽隐潜修真。老病尤
耽黑甜味，古风清远途犹迤。喧嚣避遁岩麓僻，幽闲放旷云水滨。"
同时，这首诗因为篇幅长，内容涉及广，杂糅了儒、道、佛思想，希望
以此求得解脱："问君何事徒劬劳，此何为卑彼岂高。蜃楼日出寻变
灭，云峰风起难坚牢。芥纳须弥亦闲事，谁知大海吞鸿毛。梦里蝴蝶
勿云假，庄周觉亦非真者。"虽然用典和思想均来自汉文化，但内容

却融进了契丹民族刚健质朴的粗狂气质, 被耶律楚材称之为辽诗的"绝唱"。

除了契丹字和文学艺术, 当时, 最为兴盛的, 便是佛教在契丹的传播。

佛教, 本自印度教, 汉代末年传入中国。魏晋南北朝时期, 是中国佛教最为发达的时期。梁武帝自己信佛, 兴建佛寺, 导致了佛教的兴盛。后来, 随着鸠摩罗什、达摩祖师、玄奘法师、六祖慧能等人的弘扬, 佛教在中国的地位和影响日渐加深。

纵观中国佛教, 并非一味吸收印度教义, 它是由中国自己的僧人不断翻译、不断吸收、不断发展, 进而产生一系列属于中国本土的佛教宗派。毫不夸张地说, 中国佛教自成一体。

到了辽国时期, 随着汉人进入, 佛教自然也进入到契丹人的视野。为了更好管理这些汉人, 契丹也以大包容态度, 容纳了佛教在契丹地域的发展。但此时, 契丹部族依然信奉萨满教, 这是草原部落流传下来的宗教, 而佛教是中原传至辽国地域上的, 从感情上来说, 契丹人更愿意信奉萨满教。从统治者的角度来说, 要想让这些中原汉人诚心归服, 就必须让他们心灵归服, 而要让心灵归服的最好办法, 就是尊重他们的风俗习惯, 并予以承认。于是, 这些归附辽国的汉人, 在契丹建立寺宇, 出家为僧, 弘扬佛法。佛教, 逐渐在辽国兴起, 并获得了更多人的信仰与追随。佛教追求自我超脱的微言大义, 让许多背井离乡思念故土的中原汉人在心灵上得到了解脱。

这种文化渗透, 刚开始只在辽国平民之间进行。后来, 契丹统治者看到了佛教巨大的凝聚人心的魅力, 也开始对佛教有所认可, 并有所依靠。萧太后作为决定辽国由弱到强的人物，对佛教甚为信奉。她住持佛事，舍粥饭僧，还让人修建佛塔。萧太后此举，让整个辽国贵族妇女多为效仿。佛教文化在辽国进入了春天。

当然，辽国佛教文化到底兴盛到何种程度，我们只能从现存的遗址中去想象。现今尚存的辽国三大佛寺为天津独乐寺、山西华严寺、辽宁奉国寺。这三座寺院，分别建于辽国不同年代。其中，独乐寺建寺最早，且是至今保留最完整的辽国寺院。这是一座木制寺院，雕梁画栋间，可见当年香火旺盛的程度。独乐寺保存了大量辽国房屋建筑结构，以及佛像雕塑、绘画等艺术，成为今天我们研究辽国文化的重要之地。伟大的建筑学家梁思成偶然间发现了这座寺庙，并对其进行了深入研究，这才让今天的我们感觉到这个已经湮没在历史中的王朝，当年的佛教是何等辉煌。华严寺与奉国寺，从辽国建起，后经金、元、明、清都在不断维修和完善。所以，我们今天看到的华严寺与奉国寺，实际上是几个朝代共同修建，保留至今的寺院。尽管它还存留着辽国时期的佛教影子，但从根源上说，这两座寺庙已不那么纯真。

始建于唐朝的云居寺，到了辽圣宗时，得到了进一步修建和完善，后世又几经加固维修，至今保存较为完整，这也是能反映辽国佛教文化兴盛的代表之一。

尽管佛教在辽国如此发达，传播久远，信众众多，但辽国的治国文化却是儒家经典，这点与魏晋南北朝非常相似。尽管当时佛教很发达，但统治者却更愿意接受儒家治国文化。因为儒家治国之道自成一体，有一整套的理论体系和制度体系，这比单纯信奉，让心灵归属更符合实际。

辽太祖耶律阿保机在位时，为了给国家制定运行机制，学习汉朝先进管理办法，辽国高层之间专门召开了一次会议，研究治国之道。然而此时，佛教在辽国已经成为第一大教。当阿保机问在座诸人，该用何种文化来治理辽国，所有人都想到了佛教，应该尊崇释迦牟尼。阿保机说，佛教本就不是中国之教，尽管佛教在辽国很兴盛，但它不一定适合国家的发展。这时候，身为太子的耶律倍说，孔子大圣，万世所尊，宜先。耶律倍这一提议，与阿保机不谋而合。阿保机很得意，这个受汉文化影响的太子最了解他。这次会议，大家统一了思想。阿保机随即兴建孔庙，并让太子耶律倍全权负责此事。

至此，辽国正式尊儒家文化为正统文化。以后辽国的君主，大致上沿袭了阿保机尊儒家文化为治国理政文化的思路。特别是辽圣宗与萧太后，将儒家经典作为治国的策略，在全国上下推行。他们尊儒，起用大批儒学之士，辽国达到了空前繁荣时期。

然而，任何事情都盛极而衰，阴阳互换。辽国也不例外，在海上之盟后，辽国的前途可以预见。宣和四年，在宋金夹击下，天祚帝开始逃亡生涯，辽国坍塌之势已不可避免。我们在无比惋惜中，用浅显的文字意图去恢复那个以狼为图腾、以太阳为神的民族。他们在不断扩大途中，创造了灿烂的文化，特别是契丹大字与契丹小字的问世，对后世漠北草原民族影响深远。契丹人，在接受汉文化的同时，有意识地将契丹文化融入到汉文化中，创造出了属于辽国自己的民族文化，这在中国五千年历史中，也是屈指可数的。如今，这个王朝早已在历史的长河中消逝。它不如中原汉家王朝，可以通过文字一代又一代传承，他们创造了丰富多彩的文化，却在历史中昙花一现。至今，我们绝大多数人能知道的，或许只有耶律阿保机这个名字。我们要说的是，这个民族以其创造性和开拓性，在10世纪到11世纪中国版图上迅速崛起，称霸一方。他们创造的文化，也是中华民族文化的一部分。在未来的历史进程中，我们要开拓大辽文化，让更多的辽文化进入我们的视野。我们需要记住的是一个叫契丹的民族，它在中国文化长河中，也曾灿烂辉煌过。

第三章
耶律大石和西辽

中国的历史总有些意想不到，总有些不能预知，总有些让你啧啧称赞的奇迹发生。历史总在上演着那些快意恩仇，那些国破后满目疮痍的河山，那些家破人亡，那些血洒疆场马革裹尸，那些征夫离人……轰轰烈烈的大事件，鸡毛蒜皮的小事情，都是历史的组成部分，它们让我们解读，让我们惋惜，甚至长吁短叹。然而，历史就是历史，它是真实发生的，有生命的，引以为戒的。

这一节，我们讲述的还是宣和四年的故事。历史中的这些事情，都不是孤立存在的，它们彼此有着内在联系。正如辩证法一样，世间任何人和事其实都是必然联系在一起的。宣和四年，宋朝想夺回幽云十六州，大金想一统草原，大辽想死灰复燃……当然，还有我们的这位耶律大石，在大辽灭国以后，开始寻找新的出路……

从宣和四年到北宋灭亡，短短几年，宣和四年，注定成为不平凡的一年。这一年，辽的败灭是北宋灭亡的前兆。在宣和四年中国几大部族的斗争中，各类人物都呼之欲出，宋朝产生了徽宗这样的昏君，辽国也有天祚帝这位亡国之君，可就在同时代，又有伟大帝王诞生。宣和四年，成了历史的一个节点，江湖纷争，朝代更替，战乱不断。然而，正是这样的背景，又滋生了产生英雄的土壤。乱世造英雄，这个时候，完颜阿骨打、完颜宗弼、岳飞、吴玠、合不勒等英豪相继登上历史舞台，大显身手。

宣和四年，看北宋，满脸苦楚，处处受气，灰头土脸；看金国，扬眉吐气，国运蒸蒸日上；看大辽，衰败，灭亡。夹山，成了天祚帝最后的归宿……

宣和四年，战乱还在继续，烽火连三月，辽、宋、金三国的战鼓还在回响，在这纷乱的年代里，我们中原的历史好像忽略了一个人。

这个人叫耶律大石，前面提到过。不过，我们对他比较陌生，因为他没有向诸如徽宗、天祚帝等人这样高频次地出现在我们的视野中。民间也好，正史也罢，记载他事迹的文字，少得可怜，中国古代那么多文献资料，竟然把这个人忽略了。现在回过头来再了解这个人，忽然觉得我们学生时代的历史书是多么浅薄。在公元10世纪到12世纪这段时间内，或许我们只记得中国版图上的大宋，以及与大宋发生战乱的辽国。要不是那些武侠小说的贡献，或许我们对于西夏、回鹘、大理、大金等这些部族在中国建立起的政权一无所知，但武侠小说往往虚构性太强，真实的东西太少，又误导着我们对历史的认知。

所以，我必须声明的是：辽国是11世纪中国版图上的一个国家，和宋朝、金国一样，隶属于中国；而西辽也是中国历史的一部分，耶律大石是中国历史上一位开拓进取的帝王，他应该在中国古代帝王史上有浓重的一笔。

继续上面的话题，虽然耶律大石这个人在中国历史上少有提及，但他是伟大的帝王，就其功业，绝不亚于秦皇汉武，甚至和战功赫赫的成吉思汗相媲美。

咱们就来说说这个耶律大石。说宋朝，不美气，汉家天下的心理，一直困扰我们对历史的鉴别。读宋史，除了啧啧叹息，还是啧啧叹息。所以，我们就讲讲这位西辽的开国皇帝。

这还是宣和四年的事情，这一年，看似平平淡淡，看似世界安然，然而，这是一个值得被记住的年份，这是一个不简单的年份，各路诸侯登上舞台，你方唱罢我登场。唯独这个耶律大石，他是中原版图上销声匿迹的一个神话。

要讲西辽，必须先说辽国，这就又说到了天祚帝。宣和四年，金国攻陷中京，天祚帝逃亡夹山。耶律大石作为辽国肱股之臣，怎忍心辽国败落。可天祚帝竟不顾国家安危，只顾自己活命，领着一帮亲信跑了，但跑了和尚，庙还在那里，庙里还有其他人怎么办呢？不能坐以待毙等着金军来攻打吧。于是，耶律大石重新拥立耶律淳即位，称天锡皇帝，后世称北辽。耶律淳任命大石为军事统帅，负责守卫。

天祚帝刚刚逃走，他的故土上便建起了北辽政权。一个只顾自己的人，注定会众叛亲离。

刚刚建立政权的北辽，其实也是危如累卵。他们的气势，早就让辽道宗、天祚帝折腾完了。而今这个北辽政权，兵微将寡，耶律淳又是个老头子，仓促上马，完全不适应皇帝的节奏，幸好遇到了这位耶律大石。

耶律大石，生于辽道宗大安三年，也就是公元1087年。他是耶律阿保机的八世孙，有着强大的社会背景。从小优越的生活条件，给他创造了别人无法享受到的教育资源和生活氛围。加之澶渊之盟后，辽宋两国相对平稳，中原灿烂的文化传到了辽国，辽国上下都在学习中原的先进文化。从小聪颖好学的耶律大石，对汉文化有着深入研究，这在他以后的政治生涯中发挥了很大作用。读书其实就是储能，但现实生活中，好多人尽管明白这个道理，但能做到的却也寥寥无几。当然，除了学习汉文化，辽国善骑射的本领，耶律大石也继承了。他力大无穷，饭量惊人。一个文武全才的少年，初露锋芒。

1115年，耶律大石二十九岁。这一年，辽国举行进士考试，耶律大石顺利通过考核，成为进士。这也创造了又一个奇迹，耶律大石成为《辽史》记载中唯一一个契丹进士，可见其知识渊博程度。辽道宗也算很珍惜这个自家的人才，让他担任翰林院承旨一职。这个翰林院承旨到底是个什么官呢？其实就是负责传达圣意、颁布诏命的人，相当于今天中央办公厅厅长级别。所有国家政令，都要通过他的手向全国颁布。

当然，翰林院承旨是个文官，也是个综合协调部门，这样的部门要的就是综合实力强的人。耶律大石应对自如，可见其过人之处。

看了几年文件，审了几年政府工作报告后，耶律大石开始任实职。于是，不久，耶律大石出任泰、祥二州刺史，开始了地方行政首脑的任职。耶律大石在地方上推行新政，励精图治，泰、祥二州社会高度繁荣。

有事干了，时间流逝就快。在泰、祥二州任职时，耶律大石想过要与金国抗衡，想过将金军灭掉，想过恢复大辽往日的繁华。但一个国家的发展，决非一人之力能扭转乾坤，那必须是一大批志同道合者的共同努力。然而此时的大辽，没有这么多志同道合者，八部所有人都各怀心思，加上天祚帝懒政，国家出现了崩塌之势。

于是，这便回到我们讲述的开头，公元1122年，也就是宣和四年。这一年，已经与辽战斗了八年的金国，在完颜阿骨打率领下，一股大军又直扑辽国上京。想不到这个生长在长白山下的女真人竟如此好战，且勇猛无比。有了出河店（今河北境内）之败的天祚帝，对金军早已忌惮不已。战争一开始，胜负尚未可分之时，心虚的天祚帝便率军逃跑。于是，上京陷落。上京陷落，等于说国都陷落，等于说国家灭亡。天祚帝自己跑了，传了一道圣旨，让耶律大石做南京留守，准备迎击金军。

看到天祚帝跑了，耶律大石痛惜万分，大辽子弟不能战死疆场，却要逃跑，那是屈辱，是对祖宗的不敬，是对大辽江山社稷的不负责任。然而，天祚帝还是跑了，不知道跑哪里去了，也没办法联系，通信完全中断，要是有部手机肯定好得多。看到天祚帝一溜烟儿跑得无影无踪，南京城里准备参加四时捺钵的辽国旧臣们个个咒骂不断，斥责天祚帝只顾自己，从未想过祖宗家业，实属不忠不孝。看到大辽群臣乱作一团，文武双全的耶律大石想力挽狂澜，拯救辽国于危难之际。

于是他和众人商量，如何把控当前局势。一帮大臣在一起商量了一下，觉得国不可一日无君。于是，他们组织成立了北辽政权，继续和宋金周旋着。大丈夫死则死矣，何惧？

辽国的兵力实际上分散开了。面对大宋和大金虎视眈眈，耶律大石一方面想着防御，另一方面又想着后路。这时候，宋金两军先约好，两面夹击北辽，彻底粉碎耶律大石的美梦。

耶律大石想向金称臣，卧薪尝胆，并意图向宋邦交，于是他派人向宋金两国送去了降书和结交书。金国断然拒绝了耶律大石的降书，并表示不灭辽，不足以泄愤。而耶律大石交给宋朝的结交书，内容很谦卑，称宋徽宗为兄。耶律大石的意思很明确，宋辽本有兄弟之盟，一百多年相安无事，这也是走动走动，联络一下亲戚关系。宋辽之间不应该破坏这种盟友关系，这只能让大金渔翁得利。况且，宋辽如今是唇亡齿寒的关系，金灭了辽，下一个目标就是宋。

宋朝堂上，那些大臣又开始叽叽喳喳，主战派与主和派唇枪舌战剑，互不相让。或许一百年前，咱们打不过辽国，那时候，没钱，兵力不行，现在你一个被打得节节败退的辽国，也想翻身，简直是痴人说梦。庙堂之上的北宋群僚说北辽这时候攀亲，有点迟了……于是，主战派得势。

又有人翻起了旧账说，澶渊之盟以后，宋辽两国本以为结为兄弟之邦，但辽国仗着人多，仗着兵强马壮，动不动就找事端。一百多年间，宋辽两国虽然结为叔伯之国，但两国关系没有好转，一直比较紧张。辽方恃强凌弱，每隔一段时间，总是要制造出一些事端，好刷一下存在感，也不断提示宋朝，辽国强于宋朝的事实。尤其是庆历二年，辽国无端要求北宋增加银帛各十万两/匹与辽，以解决内需。熙宁八年，他们又无端制造事端，通过胁迫、威逼等方式，从北宋手上巧取豪夺了河东十县之地。这些事情说起来，几天几夜也说不完，辽国就如同贪得无厌的人，想方设法榨取北宋王朝的国力……

翻旧账口子一开，大家便都觉得，辽在这一百多年里，对宋朝的摧残是根植在骨子里的。许多人如数家珍一样，将辽国斑斑劣迹放在了群臣面前，群臣意见一致了。宋徽宗玩了好多年石头、字画、美玉，这回要为国家办点正事了。

于是，宋金大臣上京协议，如何联手灭辽。宋金议定联袂夹攻辽国，长城以北的中京大定府由金军负责攻取，长城以南的燕京府由宋朝发兵攻取。按照协议要求，以及宋朝急于收回幽云十六州的迫切心情，宋辽和平的局面被打破了。

宋辽之间一场战争正在酝酿，现在的平静只是暴风雨前的平静。

宣和四年，在那个叫白河沟的地方，童贯率领十五万宋军大战耶律大石主力七千人。当然，临行前徽宗将童贯叫到内室，告诉童贯如果不战而屈人之兵，那将是最好的局面。这个童贯也是想战功想疯了，于是，摆开阵势，让两军对峙，但并不出兵。童贯想通过分化辽国内部来达到不战而屈人之兵的意图。于是他以高官厚禄为诱饵，派人拉着几箱金银珠宝去策反辽国易州豪强史成。没想到这位史成却是个硬骨头，还有满身正气，当他听说童贯派使者暗中来拉拢他，希望他可以献城投降时，大骂间谍，又大骂童贯白日做梦。这位去策反史成的间谍，也无意间被史成逮捕，砍了脑袋。

童贯一计不成，又生一计。他派人给北辽耶律淳送去了劝降的口信，那意思很明确，只要耶律淳投降，高官厚禄、荣华富贵，享之不尽；并许诺，只要耶律淳投降，可以享受王爷的待遇；还在辽国城内大肆宣传降宋的好处，只要武将降宋，必受之以节度使的官阶。那可是宋代武将最高的军事长官。即便是大宋将领，也没多少人可以达到这个级别。童贯以优厚的待遇，招抚燕民归降。据野史记载，涿州当地的大土豪刘宗吉暗中与宋军通气，表示愿意归附，只要宋军不杀，只要有高官厚禄。童贯闻之大喜，如果这个刘宗吉投了降，此风一开，以后效仿的人就多了。于是刘宗吉与宋军相互交换信息，并以涿州为投名状。半夜，刘宗吉准备开城投降的消息走漏，辽军开始重新布防，全城通缉刘宗吉，刘宗吉得知事情败露，一刻也不敢留，仓皇逃入宋军，寻求庇护。

然而此举，让耶律淳大动肝火，在耶律淳看来，童贯此举无疑是挑战他的底线。如果契丹人都是贪生怕死之辈，也不会在危难之际建立北辽政权了。契丹人再少，气势也不会输。于是，那场蓄谋已久的辽宋之战在所难免了。

耶律淳命令耶律大石和萧干率领北辽残部及难民军与宋军周旋。此时，宋军精锐兵力十五万，辽军不足三万，且全部都是老弱病残，轻骑兵连一万都不到。这样十五比三的优势，在任何军事学家眼里都觉得宋军必胜无疑，即便是不会打仗的人，五个打一个恐怕也绰绰有余。冷兵器时期的战斗靠的全部都是人，不似如今，有个狙击小组，几个人便可以毁掉一个师的力量。然而，历史又一次表现出其无法预料性。宣和四年五月中旬，兵分两路的十五万宋军，黑压压一片向北辽直扑而去，天上的云彩都有些偏向宋军。然而，奇迹发生了，耶律大石率领的北辽军击溃了宋西路军前锋杨可世部，宋军死伤颇多，一路上尸横遍野，兵败的西路军丢盔弃甲，像乌合之众向雄州（今天的雄县，隶属于河北省保定市）方向败退，契丹部初战告捷。十几天后，到了五月底，萧干率领的少量辽军又在范村与宋军东路军狭路相逢，奇迹再次发生，辽军又一次击破了宋东路军。宋军十五万精锐之师，便让辽军残部一顿猛捶狠打，趾高气扬的童贯差点就挂在了战场上。六月初，宋军西路军主力在雄州城外与辽军展开鏖战，杀声震天，宋辽两军死伤不计其数。一败再败的宋西路军本来可以凭着人多势众，一举捣毁北辽，恰巧此时，天上下起大冰雹，狂风肆虐，在这种天气里作战，仿佛天意难违，宋军便怯场了。辽军将士则抱着背水一战的决心，将生死置之度外，士气大振。于是，宋军全线溃散，百里之间，尸骨随处都是。

宋军十五万将士，没有打过北辽的残部，这让宋廷上下大为震惊。包括宋徽宗在内的所有人都觉得，辽乃虎狼之兵，今虽困顿，但不失威。

白沟之战的失败，初次证实了耶律大石指挥有方，也充分体现了哀兵必胜的道理。当然，白沟这个地方，也成了重要历史战役遗址。宋辽白沟之战后两百多年，明建文帝与燕王朱棣也在此进行了一场大规模的战斗，也叫白沟之战。结果建文帝大败，从此决定了明朝国家的走向。

就在北辽士气正旺时，北辽皇帝耶律淳却病死了。当然，也有吓死之说，反正是死了。这对刚刚立国的北辽政权形成了致命打击。一个建国不到一百天的开国皇帝，莫名其妙就死了，这也给耶律大石这些北辽旧臣心里增加了一分阴影。耶律淳死后，由他的妻子萧德妃摄政。北辽暂时得到了休整。但前期在白沟受挫的宋军，又整合十万兵将卷土重来，黑压压一片又扑向辽兵。宋军奇袭南京（北京以南）城，没承想，在南京城巷战中，耶律大石充分发挥巷子作用，合理调配兵力，辽军再次取胜。

经过两次失败的宋军，在辽军手里没有得到一点好处，反而损失严重。

金军此时看到了宋军金玉其外、败絮其中的现实，被区区几千辽兵打得落花流水，不堪一击，于是亲自上阵，大战耶律大石。金军以完颜娄室、完颜宗望等为先锋，将北辽军队彻底击败。此时的北辽政权岌岌可危，在内不能安抚群臣，在外又有宋金联军，摆在耶律大石面前的路该如何走呢？

当然，此时还发生了一件被耶律大石视为终生遗憾的事情。金军来攻打耶律大石，本就对金军怯战的辽军，这一次一样以失败而终。不一样的是，这次战役，耶律大石被金军俘获。时任金军主帅的完颜宗望得知耶律大石被俘，大喜。他犒赏了三军，醉意蒙眬地走到押解耶律大石的营帐。

耶律大石被五花大绑着，还在挣扎，脖子上、额头上青筋暴起，完全是一匹驯不服的狼。完颜宗望走近耶律大石，看到这位大辽最后的脊梁，心里不免有些惋惜。于是他叹息一声，让人解开了捆绑耶律大石的绳子。耶律大石说，大丈夫死则死矣，叹息什么？完颜宗望说，果然是大辽的脊梁，面对我这么多手下，仍然不动声色，我真是佩服你的底气。耶律大石并不争辩。

完颜宗望挥了一下手,便有下属拿着烤熟的羊肉,还有温热的佳酿进了帐篷。完颜宗望说,坐下来喝一杯?耶律大石说,要杀要剐来个痛快,别想收买我。完颜宗望说,我知道,你是硬骨头,之所以和你喝酒,也是敬你为辽国的人才。我知道,劝降你不可能,那就好好吃一顿再上路吧。如此一说,耶律大石便觉死定了,便也释然了。耶律大石坐下,辽金两位大将端着酒杯,吃着熟肉,彼此对视,进行着心理战。

耶律大石早已将生死置之度外。是夜,竟然喝得酩酊大醉,完全不省人事。

次日,还在酣睡中的耶律大石被人架出了帐篷。帐篷外面,金军整装待发,耶律大石似乎明白了昨晚那顿酒的意图。接着便有将士将他绑了,押解在前面。完颜宗望走到车辕上的耶律大石跟前,悄声说,请你带路吧。耶律大石说,宁死不屈。完颜宗望拉出十几个辽军俘虏,一挥手,便有金兵将其斩首。被杀害的辽军脑袋落地,滚在泥土里,而那被砍了头的身躯里散发着一阵阵腥臭,金军队伍里传来一阵讥笑。

完颜宗望说,怎么样,带不带路?你不带路,我就将这些俘虏全部杀掉。试想,他们可都是大辽勇士,本应该战死在战场上,现在却因为你而丧命,你不杀伯仁,伯仁却因你而死……耶律大石大声说,卑鄙!完颜宗望却说,自古胜者为王、败者为寇,你胜利了,即便你再龌龊,都有人赞美你;倘若你失败了,即便腰杆挺得再直,也会被千万人的唾沫淹死。试看历史上那些帝王,哪一个不卑鄙?一将功成万骨枯。那千古的帝业,那高高的皇宫,都是由无数尸体垒起来的。

耶律大石不再辩解，他知道，这些俘虏都是跟着他出来的辽国人，他们应该死在战场上，而非死在完颜宗望的屠刀之下。于是，耶律大石妥协了。金军将其用绳索绑住，走在大军最前面。那意思很明确，要他带路，去寻找天祚帝的老巢。

耶律大石作为辽国最后的希望，却在这关键时刻做了掘墓人。他带人来到夹山藏匿天祚帝的地方。夹山地理位置奇特，四周都是沼泽，人马不得而入，山上的路错综复杂。金军多次进军，皆因不知路途无功而返，空望着六十里泥潦兴叹。但这次有耶律大石带路，金军便如有了航向，开始向夹山进军，他们前面推搡着耶律大石，后面双眼警惕着。金军四处探查，将夹山翻了个底儿朝天，隐匿在夹山之中的辽国残部很快被找到。更让完颜宗望喜出望外的是，他们不仅找到了辽军残部，还找到了天祚帝之子秦王、许王、后妃公主等，并在不远处，找到了辽军迁营的重要物资，包括粮草辎重车万余辆。据《辽史》记载："丙申，金兵至居庸关，擒耶律大石。戊戌，金兵围辎重于青冢，硬寨太保特母哥窃梁王雅里以遁，秦王、许王、诸妃、公主、从臣皆陷没。庚子，梁宋大长公主特里亡归。壬寅，金遣人来招。癸卯，答言请和。丙午，金兵送族属辎重东行，乃遣兵邀战于白水泺，赵王习泥烈、萧道宁皆被执。上遣牌印郎君谋卢瓦送兔纽金印伪降。遂西遁云内。驸马都尉乳奴诣金降。"

金军组织人清点战利品，一件件都登记在册。当他们清点完战利品后，一个消息传来：战俘里没有天祚帝，耶律大石暗喜，完颜宗翰有些失望。

金军找遍了辽营地，都没有找到天祚帝。于是，便将辽军俘虏抓来一问，方知一向喜爱打猎的天祚帝前不久又出去打猎了。这位皇帝即便在逃亡过程中，仍然不忘这嗜好。想不到这个让他亡国的爱好，关键时刻竟救了他。金军引着辽军俘虏，拉着抢回来的物资往回走。不久，夹山被攻破的消息便传到了天祚帝耳中。

天祚帝早已懊悔不已，要不是他出门打猎，金军是不可能攻上夹山的，玩物丧志啊。被金军袭击了后方大营的天祚帝，咬牙切齿，他要出这口恶气，他要报仇。于是，他带着仅有的部众在白水泺摆开阵势，叫嚣金军，试图雪耻。辽金两军对峙，辽军明显底气不足，再次被击溃，天祚帝只能再次逃窜。此一役，辽军又损失部分兵力，天祚帝的另一个儿子赵王在这场战争中被俘。仓皇逃窜的天祚帝，吃了亏，再也不敢和金军正面交锋，屡战不胜的场面太尴尬了，当年的大辽那可是所向披靡啊，现在怎么成了这样子了？还有更要命的事情，便是此次逃亡途中，天祚帝竟然遗失了传国玉玺。

金军胜利凯旋，满载而归。当然，最得意的要数生擒了耶律大石。这个人，在金国的黑名单上被金国人盯得死死的，而今也成了俘虏。之前完颜娄室、完颜宗望都给完颜阿骨打说过此人，当阿骨打听说耶律大石被俘后，非常高兴。又听完颜宗望说，要不是耶律大石，他们就找不到天祚帝夹山的老营。阿骨打很高兴，赦免了耶律大石，并意图收买耶律大石。于是，阿骨打赐予耶律大石诸多金银财宝，将之前俘获的耶律大石五子都还给了他，还给他赐了一名女真女子作为妻子。当然，耶律大石知道，这女子是阿骨打派来监视他的。

耶律大石叩谢了阿骨打的大恩，领着孩子及女真妻子回了自己的帐篷。接下来的事情，就是如何策反这位妻子，让其帮助自己逃脱了。

当然，对女人不能耍心眼，女人一般都比较心细，任何事情，她们都能记在心上。况且这位女子既然是阿骨打亲自送给他的，必然有其过人之处。女子做着一家女主人该做的事情，喂养孩子，照顾丈夫，当然，夜晚还要回去给阿骨打报告耶律大石一天的行踪。

收买女人的方法只有一个，那就是收买女人的心。但金国阿骨打训练的这个女人，绝不是泛泛之辈，要想拿下，还得费一番功夫。耶律大石开始关注女人，关注她的一举一动。当然，女人也关注着他的一举一动。这是一种较量，一种根植于内心深处的较量。

试过一段后，耶律大石发现，这个女人远比他想象的意志坚定，内心的较量根本不起作用。怎么办？毫无头绪的耶律大石完全处在一种慌乱之中。外面金国还在与天祚帝周旋，而他作为大辽的臣子，这时候却在享受天伦之乐，他内心焦急万分。

中秋节快到了，耶律大石决定全家人一起吃个饭。当然，女人为他们准备了一桌丰盛的晚宴。阿骨打又送来了美酒佳酿。饭后，看着女人在收拾杯盘，耶律大石等着女人。当女人收拾完毕后，准备去给阿骨打报告今天全天家里的鸡零狗碎，这时候，耶律大石叫住了女人。女人有些惊异，不过她猛然就想到，她夜夜去汇报的事情，耶律大石肯定知道。当下，两人在月光底下站立，对视着。许久，耶律大石才说，我等不住了，必须离开，如果你去汇报，那就去吧，反正我必须离开，外面的一切都在等着我去收拾，我几乎天天如坐针毡……女人说，我知道。耶律大石说，我不祈求你原谅我，但我们既然有夫妻之名，我就把这些给你说了吧。我知道，你是阿骨打派来监视我的，你现在就可以去告诉他，说我今晚就要想办法离开。女人说，非走不可？耶律大石说，不走，不如死了算了。女人说，我掩护你走，只要你心里还有我，我便知足了。

耶律大石大惊，想不到女人会给他说出这样的话。耶律大石说，你不跟我走？女人说，我要是跟着你，相信我们都走不掉。耶律大石暗暗决定，不管女人说的是真是假，今晚必须动身。

夜里，女人打点好一切，让耶律大石带着孩子离开。临走时，女人将一块手帕送给了耶律大石，并告诉耶律大石，她久仰他的威名，钦佩他的忠贞，这辈子，能和他做了短暂的夫妻已经是上天对她的眷顾……

耶律大石逃跑了。当完颜宗望得知后，找到了女人。女人不愿透露耶律大石的去向。完颜宗望将女人嫁给了女真的奴隶，女人誓死不从。完颜宗望见状，一箭将其射死。

当耶律大石逃出金营后，开始整顿自己的部族，那些散兵游勇都纷纷来归附。耶律大石继续找到了当时北辽政权的残余。金军闻讯便又来攻击，这回，他们不是要抓住耶律大石，而是要杀掉耶律大石。

面对强势的金军，耶律大石率领残余部队继续退却，他必须想出办法，不然，仅余的这点兵力会被宋金一点点吃掉。一帮人坐在一起商量辽国的前途。萧德妃一个妇道人家，在战乱的局势面前，完全乱了方寸。四时捺钵也被搁置了，现在的目的只有一个，那便是先活下来。只有活下来，才能考虑其他。可是仅仅依靠北辽实力，不用宋金联军，只要他们中间任何一方穷追不舍，北辽都将灭国。事关生死，事关国家存亡，众大臣开始商议。这时候，大家意见出现了分歧。有些贵族觉得，降宋比较好，毕竟和宋朝有兄弟之盟。马上便有人反对，说前不久刚刚打败了北宋两次大规模进攻，这时候去降宋，无异于找死。西王萧干则主张北辽政权直接去他的西王府，放弃南京城。大家意见不统一，很难在短时间内拿出主意。这时候，耶律大石发表了自己的意见，让北辽群臣去找天祚帝，两处兵合为一处，这样，即便是有宋金大军来攻，也不易于攻破。许多人又担心北辽政权的成立，等于推翻了天祚帝的政权，这时候去找天祚帝，那也是去找死。耶律大石则不以为然。他说，只要天祚帝还是大辽的子孙，他就不会让辽国在他的手中灭亡。

于是，一大部分人跟着耶律大石去投奔天祚帝。而西王萧干，则领着自己的人回了大本营西王府。

当耶律大石率领残部去找天祚帝时，天祚帝到底是一种怎样的心态呢？耶律大石其实心里没底，之前拥立耶律淳为帝，实际上已经与天祚帝有了隔阂，现在去找他，耶律大石是抱着试一试的心态。

好在，他们不久就找到了天祚帝。耶律大石见到天祚帝后，天祚帝便虎着脸问耶律大石：你怎么可以背着我另立中央？耶律大石却说，你带着人跑了，不管国家的存亡，难道要我们等着亡国吗？再说了，即便是立十个耶律淳，都是太祖阿保机的子孙，只要能保存祖业，总比向他人祈求活命强。

天祚帝和耶律大石进行了一场大辩论。最终，天祚帝词穷。耶律大石再一次得到了天祚帝的赏识，并被任命为都统，全权负责防御工作。这样，天祚帝的部分辽军加上耶律大石的部分辽军，两支队伍加强了力量，此时又有一些零散的契丹部族纷纷来归附天祚帝。

辽国最后一点希望全部寄托在天祚帝身上。天祚帝意图通过这些旧部，向金军发起总攻，收复失去的故土。天祚帝问耶律大石，如何进攻才好？耶律大石说，辽国近十年来，兵事不断，国库空虚，人们生活困乏，现在出兵伐金，时机还不成熟，只能将辽国再次带入水深火热之中。天祚帝说，马背上的民族，向来走到哪里便住在哪里，"打草谷"是物资的主要来源……

君臣之间，便又开始论战，似乎彼此都想说服对方，但最终谁也没说服谁。于是，天祚帝下令，整顿军马，开始向金军发起总攻。然而以辽军当时的实力，是不可能收复河山的。天祚帝要强行出兵，耶律大石又无法阻止，无奈之下，耶律大石决定离开。既然君臣意见不统一，又对这位辽国君主失去希望，还不如离开，即便死在外面，也好过亲自看着大辽衰亡。于是，耶律大石便领着自己的二百部众离开了天祚帝。天祚帝自己带兵与大金周旋，转战两年，无疾而终。

当耶律大石带着二百铁骑逃出天祚帝大营后，才发现他们早已成了无家可归之人。东面，是辽国旧址，那里有故乡，有亲人，但那上面密密麻麻住满了女真人，当年辽国的四京，早已没有他们的落脚之处。何去何从呢？南面是对他们怀有深仇的北宋王朝，北面是荒无人烟的大漠。看来出路只有一条，那便是向西走。西面，尽管一直很陌生，前途未知，但也充满了机遇和向往。也许，只有到了西面，他才可能东山再起，挽救垂死的辽国，而其他三面，都将是不敢涉足的地域。于是，耶律大石带着他的部众，开始向西而行。

二百轻骑兵，在北部草原上沿着河水路向西，不敢有丝毫怠慢。金军的探子，说不定就在不远处不紧不慢地跟着，所以，必须离开女真人的视线范围，必须去寻找一条属于自己的路。尽管此去，可能再也回不来，但除了前行之路，仿佛世间已无路可通。

他们在路上走得匆忙，完全顾不上欣赏沿途的美景。不知道走了几天，到了大青山，这是北部草原上较偏远的地方，这里已经距离女真人的营地有了一定距离。耶律大石命队伍休整，好好歇一歇，再继续前行。二百轻骑兵卸甲，让马儿尽情吃草饮水，而他们则围着火吃野味，这是出来好几天后唯一的一次休整。

天色渐渐暗了下来，士兵们蜷着身躯睡了。耶律大石没有睡，他静静坐着，目光注视着东方。那里，有一轮圆月正在徐徐升起。天祚帝怎么样？辽国还有没有希望？此次西去到底对不对？许多疑问困扰着耶律大石。前途未卜的日子，让人对未来充满了担忧。此时，马群里传来了可怕的声音。耶律大石翻身跃起，只见十几匹狼，直扑马群而来。耶律大石大喝一声，惊醒了熟睡中的士兵。大家齐上手，伏地跪拜自己的图腾，那狼群并未攻击耶律大石的部众，而是绕过山脊，消失在沉沉黑夜中。

次日，天微明，耶律大石便率军出发。等到了太阳升起时，他们眼前出现了一条河。这条河呈黑色，当地人叫黑水河。耶律大石在黑水河边休整，让部众吃饱喝足了再上路。耶律大石在黑水河边行走，看着这一片陌生地域，感慨万千，想不到他这文武全才，竟也落到如今这样的下场，不觉悲从中来。看着滚滚而动的黑河水，他想起了故乡那条河……

耶律大石收起了自己悲伤的情绪，让部众继续前行。不久，他们便看见了营帐，营帐里有人，有牲畜，一个部落就在眼前。耶律大石派人去打探。探子回来说，他们到达了白达达部落。契丹经过几百年的发展，已经将这里作为自己的封地。虽然契丹平时很少涉足这里，但在白达达部族里依然有着很高的威望。他们作为契丹的附属，早就将契丹作为自己的靠山。白达达首领床古儿，听说契丹首领率部到来，领着众人开门相迎。床古儿参拜了耶律大石，并告诉耶律大石，这里就是自己的家，契丹永远都是白达达部的老大。耶律大石回头看了看来时的路，早已被风沙湮没。东面是回不去了，尽管那里有故乡，然而，国都没有了，家又在何方？覆巢之下，安有完卵？

就在耶律大石继续西行时，仓皇逃窜的天祚帝好多天都没有吃喝了，就如同现在逃亡的犯人，不敢生火，只能以雪充饥。《辽史》记载："己丑，遇雪，无御寒具，术者以貂裘帽进；途次绝粮，术者进（麦少）与枣；欲憩，术者即跪坐，倚之假寐。术者辈惟啮冰雪以济饥。"当年骄奢淫逸的天祚帝或许到死都不会明白，今天的逃亡之祸，其实是他一手造成的。后面金军又追着，天祚帝没办法休整，只能继续逃亡。金军追击天祚帝这一招，和多年以后他们追击宋高宗赵构一样，搜山检海。所不同的是，追天祚帝是搜山踏查，而追击赵构，却是检海。天祚帝无处可逃，东躲西藏，恍如丧家之犬。不几日，逃到了党项人领地的天祚帝，受到党项首领热情款待。天祚帝见其忠诚，便给这位首领封了节度使。这个节度使可是大官，相当于一方诸侯。但这个党项人，也有自己心里的小九九：毕竟大辽立国这么多年，党项人从来都没有受到重用，现在你天祚帝成丧家之犬了，才封我为节度使，那不是空头支票吗？要当节度使，那是用实力来证明的，但此时的党项人，只是不大一支部族，在乱世争雄的时代里，他们不敢以节度使自居。再说了，这几年，大辽被金国打得节节败退，收留天祚帝，就是给自己找麻烦。于是，这些党项人将天祚帝在党项部落的消息差人告诉给金人。天祚帝知道后，非常生气，但能在党项人部落里打一仗吗？很显然不能，实力不允许。于是天祚帝整顿人马乘着金军还未到，便又溜之大吉了。

最后，完颜娄室的侦察兵在一座不知名的山前，发现了奇怪的车辙印，于是一帮人追去，意外俘获了天祚帝。至此，大辽灭亡。

一直西行的耶律大石并不知道天祚帝已被俘虏，继续向西前行。

耶律大石率部离开白达达部，床古儿挥手相送，并告诉耶律大石，如果前方过不去，再回来，白达达部愿意尊其为王。耶律大石苦笑了一下，挥鞭上马，策马西奔而去，毕竟这里不是理想中发家的地方。如果可以，再有木叶山这样的地方，耶律大石就可能停下脚步。临走时，床古儿给了耶律大石马匹、粮草补充，并送给他一些族人，让他带着。《辽史》记载："大石不自安，遂杀萧乙薛、坡里括，自立为王，离铁骑二百宵遁。北行三日，过黑水，见白达达详稳床古儿。床古儿献马四百，驼二十，羊若干。"耶律大石继续西行，此行，他的目的地是辽西北路招讨司所在地——可敦城。这里是辽西地界，是可以发展的地方，这里远离女真，远离北宋，不会动辄有人来剿灭自己。

在沙漠中，在密林里，在弱水中，耶律大石领着自己的部众，不畏艰险，终于到达了可敦城。这地方，是辽国的大后方，现在好像找不到了，历史留给后人的，只是一道坡、一片岭。耶律大石到达可敦城后，向契丹威武、崇德、会蕃、新、大林、柴河、驼等七州及大黄室韦、敌剌、王纪剌、茶赤剌、也喜、鼻古德、尼剌、达剌乖、达密里、密儿纪、合主、乌古里、阻卜、普速完、唐古、忽母思、奚的、纛而毕等十八部王众发出了邀请函，请求他们来可敦城商议大事。十八部族听说耶律大石从中原而来，都纷纷来集会，想听一听中原王朝的战事。当然，他们更关心的是辽国的命数。

等到七州十八部负责人全部到齐后，耶律大石作为当家人，作为辽国最后的精英主持了大会。会场肃穆，所有人都鸦雀无声，一改往日老大上面开大会、兄弟们底下开小会的局面。与会者聚精会神，又焦急期待，等待着耶律大石开口。耶律大石面无表情，面对十八部首领，往事如烟，故国不堪回首。耶律大石有些伤感，好好的一个大辽帝国，怎会在如此短暂时间内灭国？九代帝王，没有摆脱亡国的命运……耶律大石整理了一下思绪，对着这些期待的眼神说，我们契丹祖宗几百年创业，筚路蓝缕，到辽国建国，已经历世九主，历时二百多年，控制着北部整个草原部落。现在作为我们附属的金国女真人，却十几年对我大辽不断发动战乱，逼我国家，残我黎庶，占了我们大辽城池州邑，逼迫我们的皇帝流落野外，有家回不得。今天把大家召集到这可敦城，就是希望我们统一思想，建立一支队伍，扫清女真部落，还我旧都，不知道诸位有何想法？十八部一听，个个义愤填膺，表示一定要血债血还。

于是，耶律大石在可敦城正式落脚。不久，便整合到一万人马，一个西辽的雏形诞生了。

就在耶律大石整顿兵马之时，前方传来了天祚帝被俘虏的消息。耶律大石怅然若失，一个强大的辽国就这样灭亡了。在中原王朝角逐的版图上，辽国从此消失。

十八部众首领个个如斗鸡，红着脖子，喘着粗气，他们把目光移到了耶律大石身上。是的，现在只有耶律大石可以挽救辽国，挽救这个即将灭亡的国家。耶律大石注视着东面的草原，那里是大辽的故土。

在可敦城，耶律大石依靠广袤的田地、肥壮的牛羊、彪悍的骏马，实力迅速得到提升。不久，他便集结了近十万兵马，意图再兴大辽帝国。但是此时，耶律大石又一次面临重大抉择，向东还是向西？向东是故国三千里；向西则意味着和金军交手，意味着收复辽国故土，这是梦寐以求的。但此时的金国在灭了辽以后，又继续灭了北宋，实力空前发展，此时去与金国硬碰硬，有些鸡蛋碰石头的意思，划不来。自己好不容易聚集的部众不能第二次灭在金国手里。向西呢？向西，有着高昌回鹘，以及西域诸国，这些地方社会关系复杂，但这些地方，又有着很大的机遇。于是，耶律大石最终决定继续向西而行。当然，向西意味着距离故土越来越远，但耶律大石别无选择。

复国希望短期是不能实现了。辽国最后的希望——天祚帝已被俘虏，预示着东面辽国已荡然无存。要想复国，必须想其他的办法。然而，金军的探子无处不在。耶律大石在西部崛起的消息，在草原上到处疯传着。那女真的海东青，把这件事情告诉给了女真首领。女真人准备剿灭耶律大石的军队。

意识到危险的耶律大石，尽管觉得可敦城与金国相距几千里，但草原上的骑兵用不了几天就会追到，必须选择一个适合自己的地方，休养生息。现在自己的羽翼还未丰满，不敢大张旗鼓地显摆。尽管他手底下已经有了一些部队，但这和强大的金国比起来，还远远不是对手。

于是，次年二月甲午，休整了一年的耶律大石，决定放弃可敦城，重新寻找自己的领地。他以青牛白马祭天地、祖宗，整顿兵马，收集部众，继续西行。同时，耶律大石差人向高昌回鹘送去了书信。

《辽史》记载，先遗书回鹘王毕勒哥曰："或我太祖皇帝北征，过卜古罕城，即遣使至甘州，诏尔祖乌母主曰：'汝思故国耶，朕即为汝复之；汝不能返耶，朕则有之。在朕，犹在尔也。'尔祖即表谢，以为迁国于此，十有余世，军民皆安土重迁，不能复返矣。是与尔国非一日之好也。今我将西至大食，假道炙国，其物致疑。"耶律大石书信态度明确，表明自己只借道，不惹是非，也不想和高昌发生冲突。这位高昌王毕勒哥收到耶律大石的书信后，召集重臣商议对策。有人说，耶律大石狼子野心，哪里是借道，明明是想吞了高昌。有人说，耶律大石拥有强大的骑兵，高昌惹不起……大伙还是吵了一阵子，最后意见统一了。姑且先放耶律大石过来，只要如他说的，只借道，不与高昌发生摩擦，那咱们就借道；如果他要想来犯，高昌的子民也非酒囊饭袋。于是，高昌王毕勒哥很快给耶律大石回了信，同意让道，让耶律大石通过。于是，耶律大石率领部众向高昌而来。耶律大石军队所到之处，纪律严明，果真秋毫无犯。等到了高昌王都，毕勒哥大喜，大宴三日，犒赏了耶律大石的军队，并端着酒杯真诚地表示愿意归属。"临行，献马六百、驼百、羊三千，愿质子孙为附庸，送至境外。所过，敌者胜之，降者安之。兵行万里，归者数国，获驼、马、牛、羊、财物，不可胜计。军势日盛，锐气日倍。"耶律大石推辞了一番，毕勒哥再一次以诚相待，表示诚心归附。耶律大石心动了，他收编了高昌。

接受了高昌的归属，耶律大石的实力得到进一步加强，但高昌依然不是耶律大石此行的目的。因为高昌的后面，还有个巨大的部落，乃蛮部。这也是一帮惹不起的人。于是，他让高昌王毕勒哥继续守护着高昌，他则带队向西拓展。不久，耶律大石到了新疆，他带着人马绕着天山南部继续前行。

耶律大石大队人马向西而行，着实吓着了西域诸国。等耶律大石到达寻思干时，听闻消息的西域诸国大惊失色。这些西域人，心里都有了意见。耶律大石这位外国人（中原辽国人），想在西域开疆拓土，无异于痴人说梦。西域诸国相互联络，想一举灭了这位契丹人。于是，西域诸国联合大军十万，号忽儿珊，来抵御抗击。两军摆开阵势，中间相隔不到一公里。看着西域诸国黑压压的人海，已经与宋金有过多次实战经验的耶律大石看出这些联军的破绽。他在帐前召开军事首领紧急会议，全力部署这次战斗。他对着这些中层领导说："彼军虽多而无谋，攻之，则首尾不救，我师必胜。"这些中军领导，觉得颇有道理。于是，耶律大石开始部署作战图。他将自己的一万轻骑兵分成三队：第一队由六院司大王萧斡里剌、招讨副使耶律松山等将率两千五百人围攻联军右翼；第二队由枢密副使萧刺阿不、招讨使耶律术薛等将率两千五百人攻联军左翼；而他自己率领剩余的轻骑兵袭击联军中心。战斗一开始，耶律大石三军按照部署，分三路直扑联军。忽儿珊联军大败，耶律大石命令轻骑兵乘胜追击，十万西域部众溃不成军，被耶律大石斩杀数十里，尸体遍地，血流成河，十万大军不战自溃。耶律大石驻军寻思干，让刚刚打完仗的大军休整。回回国王率领自己的部众投降，耶律大石的实力进一步加强。

《辽史》第三十卷·本纪第三十：至寻思干，西域诸国举兵十万，号忽儿珊，来拒战。两军相望二里许。谕将士曰："彼军虽多而无谋，攻之，则首尾不救，我师必胜。遣六院司大王萧斡里剌、招讨副使耶律松山等将兵二千五百攻其右；枢密副使萧剌阿不、招讨使耶律术薛等将兵二千五百攻其左；自以众攻其中。三军俱进，忽儿珊大败，僵尸数十里。驻军寻思干凡九十日，回回国王来降，贡方物。"

休整了三个月，看着北面的乃蛮部不敢贸然前进，耶律大石率部继续西行。他在苦苦寻找一片属于自己的乐土。

不久，耶律大石便到达了一片群山包围的平原——叶密立。在叶密立建立了一座城，作为自己立足的根本。这座城在耶律大石十多万军民的修建下，迅速成形。叶密立这个地方地处天山南麓，地势平坦，水草茂盛，和契丹木叶山有几分相似。耶律大石相信骑青牛和白马的祖先一定在暗示着他，这里其实就是第二座木叶山，是契丹王朝第二次发家的根本。

叶密立城的建立，给了耶律大石无比的信心，他仿佛看到了大辽再兴的局面。太阳神是保佑契丹人的。这一路西行，他像个苦行僧一样，苦苦寻找着自己内心深处的圣土，这回找到了，这就是叶密立。

在叶密立，耶律大石正式建立自己的王朝。他依照辽国旧制，设置官员，颁布法典，招纳人才，一个新型辽国建立了。当然，这地方现在和可敦城一样，只剩下一片荒芜，一千多年的王朝逸事到底哪里去了，不得而知。一千多年前耶律大石为何选定在此建都，也无可考究。能记住的，只是那个时间，公元1132年，耶律大石正式在叶密立建立自己的国家，采用突厥的汗号，史称菊尔汗，意思是汗中之汗，有草原众汗之长的意思，当然，他也有汉尊号：天佑皇帝。辽国原来拓展的版图，划归到了金国的版图上，但在这里，耶律大石又建立起了西辽政权。

此时，耶律大石西行转移的战略目标实现了。接下来面临的任务，就是不断巩固自己的西辽政权，并以叶密立为中心，向四周拓展。当然，第一个目标就是高昌回鹘王国。上次借道时，毕勒哥就表示愿意归附，当时只因未找到落脚之处，只能暂时答应高昌国等有了建都之地，就吸纳高昌国。而今，初建西辽政权的耶律大石就想到了这个国家，还是书信来往吧。既然回鹘王国已经到了衰亡时刻，为什么不并入西辽政权呢？耶律大石派使者将自己的意见传达给毕勒哥，毕勒哥权衡之后，觉得此法可行。于是，高昌回鹘王国版图全部纳入到西辽版图中。耶律大石让高昌回鹘国王继续统治高昌地区，而他则把目标移到了其他地方。

西辽政权得到了长足发展，西域各种文化进行了交流。耶律大石允许这些不同部族的人可以有不同的信仰，他们可以有自己的文化，有自己的风俗习惯和传统。于是，西域小国纷纷来归附，西辽王朝版图和人口不断扩大。西辽就像早上的太阳，冉冉东升。

这时，一个千载难逢的机会摆在了耶律大石面前。这对于西辽政权而言，无异于如虎添翼。当时东喀喇汗国的国力不济，处处受到别人欺负，国内社会不安稳，到处有暴动，尤其是康里人和葛逻录人之间摩擦不断。东喀喇汗国国王易卜拉欣听说这位耶律大石已经招纳了西域许多小国家，便差人送来书信，邀请耶律大石去帮他治理东喀喇汗国。机会来了，看你怎么抓住。耶律大石找来重臣商议，去还是不去。这一去说不定就将东喀喇汗国纳入到西辽的版图。当然，这次去也有风险。商议一番后，大家觉得这是开疆拓土的大事，都表示愿意去。于是，耶律大石率领部众，从叶密立出发，向东喀喇汗国首都巴拉沙衮而去。这里顺便交代一下喀喇汗国，这喀喇汗国，又叫葱岭西回鹘，是回鹘的一支，也是中国古代最西边的一个地方割据政权。在赵匡胤建立宋朝以后，这里属于宋朝的附属国，朝贡宋朝中央政府。《宋史·回鹘传》说："先是，唐朝继以公主下嫁，故回鹘世称中朝为舅，中朝每赐答诏，亦曰外甥。五代之后皆因之。喀喇汗王朝可汗称宋朝皇帝为汉家阿舅大官家。"这个喀喇汗国，鼎盛时期，也是中亚乃至中国西部最强大的王国。据说它的面积东起库车，东南起罗布泊，西至咸海、花剌子模，南临阿姆河，北至巴尔喀什湖、七河流域的广大区域。从版图上看，喀喇王国的面积包括今天乌兹别克斯坦、吉尔吉斯斯坦、塔吉克斯坦、哈萨克斯坦南部以及我国新疆中西部，实力非常强大。但后面，便也衰退了。等到了耶律大石时期，喀喇汗国已经分裂为东西两个喀喇汗国，就像南北朝时期的东魏和西魏一样。这回邀请耶律大石的，便是东喀喇汗国。

耶律大石到达后，看到了巴拉沙衮的富有。一个新的想法，便在心里产生，他要在巴拉沙衮立足。不久，耶律大石在巴拉沙衮建都，并将其改为虎思斡耳朵。如《辽史》记载："延庆三年，班师东归，马行二十日，得善地，遂建都城，号虎思斡耳朵，改延庆为康国元年。"

这时的耶律大石，早已不是在高昌国时的耶律大石，也不是在叶密立时的耶律大石。耶律大石依靠自己的威信，迅速平定了东喀喇汗国的内乱，改建了东喀喇汗国。他将东喀喇国王降为土库曼王，就连那些东喀喇王国无法管理的康里人和葛逻禄人也都来归附。西辽政权得到了空前的发展，东起高昌回鹘，西止东喀喇汗国，这一大片土地都属于西辽，人口数以万计，牲畜数以万计，最有底气的战马近十万，而他自己培养的精骑兵也有了七万。

强悍的西辽大军，如楔子一样，钉在了中亚腹地上。这支一路所向披靡的部队，在耶律大石率领下，在西域诸国当中，一举建成中亚大国。西域诸国无不倾慕耶律大石，也为各自的前程暗暗担忧着。耶律大石的下一个目标，会不会就是自己呢？然而，这时候的耶律大石，心思并不在中亚这里，他想着故土，想着收复失地。辽国大片的土地被金国占领，辽国皇帝天祚帝也被金国迫害，这是世仇，这是需要用血来解决的事情。这回我可不怕你金国了，你有金戈铁马，我也有。耶律大石整日翘首东望，思乡之心越来越迫切，那些旧山河，如今全在女真人手里，想想都可气。现在自己不仅在西域站住了脚，而且拓展了一大片地方。自己之所以这么拼，这么不舍昼夜，不就是有朝一日可以杀回去，把女真人永远赶出辽国地界，让女真人重新臣服在大辽的脚下? 现在有实力了, 必须要收拾旧山河。山河故人, 家国天下, 其实都在东部草原, 那里有先人墓碑, 有生他养他的故土, 自己不畏艰险不顾生死, 不就是为了有一天可以收回故土吗?

耶律大石觉得, 时机成熟了, 已到了一雪前耻的时候。于是, 他重新训练大军, 不停在军前训话, 一遍又一遍检阅这支契丹部队。到了一个阳光明媚的日子, 耶律大石整装待发, 穿上了从南京出来时的战衣, 这是耻辱, 这是警钟, 时刻提醒着他, 不要忘了国仇家恨。耶律大石亲自率领七万大军向东进发, 去收复失地, 恢复中原, 还于旧都。《辽史》记载:"三月, 以六院司大王萧斡里刺为兵马都元帅, 敌剌部前同知枢密院事萧查剌阿不副之, 茶赤剌部秃鲁耶律燕山为都部署, 护卫耶律铁哥为都监, 率七万骑东征。以青牛白马祭天, 树旗以誓于众曰:'我大辽自太祖、太宗艰难而成帝业, 其后嗣君耽乐无厌, 不恤国政, 盗贼蜂起, 天下土崩。朕率尔众, 远至朔漠, 其复大业, 以光中兴。'"

然而, 从巴拉沙衮到中国东部蒙古草原, 相隔万里, 这中间又隔着雪山、沙漠、沼泽, 不是想去就去的。无边无际的大漠, 寒冷陡峭的雪山, 还有那些河流、草原、树林、高山都成了一种种挑战。七万军队走到一半, 疾病、寒冷不断来袭, 导致牛马多死, 将士多染病, 无奈之下, 耶律大石不得不折身返回。返回西域的耶律大石看着东方, 看着辽国当年叱咤环宇的地方, 仰天长叹。想不到, 这一离开, 竟然再也回不到故土, 到死, 也只能是孤魂野鬼, "只解沙场为国死, 何须马革裹尸还", 成了一句空话, 他对着苍天大声喊:"皇天弗顺, 数也!"

战争是要结合天时、地利、人和的条件。这回，耶律大石不占天时，大军东进路上，下起了大雪；不占地利，荒原大漠，森林泥沼，这些都成了阻挡耶律大石东进的绊脚石。看着在与自然对抗中，逐渐水土不服的士兵，耶律大石只能放弃东进计划。他自己辛苦积攒起来的家业，不能还没有收复故土，就都折在这些恶劣的自然条件上。看着东方，万里之遥的东方，他此生，或许再也没有机会回去了。报仇雪恨，收复家国的志向，只能是尽人事，听天命了。再说了，如今的他，已过了不惑之年，为了这次东征，他准备了好几年。可就这样被现实阻隔，他心有不甘，却也无能为力。他在内心深处一遍又一遍祈求祖宗的原谅。

他带着部众开始往回撤，继续在中亚那个地方，拓展自己的疆域。耶律大石没有进攻大金，可耶律大石的崛起，引起了大金的注意。金国多次想剿灭西辽，于是公元1135年，刚刚上位的金熙宗命完颜宗翰再征西辽。完颜宗翰领着大军进入西部草原，发现西部很遥远，且到处是戈壁沙漠，道路艰难。加上耶律大石派出的伏兵不断对完颜宗翰的军队进行骚扰，金军不得不停下脚步。这时，完颜宗翰的副将外家得率部下起义，与西辽边防军两面夹击金军，完颜宗翰大败，不得不撤回。至此，大金攻打不了西辽，西辽也攻打不了大金。

耶律大石看到了攻取大金希望甚微，他便死了心，继续在西域谋求发展。从此，这个叫耶律大石的人，成了中亚的传奇。也许按照当时世界通信不发达的条件，有人可能不知道中国，不知道宋朝，更不知道大金，但世界上，大多数人却知道了西辽契丹，知道了耶律大石。契丹，毫无疑问，成了中国的象征。耶律大石的事迹，便如玄奘一样，在世界各地流传。公正客观地说，耶律大石，是将中国文化传递到世界的又一位伟大的帝王。他的功绩不仅仅是建立了西辽王朝，而是在全世界文化交流史上，让中国文化走向了世界。

阻隔了东征之行，耶律大石将目光转移到了中亚。西辽在这里建国不久，如果不进取，将会被塞尔柱王朝、乃蛮部、花剌子模等国家蚕食。所以，放弃东征的耶律大石必须再一次选择开疆拓土，不然，这西辽政权在诸国的包围中，将会再一次面临亡国的危险。而强敌花剌子模，早已将西辽视为眼中钉。

再说，耶律大石对东征依然不死心，这次不行，那就再等待时机。然而，耶律大石这次又被推上了时代的风口浪尖。既然东方暂时回不去了，那就得改变策略，必须在中亚这块地方图强。即便是以后要回去，也得有家底，退一步讲，万一有生之年回不去了，也得保住自己建立的西辽王朝，这也算是对耶律氏列祖列宗的告慰。

这次，耶律大石选择了主动出击，他把目标对准了西喀喇汗国。其实早在耶律大石接手了东喀喇汗国时，与西喀喇汗国的战争就在所难免。这一点，耶律大石清楚，西喀喇汗国也清楚。但他们都没想到的是，这一天，来得这么快。假如说，耶律大石东征成功，或许，此战会免去，毕竟，耶律大石的目光不是在这中亚，而是在沃野千里的北部草原上。

这回，耶律大石早就想出出胸中的恶气，东征失利，让他内心备受打击。西征西喀喇汗国的军队出发了，耶律大石亲自领着大军扑向西喀喇汗国。他们的精骑兵首先到达西喀喇汗费尔干纳平原谷地，这个地方是东喀喇汗国与西喀喇汗国的交界处，现在是乌兹别克斯坦东部城市，叫费尔干纳州。这里地处盆地，水草丰盛，又有阿赖山脉做依靠，是不可多得的发展之地。耶律大石到达此地后，因他的声望，加上西辽军队纪律严明，气势浩大，西辽军队在这里并未遇上什么抵抗。耶律大石顺利收下了费尔干纳平原谷地，并让这里的人继续自治，不管理具体事务，这里以前是什么样，以后还是什么样，只留下一个监官，负责此地税收和军民报告。费尔干纳地区的人见识到西辽军队的强悍，见识了秋毫无犯的铁打纪律，觉得耶律大石并非侵略者，而是主派来拯救他们的，所以他们也愿意归降。

将西喀喇汗国费尔干纳收在麾下后，耶律大石整顿军马，拉上粮草，继续向西推进。不久，西辽大军便到了忽毡城，这地方又叫忽禅城、苦盏城（在《世界征服史》里对此地有描述，这是铁木真二儿子察合台汗国属地，即今塔吉克斯坦锡尔河南岸苦盏。《元史·地理志·西北地附录》有"忽毡"一说）。耶律大石的大军在这里与西部喀喇汗王朝的马赫穆德汗的大军相遇，两军还没开战，马赫穆德汗的军队便有了怯战心里。于是，这一仗，在气势上，耶律大石就先胜了一筹。两军相战于忽毡，耶律大石大胜，马赫穆德汗的军队兵败逃窜，被耶律大石一路追杀，尸横遍野。马赫穆德汗兵败后，领着残部逃回首都撒马尔罕。

彻底击败了西喀喇汗国的军队后，让中亚周围的各种势力大为震惊，尤其是地处西喀喇汗国的那些战败的马黑木二世的臣民，他们感到震惊、惊恐和沮丧，生怕耶律大石大军一到，他们便无家可归，甚至有丢掉性命的可能。许多地方出现了逃难的灾民。战败的马黑木二世将忽毡之役的责任推卸给葛逻禄人，说葛逻禄人在这次战斗中没有尽力，完全是受了耶律大石的蛊惑和那些投降耶律大石的葛逻禄人的教唆，说这些葛逻禄人是喂不熟的狼。他使了个强硬手段，强迫葛逻禄人离开撒马尔罕边境，并向苏丹求援，但此时的苏丹王朝正忙于和花剌子模的战争，没有时间，也没有多余兵力出兵帮助西喀喇汗国。

面对这样的情况，耶律大石并没有乘胜前进，而是停下来巩固新地盘，安抚民心，然后等待更好的战机。在耶律大石这一生中，经历了许许多多战役，虽有战败，但大多数都打了胜仗。尽管如此，他还是不断审视辽国灭亡的根基，反思自己的行为。于是，这次打败西喀喇汗国军队后，他首先想到的是让人心臣服，这样，才能继续向西拓展。他想起了当年灭了后晋，在开封称帝的耶律德光，想到了耶律德光用武力统治开封时，被起来反抗的军民逼回草原的往事。汉人有句话说得好，"得民心者得天下"。这真是大智慧，是经过无数惨痛教训验证的真理。所以，耶律大石让西辽军在已有的土地上继续安抚民心，好让已经落入手中的西喀喇汗国的土地稳固在西辽版图上。

耶律大石广施仁政，收到较好的社会反响。甚至有传言说，他是天的儿子，是下来结束这些痛苦的战乱的。他是主耶稣的中国儿子，带领世人走向幸福的康庄大道。三年多时间里，耶律大石的传说被四处传播，耶律大石成了仁义爱民的伟大君主，成了中亚地区人心所向的君王。

在西辽全国一心之时，机遇再一次摆在了耶律大石的面前，而这一次，他将扬名世界，成为和成吉思汗一样享誉世界的伟大人物。

那是公元1141年的春天，刚刚缓过气的西喀喇汗王朝里，又爆发了康里人与葛逻禄人之间的民族冲突。而且，这两族人互不相让，明争暗斗，你死我活。西喀喇汗国又面临分崩离析的可能。被耶律大石打败的喀喇汗王朝马赫穆德汗无法止息这种矛盾的蔓延，更何况东面还有虎视眈眈的耶律大石。他找不到可以依靠的人，在利益为上、政治为本的争雄世界里，你若不如人，谁都想来打你一拳，你若比人强，谁都想来攀你这棵大树。无可奈何的马赫穆德汗只能差人向自己的宗主国塞尔柱突厥苏丹求援。

三年前，马赫穆德汗被西辽军队打败，在逃回撒马尔罕时，就曾向苏丹求援，只是那一次，苏丹卷入战争中，并未向其伸出援手，当然，那次耶律大石也并未追来，这多少给了西喀喇汗国喘息之机。这一次，他们再次向苏丹求援。马赫穆德汗写了亲笔书信，他在信里说，西喀喇汗国的穆斯林遇上了灾难，而且这灾难正在向苏丹蔓延，他希望也恳求苏丹约上中亚穆斯林王朝来一起保护穆斯林。此时的苏丹，也就是塞尔柱王朝，那可是中亚地区的霸主，他们目空一切，把谁都不放在眼里，全世界，就他们厉害。当苏丹王桑贾尔听说康里人和葛逻禄人叛乱，耶律大石乘机想攻打西喀喇汗国后，便向中亚穆斯林诸国发出了邀请函，请求他们来惩处这些坏分子。于是，呼罗珊、西吉斯坦、伽兹纳、马赞兰德和古尔的国王都带兵加入。他们尊桑贾尔为联盟长，其他国王为副联盟长，集结了十万多兵马，向西喀喇汗国压来。这一年七月，桑贾尔带领的联军渡过阿姆河，准备对葛逻禄人实施灭顶打击。

葛逻禄人见西喀喇王国援军阵势庞大，无法抵御，于是便派人向耶律大石求援。当初耶律大石收留了一些东喀喇汗国的葛逻禄人和康里人，注定就不会与此次事件无关，西辽注定要扯进这些民族斗争中……看到葛逻禄人求救的信件，耶律大石觉得应该帮人家一把，不能见死不救啊。于是，耶律大石给桑贾尔写信，希望桑贾尔不要轻易发动战争，希望饶过葛逻禄人这回。毕竟，耶律大石还不想与这位桑贾尔正面为敌，论实力西辽还不及塞尔柱王朝，保不准会吃亏。信件被快马加鞭传到了前线，这位苏丹的桑贾尔自恃天下无敌，自恃不可一世，他看着耶律大石的信件，发出了讥讽和嘲笑。他用傲慢的态度给耶律大石写了一封回信，表明自己不会听一个异教徒来说情，并且耶律大石既然已经在中亚建国，就应该信仰伊斯兰教，因为中亚人都信奉伊斯兰教，如果耶律大石还继续信奉太阳神，不信奉伊斯兰教，那么他桑贾尔将带着大军荡平西辽王朝。桑贾尔还在信里说，自己的军队所向披靡，能用箭头斩断敌人的胡子……看到此处，耶律大石拔下自己的一根胡子，拿出一支箭，交给来送信的桑贾尔的信使，让其用箭将胡子斩断，信使没有做到。此举，桑贾尔严重挫伤了耶律大石的面子，一场战斗在所难免。而正是这场战斗，彻底扭转了西辽的局面，也彻底改变了中亚的局面。以后，在中亚，一个叫契丹的国家将会火遍全球。

被桑贾尔激怒的耶律大石整顿兵马，准备与这个中亚的塞尔柱王朝来一次正面的较量。他下令西辽军队向西进军。西辽军队很快便到了撒马尔罕。桑贾尔的联军此时也到了撒马尔罕。于是塞尔柱王朝的军队与西辽王朝大军在撒马尔罕以北的卡特万相遇。

耶律大石屯兵达尔加姆狭谷。这回,耶律大石继续延用当年攻打西域联军的阵势。他将自己的军队分成左中右三路军:第一路由萧斡里剌、招讨副使耶律松山等领兵攻打桑贾尔联军右翼;第二路由枢密副使萧查剌阿不、招讨使耶律术薛等领兵攻打联军左翼;他自己率领其余的部众,突袭桑贾尔联军的中军。战争一开始,便打得惨烈,双方都用上了劲儿。桑贾尔军率领的十万联军,一路先声夺人,取得了先期胜利,这让桑贾尔更有些得意忘形。他一边指挥军队向西辽进军,一边还不忘嘲笑西辽兵微将寡,不足以战。然而,前期受到挫折的西辽军按照耶律大石的部署,分三路,分别攻击桑贾尔的联军。桑贾尔的轻敌,让他注定成为败者。在两军激战时,辽军越战越猛,越挫越勇。本就轻敌的塞尔柱联军没想过要拼命,所以,战争持续到一段时间后,联军反而被耶律大石的三路军击败。桑贾尔的妻子都成了俘虏,而且联军本身就战斗合力不强,这回战役一开打,便显示出其匆忙合军的劣势。结果,联军大败,伤亡惨重,死亡总数达三万人,桑贾尔侥幸逃脱。这次又是一次以少胜多的典型战役,这次战役,西辽大军彻底击败了塞尔柱王朝,成了新的中亚霸主。耶律大石乘机占领了西喀喇汗都城撒马尔罕。耶律大石胜了,一将功成万骨枯。

战败的桑贾尔带着西喀喇汗王朝的马赫穆德汗,仓皇逃奔忒耳迷(今天的泰尔梅兹),渡过阿姆河,进入呼罗珊(今天的霍拉桑),这个呼罗珊以后多次成为西辽和成吉思汗攻击的地方。从此,塞尔柱王朝这个中亚霸主,逐渐从中亚地图上消失,就像大辽从中国版图上消失一样。耶律大石领兵进入撒马尔罕，把这里作为重新发展的地方。撒马尔罕真是个好地方，东可以接壤高昌回鹘王国，西可以到达花剌子模和塞尔柱王朝旧址。在赶走了桑贾尔之后，苏丹和西喀喇汗国的统治成了问题。让当地人继续统治的手法，在耶律大石这些年的扩张中得到了很好的应用。于是，耶律大石让马赫穆德汗的弟弟伊卜拉欣，就是那位让他帮助治理东喀喇汗国的人继续治理西喀喇汗国，并加封他为桃花石汗。耶律大石只留下监察官，帮助他监督伊卜拉欣的统治。

破了西喀喇王国后，耶律大石顺利将西喀喇王国变成自己的附属，这是向外又迈出了一步，是扩展了另一方土地。从此，西辽帝国深入人心。乘着这个空当儿，耶律大石派大将额儿布思扑向花剌子模国。这算是顺势立威，在与塞尔柱王朝战斗中还没缓过气的花剌子模，这回也毫无还手之力。额儿布思带领西辽大军进入花剌子模后，为了形成威慑作用，为了给这些地方土著示威，让他的手下开展屠杀平民，洗劫村落活动。整个花剌子模处在一种人心惶惶的状态中，人人自危。这招高压态势，迫使花剌子模的沙阿即思投降，并表示愿意效忠菊儿汗，愿意归附西辽，每年给西辽交纳年贡三万金狄纳尔。至此，西辽与花剌子模缔结正式条约。这是中原文明与伊斯兰文明的相互碰撞，是世界文化大格局的融合。从卡特万之战后，中原文明进入世界各地，沿着丝绸之路，源源不断向外输送。当然，一百多年后，成吉思汗在这里派出商队，用500峰骆驼驮着金、银、丝绸、驼毛织品、海狸皮、貂皮等贵重商品，带着成吉思汗的诚意前往花剌子模，进行贸易，结果被花剌子模全部杀害，被激怒的成吉思汗又一次将花刺子模打成了一座废城。此处暂不细表。

开拓了这些事业后，耶律大石觉得自己累了，也不愿意再折腾了。反正东归之路已经被隔断，现在西辽又成了中亚霸主，中亚诸国全部都听他的。耶律大石实际上成了中亚这个大集团的董事长，有决定中亚命运的权力。耶律大石整天坐在朝堂之上，除了处理那些关于政治、经济、文化事情，以及批示不断上报的奏折，便是翘首东望。他开始觉得自己老了。他这一辈子，一直都在打仗，马背上的日子远比坐下来的日子长。现在好了，可以坐下来好好歇歇了，只是他很怀念故土，怀念天祚帝，怀念耶律淳，怀念先祖皇帝。当然，更怀念那个已经消失的大辽王朝……

这时候的耶律大石，放下了心里的一切，除了处理政事，最喜欢的就是与小儿子玩耍。这是久违的天伦之乐，这是人生最好的时光。可惜年轻时，为了国，为了家，没有过一天舒心日子，现在，国家大局已定，国家机器运转正常，社会安稳，经济发展，民心所向。

耶律大石真的累了，就在他平定花剌子模一年后，还没过几天清闲日子，这位西辽的创建者便永远地闭目了。他离开了这个他深爱并向往的世界，去了极乐世界。此后，这世界的好与坏，与他再也没有关系。只有在后人的不断凭吊中，让这位中国人有了永久的生命力，契丹，也成了中国的代名词。

耶律大石在位近二十年，庙号德宗。耶律大石的死，给如日中天的西辽王朝蒙上了一层阴影，西辽王朝的出路在哪里呢？

耶律大石在位十九年，这十九年里，他用二百人建立起了一个与当年大辽相媲美的伟大王朝。西辽王朝西起土拉河，东至咸海，北到巴尔喀什湖，南至阿姆河、兴都库什山、昆仑山，其地域远大于北宋和西夏。他建立的西辽王朝左右中亚形势近百年。当然，他的伟大之处不只是创建了西辽王朝，而是影响了世界的格局。在他一生辉煌的戎马生涯中，不断进取，不断汲取经验，成了他不败的重要原因。在他占领中亚、西域诸国后，有效吸收土著统治经验，在治理国家上，创建出一整套体制。他让东方文明与伊斯兰文明、基督教文明进行了碰撞融合，并传之久远，对中亚社会经济和文化的发展起了积极作用。他带领的契丹大军，在欧洲、非洲产生了深远影响。在他死后，他的西辽王朝后代君主被金、西夏、南宋等国家称为"大石"。

此后，中亚所有大小国家再也不敢胡作非为，纷纷归属，中原文化正式与中亚多种文化交流、融汇。耶律大石又利用中亚人自治原则，让他们治理自己的地方只在政治上归属西辽，同时又以开放包容的政策容许任何宗教文化自行发展。于是，西辽成了开放的西辽，也成了多民族和谐相处的西辽，而耶律大石，无疑成了中亚人心中的神，直到一百多年后，成吉思汗的铁骑奔驰而来时，西辽才被灭亡。

耶律大石及其子孙至死都没有再回到中原王朝的土地上。在中亚这片土地，耶律大石及其子孙都被希望与苦难磨砺着，让他们越来越坚强。他们靠自己的努力，终于把异乡变成了故乡。

耶律大石去世后，国家的重担交给谁呢？太子耶律夷列十一二岁，对这些事又完全发蒙，他只是知道自己的父亲死了，对江山社稷完全没有概念。在这种情况下，作为中亚霸主的西辽政权该交给谁呢？

《辽史》记载："子夷列年幼，遗命皇后权国。后名塔不烟，号感天皇后，称制，改元咸清，在位七年。子夷列即位，改元绍兴。籍民十八岁以上，得八万四千五百户。在位十三年殁，庙号仁宗。"这里面说得含含糊糊，粗劣地记了一笔。那么这里涉及皇储登基，涉及谁来亲政的问题。按照《辽史》记载，耶律大石死后，他的老婆萧塔不烟摄政称制改元。这萧塔不烟，远没有萧燕燕，也就是辽圣宗的母亲厉害，她只是按照遗诏，守住了西辽的家业。

萧塔不烟继续着耶律大石在位时的各项政策，西辽国家得以继续运转，但耶律大石的死，给了西域诸国意图叛乱的机会。毕竟在他们眼中，只有耶律大石才是王者，才是太阳神之子，才是中亚的统帅。所以，耶律大石死后，西域诸国开始相互走动，意图独立成国。这时候，在整个漠北草原上，金国成了新的霸主，所以，毗邻草原的这些小国家开始与金国秘密来往。当时金国经济达到了巅峰。它与南宋签订绍兴和议之后，金国与南宋暂时休战，彼此国力都得到了休整和提升，金国势力延续到西域边界。国力日渐式微的回鹘国，这时惧怕金国来攻打自己，便派遣使臣与金国交好。回鹘使臣在金国，说出了一个天大的秘密：西辽统治者耶律大石已死。金国得知这一消息，意图再次灭辽的心又开始作祟。毕竟耶律大石不但没被他们灭掉，而且建立了享誉中外的西辽，这对大金来说，无疑是一种耻辱。所以，公元1146年，金国派出了自己的一个武将，叫粘割韩奴，出使西辽。当然，这回，他们是去试探西辽的虚实，看看西辽是不是如人们传说的那样厉害。试探一下，如果能打，大金将会收掉西辽，让辽这个字，从世界版图上消失。

这位粘割韩奴过了大金地界，首先到达西辽领地高昌回鹘国，一向认为大辽不堪一击的金国人，这回在西辽地界上也老气横秋。他们想见识一下在大金帐篷底下逃跑的耶律大石到底创造了一个怎样的世界。偏偏这时候，西辽这位摄政皇后萧塔不烟带着部众到处巡视，当然也带着儿子，西辽的第二代皇帝耶律夷列到野外打猎。西辽继续实行捺钵制，皇帝走到哪里，哪里便是王宫，便可以处理军国大事。此时，有门卫禀报，说金使来见。萧塔不烟跟着耶律大石多年，早对金国恨之入骨，现在金使来见，内心便生出一股恨意。但两军交战不斩来使，何况现在辽金早就偃武休兵，所以萧塔不烟忍着怏怏不乐，接见了粘割韩奴。

粘割韩奴领着使节在大帐外等着，这时候，萧塔不烟领着刚打完猎的一帮人，骑着马向军队营地赶来。站在营地外面的粘割韩奴，看着萧塔不烟走近，故意拿出了气势，咄咄逼人地对萧塔不烟说，我堂堂大金使臣，奉当今天子金熙宗之命，不远千里来招降你们，你们还不赶紧下马接诏？萧塔不烟心想：你区区一个金国使臣，奉你家老大之命出使我西辽，不拿出出使的诚意，尽逞口舌之勇，不给你点颜色看看，你就不知道出使的礼节。于是，萧塔不烟对旁边的侍卫说，你去教教这位使臣，什么是邦交之仪。左右出动，将粘割韩奴从马上拉下，摁倒在地，让其跪着说此次出使的意图。粘割韩奴哪里受过这样的委屈，泼妇骂街一样，开口大骂：反贼，如今大金皇帝怜惜你们，不忍对你们白刃相加，特派我来招降你们，即使你们不能当面感谢和拜见大金皇帝，最起码也该尽尽为人臣子的本分。可你们不但不感恩，还对本使臣这样无礼，回去我定当禀报天子，前来灭了你们大辽。大金二十年前能灭了你们辽国,二十年后一样可以灭了你们西辽。萧塔不烟一听这家伙被抓后,仍然不思悔改,还叫嚣,甚至拿出当年灭辽旧事来羞辱,简直不把西辽放在眼里。于是,命左右推出,砍了脑袋再说。杀了粘割韩奴,跟着来的那些人便吓得肝胆俱裂,都称西辽为"上国",表示愿意结交。

此后,萧塔不烟继续实行大包容大开放的政策,西辽社会稳定,各方面都得到高度发展。在她摄政七年时间里,西辽一度成为中亚地区最繁荣的国家,稳坐霸主地位。中原、中亚、欧洲人都在这个地方交流,西辽在经济上有了一个质的飞跃。公元1150年,耶律夷列二十岁。萧塔不烟将皇权交给了儿子。夷列即位后,改元"绍兴"。

当然,这个绍兴和南宋那个绍兴字一样,意义也不约而同地祈求"承继前业,振兴昌盛"。这一年,经济、文化都相当发达的西辽王朝,举行了一场大规模的活动,和今天的人口普查有些相似。他们按照户来统计全国人口,最后得出的结论是全国成年人达到了八万四千五百户。这成年人是个什么概念呢? 其实就是指十八岁以上、有自主生活能力的人。这还只是成年人,那么加上未成年人,一户按照五人来算,那么成人便有近五十万人,加上未成年人,全国人口怎么也得过一百万。而北宋最强盛时,开封城里也只有一百万人。这时候的西辽,国家稳定,人们生活幸福,完全是小康水平,又少有战乱,经济一度迅猛发展。

耶律夷列在国家方针上,延续了耶律大石的政策,只是对国家制度进行了完善。西辽一度成为中亚地区最让人向往的地方,全世界各国人都来此地贸易,来此地居住。西辽发展了,但西辽的国君却是短命鬼，这位耶律夷列亲政十三年，于1163年去世，庙号仁宗。他的儿子也大都年幼，于是，西辽王朝继续沿袭子幼不能亲政的原则，便让耶律夷列的妹妹普速完"权国"。《辽史》记载："子幼，遣诏以妹普速完权国，称制，改元崇福，号承天太后。"我们姑且认为是女王吧，在西方世界里，女王为尊的事例已有先例，在西辽不算出奇。只要国家大策一百年不改变，国家就能顺利运转。其他事，兵来将挡，水来土掩。当然，我们需要提示的是，半年前，在蒙古草原上出生了一位手握凝血的孩子，他的父亲也速该给他取名为铁木真。这个孩子最终将带着蒙古大军来灭了西辽。不过这时候，他还是个不到一岁的孩子。

当然，这时候，棘手的问题来了。卡特万之战扭转了西辽的局面，这场战争发生的缘由是葛逻禄人与康里人不合，这两个部族经常搞摩擦，在西辽统一后，他们仍然习惯搞事情。就是那么爱折腾的两族人，他们的爱折腾，导致了西喀喇汗国谷地经常有摩擦发生，这造成了地方上的不稳定，社会发展受到了考验。这种族人之间大规模的摩擦，只会消耗国家实力。普速完权国后，便决定整顿这些葛逻禄人，让他们安安分分过日子，改掉这些相互摩擦的恶习。

于是，1164年，成为菊儿汗的耶律普速完，开始着手改革葛逻禄人。她下令让西部喀喇汗王朝统治者把布哈拉和撒马尔罕两地的葛逻禄人聚集起来，统一来一次大搬迁，让这些撒马尔罕的葛逻禄人迁往巴拉沙衮附近，这样，西辽便能轻易管理。不然，留在撒马尔罕，早晚都会出问题，毕竟那里距离巴拉沙衮还有一段距离，如果发生大规模战乱，西辽大军从巴拉沙衮出发，路途遥远，无法及时制止。于是，身处撒马尔罕的葛逻禄人被集体迁往东部喀喇汗王朝领地喀什噶尔，并让迁移到喀什噶尔的葛逻禄人分散居住，和其他部族住在一起，不许他们随身携带武器，以免再次发生叛乱。迁徙到喀什噶尔的葛逻禄人入伍时，有严格的政治审查，对那些不合格者一律不予录用。也给这些迁徙的葛逻禄人分土地，或者把他们分到不同行业，从事农业、手工业等工作，意图通过文化大融合、大同化的手段来实现统治。当然，此举引起了葛逻禄人的强烈不满，撒马尔罕出现了大规模葛逻禄人的集体暴动。普速完早就意识到会有这样的结果，于是派大军前往镇压，暴动很快被镇压下去，从此，葛逻禄人发生摩擦的事情暂时得到遏制。

西辽国家相对稳定下来。这一次，普速完决定完成父亲的遗愿，继续向西扩张，收拾这个旁边威胁自己的敌人呼罗珊。那么，这个呼罗珊是哪里呢？按照今天的地图位置，有专家称，呼罗珊版图大概包括今伊朗东北部、阿富汗和土库曼斯坦大部、塔吉克斯坦全部，乌兹别克斯坦东半部和吉尔吉斯坦部分地区。这是一大片土地，是当时伊斯兰教、基督教文明交汇地。于是，国家内部安稳后，公元1165年，普速完命令西辽军队进入呼罗珊，很快，西辽大军击溃了呼罗珊防御，到达呼罗珊重镇巴尔赫，并在此地进行了"打草谷"。巴尔赫地区的人不敢与西辽大军硬碰硬，只能选择臣服，并许诺每年向西辽缴纳土地税。自此，西辽的疆域，进一步拓宽。

可以这样说，普速完是耶律大石之后又一位伟大的女王，这在中国嫡长子继承制和封建君主制中是不敢想象的。西辽在耶律大石手里完成了第一步建国立业的计划，然后在老婆萧塔不烟和儿子耶律夷列手里得到了休养生息，而到了女儿普速完手里时，必须要面对继续扩张的趋势。

这位伟大的女王，领着一帮契丹男人走上了继续扩张的道路。

公元1170年，普速完组织西辽大军和喀喇汗国大军在西喀喇汗国集结，准备对邻居花剌子模实施打击。这是一场对外扩张的战争，这是耶律大石未竟的事业。当西辽骑兵越过西喀喇汗国时，花剌子模也调集大军来对垒。花剌子模伊尔·阿尔斯兰派身为葛逻禄人的阿亚尔伯克迎战，阿亚尔伯克早就听说这位女王对撒马尔罕地区的葛逻禄人实行大规模迁徙和镇压，心里也想给这位女王点颜色看看。两军在阿姆河畔相遇，对峙几天，便开始厮杀。此时西辽大军士气高涨，骑兵也都武器精良，于是，这一仗，不费吹灰之力，便使花剌子模败下阵来。这位妄图羞辱普速完女王的葛逻禄人首领阿亚尔伯克被西辽军队俘虏，花剌子模局势发生了巨大变化。这时，这位花剌子模的君主伊尔·阿尔斯兰却莫名其妙地去世了。这种死迹相当可疑，但西辽大军就在眼前，必须有人来主持大局，一盘散沙一样的花剌子模根本不堪一击。于是，在花剌子模忠臣的拥护下，伊尔·阿尔斯兰的次子苏丹沙·马赫默德继任大统。这便让伊尔·阿尔斯兰的大儿子阿拉丁·塔乞庆心生反意，毕竟他才是老大，国家今天的成就也有他一份，如今，却将皇位传给弟弟，这不公。于是，阿拉丁·塔乞失谋划反国，想通过包围皇宫的方式来瓦解弟弟的政权，结果被人识破。无可奈何之际，阿拉丁·塔乞失带着自己的部众和亲信投奔了西辽。

阿拉丁·塔乞失被西辽军队引着，拜见了西辽女王普速完。普速完问，你如今这样，和我有什么谈判条件？阿拉丁·塔乞失说，如果女王送我回去，帮我复国，我们花剌子模将永世称臣，归附在西辽麾下，绝不犯辽，每年还会有源源不断的金银财宝贡献给西辽。普速完觉得此计可行，便好吃好喝款待了阿拉丁·塔乞失。

在西辽休整了一段时间的阿拉丁·塔乞失，准备回国接收花剌子模。普速完也很客气，派出自己的丈夫萧朵鲁不护送阿拉丁·塔乞失回国。有了上次之败的花剌子模听说西辽大军又来了，便人心惶惶，不可终日。阿拉丁·塔乞失走在前面，一边做着安抚工作，一边说，他只要弟弟的命，与国内其他人无关。只要大家继续支持他，那么所有人都不会受到伤害，而且会成为他阿拉丁·塔乞失领导下的花剌子模的新居民。这招釜底抽薪之计，让本就反抗的花剌子模的军民放下了武器。新君主苏丹沙·马赫默德和其母图儿罕知道情况后，明白处境于他们很不利，于是领着亲信跑了。阿拉丁·塔乞失顺势接手了花剌子模。他履行了自己的诺言，送上降表和金银，降表态度诚恳，语气感人。至此，花剌子模沦为西辽的附庸国。

然而，控制了花剌子模的契丹又有奇葩事情发生了。此时，这位普速完觉得花剌子模富有，金银财宝很多，于是，她经常派出使臣，出使花剌子模，要向花剌子模索要金银，而且认为索要这些东西是理所应当的。这让阿拉丁·塔乞失心里生了恨。上面如何做，下属就如何效仿。就在这时，一位趾高气扬的契丹使臣再次出使花剌子模，向阿拉丁·塔乞失索要金钱，语气傲慢，盛气凌人。阿拉丁·塔乞失听后很不爽，失去理智的阿拉丁·塔乞失下令处死这位契丹使臣，并与契丹使者为此事争吵起来。在外流浪的阿拉丁·塔乞失的弟弟苏丹沙·马赫默德得知此事后，觉得自己的机会来了，率残部投奔了西辽。这两兄弟，前后都用了同一招数。普速完对这种事情自然晓得，于是她又派自己的丈夫领着西辽军队，护送这位苏丹沙·马赫默德回国。当然，这回情况和上一次有点不一样。上一次老大来时，老二跑了。这回送老二回来，老大没有跑，也许从杀了契丹使臣那一刻起，他就决定要与契丹死磕下去。所以这一次，当普速完又一次让丈夫送弟弟回来接任国家大任时，阿拉丁·塔乞失没有惧怕，他命人决了阿姆河堤坝，放出了汹涌的阿姆河水。此举有效阻止了西辽军队的来犯。西辽大军只能转变方向，将苏丹沙·马赫默德护送到了呼罗珊，让这位苏丹沙·马赫默德在此立足，形成兄弟二人对峙的局面，这样一来，也省得西辽天天盯着阿拉丁·塔乞失。不久，苏丹沙·马赫默德攻下了几座城池，作为自己的根基，和阿拉丁·塔乞失隔岸对峙，直到1193年才被阿拉丁·塔乞失消灭。

花刺子模本来归属了西辽，这次，又脱离西辽自立，此后，西辽再也没有将花刺子模收回来。直到很多年后，成吉思汗的铁骑收了花刺子模。

且说世界格局在发生着剧烈变化，时代又一次大洗牌。耶律大石的死，给西辽带来无法挽回的损失，但人非怪物，岂可长寿不死？随着耶律大石的死，那些被他打败的人又开始聚众，向中亚河中地带而来。当然，在外交上，西辽君主耶律普速完的手腕没有耶律大石硬气，执政又只是延续国策，无非发动了几场战争，总体而言，西辽还在耶律大石的影响下发展。加之这时候，为了扩张，西辽不断向四周用兵，尤其是与花刺子模的战争，以及对葛逻禄人的搬迁，让这个多民族聚居的地方有了不同的声音，这些声音由少到多，由小到大，逐渐成为一种力量，动摇着西辽的根基。

普速完执政之时，西辽政策的制定者往往不坚守政策，腐败成风，还对各个封地征加赋税，许多原来的部众，开始有了不满情绪。西辽这个契丹政治集团开始走下坡路，加上那些皇亲贵族的奢侈生活，给西辽王朝带来了许多灾难。凭什么你们骄奢淫逸，却要其他人为你们买单？还有最致命的一点，西辽因为在官制及其他方面完全沿袭了辽国的那一套，所以，每个封地上的主管，都可以有自己单独的军队。这样，随着国家财政紧张，随着征伐不断，一些原来的亲信开始有了外心。公元1175年，粘拔恩部首领寅特斯和康里部首领孛古便无法忍受这些，率领自己三万多户部众，脱离西辽，转而投向东边草原上的大金。这使得西辽边境上最强悍的一支队伍消失了，而谦河一带民众也失去了控制。西辽虽然因此加强了对边界的管理权，但西辽是个众多国家包围着的大国，周围大大小小国家有许多，要想对这些国家都形成布防，按照当时西辽的实力，有一定的困难。当然更重要的是朝政的腐败，更加激化了这种矛盾。

这期间，发生了一件小事，对西辽来说，却是求之不得的事情。公元1177年，金世宗派出他的监察御史完颜觌古速带着一大队人马，从东面长白山开始，沿着大金的边防线开始巡视，向边界宣扬大金的雄伟。这时候，边疆守卫的几个将领，见不得这位监察御史趾高气扬的样子，生了反心，等巡视队伍到达辽金边界，他们便乘机投了西辽。普速完给予他们高官厚禄，让他们成为自己的心腹。

然而，就在此时，一向强势的普速完女王却干了一件蠢事，一件足以让西辽王朝动根基的蠢事。这位女王不知何故，对丈夫失去了兴趣，而与丈夫的弟弟黏合在了一起。甚至，公然让这位小叔子陪自己，这对于深受中原文化影响的西辽王朝而言，无异于一种耻辱。两个人的关系，就像我们现在说的不正当男女关系。普速完好像迎来了自己的第二春。就此，倒也罢了，普速完为了更好地和情人在一起，竟将自己的丈夫降级，贬为东平王。不久，她又罗列了一些罪名，以莫须有之罪，把这位丈夫，前驸马赐死。这件事，便惹恼了他的公公，也就是丈夫和情人的老爸萧斡里剌。这位萧斡里剌是西辽元老，跟着耶律大石打过江山，是从中原来的人物。西辽建立后，耶律大石便将女儿普速完嫁到了他家，和他成了亲家，后面，萧斡里剌官拜六院司大王，位高权重。

萧斡里剌得知长子的不幸遭遇不说，还被莫名其妙杀死，此举激怒了这位蛰伏在暗处的老狮子。公元1178年，萧斡里剌准备多时、谋划了许久的宫廷政变开始了。他让自己的亲信包围皇宫，找到了儿媳及小儿子。面对这两个关系有点乱的亲人，他下了狠心，命人杀死耶律普速完和萧朴古只沙里。在政变后，萧斡里剌立仁宗次子耶律直鲁古为汗，改元天禧，是为西辽末代皇帝。

这位莫名其妙被推上皇位的耶律直鲁古，却远不如他的祖先。他当了皇帝后，只顾游山玩水，尽情享受，根本不理朝政。本来在普速完时期，西辽一些国家的整治弊端就凸显出来。这回，又被这位皇帝加深了国家矛盾。西辽政治出现了危机，官员之间腐败成风，卖官鬻爵，利用国家资源为自己捞好处的事情屡见不鲜，赋税加重，人民抱怨声不断，社会矛盾进一步激化。

然而，那些被耶律大石和普速完打败的敌人，看到了机会。这些人一直密切注视着西辽国家发展。他们在等待时机，等待可以瓜分西辽的时间。

第一个跳出来的便是被耶律大石在卡特万打败的塞尔柱王朝残余。他们被耶律大石打败后，退出了中亚河谷地带，伺机反扑。于是，在呼罗珊地区不断活跃着，骚扰着。当然，这个塞尔柱王朝此时已经更换了朝代，叫古尔王朝。这是吸收了塞尔柱王朝后，重新崛起的新型国家。他们一路开疆拓土，整个阿富汗这片土地都已是古尔王朝的属地。到了12世纪末，古尔王朝已是阿姆河以南的雄主，上一次普速完攻打花剌子模便被这条河堵住了，现在，阿姆河南又新生了一个大国，而且如日中天。

古尔王朝不断崛起，不断扩张，战火烧到了西辽边境。古尔王朝派出的重兵占领了巴里黑，这是一座地处西辽边上的城市，原来是向西辽称臣的，每年也照旧给西辽上贡一些钱币和土地税。当古尔王朝占领该城后，他们便停止了向西辽纳贡。有边关臣子将此事报给了耶律直鲁古，耶律直鲁古却并未表态，继续玩乐。如果说，古尔王朝占领巴里黑是试探西辽的话，这次不进贡便成了故意挑衅。这时候，看到西辽无动于衷，古尔王朝便率军攻击西辽的邻居花剌子模。花剌子模派使者向西辽求救，希望西辽能助一臂之力……当然，那位使臣还对西辽的统治者耶律直鲁古说了一些煽动性的话。比如他说，西辽王朝是伟大的王朝，是中亚的霸主，但古尔王朝先占领巴里黑在前，现在攻打花剌子模，实际上是为了攻打西辽，花剌子模所以才来求救……耶律直鲁古叫来大臣们商议对策，大家都认为应该出兵，讨伐这个不知死活的古尔王朝。于是，耶律直鲁古派塔阳古率军出征。

公元1198年，早春时节，天气多少还有些寒冷，战马不停地打着响鼻。西辽大军浩浩荡荡渡过阿姆河，再一次进入到呼罗珊地区。上一次普速完没有拿下这块地方，这次，一定要拿下。不然，这趟出兵便有些划不来。也是这时候，看到西辽大军攻入呼罗珊地区，花剌子模国王沙特克什也率军攻击古尔王朝，并打到了图斯。西辽军队与古尔王朝一开战，古尔王朝便败了。古尔王朝前线军队不停后撤，而西辽军队则越攻越猛。古尔王朝退败后，许多地方被西辽占领。每占领一方，西辽军便开展"打草谷"，到处抢掠，杀人放火。许多城池战后，便如坟场一样，到处是死尸，到处是烧毁的房屋。这时，节节胜利的西辽军向驻扎在巴里黑的古尔王朝送去了招降书，让巴里黑守军撤退，把巴里黑还给西辽。巴里黑的守城将士并未被西辽阵势吓住，他们在暗地里联络河谷地带许多原来西辽的仇人，组成联军攻打西辽军。结果，西辽军全线溃败，被联军一路追杀，等到了阿姆河时，来不及过河的士兵要么被乱箭射死，要么被洪水冲走。西辽一万二千骑兵几乎全部丧失在这场战役中。

当失败的消息如长了脚的信使，第一时间将此事告诉给耶律直鲁古时，好玩的帝王也是大吃一惊。西辽军队向来所向披靡，在中亚这块地方还没打过败仗呢，我的天，这是破天荒第一回啊！这位糊涂的君王在兵败后不及时布防，加强力量，而是第一时间让使臣去了花剌子模讨说法，原因是花剌子模来求救，才导致今天的失败，花剌子模应该向西辽赔钱，用来弥补这次战争中的损失。当然，花剌子模不可能给你钱。打仗这东西，胜了，面包就有了，牛奶也就有了；但现在是败了，还想要面包和牛奶，简直是痴人说梦，花剌子模君主沙特克什果断拒绝了西辽来使的无理要求。耶律直鲁古见吃了败仗，现在钱又没有要回来，便让人带兵去攻打花剌子模，结果这回又被花剌子模打败。西辽军一溃千里，花剌子模军队却追了上来，顺势占领了西辽的布哈拉城。

连续吃了败仗的西辽君主耶律直鲁谷，并没有反思失败的原因。这个子孙，远不及他们的祖先耶律大石。耶律大石之所以能所向披靡，正是不断审视辽国失败的原因，不断反思自己，才让西辽逐渐强大起来。西辽军队连续两次失败后，没再轻易出兵，而是休养生息。这本是好事，但耶律直鲁古却不理朝政，国家机器缺少了掌舵人，必然会忽走忽停。因而西辽王朝"庙堂之上，朽木为官；殿陛之间，禽兽食禄。狼心狗行之辈，汹汹当朝；奴颜婢膝之徒，纷纷秉政。以致使社稷变为丘墟，苍生饱受涂炭之苦"。西辽王朝有了坍塌之势。一个国家的休养生息非一朝一夕之事，那必须是长久之国策。西辽建国才历三世，尚未到高度发达时期，这几十年的发展其实是建立在不断战乱之上的。耶律大石当然是希望西辽永久统治下去，但这个不肖子孙，继续走上了与任何一个亡国之君一样的道路，他在自己的骄奢淫逸中无法自拔，糜烂的生活让耶律直鲁古沉迷其中。如果，不居安思危，别人就会乘虚而入。

公元1203年春，和五年前一样，战争又开始了，这回是古尔王朝对阵花剌子模。古尔王朝总有扩张的野心，让中亚地区各个国家夙夜忧叹。当古尔王朝大军扑向花剌子模时，这位打败了西辽军队的邻邦，这回又派使者向西辽求救。当然，这回打败西辽的沙特克什已死，向西辽求救的是他的继承人摩诃末沙。对上一次战败一直耿耿于怀的耶律直鲁古，总想找个机会给古尔王朝一个猛烈袭击。这回，机会来了。耶律直鲁古又派出塔阳古率领一万大军救援花剌子模。当然，临行前，耶律直鲁古对塔阳古说，这回要是再败，你就把自己解决了吧。塔阳古梗着脖子走了，这回也是他雪耻的时机。等西辽大军到了边界，西部喀喇汗王朝苏丹·奥斯曼也率军赶来，于是三军合围古尔王朝大军。古尔王朝苏丹什哈布·丁听到这个消息后，带着部众灰溜溜撤了。但这位古尔王朝的大老板这回运气不好，还在逃跑的路上，便被花剌子模、西辽、西喀喇汗三国军队包围在安都淮沙漠。古尔王朝实际上被包了饺子，这场战斗打得很激烈，三方都有死伤。死伤最多的，要数古尔王朝的大军。他们足足五万人被三军消耗在这场战斗中，永远地埋在了沙漠里。

最终三军胜利。但此仗，对西辽而言有些得不偿失，此战消耗了西辽的精锐部队。而此时的花剌子模却逐渐强盛起来。花剌子模名义上是西辽的附属，但他们却在招兵买马，发展经济，已经成为西辽边上最大的威胁。耶律直鲁古还在玩呢，花剌子模已经在磨刀了。

这一年，花剌子模便不再继续给西辽进贡。外交官将这件事告诉了耶律直鲁古。于是，耶律直鲁古派宰相去催账，让花剌子模继续纳贡。恰值这时候，花剌子模要对钦察地区发动大规模袭击，生怕西辽回过头来给它致命一击，于是，这位花剌子模的君主摩诃末沙便让自己的母亲接见了西辽宰相，而他自己则躲在后面听墙根。摩诃末沙的母亲图儿罕可敦以隆重的仪式接见了西辽宰相，把欠下的贡税足额缴纳了,并让人带着厚礼跟使臣去了西辽王宫,表达花剌子模未按时纳税的歉意,并下了保证书,保证以后绝不会有此事发生。耶律直鲁古很高兴,完全不知道这里面暗藏的猫腻。他款待了使臣,并邀请使臣观看了他狩猎的过程。不久,当摩诃末沙顺利征服钦察地区后,便停止了向西辽纳贡,还有意撕破脸皮似的,故意将边界河谷地带划到自己的版图上。此后,花剌子模不仅停止了对西辽王朝的上贡,而且开始征服整个河中地区。

又过了不长时间,之前被耶律大石打败的塞尔柱王朝首领桑贾尔,躲在民间积蓄起来一股力量,在西辽西喀喇汗国河中地区策划了大规模的农民起义。这时候,觉得时机成熟的摩诃末沙带人镇压了农民起义,桑贾尔也被杀。摩诃末沙趁机与西部喀喇汗王朝的奥斯曼互通信息,达成一致协议,都想摆脱西辽。于是,这花剌子模和西喀喇汗国结成同盟,与西辽军展开了斗争,但很快被西辽精骑兵打败。摩诃末沙带人从河中地区退回到花剌子模,而这位西喀喇汗国的首领奥斯曼为了转圜兵败局面,不让西辽直接派兵打来,于是向耶律直鲁古的女儿求婚,希望成为儿女亲家。但此举遭到耶律直鲁古强烈的拒绝,西喀喇汗国无计可施,它必须找到一个盟友,共同对抗西辽,于是,向花剌子模低头,表示愿意归属。这次,倘若耶律直鲁古答应与奥斯曼成为儿女亲家,那么西辽可能会以另外一种局面存在,至少,不会很快就众叛亲离。当然,更有雪上加霜的事情,1209年,西辽东部的高昌回鹘王国,一向都很听话,但这一回,他们冒了一次险,国王命令士兵杀死西辽王朝的监督官后,带着大部队投靠蒙古国。西辽陷入四面楚歌的境地。

于是，休整一段时间的摩诃末沙于1210年，再次率大军到达河中地。这一次，摩诃末沙受到西喀喇汗国负责人奥斯曼的热烈欢迎，这一回，他们要大展身手，一雪前耻。在河中地区，摩诃末沙为了煽动民众，赢得更多人投到他的阵营，充分发挥了宗教力量，用现在的话说，就是意识形态的力量。当然，这里可以理解为宗教正统论。摩诃末沙大肆宣传穆斯林教徒团结起来，共同击破他们的同一敌人西辽，彻底摆脱西辽统治。这种宗教正统论与中原地区的姓氏正统论、民族正统论一样，具有很强的煽动性。西辽许多原来的穆斯林教徒，自动站到了摩诃末沙这边。这场战斗，其实是以穆斯林为宗教的教徒与信奉太阳神的契丹人之间的战斗，且这场战斗还在穆斯林区，西辽注定了要失败。摩诃末沙的大军在怛逻斯附近打败西辽军队，俘虏了塔阳古。

　　从此，西辽开始衰落。从宣和四年耶律大石在可敦城称王，到1132年在叶密立称帝，再到公元1210年，短短七十年间，这个帝国创造了一个又一个奇迹。然而，此时的西辽已是强弩之末。更不幸的是，1211年，所属西辽管辖的葛逻禄部首领阿儿斯领着部众投奔了如日中天的成吉思汗，西辽成了墙倒众人推、树倒猢狲散的局面。

　　此时的西辽，还在做着垂死挣扎。而西辽的这位耶律直鲁古，和天祚帝如出一辙，不想如何中兴大业，却时刻忘不了打猎消遣。于是，1213年，在他打猎途中，被北面乃蛮部的太子屈出律擒获，屈出律乘机篡了耶律直鲁古的皇位，成为西辽真正的主人。《辽史》记载："乃蛮王屈出律以伏兵八千擒之，而据其位。"这位屈出律为了巩固政权，娶了西辽王朝末代皇帝直鲁古之女浑忽公主，并在全国推行佛教，最终不得人心。五年后，成吉思汗命哲别攻打西辽，屈出律逃跑，被西辽猎户抓住，交给了哲别，于是，哲别率军进入巴拉沙衮，至此，西辽灭亡。

历史已矣，回首眺望宣和四年，回首眺望那个叫耶律大石的人，回首眺望西辽，这个历史上赫赫有名的国家虽不算太长，但它的意义却不同凡响，这些交给历史学家吧。我只是想起公元1143年，冬月，西辽缔造者耶律大石在无比遗憾中闭上了绝望的双眼。这位从中国走出，横扫西域诸国，成为地域面积远大于宋朝、西夏、大理的庞大帝国缔造者，就这样走了。他的梦，还在久久回响，他的志愿——收复辽国故土的遗愿，也随着他的死去，永远深埋于地下，以致蒙古灭了西辽时，也没有将他的遗愿带回。他成了中国一千多年来中亚地区最伟大的帝王。经过一千多年时间的堆积，历史厚厚的风沙早已将其湮没，然而就其功勋，上追秦皇汉武，下比于唐太宗、康熙帝。在大辽的历史上，他应该和阿保机有同样的地位，在中国帝王中，他也是闪耀着伟大光辉的一位，希望未来的历史中能更多地提及他，提及他的伟大功业，提及他的雄才，尽可能丰富的还原中国历史……

第四章

完颜阿骨打与大金

公元1122年，这一年，是宣和四年。这年春天，打败辽军的金军士气高涨。然而，就在这一年，老大完颜阿骨打得了一场重病。这对于刚刚打了胜仗的完颜阿骨打而言，丝毫不败坏他的心情。和辽打了十多年仗，如今又攻下了中京、西京，招降天德、云内、宁边、东胜这些州郡，没有什么比这更让人喜悦的了。生病算什么，人吃五谷杂粮，哪有不生病的？况且这些年在外打仗，常常过着刀口舔血的日子，早就将生死置之度外了。只要大金能够强大，即便死了也值了。现在只是小毛病，不碍事。

当然，那个逃奔辽国的纥石烈部长阿疏，这回也被抓住了。这是久违的胜利，虽然比不上出河店之战带给世人的震撼，但这回，却收复了大面积的土地和众多牧民，整个辽国四大京都揽入怀中。当年辽国为了方便行使国家权力，修建的这四座城池，现在成了自己发展基业的地方。完颜阿骨打觉得，房子修得再好，若不招人待见也不一定守得住。

每天夜晚总有不适，阿骨打也没上心。他觉得自己身子硬朗，小小的毛病不足以引起重视。大金现在的主要任务，是一鼓作气灭掉辽国残余势力，所以，他让完颜臬和完颜宗望不惜一切代价也要捉住天祚帝。这是死灰复燃的最后一根稻草，这是意图东山再起的星星之源，必须捉到这个人，让那些散落在草原上的契丹人彻底死了心。只有这样，契丹部才能臣服。

不久，便传来了好消息，虽然天祚帝又逃走了，但却收得归化、奉圣二州。这是好的开始，是进一步胜利的信号。当年受了"鱼头宴"之辱，只是想着永远摆脱辽国控制，不再受辱，自己的族人能够过上安然的日子就好，也没想过要灭了辽。但这是一场身不由己的战争，而你却身处其中，所以，不由得你置身事外。当出河店那一仗大胜后，便注定了大金不能再只想着独立。草原统一，大金才能有安稳的日子。然而，从最寒冷的地方一路南迁，现在已经到了长城边上，女真却越挫越勇，越打人越多。也许这是上天的眷顾，要大金去收拾这个世界的残局。至少，大辽气数已尽，被金灭国，也是迟早之事。等灭了辽，整个漠北草原，都将是大金的国土。

身体里不时会传来阵阵疼痛，但阿骨打依然压不住兴奋的心情。他叫郎中看了，也看不出个所以然来，只说是这些年带兵打仗累的，加上如今天气不好，邪气入体，开几服药调养一下再看结果。

两年来，都是这些儿子和兄弟帮着打天下，他只负责坐镇指挥，现在听说天祚帝逃了，而那些辽的属地大部分都有意投诚，他必须要前去看看。

于是，阿骨打率军到达奉圣州（在今张家口涿鹿县）。那些原来辽国的旧臣竟然都打开城门出迎，这是从未有过的荣誉，在别人的地盘上，可以被别人迎着进城。乱世之中，有实力才是王道。真正的实力，其实就是你身后站着多少人马……阿骨打登上了奉圣州的城头，一片欣欣向荣的景象，这是祖宗显灵。空中飞过一只海东青，阿骨打久久凝望，深深回想着大金那些远古的传说。这只海东青难道是来报喜的吗？那海东青在众人头上翱翔一会儿，便向着远方俯冲而去，那里是北部草原，是祚帝逃亡的地方。被辽国统治的那些年，海东青成了年年上贡的东西。可海东青是鹰中极品，多少只鹰里才能出一只海东青呢？

宋辽边界的这些郡县，听到阿骨打到了奉圣州，都表示愿意归附。与奉圣州不远的蔚州（即蔚县，古称"蔚州"，是"燕云十六州"之一）的辽臣也送来了降表，表示愿意降附。反正现在天祚帝不知道去了哪里，他们成了无头苍蝇，不知道该为谁服务。阿骨打欣然接受了这些归附，不战而屈人之兵，这是汉人说的打仗的最高境界，既然有这样的好事，何乐而不为呢？于是，阿骨打准了。蔚州臣僚拉着大批的金银财宝，还有些稀世珍品、古玩字画，纷纷来奉圣州拜见阿骨打。阿骨打照单全收，毫不客气，不断展示着战胜方的优越感。

阿骨打一面命人追击天祚帝，一面差人向北宋送去了消息希望北宋也来剿灭大辽残余。尽管说天祚帝逃亡了，但辽的领地上，还有许许多多的辽国将士，这些人如果都聚集起来，那将是一股威胁的力量。既然在这片土地上共享天下，既然都为了那一块蛋糕，还是请你北宋也出兵吧。

这时，北宋得知大金将天祚帝赶到了夹山，便派出赵良嗣出使金国，继续加深海上之盟的关系。赵良嗣来时，带了大量的金银珠宝，献给阿骨打。阿骨打很高兴，那就一起攻打残辽吧，反正你们大宋觊觎幽云十六州好多年了。只要能灭辽，这片地方就给你们。这时候，阿骨打问赵良嗣，听说你是辽人，现在怎么帮着我们灭辽？赵良嗣说，我乃汉人，只因大辽攻宋，我们燕京之地才落到辽国手里，现在，咱们合起手来灭辽，不正是恢复我汉人的族籍吗？阿骨打大笑，端起酒杯，邀请宋廷来使一醉方休。

赵良嗣回去后，把阿骨打的意思传递给了宋廷。于是，急于收回幽云十六州的大宋这回出了血本，他们向来不太重视武将，加上太祖皇帝重文轻武的"紧箍咒"，这猛然间要征集人马，还真是难题。好在，北宋有的是人，开封城里就有一百万人口呢，一家出一个人，十万人就随便征集到了。还有那些边关守军将领，这么些年不打仗，白白养着他们，现在也该到了他们报效祖国的时候了。于是，北宋派童贯率领十五万大军北上，向辽扑来。宋朝大军围住燕山府，用阵势压迫残辽，好让残辽屈降，以报一百多年被辽欺辱的一箭之仇。此时，在耶律大石等忠臣拥立下的北辽政权，看到大宋大军到来，心里多少有些慌，目前，北辽军队人数远不及北宋十五万大军。童贯希望北辽投降，北辽却誓死不从。这位大军区司令员童贯，终于显示了一次大丈夫气概，下令宋军开始攻打燕京。仗打起来后，宋军刚开始还挺有冲劲，仗着人多势众一路上所向披靡，战争打得很激烈，也很惨痛，双方都有死伤。但不久，宋军便受到辽军强烈的反击。这一次，辽军似乎比之前更凶残，更不要命，似乎拿出了胜败在此一役的决心。所以，宋军受到了强烈抵抗。这抵抗，宛如一股巨大的向心力，将辽军收拢在一起。宋军敢于拼命的将士不多，结果宋军大败，只能退保雄州。好在，这回耶律大石没有追赶，不然宋军的惨败程度可能要比这大得多。兵败的童贯不敢再去打耶律大石，徽宗听说兵败，让童贯立即撤军。

此时驻守在燕京不远处的是大金的完颜宗翰，他看到十五万宋军被不到两万的辽军大败，心里别提什么滋味。但宋金之间有盟约，这回还必须救童贯这个酒囊饭袋的。

完颜宗翰派出大金使臣和宋军互通信息，他自己则领着一队人马到了许山前六州，和宋军合为一处，等待着时机。

年底时，阿骨打拖着患病的身体，带着完颜宗望、娄室等部向燕京开来，这场灭北辽的战争，他要亲自指挥。战争还没开始，又发生了逃跑事件，北辽留守的德妃自己跑了，把一帮子大臣留给了大金，也把燕京这座城留给了大金。这又是与天祚帝如出一辙的做法，只顾自己，不管其他人。北辽那些旧臣左企弓、虞仲文等汉臣，看不到希望，反正契丹人不相信汉人，金人也不相信汉人，大争之世，活命最重要。于是，这些北辽汉臣便大开城门降了金。阿骨打带兵进入燕京城，接受北辽官员的朝贺。

童贯脸上无光，他带了那么一大队人去攻打燕京，没有攻下，却被不到一万人的金军攻克了，这于情于理都说不过去。当然，也存在这样一种可能，童贯攻打燕京时，北辽军队是背水一战，要么死，要么活，所以他们胜利了。但打仗都是伤敌一千自损八百，和宋军打过一仗后的辽军，再也经不住第二仗了，所以，当金军再次来攻燕京时，他们只能放弃燕京，继续逃跑。毕竟第一回没死成，这回就要活下来，死了一回的人对生命会愈加珍视。城池总会再有的，但命要是没了，那就什么都没有了。

攻陷燕京的金军，在燕京城里摆宴祝贺，童贯却成了局外人。本来这燕京金国没想着争，你宋军有十五万，就把这块骨头给你，拿下了，燕京之地也就理所当然归你了，反正海上之盟的前提是以幽云十六州为交换。然而，宋军却败了，燕京被金军攻破，成了金军的地方。盟约可以遵守，但燕京是金军打下来的，不能白白送人吧。金军攻打燕京，也死伤了许多将士，所以，请北宋拿银子换吧。谁也不是傻子，任何劳动都要付出报酬。

于是，童贯上书，说宋军失利，结果被金军占领了燕京。现在金国占了燕京，要朝廷掏钱买。宋徽宗有些不悦，给了你那么多人都没拿下，现在被别人拿下了，还要拿银子换，这是什么道理？蔡京却说，拿银子换就拿银子换，只要能收回燕京之地，给这些野蛮的金人一些银子也无所谓。拿回燕京，只需一年的税收，那些钱也就来了，舍不得孩子套不着狼嘛。

宋徽宗勉强同意了，愿意拿银子换。毕竟这是燕京，幽云十六州中的一个，这时候，就不要计较钱不钱的问题，收回一个算一个。于是，童贯给了金军足够的银子，足够换一座城的银子。金军收了银子，对童贯说，你们先别急着进城，等我们收拾好了，你们再来。我们撤退时，得收拾收拾。

童贯便等金军收拾完毕，金军撤退，宋军进城时，燕京早已是一座空城。城中一切都被金军带走，连只鸡都没有，只有一地鸡毛，可以用鸡犬不留来形容。金军走了，童贯命人将燕京收复的消息告诉了宋廷。当然，他没有说金军把一座空城留给了大宋。宋徽宗便嘉赏了童贯，加封他为徐、豫两国公。

对于金军而言，这回收获颇多。攻克了燕京，带走了燕京的一切，又向宋廷勒索了一把。这种一本万利的生意以后要多做，才能让大金有源源不断的银子流入。

不久，赵良嗣来商讨中京之事，阿骨打便让平州主事来处理这些事宜，并改平州为南京，让平州人张觉作为南京留守。就在这当口，一场风波又起来了。阿骨打听手下人说，之前投靠大金的辽将耶律余睹有了反心，想反金去投靠天祚帝。阿骨打叫人把耶律余睹诸人叫来问情况，来了个下马威，每人打了一顿，算是敲了个警钟。《金史》记载："戊午，都统杲等言耶律麻哲告余睹、吴十、铎剌等谋叛，宜早图之。上召余睹等，从容谓之曰：'朕得天下，皆我君臣同心同德以成大功，固非汝等之力。今闻汝等谋叛，若诚然耶，必须鞍马甲胄器械之属，当悉付汝，朕不食言。若再为我擒，无望免死。欲留事朕，无怀异志，吾不汝疑。'余睹等皆战栗不能对。命杖铎剌七十，余并释之。"

当然，这样的事情，再一次发生了。作为统治者身边传话的那些人，你还必须得提防着，不能得罪了。不然，舌根子嚼一嚼，便会有灾难降生。

不知是谁给阿骨打说的，说这位南京留守张觉也有反心，毕竟他是汉人。于是，阿骨打又使用了上次教训耶律余睹的方法，把张觉叫来质问了一下，连哄带吓、恩威并施地表明了大金的态度，希望张觉掌管好南京，不要有别的想法，不然大金的铁骑不认人。被收拾了一顿的张觉越想越气，灰溜溜地回到了南京。他本来没有反心，这回硬是被人说成有反心，欲加之罪，何患无辞。张觉觉得，阿骨打已经不相信他了，这回叫他去，一则是给他一个警告，二则是金军肯定开始监视、提防他。这让本没有反意的张觉心里很不好受。好吧，既然你说我要反，也不听我辩解，现在又开始怀疑我，看来迟早都得被逼上梁山。与其这样，不如反了算了。所以，五月时，张觉便领兵造反。张觉造反，很快被提防着他的金军击溃。张觉无奈，只能领着残部向南而逃，寻找北宋的庇护。

此时，燕山宣抚使王安中收留了张觉。然而，正是此事，为以后大金攻宋留下了口实。大金见大宋留下了张觉，便差人来要。鉴于两国的联盟关系，王安中只能杀了张觉，把脑袋交给金人。但此举并未让金人满意。只是此时，金军主要力量在到处撵着天祚帝跑，没有精力对付大宋，所以，此事也被搁浅。

时间到了七月底，北部草原已开始变冷。深秋的黑龙江，天空中不断有雪花落下。特别是长白山，积雪日渐增多，漠河已经到了零下十几度了。房梁上的貂裘该拎出来抖掉灰尘，继续派上用场了。

族人们已经开始准备过冬的东西了。那些驯鹿收回心吧，别再留恋昨日的风景，那些已经成为过去，等到绿草再起时，你们就尽情撒欢，现在，该窝在圈里准备好过冬了。

这个冬天，除了牲畜旺盛，还有那些宋朝送来的岁币，可以在就近地方互市，换来盐、茶叶、香料。这宋人真会享受，那些香料简直无可比拟，下回再去宋朝，一定撸回来几个会制作香料的手艺人，牛羊肉加上那些东西，味道太美妙……

当然，更重要的事情是，这时候，阿骨打身体出现了状况，这是几十年来少有的自己不能带兵打仗的局面。那些御医来回奔跑着，国家大事暂由其弟完颜晟打理。

生病期间，完颜阿骨打命令部众今冬养精蓄锐，开春，膘肥马壮之际，一举灭了辽国。所有人脸上都乐滋滋的。战士养精蓄锐，战马膘肥体壮，粮草源源不断。一切看似稀松平常，一切又似蠢蠢欲动。而这一年，是宣和五年，也就是宣和四年的后一年。如今的大金，早已不是弱小的蛮人，他们如烈焰，火气正旺，谁都不能靠近，谁靠近，谁会被灼伤。一个多部落民族，竟然在完颜阿骨打手里成了一支铁血部队，无坚不摧。

捞了好大一笔的大金将士北返，回会宁府（今天黑龙江省阿城附近）。从收成上来看，这一年是个丰收年，至少对大金来说如此。与辽作战持续十余载，已重创辽国，宋朝也来示意讨好，比任何一年都顺心。但这一年，却给大金国蒙上了一层云翳。因为就在前不久，金太祖完颜阿骨打身体出现了强烈不适，找了好多汉人郎中，都表示束手无策。

阿骨打表示要回去养伤，等伤好了，再来开疆拓土。在前不久辽宋之战中，阿骨打看到了宋军的软弱，看到了宋廷的腐败。这个大量生产茶叶、丝绸、谷物的国家，比草原上打猎的民族要富庶得多。所以，在燕京捞了一把后，金军开始北还，只留得完颜宗翰去追击天祚帝。当然，更重要的是阿骨打要回去养病。

身体是革命的本钱，先回去，缓解一下疲惫感，那将还是伏虎的英雄。这时候的阿骨打根本没想过这么早就死，他看好的一片家业还没有打下，他才不舍得离开这个世界呢！

然而，事情就是那么不凑巧，当阿骨打的大军北返时，他忽然感觉身体仿佛被掏空了一般，明显感觉到了死神的脚步声。谁能想到呢，不过一场偶感风寒，让完颜阿骨咳嗽了一冬，尤其夜里，那咳嗽声叩击着每位金国将领的心门，体壮如牛的皇帝这是怎么了？

阿骨打感觉到事情不妙，尤其是夜里，迷迷糊糊睡着后，总能梦见父亲，梦见母亲，还梦见那些和他一起出征而死在战场上的将士。难道这是老天要收回自己吗？

阿骨打不相信，他不愿接受这个命运，即便是再残忍的上天，也不能在这时带走他，大金还有好多事情等着他去处理。不过，阿骨打还是有了心理准备。他命将士加快速度北还，万一有个不测，落叶归根总是最好的。

一路上，生机勃勃。北归大军行进的步伐很快，因为阿骨打明显在强撑着，如果不加快脚程，便到不了会宁府。所有人都脚步矫健，恨不能插上翅膀。

他们过了黑河，在烈日炎炎中北归。当队伍到达堵泺西行宫时，死神降临了。公元1123年9月19日，这个值得大金永远记住的日子，完颜阿骨打病逝于堵泺西行宫，就是现在的扶余城。这扶余距离阿城其实也就一百多公里，上高速一个多小时就到了，但是阿骨打却撑不到回去的那一刻。他的辉煌，连同他一切的爱恨情仇，都将在这扶余戛然而止。

老天总是妒忌英才，阿骨打正准备大展身手时，却出现了意外。这年深秋，马鞍子都换了新的，古列延里的火燃烧得正旺，可就在这当口，大金国的缔造者，完颜阿骨打意外溘然长逝。这位英雄，本想着一统霸业，然而天不假年，他的去世，给正如日中天的大金镀上一层伤感。

想起十几年前，女真还是个多部落不统一的联盟，很多年饱受辽国欺辱，正是这位完颜阿骨打，女真最有希望的联盟长，在黄龙府打败辽军，以两万金军对阵七十万辽军，却意外获胜。这次获胜，彻底改变了辽金敌强我弱的局面，成了历史上又一个以少胜多的经典战役，就像巨鹿之战的项羽、潍水之战的韩信，完颜阿骨打收回了面子，挣来了人心。

那些被辽国征服的女真部落，眼见希望，纷纷来归，一支马背上的民族自此而起，而完颜阿骨打像长白山上的海东青翱翔于那片雪域之上。有关他的那些故事经过众人的口一传，内容丰富了很多，他也成了女真部落里神一般的人物。

阿骨打又利用萨满，传递上天的旨意，而他是接受上天赋予使命的那个人。萨满跳着，嘴里振振有词，念着，或者说着人们听不懂的话，那是传递信息的天语，只有萨满懂，而萨满也将这些词经过大脑翻译，将信息传递给天之骄子——完颜阿骨打。

于是，一切都是天意，一切都有神明指引。

在此，我们应当回顾他辉煌的一生。他在多民族融合交流上，起了很大作用。总的来说，他的一生是辉煌的，创下的大金王朝，是中古历史的一部分。大金和西夏、大理、西辽等共同组成了中国灿烂的历史。

其实，早在"鱼头宴"时，阿骨打就得到很多人的认可。他在那场首领宴会上，拒绝献舞献技，天祚帝本欲杀之而后快。这时候，那个天祚帝的宠臣萧奉先，说阿骨打只是逞匹夫之勇，一个野蛮之人，不足为惧。这句话，让阿骨打躲过了被狙杀的危险，回来后的阿骨打自然明白了辽金之间对立的局面。不久，乌雅束病逝（当时女真部族首领），阿骨打顺利成为女真都勃极烈，也就是最高长官的意思。勃极烈是金国在不断壮大过程中形成的一套高层官员治理国家的制度。

于是，阿骨打一面利用阿疏来麻痹辽国，一面厉兵秣马。于是，一场放在台面上的战争在所难免。于是，公元1114年，九月，也是深秋，阿骨打利用萨满传递上天旨意，上天眷顾女真，让女真不再饱受欺辱。于是，辽金两军在一个叫出河店的地方相遇，此时，女真有骑兵两千五百人，而辽军十万，比例是一比四十。然而，这样毫无胜算的战役，女真竟然胜了，之前，说给谁都不相信。但事实就摆在眼前，不由得你不信。

于是，完颜阿骨打乘胜追击，于公元1116年深秋，金军攻陷辽国东京，那些被迫沦为金国奴隶的女真人回到了自己人的阵营里。自此，金军统一了所有女真部族，一个统一的制度性国家雏形诞生。

这时候，南边的北宋王朝也有了动静。北宋王朝自建国起，一直被辽欺辱，从这方面来说，北宋和金，倒像是一对难兄难弟，仇人都是同一个。君子报仇，十年不晚，机会终于来了。尽管澶渊之盟让两国一百多年相安无事，可能坐在一张桌上的，并不一定是朋友；能举杯畅饮的，并非同道中人，你大辽占据我幽云十六州一百多年，这下该还回来了吧。

李纲在朝上大肆宣讲进军，还有张所、宗泽纷纷上书。好吧，那就打吧，宋徽宗这时想到了太宋遗恨，毕竟，收复故土是几代先王的遗愿，是被刻在耻辱柱上的血印，是杨业绝食死在辽营的不甘心……赵佶一辈子啥都没干，净搞了舞文弄墨之事，现在有机会翻身，还可以让历史大书特书，何乐而不为的事情。况且，一旦收回幽云十六州，那可是彪炳史册，其功绩便可与太祖皇帝相比，以后不会再有人说他是昏君了。

于是，宋朝一纸文书，飞到了金国的完颜阿骨打手里。那纸代表宋廷的文书表示，愿同金联手，两面夹击，彻底消灭辽国。宋使又动之以情、晓之以理，辽虽新败，然地域辽阔，人口众多，等辽缓过气，事情就不好弄了，何不乘着这次挫败之际，一举歼灭辽国，要不然放虎归山，那将遗患无穷。

完颜阿骨打看了宋廷的联盟书，没有表态，而是款待了宋廷官员，又带着他们检阅了金军的金戈铁马，那气势，何止是盛气凌人。宋廷送来联盟书的官员有些瑟瑟发抖，这完全是虎狼之兵，比辽军有过之而不及，灭辽之后他们的目标可能就是宋朝。这位官员刚一想，后背就吹起一阵刺骨的凉风，而完颜阿骨打嘴角翘起得意之笑。

最终，金国用武力震慑，加大了筹码，谈判桌上，嗓门就高了，唾沫星子溅了宋使一脸。宋使笑笑，用官服揩了揩脸，笑得有些违心。最终，宋金达成了海上之盟。于是，辽国灭亡在所难免。于是，一场商议好的角逐之战在中原版图上拉开。

金军一路直下，宋军也派童贯北上夹击。于是，辽军所到之处，纷纷倒戈，阿骨打又笼络人心，特下诏："自破辽兵，四方来降者众，宜加优恤。自今契丹、奚、汉、渤海、系辽籍女直、室韦、达鲁古、兀惹、铁骊诸部官民，己降或为军所俘获，逃遁而还者，勿以为罪。其酋长仍官之，且使从宜居处。"

最终，天祚帝逃至夹山，阿骨打的灭辽大计还剩尾声。好吧，那就歇歇吧，自从和辽国打仗，将近十年了，根本没有歇过，马背饮血的日子历历在目，族人也需要好好休整。

于是，这个深秋，是宣和四年的后一年，金国歇了。完颜阿骨打让所有族人过个好年，他自己也舒了一口长气。这人紧绷着时，仿佛有神附体，心气儿一旦有所松懈，一切就垮了。

于是，这一年深秋，阿骨打患了风寒，而且，自此卧床不起。

心气儿用过度了，阿骨打撒手人寰。这让金国有些措手不及，以阿骨打的体质还可以在马背上驰骋二十年。

然而，历史没有然而，阿骨打去了，离开了世界，和长白山的雪融为一体，他将用眼看着他的子孙开疆拓土，创下万世基业……

阿骨打身前并未安排子嗣继承大业，所以，皇位由阿骨打的弟弟完颜晟接替，是为金太宗。这次皇位更替，和宋初赵匡胤死后，由其弟赵光义接替皇位如出一辙，也与后来合不勒去世由其弟弟俺巴孩继承可汗如出一辙。但有所不同的是，完颜晟死后，将皇位继续交还给了完颜阿骨打的长孙完颜亶，俺巴孩被这位完颜亶钉死在木驴之上后，汗位又回到了忽图剌身上。而宋朝赵光义一族，则是稳稳坐住了北宋江山，将皇位在赵光义这一族一直延续，直到赵构晚年因没有子嗣，才不得不在民间找到了赵匡胤的子孙，是为孝宗，至此，赵匡胤的江山才回到了他的族人手里。

金宋历史有些相似，仿佛一对弟兄，但弟兄也有你死我活的时候。当了皇帝的金太宗抱负远大，他完成了阿骨打遗愿，灭了辽。当然，也灭了北宋。

从此，在中原王朝上，靖康之耻成了激励所有仁人志士的提神剂。从此，便有了偏安一隅之说。南宋，也只是个小朝廷，辜负了岳武穆那首《满江红》：

怒发冲冠，凭栏处、潇潇雨歇。抬望眼、仰天长啸，壮怀激烈。三十功名尘与土，八千里路云和月。莫等闲、白了少年头，空悲切。

靖康耻，犹未雪。臣子恨，何时灭。驾长车，踏破贺兰山缺。壮志饥餐胡虏肉，笑谈渴饮匈奴血。待从头、收拾旧山河，朝天阙。

接替了阿骨打的完颜晟，也就是吴乞买，成了金国第二任皇帝。他登基后，改元天会。

关于这位金太宗接替皇位之说，还颇为传奇。当时他为都勃极烈，相当于宰相一职，是百官之首。当完颜阿骨打去世后，众人将阿骨打从扶余运回阿城，并举行了国丧。但国不可一日无君，大金那么大一片江山，需要人来主事。

这时，大家都愿意推完颜晟为国君，让他成为大金的掌舵人。然而，这位完颜晟却推三阻四，就是不愿意当这个皇帝，说自己资历不够啊，说难当大任啊，总之推托了好一番。实在被大家逼着没办法了，他便闭门不出，需要紧急处理的事情，便找人将奏折带进府中批示，然后交给各司。那些旧臣没办法，便学了一次北周都点检赵匡胤黄袍加身的伎俩。据《金史》记载："九月乙卯，葬太祖于宫城西。国论勃极烈杲、郯王昂、宗峻、宗干率宗亲百官请正帝位，不许，固请，亦不许。宗干率诸弟以赭袍被体，置玺怀中。丙辰，即皇帝位。己未，告祀天地。"

场面很熟悉的黄袍加身，"诸弟以赭袍被体，置玺怀中。"你做也得做，不做也得做。估计这时候，这位完颜晟是故意如此做的，但他必须表现出不情愿。阿骨打效仿汉朝宗法制，把以前推选联盟长的制度早就废弃了。而汉宗法制，那就是嫡长子继承制，这时，阿骨打的儿子个个生龙活虎，完颜宗望、完颜宗弼都是虎虎生威的人物。他不应该对继承皇位表现出迫不及待，不然，阿骨打的儿子们，也就是他的这些侄儿会怎么想，也许大家会说他就等着老大死，自己做皇帝呢！所以，这招推托之法，实在是高明。这就表明了态度：这个皇帝可不是我要做的，是你们强行要我做的，这就不关我的事了。这些旧臣，果真就这样做了，黄袍加身，大印交给你，这让完颜晟也有些无可奈何。好吧，承蒙大家看得起，做就做吧。反正都勃极烈和皇帝也只差一个级别，许多国家大事也主持了一阵子，不存在上位后瞎指挥的事情发生。

即位后，完颜晟对金国各种势力进行了权衡。当然，他属于有远大眼光的强者，早就看出了自己目前面临的困难。在金国的政治格局中，他只能属于军师级别的人，出谋划策或长于行政是他的强项，但要带兵打仗，那不一定能行。这几年来完颜宗望、完颜宗翰、完颜杲等人，都立下了赫赫战功，深得人心，所以，必须先稳住这些人，才能让金国稳固，千万不可出现内斗。如果那样，灭亡的辽国就是他们前车之鉴。于是，完颜晟为了巩固政权，为了让这些拼死打江山的人服气，为了体现自己与大家一条心，便下旨，命弟弟完颜杲为谙班勃极烈，阿骨打长子完颜宗干知国政，完颜宗翰、完颜宗望总理军事。这位完颜宗干就是金国第四位皇帝——完颜亮的父亲，此处暂不表。

完颜晟即位后，大赦天下，实施了一系列的惠民政策。他一方面护着女真贵族的利益，另一方面又对国民进行安抚。完颜晟用了两年时间来让国人适应换新皇帝的过程。这时候，西夏臣服大金。大金两年不动兵马，有些将领吃饱了没事干，只能狩猎，或者摔跤了，这是他们统一草原的基础。尽管现在不打仗，但汉人不是说，生于忧患死于安乐嘛，草原民族尚武的家底不能丢啊。那些长膘的战马，也需要去去膘，不然，上了战场，肯定跑不过敌人的战马。

这时，完颜晟让人继续追击天祚帝。逃至西夏附近的天祚帝，被自己的车辙出卖了，于是，一帮大金将士跟着车辙去寻找，意外发现了天祚帝的行踪。踏破铁鞋无觅处，得来全不费工夫，还想逃亡的天祚帝顺利被金军俘虏了。天祚帝被俘后，辽国实际上已经灭亡了。天祚帝被抓住后，完颜晟封其为海滨王，以王者的礼遇对待他。不久，天祚帝便病死于金国，也有说直接让完颜宗翰杀掉了。天祚帝这一支虽然没有人了，但契丹贵族还存在，于是，金国使用恩威并施之法，开始一边打，一边招降辽国的残余势力。不久，辽国这族除了耶律大石远走他乡，其余的散兵游勇尽归大金麾下。

收拾了大辽，完颜晟把目光投向北宋。现在西夏已经归附，天下之地就剩下了北宋与大金。一山不能容二虎，在如狼似虎的大金面前，北宋就是一块肉，一块肥得流油的肉，谁不想吃到嘴里？据说北宋有用不完的金子，你说北宋得富裕到何种程度。

那么如何才能挑起事端呢？这时，有人提起了张觉事件，这让金太宗恍然大悟。是的，张觉之事，大有文章。这文章如何做，权力却在大金手里。中国历史上，那些无事生非的战争，不就是无事生非的吗？张觉之事当时之所以搁浅，是因为金国把主要精力放在了灭辽上。现在，辽国已灭，这一回，完全可以冲着灭宋而去。也顾不得什么江湖道义了，只要灭了北宋，整个中国的版图上就只有一个大金了。

于是，公元1125年，也就是靖康元年，金太宗以宋廷收留大金降将张觉为由，开始挑衅北宋。两国的边界上，不时燃起一阵阵战火。不久，完颜晟任命谙班勃极烈完颜杲兼领都元帅，率东西两路南下攻宋。西路由完颜宗翰统领，也就是粘罕。我们许多电视剧里把这个人说成了有勇无谋的匹夫，其实是片面的，这是个有勇有谋的人，因为拥立阿骨打登基，备受重用。这回完颜晟当了太宗，继续使用他，让他当副元帅。他领着西路军从漠北草原而来，从云中攻太原府。东路由完颜宗望统领，这位完颜宗望，又叫作斡离不，是完颜阿骨打的二儿子，为人有勇有谋，对中原文化颇有研究；在军事上，也很有战略思想，一直很受完颜阿骨打的器重。他领着东路军从南京而来，攻燕山府。这燕山府以南，便是燕京。当年童贯用好多金子换来的燕京，金军北还时，把一座空城留给了北宋，还向北宋要了好几车财富。这座空城刚刚有了起色，金军马上又打来了。

当完颜宗望大军到达燕山府时，驻守在燕山府的北宋守将郭药师，见到辽军阵势浩大，便放弃了抵抗，直接开城门投降了金军。这便让北宋东北面的大门就此打开。不费一兵一卒就收了燕山的完颜宗望，对郭药师大加赞赏，继续让其在军中担任要职。金国大军在燕山做了短暂的休整，与次年正月，在降将郭药师的带领下，一路向南，绕过许多不必要的障碍，直接到达黄河边上。北宋的都城开封，以黄河为天险，显然这时候，黄河已经阻挡不了金军。完颜宗望率军渡过了黄河，向汴京逼来，宋廷上下一片哗然。再说西路军，完颜宗翰出师顺利，第一仗便攻下了隆德府（现在山西长治）。再说完颜宗望这边，已经在郭药师带路下直逼开封，并在开封附近的孟阳打败了钦宗派出的敢死队姚平仲部。姚平仲自此消失于江湖，宋廷找了多年不见其人。姚平仲直到八十多岁后，才在蜀中大面山现世。而完颜宗望手下的另一名小将，叫完颜活女，是完颜娄室的儿子，率军与宋军对峙，在井陉，两军相战，完颜活女直接将宋将种师中砍于马下。

至此，北宋王朝的这些防御战全线崩溃，金军又乘机直扑开封。宋军节节失利，严重打击了士气，相反金军的士气却高涨，他们所向披靡。金军这次是试探一下宋军的虚实，结果这一试，就试出了惊喜。人说北宋是威武之师，这一仗下来，根本就是绵羊，任人宰割。然而此时，西路军在太原受阻，抢了许多金银财宝的东路军，暂停了进攻之势，撤回黄河以北。完颜宗望让士兵好好歇息了一段时间，待到恢复元气，士兵们再一次嗷嗷叫时，金军便会进行第二轮进攻。这时候，北宋开始准备议和。金国表示，议和可以，但必须是一位亲王和一位宰相去归德议和。这时候，赵构便作为亲王登上了政治舞台。

到了八月，完颜宗翰、完颜宗望再次分两路攻打北宋。吃过第一次败仗的宋军，防务上依然和上一次一样，完全没有调整布防。不久，完颜宗翰攻下太原，完颜宗望攻下了井陉、真定。北宋一大片土地落入金军之手。宋廷朝野震动，他们想不到金军如此之块。满朝之上，只有李纲大喊大叫，说可以组织开封的御林军背水一战，说金军是骑兵，善于平原战，但攻城不一定是他们的强项，并恳求徽宗赶紧让人去集合外边的勤王队伍。徽钦二帝怕勤王之师还没来，金军便已经攻破了开封城，没有采纳李纲的建议。然而此时，金军已经将开封围得水泄不通。这一回，金军想到了刚刚灭亡不久的天祚帝。

不久，金军便攻克了开封。

开封攻破后，完颜宗翰派使臣进了开封，要求宋朝徽宗、钦宗二帝拿着降表到金军来商谈战败后交割事宜。最后，金军索金1000万锭、银2000万锭，缣帛2000万匹，马7000匹，并让二帝下命令，让黄河以北所有郡县开城投降。二帝不敢狡辩，只能下旨。于是，黄河以北之地，全部落到金军手里。旗开得胜，又灭了一个王朝的大金，在开封城里搜刮了一年多财富，带着整个北宋皇室及各种工艺人、书画、金银财宝开始率军北归。

临走时，他们考虑到这次夺来的大片土地管辖权的问题，于是，完颜宗望便将北宋出使大金的张邦昌立为大楚皇帝，让张邦昌代金国管理黄河以北之地。当然，以后宋朝不承认有这个皇帝和这个政权，便将这大金册封的大楚叫伪楚。《金史》记载："二月丙寅，诏降宋二帝为庶人。三月丁酉，立宋太宰张邦昌为大楚皇帝。割地赐夏国。四月乙酉，克陕府，取虢州。丙戌，以六部路都统挞懒为元帅左监军，南京路都统阇母为元帅左都监。宗翰、宗望以宋二帝归。己丑，诏曰：合苏馆诸部与新附人民，其在降附之后同姓为婚者，离之。"

当然，至此，北宋也就灭亡了。但北宋灭亡并不意味着中原王朝尽落金军之手。这时候，被赵桓派出去勤王的赵构偏偏成了漏网之鱼，这让金国大失所望。他们以为灭北宋，就如同灭天祚帝一样，只要捉住了赵佶和赵桓，宋朝就灭亡了。但这回他们掳去了宋廷所有人，却没有掳去中原汉人的心，更何况，还有康王赵构在呢。

金军北归后，北宋旧臣马上在归德拥立赵构建立起了南宋。自此，大金与北宋开始几十年的拉锯战，南宋也在这种拉锯战中精疲力竭，不敢再有收复河山的希望，只能偏安一隅。

当然，回过头来再说大金。大金在短短几年，迅速灭掉了辽国和北宋王朝，这在中国历史上是绝无仅有的。中国历史，中原与北部草原少数民族的战斗自始至终进行着，但从来没有如大金这般，短短时间内便统治了整个黄河以北地区。此时大金国土面积已经扩展到幅员辽阔的境地，包括今天的中国大陆淮河北部、秦岭东北大部分地区和俄罗斯联邦的远东地区。就在今天看来，金国也是少有的大面积之国。这样的民族，在短短几年打下如此江山，历史上也绝无第二。即便几十年后的那位成吉思汗，也是穷尽一生经历，才占领了那么大一片。

女真民族的好胜心，无法估量。几百年以后，女真人继续在这片土地上崛起，史称后金，他们奇迹般地统一了整个中原，还创下了康乾盛世的佳话。

占领了这么一大片土地后，如何治理却成了问题。这便如当年大辽耶律德光灭了后晋，在中原称帝一样，他们都面临着如何统治中原民族的问题。中原民族是农耕民族，而女真人却是游牧民族，两个民族在生产生活上存在很大差异。最显著的是游牧民族逐草而居，时常更换营地，但中原农耕民族则是住下来，便定居了。收了这样一大片疆土，生活习惯却成了问题，很显然，金国统治者面对的问题，便是不能继续用原来管理游牧民族的那一套来统治中原。金国这种勃极烈制度，显然不适合中原王朝。

所以，占领了大片土地的金国，这时候面临着改革的考验，这种改革，就如同当年阿保机改革继承人制度一样。统治中原地区的农耕民族，需要的是智慧，不能用野蛮的战斗。况且中原民族经历了一千多年文化的熏陶，他们注重的是内心的臣服，而不是压制。辽国耶律德光也在短时间内攻取了开封，并在那里称帝，意图想在中原立足，可不久，便被中原到处的反叛逼回了草原，前车之鉴啊。

这时候的金国，因为先后灭了辽和北宋，其实力不可同日而语，所以，渤海、西夏、回鹘等小国家纷纷归属，它们曾经也在中原王朝有了一片自己的土地，此时，都靠上了大金这棵大树。

当然，这些人的归顺，也都是暂时的，要让其心悦诚服才是最终目的。但女真真能成为统一这些不同民族的王者吗？历史在考验着大金，也在考验着完颜晟。不是所有的问题都需要用马刀来解决，这些问题，金太宗并未找到解决的办法，直到他去世，这些问题依然存在着。

加之完颜晟延续了阿骨打的政策，对大宋继续实施打击，所以，完颜宗翰和完颜宗弼率领的大军一路开拔，将宋高宗赵构追至海上，最后，面对孤军深入的不利局面，他们没有抓住赵构，只能北返。于是，在黄天荡差点让韩世忠灭了。后面又有岳飞长期驻守的东面战场，西面则有吴玠驻守，意图灭南宋的大金也不得不改变策略。他们让南宋进贡金银，养肥他们的胃口，让他们随时都能到宋朝土地上捞一把。同时，大金还先后建立伪楚、伪齐政权，用来牵制南宋朝廷。

　　但这时，除了南宋岳飞等将领抗金外，整个中原民间的抗金力量此消彼长，骚扰着金国统治区。这时候的金国，想过办法来安抚宋朝地界上的汉人，但汉家天下，你一个外族来侵占，实在是说不过去。这时候，矛盾自然产生，加上朝廷内部许多旧臣权倾朝野，影响着国家机器的运转。

　　完颜晟在位时，还能管住完颜宗望、完颜宗翰等人。公元1135年，在位十二年的金太宗去世。金太宗去世之前，将阿骨打的嫡长孙完颜亶列为储君，这让以完颜宗翰等为主的实力派颇为不满。江山是他们打下的，凭什么给完颜亶，所以，完颜亶刚刚接过来的金国，其权力是被架空的。

　　其实，早在完颜晟在位时，便设立了云中和燕京枢密院。完颜宗翰在云中担任枢密使，完颜宗望在燕京担任枢密使，两个人分别占领着一个枢密院，金人又称东西朝廷。公元1127年，完颜宗望去世，完颜宗翰乘机将两处枢密院合为一处，他成为大金权倾朝野的人物。这时候的大金，朝廷的军权中心实际在完颜宗翰手中。完颜晟去世后，接过大金江山的完颜亶早就对完颜宗翰有所不满，为了树威，也为了集权，他将完颜宗翰调至中央，给他一个太保的高位。《金史》载："三月壬午，以太保宗翰、太师宗磐、太傅宗干并领三省事。"这太保虽是高位，却是文臣，完颜亶乘机削去其兵权，又对完颜宗翰身边的人实施一样的做法。完颜宗翰实际上被架空了，最后忧郁而死。这时候，金廷内部一些至亲开始提醒完颜亶，不要太过了，否则有可能动摇政权的稳固。但完颜亶为了显示皇威，为了给大金这些不听话的人立规矩，他对自己要实施的改革非但不减弱，反而进一步加强。所以，有些阻碍他实施改革的至亲，他也动用大刑杀害。据《金史》记载："辛亥，吴十谋反，伏诛。""甲午，咸州祥稳沂王晏坐与宗磐谋反，伏诛。""八月辛亥，行台左相挞懒、翼王鹘懒及活离胡土、挞懒子斡带、乌达补谋反，伏诛。"

这时候的完颜亶，开始学习汉制改革做法。他大量起用汉人，用汉族文化来治理大金。他废除了金国旧制，改用汉唐制度，确立了宰辅制度。他吸取了完颜宗望与完颜宗翰权臣当道的教训，在中央设立三省制，并仿制中原汉朝制度，创立了以汉法为中心的中央集权制度。

至此，完颜亶基本扫清了政治壁垒，开始了自己大刀阔斧的改革。当完颜宗弼在南宋战场上节节失利之时，他有了议和的打算。毕竟与宋朝打了这么多年仗，但杀敌一千自损八百，金国为了战争也付出了惨痛的教训。于是，在绍兴十年，在朱仙镇之外的岳飞还准备直捣黄龙，而金国完颜宗弼则一路败退。面对这种惨烈局面，完颜亶不得不提出议和，于是绍兴议和便促成了。

于是，岳飞以莫须有的罪名死了。绍兴和议达成，宋金之间的战争得到缓解。金国开始大幅度改革，整个北方地区经济迅速发展。完颜亶还颁发了文字，制定了度量单位，彻底将原来的游牧民族与汉民族深度融合，这保证了以后大金一百多年的国家稳定。

金国社会呈现出良好的发展局面，国家机器快速运转。那些金国的汉人开始重操旧业，各种中原文明传入大金，金国经济飞速发展。金熙宗还颁布了礼仪，这对马上民族起了至关重要的作用。礼仪这个东西，是一个国家文明程度的体现。金熙宗的这种政治改革，被历史称为"天眷改制"。

但任何事情，总有正反两面。金国欣欣向荣的底下，却隐藏着极大的隐患。金国贵族权臣之间的内斗，一直动摇着这个国家的根基。金熙宗完颜亶的改革触碰了金国许多权贵的利益，完颜亶的权威面临着严峻的挑战。当然，还有他用木驴钉死的蒙古俺巴孩汗，这些，在日后都会如数算在金国头上。

1150年金熙宗受权臣与皇后的控制，实际上失去皇权，被架空了。年纪轻轻的金熙宗本来想着大干一番，却被自己编织的罗网束缚。为了泄恨，他经常滥杀无辜，大金国政再一次出现混乱。身为右丞相的完颜亮，实在看不下去了，于是他挥刀杀了完颜亶，自己称帝，是为海陵王。金国，第三位皇帝，告别了短暂的人生。

宣和四年春天，早春时节，温暖的春天却迟迟不见到来，万物萧瑟，土地冻成了铁板。这一天是二月二十四日，天上似有似无飘着些零散雪花。完颜宗干把门打开的一瞬间，一股寒气便钻进了帐篷。

完颜宗干坐了下来，女人挺着大肚子端来了冒着热气的羊肉。完颜宗干吃了几片熟肉，喝了一碗酒，便拖着不灵便的腿脚去上早朝。

众人正在笑谈，这时，有人通报，说完颜宗干老婆大氏怕要生了。这大氏便是完颜宗干的侧室。金太宗说，愣着干吗？还不赶紧回去看着。完颜宗干说，女人生孩子，就像驯鹿下崽儿，担心什么？话虽这样说着，他已走出了帐篷，后面传来大家的欢笑。完颜宗干顾不得这些，一瘸一拐往回赶。

帐篷里，侍女进进出出，他也焦急万分。帐篷里面，隔着一帘布，传来大氏撕心裂肺的号叫。完颜宗干在原地打着转，期待着那个即将诞生的草原巴特尔。他端起一壶马奶酒喝着，这时，一声啼哭，划破了这个温馨的帐篷。侍女用布将孩子包了，递给完颜宗干。完颜宗干颤颤巍巍接过孩子，他们四目相视，仿佛久未重逢，仿佛早就相识。侍女首先恭贺完颜宗干喜得贵子，完颜宗干大喜，表示人人有赏。侍女提示：是不是该给孩子取个名字？完颜宗干思谋一刻，说，就叫亮吧。明明亮亮，多好。

于是，这个叫完颜亮的孩子，便在这个冬天奇迹一般诞生了。然而此时，金军灭辽的呼声盖过了一切，所有人都在为阿骨打将辽国打败而到处奔走相告。

整个大金，士气高涨，即便是这远在阿城的上京，女真部落里，也是过年一样喜庆。而这位喜庆中诞生的孩子，注定了从出生那一刻起便有着不平凡的命运。他在这乱世中出生，在金国崛起的年代过完了童年。当大金的实力一天胜过一天时，他也在衣食无忧的金国享受到了庶长孙的优越。

阿骨打去世后,他的叔叔完颜晟即位,是为金太宗。他父亲完颜宗干被任命为忽鲁勃极烈。这个忽鲁勃极烈可是个大官,除了大金皇帝,下面设置的两个勃极烈,一个是谙班勃极烈,一个就是忽鲁勃极烈,这相当于中原王朝的左右丞相。

但后来发生了一件事,让这位刚刚懂事的完颜亮心里暗暗生了恨。公元1132年,金太宗完颜晟意图将皇位传给阿骨打的嫡长孙完颜亶。于是,金太宗便立完颜亶为谙班勃极烈,立他的嫡长子完颜宗磐为忽鲁勃极烈,而把完颜宗干降级为国论佐勃极烈。按说完颜宗干才是阿骨打的庶长子,既然要把皇权还给阿骨打一族人,那么这个忽鲁勃极烈就应该是完颜宗干的,可金太宗竟然把这么重要的职位给了自己的儿子,看来,太宗皇帝也是有私心的。这一下,便让完颜宗干家势力大跌。

公元1135年,金太宗去世,身为谙班勃极烈的完颜亶顺利成为金国第三位皇帝。

完颜亶即位后,为了扭转大局,为了止息内斗,为了左右各种势力,又起用完颜宗干,并任命他为太傅。于是,在完颜宗干等人的帮助下,完颜亶诛杀了完颜宗磐、完颜宗隽、完颜昌等宗室,毕竟这些人时刻威胁着还不稳固的政权。当然,其他部族之间,那些蠢蠢欲动的人便都收起了自己的欲望,猫在暗处,等待着时机。于是,金国国内大族之间的斗争暂时得到了平息。这时候,完颜亶开始了自己的改革,他大力推崇汉法,一切国家制度建立、机构运行,全部模仿汉制。金国,从此渐渐安定。

说这些背景,是为了更好地说明完颜亮的一生。这位完颜亮,正是在这种汉文化及制度的影响下，完成了少年到青年的成长，因此，他也深受汉文化熏陶。

完颜亶登基时，十六岁，完颜亮十三岁。两个人都是阿骨打的长孙，一个嫡出，一个庶出。

完颜亮自幼便表现出过人的才智，他同时又兼具女真人的彪悍。《金史》记载："废帝海陵庶人亮，字元功，本讳迪古乃，辽王宗干第二子也。母大氏。天辅六年壬寅岁生。天眷三年，年十八，以宗室子为奉国上将军，赴梁王宗弼军前任使，以为行军万户，迁骠骑上将军。皇统四年，加龙虎卫上将军，为中京留守，迁光禄大夫。为人僄急，多猜忌，残忍任数。初，熙宗以太祖嫡孙嗣位，亮意以为宗干太祖长子，而己亦太祖孙，遂怀觊觎。在中京，专务立威，以厌伏小人。猛安萧裕倾险敢决，亮结纳之，每与论天下事。"

上面这一百多字，便将完颜亮的前世今生说清楚了。然而，人是复杂的人，帝王也是复杂的帝王。这位完颜亮聪明、早慧，是金国在接受汉文化熏陶时代的必然产物。他自幼好学，对儒家经典以及其门类文化多有了解和接触，比起前几代帝王而言，完颜亮应该是汉文化功底最深的。许多中原文化，他全盘接收。他爱好诗文，温文儒雅，又学习汉制文人雅士的交流方式，常常设宴款待留居于金地的辽宋名士，并与这些人谈论天文地理，思考人生的意义，学习中国哲学。可以说，这时候的完颜亮，完全是一副孟尝君的样子，恨不能将天下文士全部收在他的帐下。比如，下面这首词：

《念奴娇·咏雪 》

（金）完颜亮

天丁震怒，掀翻银海，散乱珠箔。六出奇花飞滚滚，平填了、山中丘壑。皓虎颠狂，素麟猖獗，掣断真珠索。玉龙酣战，鳞甲满天飘落。

谁念万里关山，征夫僵立，缟带占旗脚。色映戈矛，光摇剑戟，杀气横戎幕。貔虎豪雄，偏禆真勇，非与谈兵略。须共一醉，看取碧空寥廓。

但是，这就造成了一种假象，一种显示他完颜亮更深得知识分子拥护的假象。而在推崇汉制的金国，得到知识分子的拥护，其实就是掌握了国家发展的走向。完颜亮不知是故意给金熙宗完颜亶看，还是确实喜欢这些东西，反正，完颜亮深得金地汉族文士喜爱。意识形态领域里，完颜亮为自己造足了势，这些人也将完颜亮温文尔雅的品行进行传播。这便让金熙宗感受到了威胁，毕竟都是阿骨打的孙子，只是一个是皇后生的，一个是侧妃生的而已，他们的血液里都流着阿骨打的血。金熙宗深忌其才，恐为后患，未敢大用。一直得不到重用的完颜亮，看到了自己这种造势，把自己前程断送了。统治者一旦觉得你是他政权的潜在威胁，就会想尽办法排挤你、疏远你，甚至会让你有丢了命的危险。

完颜亮收敛了很多，故意摆出一副不学无术的样子，来麻痹金熙宗完颜亶。金熙宗逐渐放松了对他的警惕。

天眷三年，也就是南宋绍兴十年，这一年，完颜宗弼被岳飞打得节节败退，不得不退回开封，而岳飞的大军就驻扎在朱仙镇，距离开封不过三十里。前方战败的消息，不断传至金国上下。金熙宗很着急，如果再这样败退下去，黄河以北的河北河东地区，将会重新囊括到南宋的版图。必须想到退路，不然，宋军过了河，收复了幽云十六州，整个金国将处在危险境地。金熙宗想到了和战策略，能战则战，不能战就和。于是，在这种情况下，金熙宗想到了完颜亮。这个家伙留在身边，总归是个威胁，不如派出去，让他到前方打仗，打胜了，那是你完颜亮幸运；打不胜，战死在战场上更好。于是，这一年，金熙宗将完颜亮派到了前线，并封他为奉国上将军，跟着完颜宗弼去打仗。完颜宗弼很喜欢他，让他做骠骑将军，管理着一万人。

完颜亮被调走，金熙宗感觉身边没有了威胁，于是大胆改革。偏偏这时候，完颜宗干去世了。金熙宗告知了完颜亮。完颜亮回来尽孝，葬了完颜宗干，竟然又去了前线。这让金熙宗很满意，觉得这个弟弟成熟了，不再是以前的样子。然而，时隔不久，发生了一件大事。对于金国来说，是惊天动地的大事，事关国家兴衰的大事。金熙宗的儿子，被他立为皇太子的完颜济安还不到一岁，便夭折了。不知道什么病，也没检查出个所以然，完颜济安便死了。二十四岁的金熙宗，半年多前，因为得子，很高兴，便大赦了天下。可不到一年的时间，这位被立为储君的太子却过早地死去。丧子之痛，让完颜亶一度不能自拔。《金史》记载："上年二十四始有皇子，喜甚……五日命名，大赦天下。三月甲寅，告天地宗庙。丁巳，剪鬐，奏告天地宗庙。戊午，册为皇太子。"可见金熙宗对这个孩子寄予了厚望，然而，金熙宗时运不济，儿子夭折，加上皇后裴满氏因丧子，性情大变，开始干预朝政，皇嗣之事，也搁置多年。完颜亶的皇后娘娘们也非常奇怪地再也没有生下龙种。最终，皇储无法确立。这在那时，就是无后，这便预示着皇位没有了继承人。完颜亶由此性情大变，古怪至极。他经常酗酒大醉，骂人，又辱人。在他身边的宫卫、侍女、太监们，噤若寒蝉。当然，这种性情大变最后演变成了随意杀人，许多陪侍的宫女、太监，甚至宠妃也遭受屠戮。整个大金国廷出现了惊恐之色。

远在千里之外的完颜亮也听人说了完颜亶的种种恶行。完颜亮对金熙宗的做法，表示出不满，并私下里与自己的亲信们谈说，此举有可能会葬送大金的国运。

又过了几年，在军营里长大成人的完颜亮越发表现出自己的军事才能和政治才能。此时，绍兴和议已经达成，完颜宗弼便让其做加龙虎卫上将军，留守中京，迁光禄大夫。完颜亮这回很低调，开始了自己将来的打算，对完颜亶也毕恭毕敬，将中京治理得井井有条。加上南宋想偏安一隅，宋金休兵止戈，金国国力大幅提升，金军好久都不打仗了，他继续读书，增长见识和阅历。

不久，完颜宗弼建议将完颜亮调回来，毕竟他自己年事已高，身体明显不能应付国家的需要。于是，皇统七年，公元1147年五月，当了三年光禄大夫的完颜亮被一道圣旨召回，并很快升为尚书左丞，掌握了大权。这时候的完颜亮，已经在心里有了自己的谋划。他利用职务之便，在皇宫里安插自己的亲信，许多重要岗位全都落入完颜亮党羽手里。当然，他明面上还是对金熙宗毕恭毕敬，感谢金熙宗的知遇之恩。这就给外人造成一种假象，两个人都是阿骨打的孙子，关系处理这么好，也是少有的。但一个人，越是这样，你就越得提防着。然而，性情大变的金熙宗早就不管这些了。

一日，金熙宗设宴，邀请大臣们把酒言欢。这时候，大家便说起了太祖完颜阿骨打，谈到了大金创业不易。完颜亮激动万分，他说，大金好不容易才摆脱了辽国的统治，即便这样，和辽国也打了十几年仗，太祖阿骨打成就了霸业，却没有稳坐江山，没有享受皇权，便仙去了……说到伤心处，竟然痛哭流涕，让在场的人无不动容。就连金熙宗都觉得这个弟弟真成熟了，开始为祖宗家业考虑了。这便让金熙宗逐渐放松了对完颜亮的警惕，并开始宠幸他。毕竟都是太祖的孙子，身体里都流着太祖的血，血浓于水啊。第二年，金熙宗的得力助手，阿骨打的四儿子，和宋朝打了几十年仗的完颜宗弼去世，这让金熙宗有些惊慌。完颜宗弼去世，他的职位一下空了出来，而一直跟着完颜宗弼的完颜亮，就成了这个职位的不二人选。不久，金熙宗便将完颜亮升为右丞相，兼都元帅，这就让军政大权落到了完颜亮手里。

此时的完颜亮，已是一人之下、万人之上的右丞相了。他掌管着地方文官的任命，也掌管着国家大军的指挥权，其实力，完全可以挟天子以令诸侯。完颜亮开始培植亲信，开始为自己将来做打算。在随意酗酒杀人的金熙宗面前，完颜亮感受到了一种强大的威胁，保不准哪天，他就成了刀下之鬼。

朝廷上，完颜亮依旧处理得井井有条。他不露声色的城府，让金熙宗对他放了心。当然，此时的完颜亮已经权倾朝野，即便是金熙宗也不能轻易动他，功高盖主的局势已经形成。不久，金熙宗就听说许多文臣武将总往丞相府里跑，而他这边，大家却忌惮他的淫威，不敢向他靠近。已经意识到完颜亮功高盖主的金熙宗不得不防着完颜亮，毕竟辽国帝王史，都在那里放着，尤其是辽国不停更换皇帝之事，是辽国灭亡的重要原因，是前车之鉴。但此时的完颜亮，实力已经和金熙宗平起平坐，金熙宗到了惧怕他却也不得不用他的地步，这让金熙宗陷入了骑虎难下的尴尬境地。

公元1149年，正月，完颜亮早就对外表示，还有一个月，他要好好操办一场生日宴会，于是，许多人都送了礼。金熙宗知道后，尽管心里不快，但也忍着怏怏不乐，派出一个叫大兴国的人，将宋朝司马光画像及一些古玩字画、珠宝美玉作为生日贺礼赐给了完颜亮。完颜亮收到礼物后很高兴，但这时候，已经对皇权有所操控的悼平皇后裴满氏，也仿效金熙宗的样子，派大兴国给完颜亮赏赐了许多礼物。这件事，让小太监们传到金熙宗耳朵里，金熙宗很不满意，打了大兴国一顿，并将皇后赐给完颜亮的礼物要了回来。完颜亮大惊失色，没承想，这件事会引起这么多矛盾。两个人之间的嫌隙不断增大，相互猜忌的成分也在增多。

等到了四月份的时候，金熙宗拟了一道圣旨，让当时汉臣学士张钧起草，这个张钧却擅自改动了诏书的内容。此事被金熙宗知晓后，便将张钧绑了，询问是谁指使他干的。张钧表示不敢说，这时候，一直与完颜亮有着嫌隙的左丞相完颜宗贤却对金熙宗说，这是右丞相完颜亮指使的。金熙宗完全忽略了左右丞相之间的内斗，相信了左丞相完颜宗贤的一面之词，便将完颜亮贬出了上京阿城，降级为汴京行台尚书省事。此时的完颜亮，一肚子委屈，一肚子怨恨，他带着家眷向汴京出发。

走到燕山府良乡时，金熙宗似乎意识到这是一场阴谋，又召回了完颜亮。然而，经过了这次事件，完颜亮反意已定。

年底，完颜亮要废除金熙宗的行动，就如同迎春花一样，开始悄悄探头。一些准备事宜，在私底下秘密进行着。为了以防万一，完颜亮找到了大兴国，重新提起了年初因为送礼挨过杖责之事。大兴国想起此事，便耿耿于怀，自己只是个跑腿的，谁都得罪不起，却无缘无故被揍了一顿。经完颜亮一说，内心仇恨的种子便开始生根发芽。完颜亮又乘机许诺，如果兵变成功，大兴国将是开国功臣，前程不可预料。在这种恩威并施下，大兴国便同意与完颜亮里应外合，除了金熙宗。公元1149年，十二月初九，天气异常寒冷。完颜亮率队，冲进皇宫，杀死了金熙宗完颜亶。于是，众人拜完颜亮为金国皇帝。完颜亮乘着月色，召集众臣连夜开会。

除了那些平时喜欢喝几盅的大臣，以及喜欢去秦楼楚馆的大臣，许多人已经睡下。他们完全没有意识到，这一夜，竟然是改朝换代的一夜。睡了觉的就起来，在秦楼楚馆的也赶紧穿上衣服跟着侍卫走，那些喝得醉醺醺的人，管你意识清不清醒，通通被搀扶着进宫，所有人都面面相觑。完颜亮让人抬出了完颜亶的尸身，血肉模糊，众多大臣肝胆俱裂。完颜亮问他们愿不愿意臣服，如果不愿意，完颜亶就是例子。大臣们都表示愿意，谁愿意拿自己的脑袋开玩笑？完颜亮看了看瑟瑟发抖的群臣，心里得意地笑了。他说了些恩威并施的话，又拉出了一个人，这个人是左丞相完颜宗贤，两个人素来不和。此刻，完颜亮得势，完颜宗贤只有死路一条。完颜亮命人将完颜宗贤杀掉，血溅了一地，这场杀鸡给猴看的戏才结束。

稳定了朝堂的完颜亮，开始把目光注视到外面，毕竟他的皇位是抢来的，名不正则言不顺。意识形态的东西，会颠覆一个政权，所谓人言可畏，就是这个道理。金熙宗在位时，尽管滥杀无辜，尽管昏庸，但对太祖太宗的宗亲还是比较好的，所以，金太宗的儿子们都有自己的领地和管辖权，也对完颜亶的统治很认可。完颜亮怕这些人合起来颠覆自己的政权，便对这些皇室宗亲实行一刀切的政策，剥夺他们的属地，吞并他们的财产；对那些不听话的，直接采取杀掉的措施。于是，完颜卞、完颜宗哲、完颜京、完颜宗雅、完颜宗义等太宗子孙多数被杀。太宗这一族人，差点就被灭了族。这位灭了大辽和北宋的金太宗，怕是到了地府也要冲出来找完颜亮理论一番。即便是和他一起跟着完颜宗弼打仗的撒离喝（完颜杲），也被完颜亮夺了兵权，最终被杀掉。

完颜亮还是害怕自己的政权不稳固，害怕那些太宗旧部起来反抗，于是，他又找了个莫须有的罪名，将完颜宗翰一族也全部杀掉。这些人都是跟着太祖皇帝打过江山的，他们当年也是战功赫赫。完颜宗翰在灭辽过程中功不可没。

完颜亮这场清除异己的行动让金国元气大伤。以海东青为图腾的女真部落，开始在完颜亮手里有过一阵动摇之感。好在他在巩固政权后进行了一系列改革，把国家拉上了正轨，也为完颜雍中兴金国打下了基础。

完颜亮成了金国第四位皇帝，但这位完颜亮的残暴比完颜亶有过之而不及。当然，他在有生之年做了两件大事：一件大事是迁都燕京，也就是今天的北京，之前北辽政权在这里有过一个短暂的存在期；另外一件事便是率军攻宋，结果命丧瓜洲渡口。

这两件事，其实是相互关联的。迁都燕京，为的就是拿下南宋，完成太宗皇帝未竟的事业。

公元1150年，完颜亮称帝。这位阿骨打的庶长孙，尽管杀掉了金熙宗完颜亶，但他并未否定金熙宗对金国制度的改革，加上他自幼颇受汉文化影响，所以，当他即位后，起用大批汉人、契丹人和渤海人为官，并在这些人的帮助下，用三年时间便巩固了自己的王位。

次年，有人提示说，上京偏僻，距离中原较远，物资运输困难，对国家发展不利，如果皇上愿意迁都，那将是大金之福。此举深得完颜亮赞同，他早对阿城这个地方产生了警惕。为了完颜亮的大志，那是要一统天下的。而今，最富庶的地方却在南宋手里，而上京，距离临安万里之遥，想要实现突破，实现一统中原的愿望，必须转变战略。而转变战略的第一步，就是要迁都。于是，完颜亮开始派人修筑燕京，进一步扩大燕京城的防御。

到了1153年，重新扩建的燕京已经是一座大都市。

一切准备就绪后，完颜亮将迁都的想法在朝堂上讲了出来，希望大家能够支持他迁都。群臣分为两派，以契丹人、渤海人、汉人为主的官员主张迁都，迁都之后，交通便利，燕京又地处中原民族与游牧民族的交界处，定都在燕京，北能兼管大金旧部，南又能开疆拓土，百利而无一害；而以金国诸部为主的旧臣，则不愿迁都，他们愤慨不已，说祖先的白骨在此地，他们安敢自己迁走？两派争论相持不下。

完颜亮完全没想到，迁都之举，会遭到自己人如此阻挠，即便是三年前杀完颜亶时也没有这样的阻力。自信心有些受挫的完颜亮，已经顾不得这些争论了。迁都之举，已是箭在弦上，势在必行。燕京已经修了三年，再不去，可能就永远去不了了。越是在这个时候，越要沉着冷静，越是要勇敢果断。于是，完颜亮快刀斩乱麻，下令将金国列祖列宗的灵柩迁到了燕京大房山，也就是今天北京的房山地区。你们这些旧部不是喜欢拿祖宗说事吗？那好，最先迁祖宗。史籍记载："葬始祖以下十帝于大房山。"诸部见完颜亮如此果断，竟然都服了软，没有人拿自己的脑袋开玩笑。你征求意见时我可以说不同意见，但绝不会与你死磕。完颜亮乘机用一把火烧了上京都城，顷刻间，阿城故地灰飞烟灭，一片废墟，金国旧臣不得不跟着他迁都燕京。《金史》记载："三月辛亥，上至燕京，初备法驾，甲寅，亲选良家子百三十余人充后宫。乙卯，以迁都诏中外。改元贞元。改燕京为中都，府曰大兴，汴京为南京，中京为北京。"也就是说，此时的四大京，与之前辽国和宋朝的四大京都不是同一个地方了。宋朝当时称归德为南京，称开封为汴京。

至此，完颜亮将汉族与北方其他部族完全收揽在自己的麾下。这次迁都，也为后来完颜雍励精图治创造了地理条件。而北京，也第一次以北京为名，成为国家首都，在世人面前亮相。至于说，后来北平，都是几百年以后的事情了，完颜亮在时，燕京正式改名为北京。这便不禁让人想起，三年前，宣和四年，金军攻打辽军后，把一座废弃的燕京留给北宋时的情景，真是此一时彼一时。

迁都之事安定后，完颜亮开始体制改革。他要改掉以前的那些不合理的旧制度，比如说勃极烈制度。这个制度完全是女真部族时，适合统治女真人的制度。而今的大金，已经统治汉人、契丹人、渤海人、女真人等，原来女真的那一套制度早已不合时宜了。

完颜亮废掉了许多旧制度，又鉴于女真之前皇帝没有绝对权力的弊病，开始效仿中原王朝的中央集权制。这些整天舞文弄墨的汉人，就是高明，中央集权其实就是皇帝集权。于是，他继续推行金熙宗完颜亶的做法，实行汉制。

为了达到中央集权，实现中央政令统一，完颜亮实施了一整套改革。比如，公元1156年，完颜亮废掉了完颜亶设立的三省制度中的中书省和门下省，只留下尚书省。尚书省设左右两个丞相，与金国旧制枢密院共同执掌国家大政。而尚书省与枢密院又直属于皇帝管辖。这样，便大大消减了许多拆分皇权的弊端，中央只有尚书省，分管官吏，完善改革制度，是文职行政部门；而枢密院，却是最高军事部门，主要掌管军队和战事。这样，文职设在尚书省，而武官就职于枢密院，整个国家的一文一武制度完善。汉人说的文武之道，完颜亮通过自己的改革实现了。那么，还有个重要的改革，便是选官制度。这是历朝历代最为头疼的事情，如果官吏选不好，选一些歪瓜裂枣上来，国家就有可能败在这些人手里。所以，完颜亮通过不断效仿汉制，通读汉代治国之策，又完善了官吏选拔制度。隋朝的科举制度可以继承，不过，偏爱诗词的完颜亮制定了专以辞赋选拔官员的制度。

实现了军中改革，完善了官吏选拔制度。这时候的完颜亮，在上层建筑上制度完善。他如航海的舵手,引导着大金向前行进。上层建筑完善好后,接下来,便是对地方进行改革。

在地方行政管理上,他设置了金国由五京、十四总管府所辖十九路地方行政区的政区分布格局。五京为上京会宁府、南京开封府、北京大定府、东京辽阳府和西京大同府;十四总管府分别为:咸平、临潢、河北东、河北西、山东东、山东西、大名、河东北、河东南、京兆、凤翔、鄜延、庆原、临兆路;十九路为:中都路、上京路、咸平路、东京路、北京路、河北东路、河北西路、大名府路、西京路、南京路、山东东路、山东西路、河东北路、河东南路、京兆府路、凤翔路、鄜延路、庆原路、临洮路。完颜亮还废掉了金国建国之初,为了安抚中原百姓而设立的行台尚书省。这样,整个河北、河东、河南之地,全都牢牢掌握在完颜亮的手里,结束了金国政权分散的局面,金国中央集权正式形成。

随着中央集权的形成,完颜亮的皇权至上局面也形成了。他说一不二,他的话,一言九鼎,完颜亮享受到了中央集权的快感。不过,这人的权利一旦不受约束,就会出现祸事,一把手的为所欲为又没有人提醒,更会酿下重大事故。贫富差距太大,带来的被剥削感;权力不受监控,带来的不公平感;社会保障不足,带来的不安全感,这些都会让被统治人民产生对这个政权的敌对心理。而最根源的,就是权力不受监控。

完颜亮,正在朝这条路走。他刚刚迁都北京,眼睛便又向南方瞟去。他看中了开封这块宝地,这里是北宋的都城,是后晋的都城,是耶律德光建辽的都城;这里是中原的咽喉之地,有着浓厚的帝王之气。他自己，立志要统一中国，所以，自然也是要去开封的，而且要在开封当皇帝，好好享受下开封的帝王之气。于是，完颜亮下令，再一次迁都，迁到开封。这样的迁都，又一次遭到金国旧臣的强烈反对，但此时，集皇权于一身的完颜亮早已不听大臣的劝谏，他一意孤行，非得迁都开封不可。于是，金国定都南京。他又派人，捣毁了上京会宁府，毁房复垦，好让要回去的金国旧臣从此断了念想。

然而，完颜亮这种来回迁都，让金国刚刚稳定的政权陷入到了灾难中。随着他带人迁都到开封，原来设置的五京、十四总管府所辖十九路行政管辖区，却没办法跟着改变。金国的制度改革，还不像辽国的四时捺钵制度，皇帝走到哪里，政治中心就在哪里。随着完颜亮迁都汴京，许多燕京以及河北河东地区的人，也开始跟着完颜亮南迁。于是，人口流失严重，土地大面积荒芜，庄稼缺收，赋税难以征收。

完颜亮不管这些。他的目标，是攻取偏安一隅的南宋。

实现中央集权也罢，迁都汴京也好，其实都是为了吞掉南宋。这是太宗没完成的任务，他必须要完成，这也是实现中国统一的前提。所以，于公于私，南宋都得灭亡，即便是搜山检海，也在所不惜。他要做历史上伟大的帝王，他要实现全国统一，南宋，成了必须拿下的政治任务。

于是，宋金之间的战争一触即发。而此时，距离绍兴和议还不足二十年。二十年的和平，换来了宋金之间短暂的休养生息，但要二十年来恢复一个国家的兴旺发达，显然时间不够。再说，宋金战争许多年，双方早都疲惫不堪，而此时出兵南宋，战略上完颜亮就错了。有金国旧臣直谏，现在出兵，师出无名，况且南宋也非绵羊，任人宰割。完颜亮不听，并表示，谁再胆敢说不攻南宋，谁就是南宋的间谍，当以叛国罪论处。于是，大臣们闭了嘴。

于是，战争爆发了。

完颜亮率领金军六十万，号称百万，向南宋黑压压扑去。

随着海陵王完颜亮向南宋发动战争，金国再一次面临巨大挑战。战争从来都是打钱，没钱，就不要打仗。如果一个国家连自己的臣民都管辖不好，还贸然向外发动战争，导致的结果只能是亡国。随着宋金之间战争的爆发，金国国库日渐空虚，而前方打仗的粮饷却不能少一分一厘，那么这些钱从何处来呢？当然是从老百姓身上来。统治者为了自己的野心，却要全国老百姓为其不负责任的举动买单，结果可想而知。老百姓需要的从来都不多，只要日子过得去，他们是不会反叛的，只有被逼到绝境时，才会扛起反抗大旗。此时的金国，老百姓活在了水深火热中。除了猛于虎的苛政，还有兵役制度。许多年轻人上了前线，便回不来了。正如杜甫那首《兵车行》说的："去时里正与裹头，归来头白还戍边。边庭流血成海水，武皇开边意未已……况复秦兵耐苦战，被驱不异犬与鸡……且如今年冬，未休关西卒。县官急索租，租税从何出？信知生男恶，反是生女好。生女犹得嫁比邻，生男埋没随百草。君不见，青海头，古来白骨无人收。"

打仗，也是要死人的，阵亡的士兵需要马上补上，否则出现空虚，人员大量流失，便会军心不稳。而此时处在金军管辖下的汉人、渤海人、契丹人都不愿当兵，俗话说，"好铁不打钉，好男不当兵"。但金军征兵的帖子不断传至每个家庭，于是便有了"民皆被困，衣食不给""民不堪命,盗贼蜂起"的现状。

为了抵抗完颜亮的暴政,为了抵抗日渐加深的赋税,金国各地爆发了农民起义。

这些都没有阻挡完颜亮出兵攻宋的初衷。完颜亮一边镇压农民起义,一边将主力军对准了南宋。金国面临内忧外患,这些都成了完颜亮众叛亲离的先兆。当然,除了这些因素外,完颜亮的荒淫好色也得罪了好多大臣。他看上谁的妻子,就把谁的妻子弄成自己的妃子,充实后宫,此举得罪了许多大臣。

于是,当完颜亮率军在前线打仗时,金国大后方发生了叛乱。完颜亮的弟弟完颜雍,在辽阳(今辽宁省辽阳市)宣布称帝,至此,金国又出现了天祚帝时的一幕。许多跟着完颜亮南下的士兵,纷纷逃回。这时的完颜亮依然没有撤兵,而是继续南下。他采用了谋臣的建议,准备在渡过长江后,先灭了南宋,以南宋地盘为根基,掉转过来,再对付弟弟完颜雍。否则,这样回去,不但被羞辱不说,皇帝就不要做了,最好的结局,便是将他软禁起来,孤老终生。当然,也完全有杀头的可能。所以,此时的完颜亮没有退路,他必须拿下南宋,然后把南宋变成自己的大后方,以此再来统一全国。但此时的完颜亮完全陷入到尴尬的境地,前有宋军堵截,后有弟弟完颜雍的另立门户。

然而,天算不如人算,计划跟不上变化。当浩浩荡荡的金军自和州渡江攻宋时,宋朝将领虞允文早就在长江岸边等待着金军到来,宋金两军相遇于长江采石矶。时任参谋军事的虞允文到采石矶犒师,上演了一场历史大戏。他到达时,宋军李显忠尚在池州,军无主帅。近两万宋军，士气低落，准备疲惫迎战。虞允文见状，便自任主帅，开始布防。此时，金军的小船铺满了长江之上。虞允文随机应变，他让人开着蒙冲舰，直冲进金军水军，进行围追堵截。结果金军许多小船被撞沉，整个江面上落水者无数。虞允文又利用霹雳炮，轰击金军水军，十五万金军水军死伤大半，不得不退回江北。次日，料定金军会卷土重来的虞允文，设置伏兵。果然，完颜亮让金军倾巢出动。虞允文一面利用蒙冲舰和霹雳炮，一边引诱金军进入伏击圈，结果金军大败，宋军取得了"采石大捷"。金军战船全被宋军烧毁，伤亡惨重，完颜亮率军退至扬州的瓜洲渡。虞允文又派兵追击，受到重创的完颜亮在进退无路的条件下，决定放手一搏，反正后方回不去了，前面又有虞允文的大军。他下令金军三天内必须渡江，并拿下建康等城池，否则，将以不作为处死。这些将领本来就不愿意攻打南宋，加之采石矶之败，他们便对南宋大军有了怵怕之心。完颜亮根本不体谅属下，还下了这样一道命令，让前线的将士寒了心，那些中原汉人、渤海人、契丹人以及部分女真人不想再跟着完颜亮出生入死了，于是，兵变随之而来，许多士兵不再听话。完颜亮看到这种情况，准备逃跑，却在瓜洲渡被属下用乱箭射死。至此，金国第四位皇帝死亡。据守瓜洲渡的金军退出三十里，遣使议和。

此时，南宋还是高宗赵构主事。一生都在惧怕金国的赵构，对完颜亮的大举进攻本身就害怕万分，这次虞允文在采石矶大捷，恐怕也是幸运而已，宋朝与金国再起战事，吃亏的只能是宋朝，所以，这时候赵构巴不得议和呢。于是，宋金之间止戈休战。第二年，六月，当了三十六年皇帝以后，宋高宗赵构觉得这皇帝做得挺没劲的，动不动就被金军打，实在是没意思得紧，便下了诏书，声称自己"倦勤"，想多休养，便传位给养子赵昚。这位赵昚便是宋孝宗，是赵匡胤的子孙。至此，宋朝皇权重新回到了赵匡胤一族手里。

再说金国。完颜亮死后，金军撤退，在辽阳称帝的金世宗完颜雍，率军到了北京，成了金国第五位皇帝，也成了带领金国走向辉煌的皇帝。

时间，还是宣和四年。这回人物变成完颜宗辅的姜室李氏。李氏本是官宦之后，知书达理，后来嫁给完颜宗辅做姜室。这一年，一直想要个儿子的完颜宗辅，被完颜亮的出生深深刺痛了内心。

春月，兄弟完颜宗干有了儿子完颜亮，而作为阿骨打的三子完颜宗辅却没有子嗣。完颜宗干与他同一年出生，从月份上来看，他还比完颜宗干大一些。可是，完颜宗干却先有了儿子。在帝王世家，出生得早，就决定了你以后的地位。嫡长子继承制，那可是不能更改的制度。

尽管完颜宗辅以宽仁闻名，然而，一直以来，他都很想要个儿子，可老婆肚子就是不见动静。

宣和四年春天，完颜宗干老婆生下了完颜亮，成了阿骨打的庶长孙。反观自己的妻妾们，成群一大帮，就是肚子瘪瘪。完颜宗辅心里有些失落落的。

完颜亮出生后，完颜宗辅便闷在古列延不出门。李氏早就看出了完颜宗辅的心思，照常伺候着完颜宗辅。但完颜宗干的帐篷里偶尔有孩子哭声传过来，不时刺痛着完颜宗辅。

完颜宗辅铆足了劲儿，经常求神拜佛，希望可以有个孩子降临。五月份的时候，完颜亮已经成了大孩子，在襁褓中，被大家逗笑着，也被大家称赞着。完颜宗辅一脸灰暗。可不久，姜室李氏便出现了呕吐的症状。起初以为是得了风寒，然而总是呕吐，叫了御医，把了脉，才被告知有喜脉了。

完颜宗辅视这个孩子为珍宝，整天围着李氏转，看李氏的肚子变化，听李氏肚子里的动静。

等到了宣和四年的秋天，李氏的肚子便越发鼓起。完颜宗辅这时候不在身边，跟着阿骨打去前线了。阿骨打的儿子们大多数都能征善战，唯独这个三儿子性格宽厚、好施惠、尚诚实，且有谋略。于是，阿骨打常常将其带在身边，让他蹲守帷幄，守候金军大后方，其他的人，则冲锋陷阵。

后来，安福哥在黄龙府叛乱，完颜宗辅，作为军师级别的人物，带着大军去平了这次叛乱。不久，完颜宗辅便传来信，说阿骨打身体有恙，他们准备往回走。收到消息的李氏挺着大肚子，整日翘首以盼。然而，过了年他们依然没有回来，三月，李氏诞下一男婴。

四五月份时，阿骨打带着大军往上京走，结果到了扶余一带，便归西了。在大后方主持军政大事的完颜晟成了皇帝，而完颜宗辅也回到了家里。

这是久违的回家。宣和五年整个冬天，完颜宗辅除了办理政务，其余时间就守在李氏身边，看着自己的儿子傻傻发笑。

嫡长孙位置被完颜亶占领，庶长孙位置被完颜亮占领，那么他的孩子，不应该再落后了。

阿城地区的冬天格外冷，狗都不愿出门。这个冬天，整个大金沉浸在一片悲伤的情绪里。完颜宗辅也很伤心，他期望有个儿子，这期望成了现实，可父亲却死了。平日里，他和父亲关系最好。许多大策，父亲都征求他的意见。现在，这个威武的王者却永远长眠于地下。

次年三月，大地解冻时节，好容易，大家在悲伤的情绪里熬过了年关。完颜宗辅和父亲一起征战多年，没想到父亲就这样走了，这让他一时还无法适应，唯一能排解忧伤的就是逗这个孩子玩。完颜宗辅抱着这个肉嘟嘟的孩子，在他稚嫩的脸颊上亲了又亲。看着完颜宗辅傻呵呵的样子，李氏说，给孩子取个名字吧。完颜宗辅沉思一阵，便说，就叫乌禄吧，即完颜雍。

于是，这个叫乌禄的孩子，便在这蒸蒸日上的大金王朝，逐渐成长起来。身为汉家女儿的李氏，更是对孩子溺爱有加。她教他读书认字，教他微言大义。这孩子自小便表现出了温文尔雅的风度，他身上少了完颜亮的戾气，多了一份敦厚儒雅。

公元1135年，金太宗去世，完颜亶即位。偏偏这时候，完颜宗辅也去世了。这个孩子十三岁，便没了父亲。而母亲李氏，也出家为尼，整日青灯黄卷，木鱼古佛。

相较而言，乌禄这个孩子的少年时代要比其他孩子痛苦一些。接着，便有完颜亶短暂的天眷改制。等到了1150年，完颜亮杀了完颜亶后，二十八岁的完颜雍看到了政权更迭给国家造成的伤害，于是，他也一直在等着机会。

公元1161年，完颜亮伐宋，而让他做辽阳留守。此举不得人心，女真旧部都想脱离完颜亮。于是，大家在辽阳拥立了完颜雍为帝。整个大金，形成了两个政权。俗话说，"国无二主"。完颜亮为了扳回这一局，继续攻宋。不久，传来了完颜亮被射死的消息。

身在辽阳的完颜雍在众臣的簇拥下，回到北京。他采纳了大臣的建议，将之前完颜亮迁到开封的都城再一次迁回北京。

于是，一个盛世王朝开始了。

完颜雍完全汲取了完颜亶和完颜亮在国家制度改革中的有效措施，去其糟粕，整个大金国家的制度改革日趋完善了。同时，完颜雍从上位开始，便对官吏进行整顿。可以说，在完颜雍二十八年政治生涯中，始终将反腐倡廉与吏治管理作为重要工作来做。

所以，金国上下一心，国家机器步入高速发展的轨道。

这时候，南宋已是宋孝宗即位。这是位有作为的皇帝，也被称为"卓然为南渡诸帝之称首"。

这位皇帝上位后，一改赵构萎靡不振的样子。他收拾了秦桧，为岳飞平了反，还召回了流落在民间的岳飞家眷。从骨子里，他是主张北伐的。也许幼年时，他在民间游荡，见了太多南宋百姓的流离失所，见了太多的国破山河。所以，当赵构把皇位传给他的时候，估计他想起了童年流离失所的悲惨命运。他主张北伐，收复中原。于是他起用老将张浚。张浚在富平之战后，因指挥不当，自己辞退。后来，淮西兵变，他便引咎辞职。在秦桧当政时，张浚一直未被起用。

现在好了，英明的宋孝宗上位，想起了这位昔日老将。此时的张浚，已经六十六岁高龄，还能带兵打仗吗？老将黄忠，七十岁了，还上战场呢。于是乎，宋金之间的战争一触即发。之前完颜亮想灭宋，被虞允文在采石矶打败后，落了个乱箭穿身的下场。这场战争本身不是宋朝发起的，完颜亮自己玩火，就怪不得别人了。

乘着金国更换国君，军心民心未稳之际，现在发兵，是最好的时机。于是，孝宗任命张浚为都督，全面负责北伐事宜。张浚六十几的高龄，仍是老骥伏枥。他整顿兵马，重新操练久未训练的宋军。到了1163年夏季，许多兵马已经得到了休整和改良。于是，张浚觉得，时机成熟了，他便亲自挂帅，并命属下李显忠与邵宏渊率军十三万，挥师北伐。南宋军队初战，李显忠率宋军奋勇杀敌，大败灵璧金军，攻破灵璧。而另一支由邵宏渊率领的宋军，在攻打虹县时却受到金军顽强的抵抗，虹县久围不下。这时，已经破了灵璧的李显忠便派出使者劝降虹县守将，虹县举城而降。邵宏渊因嫌自己攻打虹县时李显忠从中插了一杠子，导致虹县之功成了李显忠之功，便对李显忠心怀不满。而这个不满，在后面的宿州之战中，却成了宋军败绩的导火索。此处暂且不表。

且说宋军首战，便将金国占领的灵璧、虹县收复，宋军士气大涨。张浚乘着气势高涨之际，命宋军收复了宿州。张浚上报了李显忠的战绩，宋孝宗升李显忠为淮南、京东、河北招讨使，邵宏渊为副使。而邵宏渊觉得，自己和李显忠一样，实力相当，为什么要封李显忠为招讨使，而自己却成了副手？这与当年淮西兵变时的王德、郦琼嫌隙如出一辙。邵宏渊公然在大都督张浚面前表示，他邵宏渊不愿意接受李显忠的领导。张浚为了息事宁人，竟然对此事没有处理，两人之间的嫌隙日渐增大。

再说宋军攻克宿州，完颜雍闻此大惊，忙让人部署防御战。

此时，金将纥石烈志宁表示自己愿意去防御，并有志收复宿州。

纥石烈志宁想以此打消完颜雍心里的疑虑,毕竟在完颜雍刚刚荣登大宝时,纥石烈志宁曾派兵剿灭过,只是,最后面对不可逆转之事,他也只能顺着潮流走。他没想过完颜雍会再用自己。然而,完颜雍又给了他兵权,这让纥石烈志宁很感动,总想为完颜雍做点啥,以表达自己的忠心。

于是,纥石烈志宁上奏说:"此役不烦圣虑,臣但恐世辅遁去耳。"完颜雍知纥石烈志宁素有谋略,也有带兵打仗经验,故此,准了纥石烈志宁的请求。

于是,纥石烈志宁率精骑兵万余人,由睢阳出发,反攻宿州。而此时宋军早已在宿州等待多日。张浚听说金将纥石烈志宁也是亲自挂阵,便对此次战役多了些期待。俗话说,"知己知彼,百战不殆"。张浚命宿州守将李显忠与邵宏渊摒弃前嫌,共同抗敌。

五月十二日,纥石烈志宁率领的金军到了宿州。在观看了宿州地形后,纥石烈志宁做了周密的部署。反观守城宋军两位将领之间,却因生嫌隙而忽略了固守布防。趁着这样的机会,纥石烈志宁让他的一部分士兵在宿州西边密林里插上旗子,设为疑兵,从远处看去,整个西边全是金军。而他自己则领着大部队,在宿州南边屯兵。宋军的探子回来报,说西边密林里见有大量旌旗,恐为金军大军,而南边只有少量兵,恐为疑兵。李显忠站在宿州城墙上,向西看了看,只见西边山上有许多旌旗飘扬,恍如千军万马;再向南边看了看,几个士兵在悠闲地转悠着。于是,李显忠料定,金军主力在西边,而南边只是纥石烈志宁的疑兵之计。于是,他下令中军进攻西边金军,而让邵宏渊从侧翼包抄。

当李显忠带着大军扑向西边的金军时，南边金军主力看到李显忠上当，于是，黑压压一片从南边围住了李显忠部众。而此时，邵宏渊并没有带着部众从侧翼去掩护李显忠，导致李显忠的部队被金军包了饺子。当时这位邵宏渊还站在城墙上一边观战，一边说着风凉话。

结果，李显忠部被打败。等到了傍晚时分，李显忠部已经损失惨重，不得不连夜率军撤退。而守在城中的邵宏渊部看到李显忠部败退，早就对金军怵怕了，加上邵宏渊一副事不关己高高挂起的姿态，让手底下一些将领感到不安。半夜里，许多士兵弃城而逃。纥石烈志宁见此，便命人乘胜追击，一直追到符离（今天的符离镇，隶属安徽省宿州市埇桥区，位于宿州市北13公里处）。宋军南撤时，早已无心恋战，结果被追来的金军射杀过半，据《史集》记载："宋师大溃，赴水死者不可胜计。金人乘胜斩首四千余级，获甲三万。"此战，被称作"符离之战"。此战，也印证了辛弃疾在《永遇乐·京口北固亭怀古》中的一句话："元嘉草草，封狼居胥，赢得仓皇北顾。"

经过此役，南宋北伐之火被彻底浇灭，此后，南宋丧失再战之力。这时，主和派汤思退等人好不容易找到这个机会，便群起攻击张浚北伐误国，导致符离之败。且当前，金军纥石烈志宁率军虎视眈眈，准备再次南下，如果这时候还不议和，恐怕将要重蹈高宗覆辙。宋孝宗被群臣吵乱了心智，开始变得动摇不定。于是，有人建议，昭告天下，北伐是错误的。于是，宋孝宗下罪己诏，罢黜张浚。

吃了败仗后，宋孝宗感慨万分。他虽有北伐之心，却没有北伐之臣。中兴四将，都已不复存在，大宋武将缺失，人才凋敝。皇天不佑，岂非人力乎？从此，南宋便断了北伐的念想。宋孝宗忽然理解了养父赵构偏安一隅的深思熟虑。在收复故土上，宋孝宗备受打击，自信心受挫，有些懒政的意思，加上赵构动不动就干涉朝政，心里郁闷极了。既然打不赢，那就和吧。于是，宋孝宗任用汤思退等妥协派执政，遣使与金议和，这便是后来的隆兴和议。

隆兴和议是南宋自绍兴议和后，第二次与金国签订的不平等条约。尽管隆兴和议相较于绍兴议和条件宽泛了许多，但仍然是不平等条约。绍兴议和里条件苛刻，比如，议和内容第一条便规定宋向金称臣，金册宋高宗赵构为皇帝。每逢金主生日及元旦，宋均须遣使称贺。这一条，是尊严和面子的划分。中原南宋号称礼仪之邦，所以，第一条，就针对礼仪，让你尊严扫地。第二条，才涉及疆域问题，划定东以淮河中流为界，西以大散关为界，以南属宋，以北属金，宋割唐、邓二州及商、秦二州之大半予金。第三条，便是进贡的钱财分类：宋每年向金纳贡银、绢各二十五万两/匹，自绍兴十二年开始，每年春季搬送至泗州交纳。

这个绍兴议和，是屈辱的条约，多少英雄儿女为此奋斗，想北伐，直捣黄龙。然而，奔波了一辈子的赵构根本不想再有战事，哪怕是偏安一隅，哪怕是向金称臣，都愿意，只要金人不再南下。

然而，等皇帝有了北伐之心，全国却没了北伐之臣。符离之败，让南宋再也鼓不起勇气发兵北伐，只能继续偏安一隅。

于是，公元1164年冬月，隆兴和议达成。

大概内容是这样的：南宋对金不再称臣，改称叔侄关系；维持绍兴和议规定的疆界；宋每年给金的"岁贡"改称"岁币"，岁币为每年银绢各二十万两/匹，比绍兴和议时每年少五万两匹；宋割商州、秦州等地予金；金不再追回由金逃入宋的人员。

至此，宋金之间的战事暂时得到了止息。宋孝宗开始整治朝纲，在偏安的那方土地上发展经济，整治官吏，南宋社会稳定，经济得到了一定程度发展，史称"乾淳之治"。当然，宋孝宗是有自己的打算的。符离之败后，张浚去世。他一边大力发展经济，一边积极部署与金军再次开战。他任命虞允文为四川宣抚使，积极筹备与金国的再次较量。有史料记载："寿皇圣帝之志，未尝一日而忘中原也，是以二十八年之间，练军实、除戎器、选将帅、历士卒，所以为武备者，无所不讲。"然而，他总是逃脱不了赵构干涉朝政。就是那些赵构留下来的旧臣，都有事没事去找赵构，加上虞允文在四川不久便病逝，北伐的希望彻底落空。宋孝宗只能在南宋大刀阔斧改革，以实现中兴之势。他在位二十七年，所做的便是让南宋在既有条件下发展生产力，提升综合国力。这也为以后将近一百年间南宋的延续做了积淀。

而北方的大金，金世宗完颜雍也是休兵止息，大力发展国内经济，金国国力得到了空前发展。

完颜雍的改革，是在完颜亶和完颜亮的基础上进一步延续的，国家呈现出一片欣欣向荣的样子。完颜雍在隆兴和议后，之所以改掉了绍兴议和时的条件，就是不想再起事端，一心想让金国强大起来。

安定了外事，他开始把目光转向到国内，他把精力放在内政整治和社会经济发展方面。在充分考虑了金国现状后，他开始对不合时宜的制度进行调整，去掉没有用的，新增继续制定的。在经济发展上，他鼓励民间经济力量，就像我们现在说的鼓励私营经济，鼓励非国有经济。整个金国统治区的经济，出现了蓬勃发展的态势。

如此一来，人们富裕了。老百姓兜里有了钱，大家就开始关心如何让日子过得更有滋味。

在经济得到发展后，他开始在统治政策上实施改革。他推崇休养生息的做法，也很喜欢汉初无为而治的做法，于是，完颜雍推行了与民休息的政策。比如，他在军队改革上，对家里有兄弟两人，或者父子两人都参军的，便放一人回去，让归农，让发展农事。再比如，他改制了步兵的组建，只留少部分人用于安定边界和内乱，其余的人全部被打发回家，开展农业劳动。比如，他对契丹人、汉人、渤海人曾经有作奸犯科的，只要所犯事不大，便赦免了他们，让他们回家务农。针对那些做苦力的奴隶，也允许他们可以娶妻生子，可以有自己的土地……这些政策的实施，在一定程度上缓解了金国各阶级间的矛盾，国内形势出现了和谐稳定局面。

在财政改革和赋税征收上，完颜雍也完全站在老百姓的角度去思考。他以身作则，不乱花钱，不修建宏伟宫殿，不骄奢淫逸、酒池肉林。不到数年，大金国库充实，民间殷富。而人口，作为衡量一个国家强弱的标准，在金国也呈直线式增长。完颜雍即位初，金国总人口300多万户，到了1189年增至近700万户。

完颜雍在位期间，改年号为大定。大定年间，政局稳定，财政充足，人们生活富裕，国家机器运转良好，因此，当时人们称呼完颜雍为"小尧舜"。

完颜雍从1161年在辽阳登基，一直到1189年去世。这二十几年间，宋金之间处在相对和平的状态中。1189年，宋孝宗退位给儿子，自己做了太上皇。也是这一年，金世宗完颜雍去世。

公元1189年，完颜雍去世。由于太子完颜允恭早逝，皇位便由完颜允恭之子完颜璟继承，是为金章宗。

接替皇位的金章宗也像他的祖父一样，整治吏治，任用贤能，赏罚有序，并限制官员之间相互来往，从而遏制了腐败现象的发生。他还吸收了大量中原汉地的国家管理办法：正礼乐，修刑法，定官制。这些措施的实施，进一步巩固了金国的综合实力。他还让人整理典章文物，收集各类文艺作品，整个国家文化粲然可观。在国家经济发展的同时，大力发展汉文化，金国文化出现了灿烂的辉煌期。这一时期的金国，文化和经济——一条是物质命脉，一条是灵魂命脉——都得到了空前发展。自幼深受汉文化影响的金章宗，设立太学，修建学堂，大力推崇汉文化。他以身作则，善攻书法。然而这一切，都是短暂的，就如同开创开元盛世的李隆基一样。金章宗在后期，开始过上了纸醉金迷的生活。

金章宗统治时期，应该分前期和后期两个阶段来看待。前期的金章宗，励精图治，国家高度发达。后期，随着国力一点点提升，金章宗开始疏于朝政，写书法、打猎、饮酒，围着宠爱的李师儿转。后来，金章宗又册封李师儿为元妃。李师儿的得宠，其家族势力也逐渐登上金国政治舞台，可谓一人得道，鸡犬升天，就如同唐朝杨玉环与杨国忠一样。当然，这次，李氏外戚，人数要比杨国忠时期多得多。加上金章宗懒政，起用经童出身的胥持国来管理朝政。这里有必要介绍一下经童这个词，这是金国特有的一种选官模式。所谓经童，就是能诵读相关经典，考试时能顺利通过，就可以被选拔为官。据《金史·选举志一》记载："金有经童科，其制，凡士庶子年十三以下，能诵二大经、三小经，又诵《论语》、诸子及五千字以上，府试十五题通十三以上，会试每场十五题，三场共通四十一以上，为中选。"又有元代刘祁《归潜志》卷十："胥参政持国由经童入仕，得幸于章宗，擢为执政，一时权势赫然。"

俗话说，"玩物丧志，玩人丧德"。金章宗开始玩物，渐渐疏远朝政。整个金国朝政大事，实际上落到了李氏外戚和胥持国手里。这两股势力互相协助，营利干政，利用公权为自己充实腰包，任何军政大事都必须要经过他们的手。于是，他们极尽粉饰太平，形势一片大好。皇帝你就好好写字，琼林御宴，游山玩水，骑马射鹿。

金章宗后期，政令不通，腐败成风，赋税加重，底层人民开始由富转贫。这时候，对金国年年抓丁减丁甚为仇恨，并意图反抗的蒙古族和鞑靼族等部落早就有了脱离金国统治的意思。蒙古人在铁木真带领下，经常骚扰金国边界。而南宋这边，似乎也看到了金国政治的黑暗，开始组织兵力，在两国边界线上燃起战火。金国处在腹背受敌的境地，金章宗不得不派人四面迎敌。国家大部分财政收入都用在了对外作战上，金国国力开始下滑。特别是，大定二十九年至明昌五年，三次黄河决口，泛滥成灾，整个黄河中下游地带，人们受灾严重。大批农民死于水患或逃亡，土地开始大量荒芜。但地方政府将此事上报后，李氏外戚与胥持国将此事压住，并未上报给金章宗，只说是发了次小洪水，已经得到控制。这些都导致了金国赋税收入急剧减少。但金国此时边境不平静，时有战乱，对外作战的军费与日俱增，致使财政入不敷出。为了改变财政困境，金章宗又命人大量发行交钞，就是纸币的一种，结果出现了货币贬值、物价飞涨的怪相。人民生活又一次陷入到极度混乱之中。

当然，关于南宋与金国的战争还必须提一提。这是隆兴和议三十几年后，南宋再一次向金国出兵。从南宋建立开始，便有北伐之声，先由岳飞败金军于朱仙镇，后有宋孝宗派张浚北伐。而这一次，又有人将北伐的口号提了出来，这个人，便是南宋权臣韩侂胄。这位韩侂胄在位时，为了集权想尽了办法，最后终于做到了独揽大权。他排挤赵汝愚，在其罢相后，实际掌控了权力。这时，他还对朱熹进行了打击报复，称朱熹理学为伪学。独揽大权的韩侂胄，一直关注着北方。他也是推崇北伐的官员，当他掌握大权后，便开始密谋北伐事宜。加上这时候，金章宗昏庸，金国国势衰退，韩侂胄觉得机会来了，于是，他开始物色北伐将帅。找了一大圈，他发现，岳飞后人流落于江湖，但没有可以担任将帅之才的人，韩世忠后人也不行。当年的中兴四将，叱咤风云，但后人都平平庸庸。最后，韩侂胄将目光转移到了川蜀。他听闻吴璘之孙吴曦颇有军事才能，功夫也不错，算得上是文武全才。于是他命吴曦管理蜀地，并秘密集训蜀中大军，做好北伐准备。当然，这种消息，尽管你做得很秘密，自然也会有漏出去的部分。金国听说南宋将实施北伐，于是，也派朴散揆坐镇汴京，准备抵御北上的宋军。1206年春天，铁木真统一了蒙古各部，并在蒙古草原称成吉思汗。金国为了拉拢铁木真，便默认了铁木真称汗。然而，正是这一年，公元1206年，韩侂胄觉得时机成熟，便让吴曦带兵发动开禧北伐。这次，宋军势如破竹，金军却因政治腐败，军队丧失战斗力。两军一开战，宋军便收复淮北地区，整个宋军士气高涨。但此时宋军主帅吴曦却想独立成王，所以，乘着两军交战，秘密与金军互通书信，表示愿意归属金国，并希望金章宗封他为蜀王。这对于金国而言，那是百利而无一害的事情。于是，金章宗便封吴曦为蜀王。到了八月，汴京朴散揆率军九路南下，击败了宋军。到年底时，金军再一次打到长江边上，襄阳作为南宋的北大门被金军围住。至此，开禧北伐以失败告终，南宋与金国都不想打仗，更不想谁灭了谁，当然，他们彼此也灭不了。所以，议和之事便又提上日程。议和的条件便是杀掉韩侂胄，他是开禧北伐的罪魁祸首。于是，韩侂胄被杀。宋金双方于1208年议和，史称嘉定和议。和议内容大概如下：宋朝皇帝尊金国皇帝为伯；岁币由原来的二十万增至银三十万两、绢三十万匹；宋朝还要向金国纳"犒军钱"三百万两；而金国则归还南宋失地。两国又一次处在和平状态。

然而，金国却面临着更大的风险，金章宗的身体出了问题。公元1208年，刚与宋朝建立和平关系，金章宗陷在六个儿子夭折的往事中悲愤交加，身体一日不如一日。留在他身边的亲人，只有这位叔父完颜永济了。皇室人才的凋零，成了大金当前最危险、最棘手，也最急需解决的问题。金章宗凡事都依靠完颜永济，对他有托孤之重任。弥留之际，金章宗留下遗旨："朕尚无子，贾氏、范氏业已怀孕，即将分娩，若两妃中生下男孩，就马上立为皇帝。"

完颜永济答应了金章宗的托孤之情。不久，金章宗去世。金章宗去世后，在皇位继承上出现了争论。最后，便由干政的李元妃立金章宗的叔叔完颜永济继位。我们无法想象这位李元妃与完颜永济之间是否有利益交换，但他们此举违背了金章宗的遗愿。

这位完颜永济，该算是昏君一类的人物，他也从没想过自己有朝一日会成为金国君主。只因此时，金国再也不是阿骨打时期的金国了。那时候，金国人才济济，即便是死了阿骨打，对大金而言，继承者大有人在。可这时候的金国，国家政局已经出现坍塌之势，即便是出现一位力挽狂澜的君主，一时半会儿也扭转不了局势，何况这个昏庸的完颜永济。

刚刚即位的完颜永济为了巩固自己的权威，彻底摆脱金章宗时期的外戚李氏，实行了秋后算账的政策，他派人灭了李元妃的势力。当然，完颜永济并没有按照金章宗的遗诏来落实皇帝人选，而是将金章宗已怀孕的贾氏、范氏诛杀，彻底清除了自己政治上的威胁。

在金国内部，完颜永济暂时安定了那些人的情绪，可金国在外事上却面临着巨大考验。铁木真称霸草原的消息早已传遍整个漠北，而新崛起的蒙古人开始算账。自合不勒之后，俺巴孩汗被金国人钉死在木驴之上，而且，金国为了防止蒙古人崛起，每年都在草原上减丁抓丁，早就让蒙古人对金国恨之入骨。所以，新崛起的蒙古人在铁木真的带领下，开始对金国发动战争。

铁木真先攻打西夏，想破了西夏与金国的联盟。当蒙古大军扑向西夏时，西夏派人向大金求救。然而，这位大金皇帝全然不顾夏金联盟，而是对蒙古与西夏的战争置之不理，坐山观虎斗，想从中坐收渔翁之利。西夏与蒙古的战斗以失败告终，西夏归附了蒙古，这让铁木真的羽翼更加丰满。第二年，蒙古经过一段时间休养生息，铁木真觉得攻打大金的时间到了，于是，蒙金战争一触即发。铁木真带着蒙古铁骑与金军相会于野狐岭。

这又是一场意想不到的战争。此时的蒙古大军总共也就十万，而金国大军却有四十多万，蒙金两军实力悬殊，然而，这又是一场以少胜多的战役。金军分为左、中、右三路大军，而蒙古只有一支中军。战争一开始，充分分析了大金布防的铁木真，决定不能分兵攻打金军三军，那样，本来就人少的蒙古军会被金军包了饺子。在敌众我寡的情况下，铁木真率领蒙古大军冲击金军中军。结果大出金军意料，慌乱中的金军被蒙古军击破，金军丞相完颜承裕与将领独吉思忠溃逃。第一仗失败后，完颜永济便动了心思，换掉了丞相完颜承裕，而将擅长谋略的徒单镒封为丞相，指挥金军与蒙古军周旋。即便是换了主帅，仍然拯救不了金军的败退。野狐岭一战，扭转了蒙古与金国的局势，从此，金国只能苟延残喘。这又让人想起公元1115年，完颜阿骨打与辽国的黄龙府之战，金军也是以少胜多，破了辽军七十万大军。然而此时，局面正好转了过来。野狐岭之战后，蒙古军一路南下，金军只能败退。最后，蒙古军打到了金国首都中都，并将中都团团围住，实施攻击。然而，中都作为国都，城高墙坚，蒙古的铁骑攻不进来，铁木真只能下令撤军。后因完颜永济优柔寡断，忠奸不分，被右副元帅胡沙虎所杀。金国皇位由金世宗完颜雍庶长孙完颜珣继承，是为金宣宗。

公元1214年，蒙古军攻破河东、河北、山东等地，九十多座城池瞬间陷落。蒙古大军一直打到了中都北京，并屯兵于北京城郊，金国上下肝胆俱裂。成吉思汗并未急着攻破中都，而是派出使臣与金国议和。早就瑟瑟发抖的金宣宗让完颜承晖与蒙古谈判。在封建社会，但凡谈判，在敌强我弱的情况下也只是走走过场，摆摆样子，主动权完全在蒙古手里。这时候的金国已是惊弓之鸟，就如当年的赵构一样，已经没有能力与蒙古叫板，只能是蒙古人提出要求，他们照单全收。最后，蒙金和议达成：大金向蒙古献纳童男童女各五百人；向蒙古敬献绣衣三千件、御马三千匹；敬献金银珠宝数十万两；敬献卫绍王永济女岐国公主给成吉思汗。收了这些好处，蒙古开始撤军北还。这一幕，恍如当年的靖康之耻。只是这回，蒙古人没有金人那样绝，他们只是要了钱财和美女，并没有灭掉大金。

蒙金之间暂时得到了休整，以至于大金又延续了二十年。

以后的二十年间，蒙金之间战争不断。后来金国统治者金宣宗惧于成吉思汗，怕蒙古军卷土重来，于是，便率军南迁，将都城从北京迁到南京，实现了完颜亮的遗愿。所谓南迁，实际上就是南逃。这一点与南宋相似。不同的是，当年金国逼着南宋南迁，而这回，是蒙古逼着金国南迁。然而，南迁之事传到了蒙古草原，成吉思汗觉得金宣宗是有意避开自己，避开蒙古军的锋芒，觉得这位金宣宗还是蛮有头脑的。成吉思汗开始对此人不放心，怕他南迁后放虎归山，于是，成吉思汗再次发动伐金之战。于是，蒙金之间摩擦不断。但蒙古军，却不让金军有丝毫的休憩时间。成吉思汗让木华黎驻守中原地区，时刻骚扰金国，让其处在疲惫期，不能有片刻精神放松。木华黎做了北部中原的王，不时向大金发动战争。国疲民乏的金国，已经应付不了这种场面，加上这时候，金国内部发生了大规模武装起义，金宣宗面前的金国已是内忧外患。

金宣宗意图突破南宋防线，灭了南宋，再以南宋为根基，与蒙古对峙。这一举动，与完颜亮又何其相似。于是他派兵，向南宋进军。然而此时的金军，亦非昔日金军。与南宋战争中，金军并没有取得多少便宜，反而进一步激化了南宋的仇恨情绪，南宋朝廷伐金之声此起彼伏。金宣宗又不得不与南宋议和，没承想南宋更加仇视金国，将之前绍兴和议、隆兴和议时期商定进贡的许多财物都停止了。金宣宗面对的现状是，南有南宋军民的顽强抵抗，北有蒙古大军的虎视眈眈。

此时北方大地上，出现了许多结寨自保的势力。金国妄图借用这些人的力量来攻击蒙古大军，进一步收复故土。于是，金宣宗分封了九人为公，史称九公封建。然而，此举进一步催生了金国的灭亡步伐，这等于公然承认这九人分割金国地盘，唐末藩镇割据再一次上演，而金宣宗根本管辖不了这九个王。不久，金宣宗病死于汴京。金国皇位由金宣宗第三子完颜守绪继承，是为金哀宗。

金哀宗时，铁木真把主要精力放在西域，正在攻打花剌子模等地，金国有了一个暂时喘息之机。金哀宗与南宋休兵止息，还派出使臣与西夏议和。金哀宗还将许多得力大将派了出去，镇守边关，与北方蒙古军周旋，金国得到了暂时安定。然而，国家刚刚有所好转的金哀宗，便又沉湎于纵情享乐之中；对于后宫干政、皇族之间结党营私之事，也不过问。整个官场腐败成风，卖官鬻爵，人民处于水深火热中。

公元1227年，成吉思汗病逝，蒙古大汗之位由其三子窝阔台继承。窝阔台继承汗位后，采取了联宋灭金的策略。宋朝，再一次面临抉择。当年大金崛起时，海上之盟让宋金联盟灭辽。想不到一百年后,宋朝再一次面对这样的选择。那么到底联不联盟呢?宋朝早就看出来了,宋金之间唇亡齿寒,但要不联盟,蒙古马上会掉转枪头,对着南宋。联盟灭金后,蒙古一样会来攻打大宋。然而,联盟,则可以延续朝代;不联盟,那就面临着亡国。所以,南宋最后走上了联蒙灭金的道路。

公元1232年,金国主力和蒙古主力在钧州三峰山展开决战,蒙古军全胜。金国军队主力经此惨败,损失殆尽,许多金国大将也在此战役中丧命。为此,金哀宗退守归德。而他刚刚走,南京守将便降了蒙古。随即,汴京、洛阳等地相继陷落。金哀宗在归德时间不长,便被权臣蒲察官奴软禁,后金哀宗设计杀掉蒲察官奴。然而蒙古军再次直逼城下,金哀宗不得不退守蔡州。

公元1233年,冬月,宋蒙联军在蔡州城下会师,准备对大金发起最后的攻击。宋蒙联军将蔡州围住。蔡州守军弹尽粮绝,不久,便被蒙古军队攻破。金哀宗上吊自缢。大金灭亡。

这个王朝,如璀璨之星,在空中划过灿烂的光芒,却稍纵即逝。金国,以兵称霸于世,最后又以兵亡国。可谓成也是兵,败也是兵。金国迅猛辉煌,也极速灭亡。塞北三朝中,金国最为强盛,寿命却也最短暂。至今,我们都对这个强大国家的兴衰感到惋惜。他们以海东青为图腾,从黑龙江阿城而来,相继灭了武功显赫的辽国和文治卓越的北宋,在中国版图上建立起了一个由少数民族建立的国家,并迅速强大起来。他们效仿汉制,推崇汉法,吸收了最为辉煌和先进的文明,却没能汲取最积极的精神用以发愤图强,励精图治。他们吸收最为先进的文明,也吸收了最为糟粕的东西,让他们在中原文化继承上好的坏的都吸收进了身体。同时，他们为了完全融入到汉人统治的气氛中来，荒废了女真人尚武的精神。到了金国后期，所有女真人都已经丢掉了这个他们发家的技能，所以，当蒙古大军扑来之时，他们早已举不起生锈的战刀……这个国家的崛起，出乎意料；这个国家的灭亡，其实也在意料之中。这种昙花式的辉煌，留给后世无尽的感叹。当国家真需要日上中天时，它却如落日一般，瞬间掉在海平面以下，让国家处在黑暗中。正当它欣欣向荣时，却结束了辉煌的一百多年历史，最后消失在历史空间里，让后人在无比的惋惜中想念那些金戈铁马的英雄。

在辽那部分最后一节，我们说了辽国文化。金国的尾声里，我们也说说大金文化，这是支撑民族发展的内在动力，任何一个国家的发展，灵魂与"核心"其实是文化。今天我们反过身来看中国传统文化，在许多灿烂文化里，有一个文化的主流，那便是儒家文化思想。中国两千多年的历史，从董仲舒提出独尊儒术后，以后的一千多年，儒家文化都成了治国理政的核心。随着一代又一代人不断完善，儒家文化在宋代理学和明代王阳明手里有了新的生命力。

中国传统文化中许多治国理政的核心，堪称完美。他们有一整套治国理论基础，形成了特色理论体系。

今天，我们来重新审视这些文化，这文化便有了新的生命。必须认识到，没有文化的国家，不会有前途；没有文化的民族，一样没有前途。

我们现在说说大金的文化。

大金在相继灭了辽和北宋后，逐渐渗透到中原地区。特别是完颜亮的两次迁都，让这个马背上的民族一下子进入到中原腹地，这就让中原文化源源不断地被金国所吸收。大辽在与北宋相处稳定的那段时间里，中原文化深深影响了辽国。作为在大辽统治下成长起来的女真，自然也受汉文化影响。

随着大金入主中原，在汉化程度上，大金比辽国更彻底，也更完善。

深处中原腹地的大金，在吸收中原汉文化的过程中，也是先创造了女真字，并依托女真字的发展让国家走进了文明时代。他们吸收汉文化，效仿汉制，许多中原先进的国家治理方式都传到了金国。金太宗在位时，不断扩张，有一统中原的意思，征战不断，有草原游牧民族强悍的做法。到了金熙宗完颜亶继位时，国家大力推崇汉法，这让国家发展日新月异，甚至出现了短暂的太平盛世。后因完颜亮发动兵变，完颜亶惨死，国家中兴步伐有所缓慢。又加上完颜亮南下伐宋，国家一度出现危机。在完颜亮之后，完颜雍又及时汲取了教训，与宋朝和平相处，国力再一次得到大幅提升。

吸收汉文化的过程，金国文化便得到了极大发展。除受辽时期的佛教文化影响，以及儒家文化的影响，在金国，又出现了一种教派，那便是全真教。在金国文化这一节中，我们重点说说全真教。全真教，这个名字几乎中国人都知晓，这得益于金庸先生"射雕三部曲"的贡献。

金庸先生致力于传播中国传统文化，所以，他的武侠小说里，吸收了很多中国传统文化知识。而他的"射雕三部曲"，就是反映这一时期中国版图上这几个民族的你争我斗。

当然，在金庸先生的武侠里，全真教被放在了终南山大背景下，多少有些戏剧成分在里面。然而，全真教在中国历史上却有着盛极一时的真实。

全真教的创始人叫王嘉，字知明，号重阳子，以"害风"为自称。后世又称之为王重阳，或者重阳真人。在《射雕英雄传》中，王重阳力挫群雄，成为中原五绝之首。而华山论剑，也成了切磋武艺或者文艺的代名词。

然而，这终归是小说，有许多虚构的东西在里面，完全虚化了王重阳这个人。

王重阳，出生在北宋年间，农家出身，自幼好学，聪颖。他刚懂事时，参加了北宋升学考试，进入咸阳府，成为诸生（也就是即将参加公务员考试的学生）。这个学生除好读书外，还喜欢练武，属于学生队伍里文武全才式的人物。然而，就在这时候，北方大金扑向了开封，十三四岁的他就遇上了南北宋分野，即靖康之变。

当然，靖康之变没有延伸到陕西农村，对这个王重阳自然也影响不太大。二十三岁这年，咸阳府举办科举考试，为这些诸生开国家之门。这时候，王重阳竟以优异成绩被录取了。"二十三上荣华日"（《重阳全真集·悟真歌》），然而，好景不长，不久，完颜宗弼在东方战场上受挫，想通过川蜀之地沿长江而下，一举灭南宋。于是，宋金西北战场开始燃起大火。宋金两军首先相会于陕西富平，作为大军区司令员的张浚这回用人不当，导致富平之战失败，这更为完颜宗弼攻打川蜀增加了信心。富平之战后，陕西之地尽得于金军手中，但川蜀之战并未如完颜宗弼预料那样顺利，而是受到了宋军强烈的抵抗。在和尚原受了打击的完颜宗弼率军北还后，在陕西设立刘豫伪齐政权。此时，王重阳刚刚成年，意气风发，准备大展身手。

于是，天眷元年，也就是公元1138年，伪齐举办了一场声势浩大的武举考试。王重阳在这次考试中夺得第一名，即武状元。

然而，尽管得到了武状元，但王重阳的仕途并未如大家预料的一样，春风得意。自古，武举便被人瞧不起。武举，说白了就是个凭借力气拿下的状元，试问与文曲星比，那可不是几条街的距离。

拿了武举后，王重阳改变了农民身份，成了国家公务员。这也改变了他有可能当一辈子农民的命运，好歹也进入到吃公粮的序列了。

王重阳尽管还吃着一碗公家饭，可与那些同时期进朝为官的文举人，那差距就没法说了。金庸先生说了王重阳是五绝之首，武功天下第一，却没将王重阳的相关身世背景交代清楚，只是通过他徒弟丘处机的嘴传达了这样一个信息：

丘处机道："我恩师不是生来就做道士的。他少年时先学文，再练武，是一位纵横江湖的英雄好汉，只因愤恨金兵入侵，毁我田庐，杀我百姓，曾大举义旗，与金兵对敌，占城夺地，在中原建下了轰轰烈烈的一番事业。后来终以金兵势盛，先师连战连败，将士伤亡殆尽，这才愤而出家。那时他自称'活死人'，接连几年，住在本山的一个古墓之中，不肯出墓门一步，意思是虽生犹死，不愿与金贼共居于青天之下。所谓不共戴天，就是这个意思了。"

——《神雕侠侣》第4章

但这些毕竟是小说。我在全真教相关史料里寻找，也未见有详情，却意外地在地方志里面找到了答案。

有本书叫《类编长安志》，对王重阳武举后的事情，有着明确的记载。

在这本书里，说王重阳是"监甘河镇酒"。这个词读起来有些绕，翻译成白话文，就是监督甘河镇的制酒业。在古代，各行各业都由国家管束，在每个行业里面都设有监督官。比如说，酒行业，就设立酒监。那么这个甘河镇在何方？经过查询资料可知，发现这里面记载的甘河镇，其实就是陕西户县的甘河镇。这么个小镇子，还是个酒监。估计这地方可能产酒，所以，设立这样一个职位，可能就如同今天乡镇食药所长一类的人物，或者是只有监督功能的一般公务人员。

王重阳自幼品学兼优，那自然是要激扬文字、指点江山一番的，没承想，进了国家公务员序列后，竟发现自己只是个小小的乡镇干部。理想与现实之间的差距，瞬间让这位怀有一腔热血的青年从五里雾中坠入到冰窟窿里。这打击，宛如一记响亮的耳光，扇得王重阳有些晕，完全理不清到底怎么回事！

酒监，是个人就能干，没有多少技术含量的官职还需要自己花这么大代价来实现？这让这位想为国为民干些事情的王重阳感到了心灰意冷。可是，既来之，则安之。从现实角度考虑，尽管官职卑微，但好歹也是个官，大鱼吃小鱼，小鱼就吃虾米。

来了，就不能尸位素餐，这是古人治国经典里说的。好吧，那就做好这个官，也算是对偌大的国家有个贡献。

王重阳开始从头学习酒监的职责、酒监的工作范围。这些都会成为他以后的生活。可不久，王重阳就发现，这个小小的酒监有时候权力也比较大。在这小小的甘河镇，到处都是贪污腐败的现象，百姓苦不堪言。而作为国家公务人员的他也无可奈何。

王重阳很痛苦，这痛苦是你看到世间皆醉，你却独醒；这痛苦，是看到不公，却改变不了。好在，这时候王重阳喜欢上了一个女子。两人相约在甘河镇，夕阳西下时，相拥着看夕阳；日出而升时，又早起看朝阳。不久，他便结婚了。

婚后生活，过得很滋润。毕竟，对他来说，这是个小人物的一日三餐。又过了不长时间，妻子给他生下了儿女。此时的王重阳快到了不惑之年，早就对这世间的一切不平不公之事看得很淡，自然也就麻木不仁了。

即便有些读书人心里有正义感，也让生活打磨成了一把锁，锁住了他内心的童真。柴米油盐酱醋茶的生活，枯燥无味。他醉卧酒监，只能用酒来打发自己的生活。

说起酒，王重阳觉得颇有心得。这些年，作为酒监，看见过百姓买一文钱一碗的贱酒，也见过包装华丽、千金难买的好酒。作为酒监，他平时收到过不少商人送来的好酒，这让他培养了一个好酒量。用他自己的话说就是"朝朝日日长波醉。压幼欺人度岁时，诬兄骂嫂慢天地"（《重阳全真集·悟真歌》），可见他当时过得多么平凡。

然而，公元1159年，已经做了二十几年乡镇公务员的王重阳见到了两位穿着奇特、长相怪异的人，疯疯癫癫从他眼前过去了。这情节，很像《红楼梦》里甄士隐碰见赖头和尚与跛足道人时的情景。王重阳当即对这两人表示出了兴趣，跟着他们走出了甘河镇。在郊外，这两个形色各异的怪人给王重阳传达了一些信息，教给他许多关于道教的口诀。王重阳稀里糊涂过了二十几年，这下子如醍醐灌顶，悔恨自己白白浪费了大好时光。

等定睛细看时，发现两个怪人早化作一缕青烟飘去。

王重阳回去后，便觉得人生不该这样才好。于是，他安顿好家人，在甘河镇不远处的终南山上挖了个大洞，自己钻在洞里悟道，并将这洞命名为活死人墓，意思是里面住着一个活着的死人。

王重阳这一悟道，便是七年。七年苦行僧式的静坐深思，让王重阳对佛、道、儒三家理论进行了深入研究。他通过自身不断学习和思考，提出佛、道、儒三教从来一祖风的和谐学说，著了大量作品，注重修身养性，《重阳立教十五论》成为后来全真教的经典。这时候的王重阳已经在陕西有了一定知名度，许多人都信奉他的理论。

七年后，王重阳觉得理论思考得差不多了，需要出去走走了。读万卷书，还要行万里路。于是，大定七年，也就是公元1167年夏月，王重阳离开自己的小茅屋，准备游说一番，顺便传道授业解惑。当然，如果上天眷顾，收几个得意弟子，将来继续传道，也未尝不是件好事。可师徒之缘，那是需要修行的，他对此并未有信心。这时候，还真有个人找到王重阳，愿意给他当弟子。这人叫刘通微，是王重阳的第一个弟子，但这弟子资质一般。在山东传教期间，王重阳又相继收了丘处机、谭处端二人。丘处机、谭处端二人便跟随王重阳在山东到处宣扬教法。不久，三人便遇到了马钰。王重阳劝马钰学道修真，马钰对王重阳的学说很感兴趣，两个人一见如故，谈了很长时间。后来，马钰便请这三人到自己家长住，继续讨论修真问道。王重阳一行在马钰家里谈论了数天，感觉依然未尽兴。马钰逐渐被王重阳的高深学问所折服，于是决定跟着王重阳问道。这时候，他们便在马钰的住所里挂了块牌，曰全真。从此，全真教在中国大地上诞生。不久，王处一、郝大通也投入到王重阳门下。

王重阳的理论受到很多人追捧，全真教开始兴盛。这时，宁海的周伯通，颇有家资，也受王重阳理论影响，便出资在宁海修建庵堂，名曰"金莲堂"，王重阳和六个弟子就在此处传道。后来，马钰的妻子孙不二也成了王重阳的弟子。最后，又在蓬莱度化了王处玄。至此，全真教正式形成。

王重阳用了两年时间，便在山东培养了一大批弟子。全真教盛极一时，高过了佛教在这些地区的传播。

公元1170年，王重阳去世。全真教落在七个弟子手中。这七个弟子中，最有悟性、成就最高的当数丘处机。

王重阳创立的全真教以《道德经》为主、《孝经》《般若波罗蜜多心经》为辅，注重修身养性，注重内在。特别重申三教合一的理论，非常适合当时的意识形态工作。加上当时金允许有这些宗教的传播，并给予肯定，到了丘处机手里时，全真教已经发展成了中国北方第一大教派。金后期，朝政混乱，也没有愿意搭理这些教派了。

安顿了王重阳后事后，全真七子开始修炼。丘处机隐居磻溪、陇州龙门山潜修长达十三年。这十三年间，他不问世事，潜心于养生学和道学的研究，并与当地的文人学士来往密切，相互畅谈，互取所长。

丘处机声名大噪，许多信徒慕名而来。公元1188年春，金世宗下了一道圣旨，召回丘处机，让他到金国首都北京官观（官方纪念馆）里塑王重阳的像，用于官方祭奠和宣传。这对于丘处机来说是很乐意的事情，官方很重视王重阳，那足以说明他们全真教得到官方的认可。丘处机在北京修完王重阳纪念馆后，还住持了"万春节"醮事。关于这个万春节，好像是金世宗时期专门为了祝贺皇帝生日而举行的节日。醮事，就是道教徒做的法事。此后，丘处机声名大噪。

三年后，丘处机回到了故乡山东，并在故乡继续清修。金章宗还为他清修的地方赐了一块匾额，题为"太虚观"。在山东期间，丘处机多次到崂山清修。公元1203年，王处玄去世，丘处机接任全真教第五任掌教，开始致力于全真教的扩大与发展。此后二十四年，都是他在掌教。后来，丘处机成了全国大明星，当然，他依靠的是推崇佛、儒、道三教合一的本事，而非靠颜值。鉴于此，金章宗与宋宁宗都下旨，请丘处机到开封和临安一叙，丘处机都推托未往。

公元1219年，成吉思汗派人请丘处机到西域见面。丘处机分析了天下大势后，觉得将来天下必归成吉思汗所有。于是，七十三岁的他，全然不顾身体，只身前往西域面见成吉思汗。两年后，丘处机见到了成吉思汗。成吉思汗向丘处机询问治国和养生之法，丘处机则建议成吉思汗敬天爱民、减少屠杀、清心寡欲。成吉思汗颇有心得，两个人谈了好久，陪在身边的耶律楚材则根据两人的谈话，编成了《玄风庆会录》这本书。次年，丘处机请归，成吉思汗让护卫一路送行至宣德府，也就是今天河北宣化一带。丘处机的弟子李志常，根据丘处机这一路上的经历和所见所闻，写成了《长春真人西游记》，流传于世。

当然，除了全真教，文学艺术在金国也达到了又一个高度，成就也比辽国要高。特别是出了元好问这样的大文学家，让金代的文化呈现出多元化的灿烂。

金代文学，分前期和后期。前期文学，主要是靖康之变后，一些中原文人士子被掳入金国，他们思念故里，又回不去。他们将靖康之变后，那种国破山河碎的痛恨用诗作表现了出来。这些人主导着金国文化主流，而这些人当中，以宇文虚中、吴激和蔡松年为代表。当然，还有一部分，便是金灭辽后，辽国一些文臣进入金国，如韩昉、左企弓、虞仲文等。这些辽宋文人，在金初将中原文化传播到了金国。清代庄仲方在编《金文雅》（金代作家作品选集）的序言里，就提出了"借才异代"的概念，表明金国此时的文化几乎是异国人创造的。到了金国中期，一些在金国本土上成长起来的作家也崭露头角，蔡珪、党怀英、王庭筠等，他们成长在金国，受汉文化影响，他们的作品里，既有汉文化的含蓄，又有女真人尚武的特点。到了金国后期，文化得到进一步发展，涌现出一大批成就非凡的文化人，他们纵论国家大事，文学创作已和汉人无异。比如以赵秉文、李纯甫、王若虚、元好问等为代表的金国本土文人，其中元好问成就最大。

元好问，字裕之，号遗山，自幼聪慧，有"神童"之誉。金宣宗兴定五年，进士及第。元好问所处的时代，正是金国末期，国家极度不稳定。他1221年中进士，两年后，又中了宏词科。金国很重视修史，初露头角的元好问便被派到国史馆修国史。1234年，金国灭亡，元好问回到家乡，潜心学问，成了金末元初影响力最为巨大的诗人。元好问的诗歌现存一千四百余首，在金代诗人里不仅数量最多，艺术成就也最高。元好问的诗歌，已经与中原汉人的诗歌没有区别。他最为感人的作品是金亡后，他写的丧乱诗，可以说是字字血、声声泪。比如这首《壬辰十二月车驾东狩后即事》："惨澹龙蛇日斗争，干戈直欲尽生灵。高原出水山河改，战地风来草木腥。精卫有冤填瀚海，包胥无泪哭秦庭。并州豪杰知谁在，莫拟分军下井陉。"除了诗歌，现存他的作品里还有词、散曲、散文等著作，现存词三百八十余首、散曲六首、散文两百五十余篇。他的词，也写得缠绵悱恻。比如这首《摸鱼儿·雁丘词》：

乙丑岁赴试并州，道逢捕雁者云："今旦获一雁，杀之矣。其脱网者悲鸣不能去，竟自投于地而死。"予因买得之，葬之汾水之上，垒石为识，号曰"雁丘"。同行者多为赋诗，予亦有《雁丘词》。旧所作无宫商，今改定之。

问世间，情为何物，直教生死相许？天南地北双飞客，老翅几回寒暑。欢乐趣，离别苦，就中更有痴儿女。君应有语：渺万里层云，千山暮雪，只影向谁去？

横汾路，寂寞当年箫鼓，荒烟依旧平楚。招魂楚些何嗟及，山鬼暗啼风雨。天也妒，未信与，莺儿燕子俱黄土。千秋万古，为留待骚人，狂歌痛饮，来访雁丘处。

这首词，凄婉，苍凉，冷清。捕获了一只大雁，却想到了它的另一半，那万里层云后，谁陪着它再飞过？凄凉中不乏柔情，可谓爱情词中的荡气回肠之作。第二节，由旅居荒村，想到了人生千古事，却没有迁客骚人一起痛饮，暗含知音难求。《雁丘词》这个意象，也重新被元好问赋予了活力。

当然，金代末期，戏曲开始有了大规模发展，并一发不可收拾。我们现代人，则更喜欢将这种戏曲叫元曲或者元杂剧。这种杂剧在金国时，就已经发展成形。形成了歌唱、说白、舞蹈等有机结合的戏曲艺术形式，对后来元杂剧的成熟起到了很好的作用。金国时期董解元的《西厢记诸宫调》，就是其中的代表作。它取材于唐传奇《崔莺莺传》，利用宋金民间讲唱艺术形式，成功塑造了结构雄伟、情节跌宕起伏的《西厢记诸宫调》，对元杂剧的成形和发展起到了示范带动作用，用开山之作来表述也不为过。这一时期，大量的戏曲家诞生，著名元代戏曲家关汉卿、王实甫均出生在金国末年。金代戏曲，在中国戏曲史上为后世做了铺垫和积淀。

大金这一章最后，我们还得介绍一个人，这个人叫郭药师，但人们更愿意叫他三朝郭药师。因为他反复无常，因为他顺风倒，因为他最后死在了金国，所以，我们把他列到金国这部分。

金庸先生写过一本书，叫《射雕英雄传》。故事说的正好是北、南宋接替时的故事，里面有个人叫黄药师，是中原五绝之一。第一次华山论剑，他就已经成为一流高手。这个人行为怪异、性格怪癖，不按常理出牌，也不循规蹈矩，甚至挑战世间所有一切约定俗成，所以，也得了个黄老邪的外号。

我不知道金老先生写的这个黄药师是否与我今天说的这位郭药师有关，或者有这位郭药师的影子。但我今天说的这位郭药师，也是一位响当当的人物，他成了那个时代人的真实反映：朝代在更替，人也在朝秦暮楚。

时间一样，宣和四年，事件却不一样。

公元1122年，宋金夹击攻辽之际，天祚帝逃亡夹山，把后方留给了群臣，还有那些耶律姓的子孙，比如耶律淳，比如耶律大石。当然，还有我们这位郭药师。

这一年，天祚帝逃走，群臣对天祚帝失去信心，以耶律大石和萧干为主的辽国贵族拥立耶律淳为帝，是为北辽政权。而耶律淳以耶律大石为军事统帅，负责守卫，又改怨军为常胜军，而郭药师作为怨军主力长官，因"药师年少壮，貌颇伟岸，而沈毅果敢，以威武御众，人多附之。初以武勇四军荐授殿直，从征女真，积前后功"，也登上时代舞台。后来，辽军提升郭药师为都管押常胜军、涿州留守。

这里需要交代一下这个"怨军"。

这个怨军是郭药师的政治资源，也是他得以登上政治舞台的跳板。公元1116年，刚刚经过黄龙府大败的辽国，还没有缓过气来，又面临了一场灾难。当时东京留守萧保先，在东京时，被乘乱兴起的渤海人高永昌杀害，这个高永昌自此脱离辽国，建立新朝，自称大元国皇帝，改元应顺。墙倒众人推的惨状，让辽国看尽了世态炎凉。高永昌以元为国号，高举反辽大旗，不久，就占领了辽东五十余州。天祚帝还在黄龙府战败的阴影里，一发而不可收拾。可你是皇帝，手底下反了怎么办？能怎么办，当然是派兵镇压。于是，天祚帝派时任宰相张琳镇压。辽军黑压压一片向渤海扑来，高永昌自知不敌，便派人向大金求援，大金恨不能马上就灭了辽，所以很乐意帮忙。但金军也避其锋芒，让高永昌的军队做先锋，他们在两边包抄。张琳不敌，被打得抱头鼠窜。

天祚帝见镇压没有起作用，而这个高永昌还找了个强硬的靠山，不由得暴跳如雷。于是一纸任命飞来，命耶律淳为都元帅，招募辽东饥民，对金和高永昌严重打击。这里，天祚帝是有私心的：现在的情况不容乐观，外人不可想象，毕竟燕王是自家人，还放心些。招募的公告很明确：只要你不怕死，好酒好菜管够，军饷也比其他军人要高。说白了，就是敢死队。只要你敢死，只要你不怕死，只要你敢去死，就不会再饱受饥饿、疾病、流离之苦，还有大把的银子发给你。于是战乱中，为求吃饱的人纷纷来投军。天祚帝很快组建了一支将近三万人的怨军，其目的就是为了用这些敢死队来对付金国，报复金国，取抱怨于女真之意，谓之"怨军"。这支将近三万人的怨军，分为前宜营、后宜营、前锦营、后锦营、乾营、显营、乾显大营、岩州营共八营，而郭药师就在这八营中，任一营的长官。

于是，这个郭药师就以这怨军为政治阶梯，一步一步迈上辽军中高级军官的台阶，进而取得了一定的政治地位。

也是这一年，天祚帝即便还想图存，也是强弩之末，只不过，百足之虫死而不僵罢了。就在宣和四年，宋金以海上之盟为誓约，兵分两路，大举进攻辽国。天祚帝兵败如山倒，树倒猢狲散，自己跑了。这位昔日的燕王，深得天祚帝器重的燕王，也被黄袍加身，做了北辽的皇帝。此时，已经六十岁的耶律淳过了几天的皇帝瘾，这本是他命里不该有的机遇。

宋金见辽国天祚帝没被抓住，又多了个北辽，这是死灰复燃的节奏，于是宋金两面夹击，直逼北辽，耶律淳胆战心惊，看来这皇帝也不是人当的。金国以完颜宗翰为主力，从东北而来；宋朝以童贯为节度使，从南而上。这里专说一说北宋与北辽的战争。

这时候，童贯率领的十五万大军看似声势浩大，又有攻打西夏的经验，所以难免沾沾自喜，根本没把区区几千辽兵的残部放在眼里。而北辽在耶律大石和萧干的指挥下，不到一万人的部队，竟将北宋十五万兵马打得落花流水，一溃千里。于是，这时候，刘韐及时招纳敢死队，岳飞正式登上历史舞台；于是，耶律大石一帮辽臣想聚集旧众，再图复国。

北宋十五万大军，被辽军打得丢盔弃甲，一路南逃。史籍记载："自雄州之南，莫州之北，塘泊之间及雄州之西保州、真定一带死尸相枕籍不可胜记。"偏偏这时候，耶律淳病死了。耶律淳之后，继之而来的是耶律淳的妃子萧普贤女摄政，北枢密使萧干专政。

宋朝看到北辽皇位更替，人心不稳，于是命刘延庆为都统制，率军二十万再次北上攻辽。这个刘延庆说起来比较陌生，但他的儿子比他有名，是为刘光世，和岳飞、韩世忠、张浚合称中兴四将。在南宋，刘光世虽然没有多大功业，唯一值得被记住的就是父子联手镇压了方腊起义。而刘光世后因不作为，导致伪齐刘麟渡淮攻宋时，刘光世弃城南逃，他手下的淮西军也酝酿了后来的淮西兵变。

扯得有点远了，再说此时，耶律淳死，北辽政权危如累卵，人心惶惶。南有北宋十五万大军，北有金国马上民族，这时候，这个郭药师召集了怨军的几个首领，商议后，郭药师说，如今之事要选一个靠山才好，北辽已不是我们的靠山，最后大家一致决定降宋。童贯将郭药师降宋事宜报告于宋徽宗，宋徽宗大喜，郭药师手上的这支军队离开辽，来降宋，无疑是对辽的极大打击。

这个郭药师降宋时，还上了一个降表，洋洋洒洒写了一大篇。那意思是，辽国已是强弩之末，而宋国富民强，俗话说"良禽择木而栖，识时务者为俊杰"，自己才不做那愚忠之人。宋徽宗看到降表，大喜，赐郭药师恩州观察使，隶属于刘延庆部下。

此时的宋朝，见辽国大势已去，意图收取幽云十六州，宋徽宗更是迫不及待地将燕京命为燕山府。然而，战争之事，瞬息万变，不可能让你在几千里之外就看得清。于是，宋朝命令刘延庆攻打燕京，这时候，郭药师作为降将，最好有投名状，才能让人信服。于是他建议刘延庆，偷袭燕京，然后同燕京城里的汉人里应外合，可一举收复燕京。刘延庆采纳了郭药师的意见，命郭药师率先头部队攻打燕京。而此时的燕京，守城力量薄弱，主力萧干正在前线打仗，无暇顾及燕京，况且也没想到偷袭这一招。郭药师率先头部队进入燕京时，守将不堪一击，燕京不久被攻陷。这时，攻入燕京的宋将下令杀掉城里所有契丹人和奚人。本来燕京在辽的统治下，汉人、契丹人、奚人已经混居了好几代，甚至相互联姻，根本分不出谁是契丹人，谁是汉人。况且宋军进城后，毫不守纪律，到处烧杀抢掠，无恶不作。等这个命令下去，导致的结果就是全城人奋起反抗，宋军死亡人数比攻城时多出许多，郭药师也差点就死在城里。

恰巧这时候，萧干回救燕京，宋军攻了三天三夜到手的燕京，顷刻间便又回到了辽军手里。这样，刘延庆率领的二十万大军一溃再溃，绵延数里，向南而逃。郭药师冲出包围，跟着刘延庆回到了南方。

尽管战败，宋徽宗还是接见了郭药师，觉得郭药师识大体，顾大局，是个干大事的人。于是，赐给郭药师府邸、妻妾、丫鬟、仆人，又加升他为加检校少保。郭药师感动得眼泪哗哗流，哽咽着说了一番话，史籍记载："臣在虏，闻赵皇如在天上，不谓今日得望龙颜。"宋徽宗高兴坏了，这叫不战而屈人之兵，老祖先留下的这些宝贵经验真是比那黄金更值钱。宋廷命郭药师为燕京留守，积极防务燕京之地。郭药师说："肝脑涂地，在所不辞。"宋徽宗说，你既为我宋臣，我现在让你去灭了天祚帝，这样一来，燕京的辽人也就断了念想，自然也就归顺了，不知道你愿不愿意？郭药师却说："天祚，臣故主也，国破出走，臣是以降。陛下使臣毕命他所，不敢辞，若使反故主，非所以事陛下，愿以付他人。"那意思很明确，这种投降了宋，又去追杀旧主子的行径，他郭药师才不干，不然，千古骂名会滚滚而来，历史上也会臭名昭著。宋徽宗就此作罢，人家不愿去，也不能强人所难，况且人家说得也挺有道理。

次年，宋军按照海上之盟交割燕京后，郭药师留守燕京。按说北宋王朝对郭药师做到了仁至义尽，他应该感激涕零，更忠心报效北宋，但事实并未如此，郭药师在燕京留守期间胡作非为，欺压百姓，强征赋税，搞得燕京乌烟瘴气。郭药师利用燕京留守，大肆敛财，结交的可不仅仅是宋朝权贵，也有金国权贵。在燕京留守期间，郭药师不但不穿宋朝官服，还鼓励手下都穿辽国官服，当时燕京的人称其为"安禄山"。

当然，郭药师非常有军事才能，不然他在乱世里也出不了头。比如他打败萧干，又生擒辽阿鲁太师，还在无意中得到了辽太宗耶律德光的尊号宝检及涂金印，彻底解除了辽残余势力对宋的威胁，然而这些都是他作为宋臣应该做的。

可不久，他就显示出了自己善变的本能。燕京本身与金相接壤，免不了有磕磕碰碰的战争。在金廷休整完毕后，完颜宗望大军压境，他作为宋臣本该以死效国，可他没有，死了多可惜，当此乱世之时，大丈夫当有所为，于是，他又投金了。于是，金兵又不费吹灰之力进入燕京。宋廷几辈子祖先希望收回的燕京诸地再次落入金人之手。所以，靖康之难就自然发生了，那是不可避免的；所以，北宋王朝就灭亡了，那也是不可避免的。只是靖康之变发生时，郭药师又做了大金先头部队，一路斩杀，从燕京到开封。

在郭药师带领下，金军向开封而来，如入无人之境。而郭药师也得到了金太宗的赏识，赐予他军功，让他带人打仗。然而，金廷早就不相信他了，之所以还用他，那是因为他有用处。在金国时，郭药师为了显示他能征善战，及对金国的忠心，他可谓煞费苦心，拼死表衷情。反观他在宋朝为官时，却横征暴敛，鱼肉百姓，没有一寸战功可言。然而金人终归是金人，他不是宋人。郭药师以为所有皇帝都跟宋徽宗一样，任由你糊弄，以为两面三刀就可以随风倒，然而，金太宗那是集智慧于一身的人，岂容得别人来糊弄？

郭药师降金后，发现完颜宗望经常提防着自己。明面上给自己派来了丫鬟侍女，实际上都是来监视他的。郭药师有些后悔，还是宋廷好啊。不久，完颜宗望来了个杯酒释兵权，这点可是从宋朝那里学来的。郭药师的常胜军全部被完颜宗望收在自己麾下，而郭药师成了无用之人。一天无所事事的郭药师，整日借酒浇愁。在金国，他不受人待见，反正现在你也没多大用处了，况且你先背叛辽降宋，现在又叛宋降金，反复无常，和小人无异也。被夺了权后，郭药师的日子一天不如一天。那些侍女和丫鬟都可以对他瞪眼，而门卫，更是大声呵斥，没有人当他是回事。但他要是外出，总有人跟着，怕他逃跑。这时候，在金国，郭药师连条看门狗都不如，口蜜腹剑、两面三刀成了人们不耻他的主要原因。

郭药师在金廷郁郁不得志，很怀念宋徽宗礼遇他的日子。可金国不可能再放他回去。幸福来临时，就要懂得珍惜，不懂得珍惜的人，是永远不会幸福的。宋金两国不同的待遇，让郭药师悔之晚矣，可这世上并没有后悔药可买。所以，后来郭药师到底怎么死的，也无具体史料记载，他这样一个无足轻重的人，金人才不会把他详尽写进历史。唯一可以找得见的是《金史·列传》卷二十里的这么一段记载："郭药师者，辽之余孽，宋之厉阶，金之功臣也。以一臣之身而为三国之祸福，如是其不侔也。魏公叔痤劝其君杀卫鞅，岂无所见欤！"

尤其是那后一句，说了当年公叔痤告诉魏王，如果用卫鞅，就委以重任；如果不用，就杀了卫鞅。可那时候的魏国，作为战国时期的最强国，霸主之国，完全没把卫鞅这个愣头小子放在眼里，后来卫鞅到秦国，受到秦孝公礼遇，成了让秦由弱变强的直接变法者，那时，魏王也是肠子都悔青了。当然，这里还有暗喻金国与郭药师的关系，以及暗讽宋朝与郭药师关系的意思。

　　历史往矣，任谁也不能给历史加上假设，我们只能记住的是，宣和四年，有个人，是辽国旧将，见辽国气数已尽，先是降宋，受到宋朝重用，自己却不思回报，后又降金，结果被金国软禁起来，再也不会有登上历史舞台的机会。而他一生侍三朝的故事，也成了他见风使舵的见证。

第五章
精忠岳飞

宣和四年, 隆冬, 寒气逼人。

地点, 相州汤阴; 人物, 岳飞, 字鹏举; 事件, 投军。

这一年, 岳飞十九岁, 按照古人习俗, 岳飞还不到加冠礼之龄。这一年, 学有所成的岳飞, 告别已经服丧三年的周同墓, 离开家乡汤阴, 一路直上, 投在刘韐部下。

古代进入官场的方式, 不是投军便是参加科举考试, 唯此两种而已。当然, 岳飞自幼喜欢《左传》以及孙、吴兵法, 可能对儒家的经典不太感兴趣, 这就被堵在了科举考试之路。加上这时候王黼为相, 想要通过科举进入官场, 那得有钱有势才行。在当前的大背景下, 这对于出生农家的岳飞而言, 无异于登天。所以, 他的路也只有从军这一条。

但是, 从军也绝非出人头地的最佳途径。北宋那么多军官, 要想在这些人中脱颖而出, 又没有靠山, 那就必须有某一方面的突出成就。不然，你就和世间芸芸大众一样，平凡而普通，在时间隧道里，在历史长河中，渺小得不如一粒尘埃。

好在，此时的岳飞已经尽得周同真传，在汤阴也小有名气。据说，岳飞善骑射，能左右开弓，能拉动三百斤的硬弓和八百斤的强弩，这就是大力士了。在这之前，岳飞的母亲姚氏又聘请陈广给岳飞教授枪法。岳飞学得很扎实，陈广教得很认真。名师出高徒，岳飞深得陈广真传，其枪法在汤阴县城无人能及。此时的岳飞已在汤阴名气大振。宋·岳珂《金佗续编卷二十八·纪鄂王事》："宣和四年，令枪手陈广以技击教之，一县无敌。"

说来也巧了，就是这一年，刘韐广发英雄帖，招纳"敢战士"，岳飞就应招了。这个敢战士，其实就是敢死队。签押了生死簿，写了遗书，和现在的特种部队队员差不多。去参加敢死队的考核的人，必然是要一帮异于常人的人。敢死队的意思就是不仅仅要敢死，还要死得其所，死得有价值，不能选一些普通人去。岳飞利用所学，很快脱颖而出，加上对兵法也熟知，话里语间，吸纳了一大帮粉丝，很快成了一个敢死队的分队长，并得到了刘韐的赏识。

刘韐见岳飞器宇不凡，见识卓绝，于是，英雄相惜，谈笑间，仿佛早就相识。不久，岳飞凭借一杆岳家枪，打遍敢死队无敌手，荣任敢死队队长，手下有了王贵、牛皋等人。刘韐见此，喜上心来，便将岳飞经常带在身边，言传身教。

咱们得先说说这个刘韐。这个人了不得，在宋对西夏战役中，就是他带的兵，前后几次，彻底打怕了西夏，让对北宋王朝一直有觊觎之心的西夏永远臣服于北宋，不敢再有反心。

此时的刘韐，担任河北宣抚副使，是个闲职，说白了，也只能算是河东宣抚使里的行军参议官。参议官是干吗的，我想大概就是言官，或者军师之类的，或者再高点，就像现在部队里的参谋，只能出出主意，但不能拿主意。而这时候的宣抚使，名字叫童贯。这个童贯，前面说两宋时我们详细介绍过，他可是个草包，只因和蔡京关系好，就担任此次对辽作战的头儿，真想不明白偌大的一个北宋王朝，竟然找了这样的人来领兵。僭逆当道的时代，没有人能独善其身。如果一条河流全部被污染，身处在其中的鱼，没有一条可以躲得过被裹挟的命运。

此时，满朝之上，喊的都是联金灭辽，这是从未见过君臣意见统一的场面。而刘韐主张，不结盟，唇亡齿寒啊，灭了辽，只会进一步加大金的实力，到时候他们会掉转枪头，来和宋争天下霸主。刘韐的话，犹如细沙掉入大海，连响声都没有。你一个小小言官，有你说的份？也不掂量掂量自己有多少斤，敢在朝堂之上大放厥词。刘韐本身就被排挤着，被边缘化了。这个朝廷很有意思，用着你了，才会想起你的重要性，召之即来，你还不能有脾气，朝廷用你是看得起你，开封一百万人口，为什么非要用你？用不着你了，一脚踢开，没用了，还留着干吗，多一个小小官，就要多一些开支，留下这些，买花石纲多好。于是，用不着你了，你就被忘记，酒馆里的花生壳，吃饱喝足转身就走。还有那些嚼舌根的大臣，庙堂之上，生怕你的风头盖过自己，你有战功吧，会有人站出来说你功高盖主；你没有战功，也会有人站出来说你尸位素餐。这回要不是童贯十万大军被耶律大石率领的几千辽军打得节节败退，谁会想起你刘韐？你刘韐大败西夏时，那是何等意气风发，这些都是几年前的事情了，好汉不提当年勇。现在看看，都不过是皇帝手里的一颗棋子，让你落在哪里，你就得落在哪里，关键这皇帝还昏庸无能。

偌大的一个北宋王朝，自狄青之后，罕有名将，所以，才让童贯当了宣抚使。真是：蜀中无大将，廖化作先锋。

好在刘韐非气短之人，国家兴亡，匹夫有责，即便是做一名小小战士，尽尽力，也不枉当了一回大宋男儿。所以，岳飞和刘韐相遇了，这是天注定的。尽管此时的北宋怨声载道，战乱四起，但再阴暗的天气，也会有光从云层缝隙里漏出来；再浑浊的世间，也有高山清泉流出。

岳飞在刘韐处初露锋芒。然而，这时候相州遭难了。两个贼子，已经在相州聚集起了一大帮人，到处烧杀抢掠，朝廷多次派兵去，都没消灭这股力量，反而让他们越来越强大了。就在岳飞成了敢死队这个点儿，这帮人又来犯事。这回陶俊、贾进亲自率兵在相州城下叫嚣，守城将领不敢出城。只能向真定府（石家庄市正定县古称。后唐改镇州置；宋治真定，为河北西路路治；元改为真定路）刘韐求援。刘韐将他的敢死队召集在一起，问谁可以带兵去攻打陶俊、贾进，全场鸦雀无声。当刘韐问第二遍时，刚刚进门的岳飞表示愿往。刘韐很欣慰，当然也很担心。欣慰的是岳飞没有辜负自己的期望，愿意带兵去攻打二贼；但他又很担心，二贼在相州盘踞多年，要想灭了他们，绝非易事。这时岳飞却说，他愿意带一百人，去灭了这帮山贼。刘韐提示岳飞：这帮山贼可有数万之众。岳飞说他愿意立军令状，这倒将刘韐逼到了进退两难的境地。岳飞果真立了军令状，带着一百人去了相州。许多将领都觉得这位小小队长，简直不可思议，用一百人去打数万人的山贼，简直是蚂蚁撼树。

到了相州，岳飞派出二十人假扮商队投奔了山贼，让其他人埋伏在两侧。自己做诱饵，引着陶俊、贾进钻进了自己的埋伏圈，轻而易举便将二贼捉拿。二贼部众见老大被人抓住，便没了主心骨，一哄而散了。

当岳飞带着二贼回到真定府时，所有人都震惊了，不相信这是真的。许多人对此既震惊又好奇：区区一百人，他是怎么做到的？至此，岳飞声名大噪。刘韐对岳飞很满意，逢人就说，此子前途不可估量，以后大宋朝都得依靠他来支撑。相州城内那些有远见的人，都对岳飞的前途做出了预测。

尽管如此，刘韐作为副职也没有多少能耐，只能将岳飞留在身边，但靠他自己的力量，是不能将岳飞推出去的。成功需要跳板，刘韐能给岳飞的也仅仅是带他入门。得知童贯带着十五万人去攻打北辽，被耶律大石几千人打得落花流水，这帮真定府的敢死队的人，心里产生了难受的滋味。他们也是抗辽的力量，却上不了前线。

然而，这时，岳飞收到了家书。书信内容很简单，父丧，速归。正准备北上的岳飞被这一纸家书挡住了前行的道路。亲人离世，必须回家守孝，此法不能废。恋恋不舍的岳飞只能告别真定府，回家守孝。自古父母去世，后人要为其守孝三年，这是风俗，也就是约定俗成的规矩，是老祖宗留下的东西。不守孝，会落个不肖子孙的骂名。岳飞作为文武兼备的人，自然晓得其中的利害。

岳飞回家后，在乡里邻家的帮助下安葬了父亲。他开始为父亲服丧。当然，他也营务庄稼，完全成了汤阴小乡村里的农民，日出而耕，日落而息，挥着老锄头，进行大自然改造。这时候，岳飞的妻子刘氏因岳飞成了一个老农民开始整日絮絮叨叨，多了一份家长里短的抱怨。岳飞只能苦笑。大争之世，守一份平安已是不易。

岳飞的母亲看到岳飞整日愁眉苦脸，也为岳飞的前途担忧。儿子岳云已经快三岁了，满地跑着，对这个世界充满了好奇。这时候的岳飞，并没有虚度光阴，他一边守孝，一边开始了大量的阅读，丰富自己的知识，也为以后走出去储备能量。

三年后，河北发生暴洪，下游的汤阴被殃及。岳飞家里受灾严重，生计都成了问题，母亲整日愁眉苦脸。整个家乡，到处都是灾民。这时候，岳飞二十一岁。面对家里的窘迫，他不得不再次寻找出路。于是，岳飞再次北上。这次，他没有去真定府，而是投在河东路平定军。进入平定军的岳飞，自然也是想着尽快出头，赶紧多挣点军饷。不久，他就因为出色，从一名士兵被提拔为偏校。偏校也算是个官儿了，就那军饷也比别人多了一些。岳飞每次领了军饷，自己都不留一分，全部寄回家里。他知道，家里的日子比他更难过。

公元1125年，灭了辽的金军开始挑衅北宋王朝，并于春夏之交，由完颜宗望、完颜宗翰、完颜宗弼等人率领大军，向开封围攻而来。宋徽宗仓促之间退位，将皇位交给了儿子钦宗。金要求北宋割地，北宋刚开始答应了大金的要求，但不久，宋钦宗便反悔割地。金军见宋廷反悔，于次年又派出两路金军攻破太原，岳飞所在的平定军也被金军攻破，但他自己凭借高超武艺，突围出来。但此时平定军基本全部溃散。他不得不回家乡，再图发展。而金军两军从太原出发，再次围困开封。仓促之中的钦宗命身在开封外的赵构为河北兵马大元帅，负责召集地方各路军队准备勤王。

这时候的岳飞只能称为农夫，躬耕陇亩，老婆孩子热炕头。但他时刻关注着战事，国家兴亡匹夫有责。他一边种庄稼，一边练习武功。就在这时，老婆刘氏，肚子又大了起来。这对于岳飞来说，是非常高兴的事情，预示着家里又要新添人丁了。

不久，便听人说，武翼大夫刘浩在相州城里招募义士，收编溃兵。岳飞意欲前往，但此时，家里因为受过水灾，加上这些年家道中落，妻子孩子都需要人照顾，岳飞遂生了在家守着的心。岳母姚氏看到岳飞整日心神不宁，便知道岳飞惦念前方战事，于是将岳飞叫至身前，询问了岳飞的担心，并积极鼓励岳飞从戎报国，让岳飞不要惦记家里，家里一切都会好起来的。岳飞欣然应允。岳母为了鼓励儿子，让他决心为国效力，又在岳飞背上用针刺下"尽忠报国"四个大字，岳飞便背着这四个字继续着自己的军旅生涯。

岳飞带着这份沉甸甸的责任投奔相州刘浩，并在新招募的士兵中很快脱颖而出。据《说岳全传》记载，此时的朝廷为了吸引人才，在相州举办了一场比武，枪挑小梁王的典故便是出自于此。当然，此为演义，多有虚构部分，但岳飞确实在相州脱颖而出，成了刘浩的亲信。刘浩作为元帅府前军统制，对这个二十多岁的岳飞另眼相看。当刘浩得知岳飞曾破陶俊、贾进二贼的往事后，马上来了兴致。因为在相州旁边，还有一股更大的匪贼势力，他们就是吉倩吉勇兄弟。刘浩故意用激将法来激岳飞，不知道卿能否像上次一样灭了吉倩吉勇？岳飞说，没问题。刘浩问，给你多少人马。岳飞说，百人足矣。于是，岳飞领着百人，又破了吉倩吉勇，还带着吉倩吉勇来降了宋。刘浩大喜，将岳飞提拔为九品承信郎。

就在岳飞事业蒸蒸日上之时，家里却发生了一件让他遗憾的事情。妻子刘氏在生下第二子后，终于忍受不了贫穷，决定离家出走。最终，刘氏改嫁他人。岳飞对此并不怪罪刘氏，他常年在外，顾及不上家里，妻子也是要男人来温暖的。可他身在前线，不可能日日陪在妻子身边。也许妻子的离开，对他们而言都是一种解脱，至少在心理上，他不会再为妻子担惊受怕了。

不久，岳飞便被派上前线。他带领三百铁骑，在李固渡向金军挑战，诱出金军守将，并将其打败。《金佗稡编》卷四《鄂王行实编年》记载："分铁骑三百，使先臣往李固渡当虏军。战于侍御林，败之，杀其枭将。"胜利后，身为兵马大元帅的赵构命刘浩所属部队在澶州（今河南浚县西北）、滑州（今滑县，河南省直管县，位于河南省北部）作为疑兵，吸引金军注意，并不断骚扰金军，而赵构自己则带领大队人马到了大名府。刘浩带着岳飞在滑州南面，与金军主力部队相遇，随即宋金两军展开厮杀。战斗一开始，岳飞手执银枪身先士卒，斩了几个金军大将，让金军怯了战。

等刘浩军到达澶州时，金军大部队堵住了他们的去路，刘浩被金军所拦。面对金军主力，刘浩的部众就显得兵微将寡、势单力薄了。无奈之下，刘浩只能率部改走别道，追随赵构元帅府人马北上。

此时，北宋各路勤王之师都会集在大名府，这里面就有抗金名将宗泽等人。赵构将王浩所属部队划在了宗泽帐下，这也是岳飞第一次成为宗泽的手下。在大名府，所有武将都劝赵构，赶紧率兵南下，与开封军两面夹击，击退金军对开封的包围。赵构因之前做过人质，对金军甚为害怕，不听众将之言，却在汪伯彦等人的怂恿下，率元帅府大军继续向东平府（今山东东平县西南）转移。作为副元帅的宗泽，看到赵构胆怯的心理后，对这位亲王失去了信心，宗泽只能率领他的部众去解开封之围。

宗泽率部众南下，向开封而来，他们在开德府（今河南濮阳）与金军相遇，两军展开鏖战。宗泽组织自己的部队，对金军实施有力打击，战场上喊声如雷，乱矢横飞，死尸遍地。宋金两军先后展开大小十三战，几乎每战，宗泽所属部队都击败金军。在这大小十三战中，岳飞再一次表现出他的英勇。每战，岳飞都身先士卒，冲击金军。他的枪法精妙绝伦，金军众多将领命丧岳飞枪下。宗泽看到岳飞臂力过人，有勇有谋，便提拔岳飞为秉义郎。此后，岳飞一直在宗泽手下做先锋官。宗泽成了岳飞的启蒙老师，他视岳飞为己出，经常带着岳飞，言传身教。这时候的岳飞对宗泽怀着知遇之恩，两人关系也如鱼得水。

然而，仅凭宗泽一方之力，根本无法撼动围困在开封的金军主力，他们只能与金军外围人马进行周旋。次年二月，岳飞跟着宗泽随军转战曹州（今山东定陶县西）。每次与金军之战，宗泽都叫岳飞做先头部队，并将自己对战局的分析教给岳飞。宋金之间小战役不断，每次，岳飞都能冲在最前面。他们在曹州与金军对峙过程中，岳飞一夫当关，率领先锋部队对金军实施打击。岳飞所率部众，像一把楔子，死死钉住了曹州的金军。这一仗下来，宋军击败金军所属部队，金军一溃千里，边走边战，岳飞则愈追愈紧，金军一路逃窜，绵延数十里，被宋军杀死在路上的金兵不计其数。岳飞的身先士卒，让宗泽很是高兴，他提拔岳飞为武翼郎。

不久，赵构觉得这个宗泽不听话，喜欢自作主张，便提拔黄潜善为副元帅，和他一起领兵屯于山东。后来，刘浩所率部众到达定陶县（山东定陶）后，赵构又下令，让本属于宗泽手下的刘浩所属部众归于黄潜善部。然而这个黄潜善却是个十足的奸臣，手底下有三万多将士，但他却不与宗泽相互配合打击金军，而是一味地退让。黄潜善说，金军士气正旺，现在与金军作战，无疑是找死。于是，就在宗泽与金军周旋之时，黄潜善却命令自己所属部队按兵不动，这便让宗泽的部队陷入孤立无援的境地。即便如此，宗泽依然领着自己不足三千人的部众与金军周旋。但宗泽的部众根本无法撼动围困开封的金军，反而人越打越少。

此时金军已将开封团团围住，留在外地的只有赵构一人。赵构虽为兵马大元帅，但他在滞留金国人质期间，被金军追赶，九死一生，要不是传说中的泥马渡康王，他早就死了。赵构见识了金军的铁威，不敢冒进，宗泽、韩世忠、张所、李纲等都鼓动赵构赶紧勤王，不然时间长了，恐会生变。但赵构心有顾虑，一旦勤王失败，后果将不堪设想。再说，城里有他的妻子、母亲，他害怕他的勤王之师没到，自己的亲人便做了刀下鬼。赵构异常痛苦地命令所有人不要轻举妄动，等待时机。然而，战争瞬息万变，抓的就是时机，机不可失，时不再来。这有利的勤王时间，一旦错过，就不会再有。赵构苦苦等待的时机，没有向他预料的一样，来到这些武将身边。于是，这一年，金军见勤王之师迟迟不来，便放心攻城。不久，开封被攻破，金军进入到北宋首都。金军在开封进行了"打草谷"，抢走了一切生活生产资源，掳走了北宋皇室三千余人。开封，自此衰落下去，尽管有耶律德光、完颜亮等人也在这里定都，但北宋一百多年积淀下的开封城再也不见往日的繁华。这次事件，也就成了历史上有名的靖康之难。而靖康之难的发生，也标志着北宋彻底灭亡。

此时的岳飞，在刘浩手下虽然与金军有过战争，且多为胜仗，但都是局部战役，根本伤不了金军元气。岳飞因战功显赫，被宗泽提拔为修武郎，后又擢升为武翼郎。这个官，按当时宋朝武官五十三阶为准，是为第四十二阶，也就是从基层奋斗了十几级的功绩，也算是不容易了。

这时，北宋两个皇帝都被掳走，国家处在一种慌乱中，没有当家人的慌乱中。全国上下，都很慌乱。这种慌乱，可能颠覆国家的政权。那些没有被掳走的大臣开始担心，这个国家一旦没有了，他们的官衔也就不存在了。所以，他们慌了，必须要找一个人出来主事。整个中原，那么多人都在看着这个国家会怎么办。大臣们就把目光投向了赵构。国不能一日无君啊！不为自己着想，也为大宋百年基业想想吧！赵构有些为难，但天底下就只有他一个赵氏子孙，如果有别人，也不至于轮到赵构。这就是历史的奇妙之处。赵构在半推半就中，被大臣们推上了龙椅。于是，靖康二年，农历五月初一，康王赵构在应天府即位，是为宋高宗，改元建炎。

赵构当了皇帝后，起初还念念不忘北伐大计，尚存还我河山的大志。或许那时候，赵构总觉得这个皇位不应该是他的，他也是赶鸭子上架，顶了个数，等着迎回二圣，他还是要交出皇位的。

但权力这东西，会让人的欲望膨胀，几次使用后，赵构尝到了甜头，尝到了天下都是自己的甜头，也尝到了一言九鼎的甜头。于是，北伐，就不能再说了，要不然，迎回二圣，自己上哪里去?

不久，看到金军跃跃欲试，准备南下攻宋的事态后，赵构开始害怕。毕竟南京就在金国统治边界之地，周围丝毫不具备防守的优势。这时黄潜善之流劝赵构南迁，退到扬州等地，这样以淮河、长江为天险，金军的铁骑将被阻住。此想法与赵构不谋而合，赵构便决定南迁，远离金军。

南迁的消息不胫而走，听到这个消息的岳飞，再也忍不住了。于是岳飞这个武翼郎，洋洋洒洒写了几千言奏疏，越级上书，大致意思是这样的: 陛下已登大宝，社稷有主，已足伐敌之谋。而勤王之师日集，彼方谓吾素弱，宜乘其怠击之。黄潜善、汪伯彦辈不能承圣意恢复，奉车驾日益南，恐不足系中原之望。臣愿陛下乘敌穴未固，亲率六军北渡，则将士作气，中原可复。

这个奏折首先就落到了黄潜善、汪伯彦等人手里，他笑了笑，觉得岳飞这个愣头青，真不知道官场的复杂。他们不但没有生气，反而很高兴。汪伯彦心怀不轨地将这道奏折传给赵构，看这位统治者怎么办。赵构看到这道奏折后，心里便有了想法。赵构鼻子里"哼哼": 岳飞你一个小小的武翼郎，竟然妄论国家大事，真不知天高地厚。你才当了几天官，就说大宋朝这不好那不好，汪伯彦之流又开始从岳飞不遵守国家制度，竟然敢越级上书上做文章。赵构觉得岳飞这个人不成熟，最起码不适宜当官，还没进官场大门，就指出官场流弊，官场哪有你小小武将眼里那么简单……赵构笑了笑，又觉得这是个人才，不能打击太重，给点颜色看看就行了，年轻人嘛，总要遭遇波折，才能"进步"。于是赵构对着那奏折，思谋了一刻钟，挥起红色巨笔，批了"小臣越职，非所宜言"八个字。

这八个字看起来没有什么，就是批评岳飞僭越了。即便国家有任何制度不完善，那也是由上面决定的，身为基层公务人员做好自己就好，别揣摩圣意。这八个字的后面，却是一种无形的力量。

当然，奏折直接批给了刘浩。刘浩看后，生气之余，好不惋惜。赵构那意思很明确，你个小小的武官，这不是你该操的心，真是咸吃萝卜淡操心，大宋朝堂之上岂容你指责"忠良"。你一个小小武官就这般口气，将来还了得？这八个字，没有明说如何处理这僭越上书之人，但似乎又很明确地说了。刘浩将岳飞叫到了自己的书房，给他倒上茶，将奏折的批言递给岳飞。岳飞有些蒙，也有些不好意思。这事情，他有想法，首先应该和直属领导刘浩说，而不是越级上书，这样做于理不合。好在刘浩并未怪罪岳飞。两个人喝着茶，刘浩问了岳飞家里的情况，询问了他这几年当兵的心得。

岳飞是有些蒙逼的，他不知这是什么意思。东拉西扯地说了好一阵，刘浩才对岳飞说，你还是太年轻啊，官场的事情，哪有你想的那么简单。官场哪有黑白分明的时候，更多的时候，都是灰色。你找不出谁对谁错。且不说前朝的新旧党派之争，即便是现在，官场上有些事情，明明是白的，但有些人就会给你说成是黑的。人在官场，黑白是可以颠倒的，也是经常颠倒的。

岳飞很无辜地看了看刘浩。刘浩说，这八个字分量很重啊。你没看出来，皇上当时看到这个奏折时是什么心态。这八个字意思很明确，那就是要我辞退你。岳飞啊岳飞，你也当了几年兵了，怎么还是一副书生的倔脾气。岳飞说，领导，我不为难你，我自己走。大不了回家再种地呗。

于是，岳飞被辞退了。

岳飞回家住了一段时间，这期间，他结识了自己的第二任妻子李娃。至于如何结识，无从考证。但岳飞的这个妻子确是个贤内助。当然，此时，他们只是相识了，两年后，他们才结婚。李娃的到来，给岳家多了个主事人。岳飞常年在外，很少回家，都是李娃在坚持照料一家人。从某种程度上讲，岳飞后来之所以能有那么大的功绩，与李娃照顾一家人有着莫大关系。只有后院安定了，男人才能出征远方。岳飞与李娃的二人世界也不安定，经常被前线的战争牵动着。

好在千里马，总有慧眼的伯乐相遇。在家待了四个月后的岳飞，再次北上，投奔到招抚使张所部下。张所作为主张北伐的名将，对岳飞的遭遇很同情，并让他做自己的贴身护卫，可以进出张所大帐，可以听取战略部署。

此时的岳飞得到了张所的器重，便愈加珍惜这份差事。不久，张所就发现岳飞的非凡见识和高超武艺在军中已经有了一定的影响力。张所破格提拔他，让岳飞"以白身借补修武郎"，所谓白身，就是平民的意思。而修武郎，那已经是好几级的官衔了，最起码应该属于现在连级职务了。岳飞在修武郎职务上，更加刻苦。他白天操练士兵，晚上则秉烛夜读。不久，张所又将岳飞升为统制，属于王彦部下。这个王彦，需要交代一下。他领着一路人痛击金军，金军闻此人，便怯战。后来，王彦的士兵全部都在脸上刻上这八个字，是为"八字军"。

然而，这期间，还发生了一件大事。南宋主战派宰相李纲因为性子耿直，天天喊着北伐，赵构早就心烦了，加上黄潜善之流从中作梗，李纲被罢免了。

此事国内一片哗然。所有人都想不通，刚刚建立南宋，赵构便开始宠幸奸佞，这些奸佞就开始排斥异己。这帮奸佞中的头子，当数上面提到的黄潜善。在赵构勤王期间的黄潜善，南宋建立之后，也从副元帅的位置上退了下来，毕竟此时不需要勤王了。在勤王期间，黄潜善和赵构走得很近，每逢战事，或者无战事时，黄潜善总在赵构左右跟着，这让赵构觉得此人大可用。黄潜善与赵构有了一段"共患难"的经历后，赵构便对黄潜善另眼相看。所以，当赵构初登大典，便对这个身边的黄潜善提拔重用。黄潜善被任命为右仆射兼中书侍郎。前宰相李纲因为不喜欢与黄潜善之流为伍，便得罪了黄潜善。不久，李纲被罢相。御史张所为了给李纲求情，跑到赵构面前去说情，当然，也说了一些黄潜善的坏话。不久，张所被贬。

随着李纲被贬，此事引起了太学生的强烈不满。就有太学生陈东上书赵构，希望赵构能收回贬黜李纲、张所的成命，并讽刺黄潜善之流只顾溜须拍马，没有真本事。赵构觉得太学生说的并不符合实际，于是将此事置之不理。这时候徒步到达南京的布衣欧阳澈上书，要求赵构不要罢李纲的相，他还让赵构亲贤臣远小人，远离黄潜善之流，也希望赵构御驾亲征，以迎二帝。欧阳澈言辞激烈，甚至触碰到了当时所谓的禁忌，结果被黄潜善等诬指为"语涉宫禁"。黄潜善对赵构说，这个人有点愤青，啥都不懂，就知道瞎嚷嚷，就在一年前，金军围困汴京时，他就出言不逊地说自己能口伐金人，强于百万之师，愿杀身以安社稷。有如上不见信，请质子女于朝，身使金营，迎亲王而归。当时大家觉得他是在说笑，便也不予理睬，想不到而今的他竟然胡言乱语。一介布衣，安敢妄称治国安邦？赵构听了黄潜善的说辞后，非常生气，下令将陈东和欧阳澈杀死。

此事引起当时人们的强烈不满，斥责之声不断。岳飞也非常生气。如果说对陈东、欧阳澈的杀害，是对士子的打压的话，那这个贬黜忠良，就是自掘坟墓，就是挑战整个南宋人民的底线。太祖皇帝说过，文人士大夫说了再激烈的话都不应该杀害他们，可这个刚刚继承大统的皇帝就对文人士大夫和忠良下手了。岳飞当时就想上书，结果被王彦劝阻了。

此时，宋廷主和派主政，加上赵构本就惧怕金人，但凡有北伐的声音，朝廷便赶紧压住，将其压制在萌芽中。不久，岳飞听说张所在发配岭南途中病死，不觉悲从中来。这个国家的前途在哪里？忠臣良将全部没有好下场，这是一个国家走下坡路的表现。而更要命的是，随着张所被罢免，河北招抚使这个机构也被撤销了。王彦手底下的这支军队实际上成了孤军，岳飞就在这支孤军当中。

当时王彦驻守在新乡石门山，王彦不让岳飞轻举妄动，要以静制动，这时的岳飞却想收复新乡。结果岳飞不听王彦劝阻，自行带领一少部分人去攻打新乡，金军以为这就是宋军主力，结果大量的金军集结在新乡。就在岳飞袭击新乡时，金军袭击了石门山王彦驻地，王彦损失惨重，岳飞也没有讨到便宜。王彦对不听话的岳飞非常反感，两个人嫌隙不断。加上这时候朝廷不管他们了，整个河北军粮草都成了问题。岳飞问王彦讨要粮草，遭到了王彦的拒绝。岳飞只能脱离王彦军，自行带着军队继续北上。岳飞部众在太行山附近遇到了金兵，他指挥得当，击溃金军，俘获了金军联络官拓跋耶乌，刺死了金军大将黑风大王，金军溃败。尽管胜利了，但部众粮草都是问题，没办法度日。无奈之余，岳飞只能带着自己的人，南下投奔了宗泽。宗泽惜才，并未怪罪岳飞擅自离王彦之罪，只是将这件事告知了王彦，并将岳飞留在身边差遣。

自此，岳飞便一直留在了宗泽身边，和宗泽一起抗击金军。

建炎元年冬，金军再次率兵来犯，兵至汜水关。宗泽闻讯后，积极部署，派岳飞带领五百踏白军，在前方开展侦查活动。岳飞一边侦查，一边与金军周旋，并用五百踏白军将金军先锋部队打败。宗泽闻讯后，大喜，擢升岳飞为统制。

几个月后，被击败的金军卷土重来。这次金军兵分三路，直逼开封。宗泽作为东京留守，与金军进行殊死较量。双方战斗惨烈，均有死伤，但此举也阻断了金军意图南下的想法。这时候，五马山民间起义军首领马扩带着信王赵榛的信前来东京留守司找宗泽，于是王彦、马扩、宗泽等人在赵构一路南逃时准备北伐。众人在一起商讨北伐计划，制定了出兵路线图。

一切安排妥当后，宗泽给赵构上过二十四道折子，希望得到支持进行北伐，但始终没有得到赵构的支持。这个支持很重要，不要简单地以为，你赵构不同意，我自己去北伐，那样会犯大忌：其一，你不听朝廷指挥，那就和叛军无异了，等你北伐时，朝廷会动用军队在你的背后给你猛烈一击，到时候，你前有金军，后有宋军，两面夹击，必死无疑，死了，历史也会给你个大帽子：叛徒。其二，朝廷要是不支持，就不会给你粮草，俗话说"大军未动，粮草先行"，没有粮草怎么打仗？那么多张口都要吃饭，那么多人都要军饷，如果得不到朝廷支持，战争会成为一句空话。岳飞后来就吃过这个亏。

所以，宗泽在无比遗憾中，闭上了绝望的双眼。临死时，他还大声高呼："过河！过河！过河！"那是要打过黄河，赶走金人的意思。然而，这竟然成了一个无法实现的梦。

宗泽死后，由副帅杜充担任东京留守，岳飞继续在杜充手下做统制。知道宗泽死后，金军继续南下的希望再次被点燃。宗泽在时东京布防严密，金军不敢南下，宗泽死后，金军便意图破了东京。岳飞作为宗泽一手提拔的人，不会眼看着东京陷落。这次由完颜宗弼率军前来，岳飞便在竹芦渡（位于今河南省荥阳市汜水镇西北一公里）设疑兵之计，围堵金军，结果金军以为宋军主力在此，一时乱了阵脚，岳飞命人乘胜追击，金军大败，此役后，岳飞被升为武功郎。据《宋史》记载："大战汜水关，射殪金将，大破其众。驻军竹芦渡，与敌相持。选精锐三百伏前山下，令各以薪刍交缚两束，夜半，蓺四端而举之。金人疑援兵至，惊溃。"作为东京留守的杜充，早有了降金之心，于是便把岳飞支得远远的，让岳飞去守皇陵，而他则暗地里不断与金人来往，做着宋金两面讨好的事情。如果金军长驱而入，灭了南宋，那么他也有降金这条路；如果南宋胜了，他还是东京留守。杜充的如意算盘，别人想都想不到。

此后，岳飞便在河北那片广袤大地上与金军开始了长达十几年的较量。

再说岳飞。建炎元年秋,宗泽死后,岳飞失去了靠山。接替宗泽的杜充,一直对岳飞这个"刺头"反感,这回他掌了大权,自然会疏远岳飞。

此时,金军攻破了巩义(今巩义市附近,隶属河南省),北宋皇陵遭到了极大破坏。赵构闻讯金人破了皇陵,悲愤交加。这帮缺德人,竟然掘了他的祖坟。赵构降了一道圣旨,让东京杜充派人去守护皇陵,并将原来损坏的部分进行修缮。杜充这时候,正愁没办法将岳飞支走。这回,他用圣旨来给岳飞说,希望岳飞可以去镇守皇陵,岳飞欣然愿往。毕竟皇陵这地方,除了埋着北宋的历代皇帝,还有那些北宋的文臣武将。这是个伟大的工程,从公元963年开始营建,到建炎三年,已有百余年了。除了被金人掳去的徽钦二帝外,其余的宣祖(赵匡胤之父)、太祖、真宗、仁宗、英宗、神宗、哲宗等北宋七个皇帝八个陵寝均在此处,通称"七帝八陵",还有那些贵族王孙及寇准、包拯、杨六郎、赵普等功臣名将也都在此落户,大小各种坟茔陵墓近千座。

岳飞在巩义皇陵镇守了一段时日,这时,他上书让皇帝拨一笔款,对皇陵进行维修加固。赵构对这个修皇陵的事情看得比较重,毕竟是祖宗啊。赵构给岳飞拨了一笔款,岳飞则用尽了每一分钱,自己从未克扣分毫。这期间,岳飞还将家人接到了巩义,和他们过了一段相对平稳的日子。

建炎三年春,岳飞维修加固皇陵的工作已经完成,他整顿了自己的兵马，从巩义回到了东京。此时的杜充，正在秘密与金人来往，他当然不愿意岳飞这个人在身边，这会成为他两边都讨好的阻碍力量。这时候，杜充为了支走岳飞，并打击宗泽的旧势力，命岳飞对开封守将张用与王善等人予以剿灭。岳飞据理力争，表示张用与王善乃宗泽收编的山贼，已改邪归正，成为开封守将，如果现在对他们实施打击，势必会引起强烈反弹，只能让开封防备空虚，给金人制造机会。但杜充觉得张用、王善之流，本就是山贼，贼性难改，现在又是多事之秋，皇帝南迁，他们如果不将这些山贼提前剿灭，保不准他们什么时候会倒戈相向，到那时，开封将会受到前所未有的考验，甚至落入这些贼寇之手都尚未可知。岳飞还想据理力争，但杜充已经不听他的话了，说这是军令，岳飞必须执行。如果不执行，就是违抗军令；如果岳飞执意不执行军令，他将会以军法问斩岳飞。

在王彦时代，岳飞吃过不听指挥的亏，这次，他不能重蹈覆辙。被逼无奈的岳飞只能带着部众向守城将领张用、王善袭击。岳飞命自己的部下在南薰门与张用、王善展开战斗。这场看似实力悬殊的战斗，岳飞却以八百人击退张、王部数万人。杜充以为这是一招自相残杀的妙招，想用张用、王善力量除去岳飞，未曾想岳飞竟然大获全胜。而张用、王善自此脱离开封军队，重新落草为寇。杜充只能论功行赏，提拔岳飞为武经大夫。这时，杜充开始对岳飞不放心，总觉得之前岳飞用八百人打败张王二人数万之众是三人早就商量好的。于是又派了其他将领前去追击已经败逃的张王二人，却被张王二人击败。后来，王善主张攻打淮宁，自立为王，张用却不愿再起事端，领着自己的人马另外走了。而王善率部也是到处打家劫舍，重新成为一股威胁社会安定的力量，最后在完颜宗弼南下时，王善率部投奔了金军。

然而此时，金军搜山检海的行动已经大举开始。完颜宗弼带人一路南下，根本不管开封事宜，而是追着一路南逃的赵构向南而下。刚刚在扬州歇脚的赵构，并未警惕，而是在汪伯彦等人的怂恿下，在扬州风花雪月，不问朝政。随即，金军又破了徐州、淮阳、泗州等地，前锋部队直逼扬州。当踏白军上报，金军距离扬州不足三十里时，赵构只能继续南逃。但在逃亡杭州的过程中，陪着赵构南逃的守军与赵构产生了不可协调的矛盾，最终导致兵变发生。当时因要渡过长江，所以要乘船。但赵构的跟班儿康履和王渊只顾将皇帝那些金银财宝装上船，还带上了那些宫女妻妾、宦官等服侍人员。当然，他们也忘不了将自己的各种东西带上船。最终因船体载重容量有限，不得不将那些跟着苗傅和刘正彦出生入死的士兵留在长江对岸。看着自己出生入死的兄弟以及战马被无情抛弃，最终难免落入金军手里，而康履、王渊这两个跟在赵构身边的人却不忘自己的金银财宝。加上这一路南逃，让他们觉得自己就是一帮酒囊饭袋，不能上战场杀敌，却不停地逃跑，苗傅与刘正彦遂生歹心。等赵构移驾到临安后，便发动了"苗刘兵变"。

苗傅、刘正彦诛杀了王渊，康履因在赵构身边，苗刘并未找到，于是，他们带兵进攻皇宫。赵构在城墙上质问苗刘安敢以下犯上？苗刘二人却反问赵构，在此国家不稳定之际，皇上如何只顾自己享乐不顾百姓死活，康履、王渊之流，没有寸功，却身居高位，汪伯彦、黄潜善等人依旧在朝为官，此种种行为如何对得起不顾生死的大宋将士？赵构无言以对。随即，苗刘要求赵构诛杀康履、蓝圭、曾择等宦官，以安抚奋起反抗的三军。赵构只能将三宦官交于苗刘之手。

当然，苗刘的目的并不仅仅是杀了那些弄权之人，他们对一路南逃的赵构早就失去了信心。这时候，苗刘又指责赵构不思北伐，只顾南逃，是不是惧怕大家北伐成功，迎来二圣，赵构无处可去。那意思是赵构来路不顺，不足以安天下，他们要重新立新君。

随即，苗刘软禁了赵构，并立赵旉为新君，由孟太后垂帘听政。苗刘又邀请在杭州的梁红玉，并以此来威胁韩世忠，但梁红玉急中生智，让韩世忠进了杭州。不久，各地听说苗刘兵变后，纷纷组织力量要勤王。这时候，岳飞这个关心国家安定的人又坐不住了。他找到了杜充，提议自己前去杭州勤王，平息这场兵变。杜充这时候很惧怕，救赵构，怕日后如果金军长驱直入，南宋灭亡，他成为金军众矢之的；不救吧，万一金军灭不了南宋，到时候自己落个不顾皇帝死活的下场。这时候，岳飞来请缨，他很乐意，这对他而言，有很多益处。于是，准了岳飞所请，岳飞便带着本部人马直奔杭州。在韩世忠、岳飞等人的智取下，苗刘兵变很快被平定，赵构继续当着皇帝。这时候，赵构提议，移驾建康。

韩世忠回了自己的守地，岳飞也只能回到开封。岳飞回到开封不久，杜充因惧怕金人，决定放弃开封，去建康找皇帝。于是，杜充一纸命令，开封守军放弃开封，一律南撤。岳飞还上书劝告杜充，开封之地不可以放弃："中原地尺寸不可弃，今一举足，此地非我有，他日欲复取之，非捐数十万众不可得也。"杜充哪里会听，他早就想南下了。皇帝都走了，自己待在这里算什么？这回看到岳飞想留下来，杜充又故技重施，说这是军令，不听，好，轻者解除兵权，重者拉出去斩首。无可奈何的岳飞，只能跟着杜充的大军向建康南下。不久，随着守军撤退，开封便落入金军手里。以后几十年，都为此而苦苦奋斗。最终，岳飞也只打到了距离开封不足三十余里的朱仙镇，收复开封成了一代人的梦，激励着士子们封狼居胥。

　　岳飞跟着杜充来到建康。赵构对放弃开封之事并未问责，继续命杜充加强长江防务工作。以长江为天险，金军的骑兵是轻易过不了长江的。这让岳飞很郁闷。不久，赵构又提拔杜充为右丞相。让杜充做好建康防务工作，毕竟那是长江第一道天险，如果建康失守，整个南方就会门户大开。赵构在建康待了一段日子，便回临安去了。这时候的赵构只想着与金军罢兵，只要金军罢兵，任何条件都可以答应。赵构为了显示自己的主动，向金军送去了《致元帅书》，意图向金国乞和。

　　带着书信出使金国的使臣，并未让金人灭南宋的脚步放慢。金军不愿看赵构乞和的书信，只想抓住赵构，让他们全家在五国城团聚。于是，建炎三年秋，完颜挞懒率一支金军直击淮南，完颜宗弼率另一支直扑江南临安。

　　建炎三年冬初，金军长驱直入，到达了长江北岸和县，距离建康不足百里。整个朝野震动，如果建康失守，意味着长江以南将处于无险可守状态。赵构命杜充做好布防，阻止金人过江。杜充上报朝廷说，他们早就在采石矶布防，保证金军过不了江。暗地里，杜充却与金国来往密切。岳飞找到杜充府上，再三强调要做好布防，不然后果不堪设想。杜充却觉得这是自己作为元帅考虑的事情，不是你一个小武将操心的事情，岳飞还想劝，杜充却说他心里有数，轰走了岳飞。岳飞这样不在其位却谋其政的做法，让杜充很不爽。这个岳飞总是咸吃萝卜淡操心，凡事总觉得自己对，完全没把他这个领导放在眼里，所以，杜充越发不待见岳飞。

　　然而此时，金军已在长江北广征战船，以备过江之用。岳飞派出探子，时刻关注长江北岸的金军动向。探听到金军准备过江，岳飞将消息上报杜充，希望可以积极部署。杜充觉得应该有所准备了，哪怕是做做样子，也要象征性地与金军打一仗。杜充问，哪里布防最好，岳飞说金军有可能从马家渡（今浙江省马家村）上岸。于是，杜充命陈淬率岳飞、戚方等人率兵二万屯兵马家渡，又让自己的亲信王燮率部做策应。不久，金军果真从马家渡过江，岳飞率军在长江边上摆开阵势，与金军周旋。但这时，作为后备军的王燮不战而逃，丢下陈淬与岳飞，他们成了孤军。不久，陈淬战死，其余各将领见主将战死，金兵又黑压压一片上岸，只能领兵溃逃，整个岸上只剩下了岳飞。岳飞的主将战死，援将王燮逃跑，将他丢在了长江边上，而金军则越来越多，兵微将寡的岳飞只能带领将士退至钟山，以待时机。然而此时，杜充却带领人马投了金，建康失守。

　　岳飞遂收集打散的守军，准备再图中兴。恰巧此时，金军的注意力是赵构，所以，岳飞所率部众并未受到金军的致命打击。身在临安的赵构听说建康失守，继续南逃。这时候的赵构早已顾不了所有将士，只顾逃亡，最后，从明州乘船，逃到海上避难。完颜宗弼这次狠了心，一定要捉到赵构为止，他根本不管，也没有时间来管身后的岳飞、韩世忠等人，他的目的是捉住赵构。

岳飞收编了许多流散士兵，组成了一支岳家军，不断从后方对金军实施骚扰与打击。他先派刘经率兵千人夜袭溧阳，金军被岳家军击败，溧阳收复。然而此时，尽管岳飞后方有些胜利，但皇帝都跑到海上去了，他的军队成了没有人管的军队，粮草马上成了问题。岳飞又不让士兵抢老百姓的东西，所以，一时因吃不饱而逃跑者不计其数。

就在此时，许多散兵游勇开始骚扰宜兴。宜兴县令听闻岳飞正在愁吃喝问题，便亲自上前请求岳飞率部驻扎宜兴，一来可以保住宜兴不受骚扰，二来也解决了岳飞粮草不足的问题。岳飞在宜兴暂时得到休整。

建炎四年春，岳飞率部进驻宜兴，屯兵张渚镇。张渚镇成了岳飞发家的大本营，以后走上政治舞台，以此为根本。

岳飞在宜兴一边操练军事，一边积极打听赵构的下落。原来，赵构逃至海上后，金军也乘大船追至海上。但茫茫大海，波涛汹涌，金军完全没有方向感。整个太平洋一望无际，别说赵构的几只船，即便是有几艘航母，怕也很难用肉眼看见。找了很多天，哪里能找到赵构的影子。此时，北方女真将士多因不习水上居住，许多人出现了水土不服，金军陆战可以，水战就不行了，完颜宗弼见此，便也收了心，无功而返。

此时，金军后方不断有躲藏在民间的南宋军民群起反抗，完颜宗弼觉得此时再追击赵构已经不合时宜，必须北返，不然他们孤军深入，南宋军民如若围攻，金军将腹背受敌。于是，完颜宗弼命人拿着抢来的财宝，率军北撤。当然，北返并不是直接回去，完颜宗弼领着大军北返途中，一路烧杀抢掠，无恶不作，金军所过之地，皮毛不存。许多村镇，瞬间变成人间地狱，到处是流民，到处是反抗金军的声音。

海上的赵构听说金军北返，便派人将大船掉转，从海上返回。而在宜兴休整的岳家军，兵强马壮，早就等着北归的完颜宗弼。

在常州，岳家军与金军开始拉锯战。一路上遭受宋朝民间反抗力量的金军，无心恋战，岳飞指挥他的军队与金军先后打了四仗，每一仗岳飞都胜利了。岳飞还擒住女真万户少主亳董等十一人。

岳飞拦截完颜宗弼的事情，传到了赵构的南宋小朝廷。赵构激动之余，命岳飞配合韩世忠，给予金军打击，并伺机收复建康。这是岳飞一生戎马生涯中，唯一一次得到赵构肯定痛击金军的命令。接到命令的岳飞，与韩世忠有了一次简短的会面。他们开始布防，意图在完颜宗弼北返时一举消灭。

于是，在那个叫黄天荡的地方，金军水军和韩世忠水军相遇了。梁红玉在黄天荡岸上击鼓为号，韩世忠水军以鼓为命，对金军全方位实施打击。按照当时金军的装备，其精良程度远胜于韩世忠的水师。然而，韩世忠充分调动了自己水师的优势，将金军齐头并进的水师围困起来。金军水师的部署是前军与后军配备精良，中间较为薄弱，所以韩世忠用自己的小船水师，将金军水师拦腰斩断，让金军水师不能首尾呼应。这样，金军水师便乱了阵脚，整个黄天荡里，一片冲杀之声。完颜宗弼怎能想到，宋朝，竟有如此厉害的水军。受了重创的金军水师已经成了无头苍蝇，到处乱撞，韩世忠的水师便乘机将金军水师击沉。许多金军将士命丧黄天荡，被大炮轰死者、被江水淹死者不计其数。而岸上，岳飞的兵马正在各个路口等待，水里交给韩世忠，岸上，只要你金军敢来，我就让你回不去。岳飞乘机等待上岸的金军，并在清水亭打败金军，金兵尸横数十里。

此举本可歼灭完颜宗弼的精锐水师。然而，就在韩世忠的水师剿灭金军水师的紧要关头，却出现了叛徒，引着完颜宗弼开荒为渠，从镇江逃走了。逃至建康的完颜宗弼经过黄天荡一战，彻底领教了宋军的厉害。此时，逃至建康的完颜宗弼准备放弃建康北上，岳飞乘机将金军尾兵阻杀，收复了建康。建康，这个从杜充手里丢失的重要之地又回到了大宋王朝手里。收复建康，拉开了岳飞政治生涯的帷幕。赵构听说岳飞收复了建康，激动得几天几夜都没睡好觉。谁说大宋无人，看看韩世忠，看看岳飞，他们就是中兴的力量。

随着岳飞不断打败金军，他也被隶属于御前右军都统制张浚部下。然而此时，张浚意图将岳飞调离，让他去镇守江南东、西两路，以防金军再次南下。不久，岳飞将战俘押解至越州，并见到了宋高宗赵构。赵构问了很多关于宋金之战的事情，岳飞都悉数说了。听着岳飞讲述战况，赵构有了一种从未有过的舒畅，这是多少年来的扬眉吐气，赵构对岳飞给予了厚望。然而此时，按照张浚的前期部署，岳飞要调离到其他地方。岳飞向赵构说了建康的战略要害地位，并希望自己可以镇守建康。据史料记载，当时岳飞上书说："建康为要害之地，宜选兵固守。臣以为贼若渡江，必先二浙，江东、西地僻，亦恐重兵断其归路，非所向也。臣乞益兵守淮，拱护腹心。"赵构也觉得岳飞说得有道理，便准了他的请求。

岳飞在建康立稳脚跟后，便回到宜兴，准备将宜兴的大营搬到建康。众人皆不舍，张褚镇员外张大年请岳飞留下墨宝，激励后人。于是，岳飞在张大年家里题了词：

自中原板荡，夷狄交侵，余发愤河朔，起自相台，总发从军，历二百余战。虽未能远入夷荒，洗荡巢穴，亦且快国雠之万一。今又提一旅孤军，振起宜兴，建康之城，一鼓败虏，恨未能使匹马不回耳！故且养兵休卒，蓄锐待敌，嗣当激励士卒，功期再战，北逾沙漠，蹀血虏廷，尽屠夷种。迎二圣，归京阙，取故地，上版图，朝廷无虞，主上奠枕，余之愿也。

——河朔岳飞题

当然，如果乘着金军此时狼狈北归之时，予以严重打击，说不定可以重创金军。但赵构刚刚经历了搜山检海的狼狈，又在临安的苗刘兵变中差点丧生，早已惊魂未定。现在他要的不是开疆拓土，是安定，是不要担惊受怕。

既然完颜宗弼北返，那就让他去吧，大宋朝这些年连年征战，早就国疲民乏，适宜休养生息，不宜再大动干戈了。宋军也得到了暂时的休养。而岳飞这时，真正登上了抗击大金的舞台，以后很多年他都与金国在马上见分晓。

既然金军已经撤兵，那么宋廷这边就歇歇吧。然而此时，被宋军击败的金国却想着用汉人治汉，毕竟黄河以北还有那么多地方空着，需要一个人出来主持诸事。于是，大金立伪齐刘豫为皇帝，管辖整个北方中原地区。

绍兴二年，也就是公元1132年春夏之交，在金国的授意下，刘豫从原来的大名府迁都至汴京，并从汴京征集士兵十余万人，在黄河、淮河及陕西、山东等地排成长线驻扎，宛如人筑长城一般，以此来堵截北上的南宋军民。然而就在岳飞、韩世忠等人节节胜利之际，南宋朝廷并没决定实施北伐。刘豫看到宋军并无动静，他自己倒是想灭南宋。于是，这些守军便在刘豫的率领下，准备南下攻宋。这些士兵都是从民间征上来的乡村农民，他们作为农民时，不停地被剥削和压迫，一旦自己手里有了权，便又开始在自己的统治区实施盘剥。他们横征暴敛，严刑重罚。更有甚者，为了得到金银朱玉，不惜剖开那些世家大族的祖坟，实施抢劫活动。整个伪齐政权统治区，人民处于水深火热中，民不聊生，怨声四起。

为此，宋襄阳镇抚使李横，觉得应该对这个刘豫进行打击，救人们于水深火热中。于是，他派人给河南镇抚使翟琮送去了书信，表示想与其联手北伐伪齐。翟琮收到信后，表示愿意与李横联手打击刘豫，并意图收复河南大片土地。于是，翟琮两人约定时日，兵分两路，直击那些落到金军手里的河南之地。李横的举动，得到了河南地区大部分军民的拥护，许多民间抗金力量相继涌现出来，与李横率领的官兵一起攻打河南之地。于是，李横很快收复了汝州、颍昌府、唐州等地。而翟琮也率军攻打河南之地，他兵分两路，东路军由他带领，西路军由亲信带领。东路军很快到达郑州，西路军攻到了西安等地。刘豫一路败退，只得向金军求助。这时，身在燕京的完颜宗翰，则命完颜宗弼带领金军攻击翟琮和李横。李横打刘豫不费吹灰之力，但遇到了完颜宗弼的铁浮屠就不是对手了，很快李横被击败。刘豫又乘李横军败、襄阳之地防守空虚之际，派得力大将李成占领了襄阳六郡。

此事震惊了南宋朝廷，襄阳六郡有着极高的战略意义。"西接秦蜀，东瞰吴越，进可出击中原，退可屏蔽湖广。"许多年后，蒙古大军南下灭南宋，也是首先攻取襄阳六郡。在金庸先生的《神雕侠侣》中，杨过为郭襄准备的第三件礼物，便是烧了蒙古人新野、邓州的粮草，此处的新野、邓州便是襄阳六郡的重要地方。再说伪齐占领襄阳六郡后，其手下李成、张用等人在襄阳六郡到处烧杀抢掠，迫害百姓。襄阳百姓，纷纷南逃，往临安、镇江方向而来。宋廷只能派岳飞前去平定战乱。岳飞先后平定了李成、张用、曹成等流寇叛乱。赵构见岳飞平叛有功，赐御书"精忠岳飞"锦旗给岳飞。以后岳飞上战场，总将这面旗子带在身边，视为荣耀。赵构又将牛皋、董先、李道等部众划归岳飞，至此，岳家军实力大增。

虽然平定了流寇叛乱，但襄阳六郡实际落入伪齐手里。

绍兴四年春，经过休整与磨合的岳家军已经初见战斗力。岳飞整日在兵营里操练岳家军，打造出一支铁军。不久，岳飞上书，提出收复襄阳的建议，并说："恢复中原，此为基本。"宋廷觉得此法可行，准许了岳飞的请求。收到朝廷的许可，岳飞便积极部署收复襄阳六郡的计划。他亲自率军收复郢州，时任郢州守将叫荆超，人称"万人敌"，岳飞亲自上阵，击败荆超，杀死伪齐军队七千余人，郢州城破，荆超跳下悬崖。随即，岳飞又将宋军兵分几路，让王贵、张宪、牛皋等人各领一队人马去攻打其余四郡，而他则主攻襄阳。襄阳守将李成听闻岳飞前来，便弃城而逃，襄阳收复。张宪、徐庆率领一队人马攻随州（湖北随州），不久，随州攻克。王贵又带领一路人马攻打邓州，但邓州是伪齐大本营，久攻不下。此时伪齐又纠集三十万人，准备对岳飞实施毁灭性打击。金廷也派出部队，协助伪齐，邓州之战异常惨烈。然而此时，岳飞的儿子岳云却冲锋陷阵，初露锋芒，成为岳家军的年青一代将领。七月，岳飞利用伪齐军队漏洞，一举击破了伪齐大军，邓州收复。而李道乘机攻破唐州，唐州收复。最后一支由崔邦弼率领的岳家军也攻下了信阳。至此，襄阳六郡全部收复。

岳家军用不到三个月的时间收复了襄阳六郡，这在整个中国战争史上都是奇迹，南宋举国一片欢腾。如果说岳飞收复建康是金军无心恋战的话，不到一百天收复襄阳六郡就是其实力的表现。赵构很高兴，岳飞还真是他的福将。只要有岳飞在，就不怕再有金军南下。岳飞被赵构赐予清远军节度使，湖北路荆、襄、潭州制置使，成为南宋一代最年轻的建节者。节度使，相当于今天大军区司令员，级别已经不低了。在岳飞这个年龄，三十出头就能成为节度使的，在宋代只有赵匡胤一人。而此时的岳飞貌似也说过，太祖三十建节，他三十也建节了这句话，成为后来"莫须有"的罪状之一。

随着襄阳六郡的收复，岳飞成了节度使，朝廷重臣。这时候的他，自然也颇受赵构的赏识。但赵构要的是偏安一隅，而非收复故土。所以，在收复襄阳六郡后，这位而立之年就声名赫赫的大军区司令员岳飞没事可干了。

朝廷不让北伐，自己空有一腔热血。岳飞一家子也随着临安的安定，全都搬到了临安居住，一家人又有了短暂的相聚。闲暇时间，赵构叫上岳飞，一起品茗，一起说说国家大事。当然，岳飞这时候并未闲着，他喜欢给皇帝说北伐之志，说在五国城受苦的二帝。此时的赵构很怕岳飞说这个，对于南宋与金分江而治，他已经很满足了。他不相信，在岳飞手里就可以收复故土。北宋九代帝王都不能将北方之地收回来，仅凭岳飞一人怎么可以？但此时的岳飞已是节度使，一方诸侯，不能和他硬碰硬地说。于是这时候的赵构就给了岳飞另一个活，既然爱卿喜欢打仗，那就给个差使做吧。

这时候，盘踞在洞庭湖的杨幺起义势力正在向宋廷叫嚣。之前，宋廷多次派兵剿灭，并未讨得实质性便宜。他们依靠洞庭湖的地理优势，独霸一方，就如当年的水泊梁山宋江起义一样，奈何不了这帮人。这时岳飞上了一道折子，表达了自己要出师北伐的愿望。赵构看着这道折子，又不好驳了岳飞面子，苦于不好给岳飞回复。他将此事说与大臣，便有人说，宋金刚刚休战，不宜再动干戈。岳飞既然喜欢打仗，正好让他去收编杨幺。再说，岳飞之前收编过张用、陶俊之流，有过经验，对这个杨幺也不在话下吧。赵构觉得蛮有道理。所以，宋廷降了一道圣旨，命张浚率诸部讨伐杨幺。岳飞作为荆襄制置使，自然不能置身事外。绍兴五年二月，接到朝廷圣旨后，张浚便命令岳飞率领五万人马前往洞庭湖镇压杨幺起义军。

多次与山贼打交道的岳飞，悉知这些人利益为上的准则。于是，出发前，他已做了调查，对盘踞在洞庭湖的杨幺底细和社会背景都做了深入研究，依靠这些东西，很快便能将他们个个击破。这一次，岳飞准备继续从内部瓦解杨幺势力。在对士兵进行了一个月的操练后，三月初，天气转暖，莺飞草长的季节，岳飞带着大军出发了。池州（简称"池"，别名"秋浦"，安徽省地级市）的守军是操练多时的，让他们打前站，后续各路大军都汇集池州。浩浩荡荡五万大军，在岳飞的率领下直逼潭州。战争一开打，面对装备精良的南宋正规军，起义军明显不是对手。加上岳飞指挥得当，不久，岳家军就击败了驻守在潭州的杨幺实力守将黄佐。黄佐被俘，他抱了必死之心，在被岳飞捉住后，依然咆哮不已。但岳飞并未杀他，而是动之以情、晓之以理地讲了一番道理，微言大义的道理让不能为国效力却到处烧杀抢掠的黄佐心生愧疚。不久，黄佐表示愿意归降，为朝廷效力。岳飞大喜，黄佐至此也成为岳飞的得力手下。岳飞让黄佐败走洞庭湖，顺便招降湖边守将。于是，在黄佐不断策反下，杨幺部众纷纷来降。到了月底的时候，杨幺在洞庭湖的外围势力已被岳飞分而化之。

到了四月份，春雨波澜，洞庭湖涨水，形势对岳飞不利。为了速战速决，岳飞让黄佐一边攻打洞庭湖最后的外围营寨周伦水寨，一边积极筹备攻打杨幺老巢之事。不久，黄佐击败周伦，周伦兵败后，并未投降，而是在部下的掩护下突围逃跑。至此，整个洞庭湖外围势力基本肃清。

接下来的战斗，应该就是一对一的对决，因为前面就是杨幺的老巢。这时，岳飞又让之前与杨幺起义军对峙的地方守将任士安出战。杨幺见任士安前来叫战，又气又恼，杨幺要打败任士安，活捉他，好好羞辱他一番，然后再杀死他，之前能打败你任士安，现在依然能击败你，这就是背叛自己的下场。于是，杨幺率部对任士安予以猛烈打击，结果任士安败走，杨幺命人追击。这时候，岳飞看到任士安已经引蛇出洞，便命令提前设好的伏兵一窝蜂涌出，杨幺大军败走，岳飞大获全胜。

五月份的时候，岳飞让归降的杨幺手下纷纷钻到洞庭湖各个营寨去策反，这些人便如钻入深夜的黑暗一样，消失在洞庭湖的各个营寨中，不久，许多营寨举兵来降，这里面还有杨幺的得力助手杨钦、全琮、刘诜等人。

至此，杨幺势力基本被肃清，还有杨幺的残部在洞庭湖盘踞。洞庭湖里杨幺的最后势力钻进洞庭湖不出来。岳飞命人强攻洞庭湖，收效甚微。杨幺依托洞庭湖优势，让岳飞的军队攻不进去。这时候，岳飞又想到从内部瓦解杨幺的做法。他让那些归降的将领各自渗入到洞庭湖深处，去策反杨幺的人。同时，岳飞命人将水草、船只丢进洞庭湖。这样一来，杨幺的洞庭湖水军便行动不便。不久，杨幺被俘，不久被杀，杨幺起义失败。关于杨幺起义的事情，在后世的各种章回小说中演绎缤纷，特别是《后水浒传》，对后世的影响很大。里面将杨幺诸人说成了已故梁山好汉的转世，继续与朝廷周旋。但那些总归是演义，戏说的成分太多，而现实是岳飞灭了杨幺的起义。

杨幺被灭后，部众全部归到了岳飞手下。这时候有人建议，将这些乱匪全部处决。但岳飞觉得，这些人里不乏能带兵打仗的将领，也不乏冲锋陷阵的士兵，于是岳飞将杨幺的部众进行了整编，年轻力壮的编到了岳家军里，老弱妇幼全部遣返，让他们各自回家务农。至此，杨幺士兵全部被岳飞安置。

岳飞带领部众返回。朝廷上下震动，赵构更是大为赞扬岳飞，并将岳飞提拔为检校少保，封武昌郡开国公，后又提拔为荆湖北路、襄阳府路招讨使。岳飞此时，已是响当当的南宋名将。归来的岳飞，在临安休整，过了一段安稳的日子。这种日子，他一辈子都没过过几天。现在四海之内，安定祥和，是时候歇一歇了。

然而，不久，被提拔为宰相兼都督诸路军马张浚，却准备实施北伐，这对于他而言也许是晚年所做的最后一件事了。张浚在镇江召集各地守将来参加紧急会议，部署北伐事宜。岳飞参与了这次大会，在会上，张浚说了北伐的意义，并命岳飞进驻襄阳，为北伐做准备。岳飞很高兴，毕竟这也是他的志向。于是，岳飞积极部署襄阳防务，准备随时北上。

偏偏这时候，岳飞的母亲姚氏因病去世。大孝子岳飞悲痛不已，泪如雨下。加上忧愤成疾，旧疾眼病又犯了。岳飞给朝廷上书，说自己要守孝三年，希望朝廷解去他的职务，让他安心在庐山为母亲守孝。朝廷不许，岳飞便上了好几次陈情表，表达了自己的意愿。朝廷勉强同意，但又提出，如有战事，须得马上归队。

岳飞一边在庐山守孝，一边看眼疾，当然，也读了些书。此时，张浚通过不断说服赵构，北伐之事已成定局。张浚想到了这位年纪轻轻就建节的岳飞，北伐之事，没了岳飞可不行。他的岳家军，就是一把利刃，随时都能插进金军的心脏。于是遣人上庐山请岳飞，要求岳飞及时归队，准备北伐。岳飞说自己在守孝，要尽一尽为人子的责任，这些年来，一直在外打仗，也忽略了家人。尤其是母亲姚氏，在艰难困苦中领着一家人生存。现在姚氏去世了，他才能陪几天。张浚觉得，北伐事大，守孝事小，国家安宁了，才能让个人的小家安宁。于是，张浚又派人上庐山请岳飞出山。朝廷不停催促，岳飞只得离开庐山，前去军营。岳飞回营后，继续对军队进行操练。七月，南方的天气正炎热，宋军在大营里正式誓师北伐。

路线既定，北伐自然也如箭在弦上。张浚命岳飞作为先头部队率领岳家军北上伐金。岳飞将岳家军进行部署，他把军队兵分两路，一路由牛皋统领，在鲁山县击败金军，并趁机攻克颍昌府；另一路由王贵、郝晸、董先等人率领，向西北方向进军，随即收复虢略、伊阳、上洛、商洛、洛南、丰阳、上津等郡县。岳飞的两路大军，很快打败了代表金国驻守在河南、山东等地的伪齐驻军，商州全境落入宋军手里。岳飞的左膀右臂杨再兴在这些战斗中大败伪齐张宣，收复长水县、福昌等地。岳飞将前方战况及时上报到朝廷，宋廷一片欢呼。

然而，随着岳飞大军不断攻克河南河北等地，驻守在这里的伪齐政权开始惧怕了。于是，九月的时候，伪齐刘豫率领三十万大军直奔淮西，想来一招围魏救赵之计，以此制衡宋廷岳飞势力。刘光世见伪齐大军压境，便生了惧怕之心，索性率部南逃。刘光世被张浚挡住后，又被召回淮西。赵构见刘豫伪齐军进攻淮西，威胁南宋根基，又担心刘光世、张浚等人挡不住伪齐大军，于是降了一道圣旨，让身在前方的岳飞回身营救淮西。岳飞只得暂时放下河南河北战事，折身沿江而下，解救淮西之围。等岳飞到达淮西时，淮西刘豫进攻已被击退。

就在岳飞南下之时，完颜宗弼觉得宋军前线没了岳飞，便与刘豫联手，对襄汉地区进行进攻。前期收回的许多城池面临再次陷落的威胁。守将们飞鸽传书，希望岳飞火速驰援。刚到淮西的岳飞不得不掉转马头，又折身往回赶。

听说岳飞已到了前营，大金与伪齐联军又撤军了。岳飞想趁此追击，讨回中原之地，然而，朝廷"规模素定，必不徒行"的意旨，仿佛一记金箍咒，死死困住了前行之路。朝廷给岳飞的权力，也只是完成击退金军的任务。此时，金军已退，任务完成，那就不要想着贸然前进了。加上军粮告急，岳飞不得不退守鄂州。伪齐听说岳飞撤军，便派大部队来追击。岳飞半路设伏，打击伪齐追军，刘豫大军被岳飞打得抱头鼠窜，再也不敢追来了。

绍兴七年春，临安城里一片祥和之气。早春的江南，已经花红草绿。在家里闲居的岳飞接到了赵构接见的圣旨，马上换上官袍，风尘仆仆进宫去了。

赵构在别院接见了岳飞，以家臣之礼对岳飞，岳飞不胜感激。赵构设宴，与岳飞畅谈国家大事，由当前战事说到南北宋分离，由靖康之变谈到了黄天荡打击完颜宗弼。话语间，总是笑声不绝于耳，岳飞根据自己的见解，说当前国家大势，当然，免不了要涉及北伐之事。岳飞还将自己与高宗的对话写成了一篇散文，叫《良马对》："岳武穆入见，帝从容问曰："卿得良马不？"武穆答曰："骥不称其力，称其德也。臣有二马，故常奇之。日啖刍豆至数斗，饮泉一斛，然非精洁，则宁饿死不受。介胄而驰，其初若不甚疾，比行百馀里，始振鬣长鸣，奋迅示骏，自午至酉，犹可二百里。褫鞍甲而不息不汗，若无事然。此其为马，受大而不苟取，力裕而不求逞，致远之材也。值复襄阳，平杨么，不幸相继以死。今所乘者不然，日所受不过数升，而秣不择粟，饮不择泉。揽辔未安，踊跃疾驱，甫百里，力竭汗喘，殆欲毙然。此其为马，寡取易盈，好逞易穷，驽钝之材也。"帝称善。

此文不足三百言，却说了良马与伯乐的关系，暗喻自己是千里马，而伯乐是赵构，颇有《战国策》之文风。这次畅谈，赵构很高兴，他和岳飞算是交心窝子说了一回。

想不到岳飞还成了自己的知音。赵构乐意之余，又带着岳飞去建康转了一圈，一路上君臣之间相处融洽。回来后，赵构便将岳飞提拔为荆湖北路、京西南路宣抚使兼营田大使。估计也是现在国家军委副主席一类的官员。

不久，赵构又将岳飞叫到了寝室，对着他说了好多中兴之事，并表现出自己对武将忌惮的原因，有意将刘光世所辖淮西军划拨给岳飞。岳飞听了很激动，毕竟有了淮西军五万多人，岳家军便有十万余众，收复中原的希望便也大大增加。

回家后，岳飞见赵构有意将淮西军划拨给他，便写了《乞出师札子》。说了淮西军划拨给他的益处，并写清楚了自己意图北伐的志向。赵构看了折子后，觉得岳飞说得颇有道理，又嘉奖了岳飞一番，并很快同意了岳飞这种说法，将淮西军划拨给岳飞，似乎已成定局。

然而，这时候，因第二次、第三次北伐并未成功的张浚觉得岳飞年纪轻轻，官就做得比他的大，这以后要是得势，他哪里还有容身之处。加上秦桧之前因与金人来往，又擢用胡安国、张焘、程瑀等人，被綦崇礼上书赵构，说秦桧私通金人，还说什么"南人归南，北人归北"，最后被罢官。这两人都不想岳飞独大，毕竟一方独大，对他们没有好处。

这时候，秦桧授意张浚，面见赵构。赵构本来对这位老人已经不抱什么希望了，然而他对赵构说的一番话，似乎警钟敲响了。张浚那意思，是说现在岳飞已经位高权重，皇帝您又不断对其加封，如今的岳飞，下得民心，上有高位，难不成会有其他想法。张浚还特意提起了太祖的家训和苗刘兵变的往事，赵构心里一下就不是滋味了。

最后，导致皇帝先前答应好的事情，临了，却给岳飞八个字"淮西合军，颇有曲折"。

岳飞一气之下辞官上了庐山，为母亲守孝去了。本来这打击有些大，说好的事情临了却反悔。赵构命人上山请岳飞，岳飞不下山。赵构又命人去请，还对前去的人说请不下来，就不要回来。这些请岳飞的人怕请不回岳飞，丢了自己的乌纱帽，便也住在庐山，天天一把鼻涕一把泪地求岳飞下山，还说自己也上有老下有小，皇帝说了，请不下来岳太尉也不让他们活了。岳飞无奈，只得重回军营。

再说淮西军这边，因为罢掉刘光世后，暂时由两个副将郦琼与王德统领。但这两个人面和心不和，刘光世在时，他们都是副将，职位一样，彼此不服气，也只能吹胡子瞪眼，并未发展成实质性矛盾。当宋廷将刘光世免了后，有意让其中一人担任淮西军的司令员，这两人便开始跑官。张浚怕事情有变，派出自己的心腹吕祉暂时管理淮西军。吕祉当了淮西军老大后，并未急着去熟悉环境，疏导情绪，而是开始了自己认为的改革。他先调遣王德一万人到张浚府上，又想着摆摆架子，给下面的人树威。这些引起了淮西军内部将士的不满。吕祉知道郦琼不服自己，就在张浚耳边吹风，说郦琼不受约束，不听话，不讲政治，不讲规矩，建议将郦琼免掉。后吕祉又为此事写了奏折，结果奏折被郦琼知晓。不久，宋廷正式发了个文件，盖着玉玺印，内容是任张浚为淮西宣抚使，杨沂中为制置使。这件事，让本就有反心的郦琼坐不住了。郦琼本想着朝廷会将淮西军的指挥权交给自己，半路上却杀出个张浚和杨沂中。郦琼反意已决，便派人杀了吕祉。加之此时正在巡视的赵构被淮西军包围住，险些丧命。岳飞之子岳云及时出现，才救了赵构。郦琼见兵变失败，带领近四万淮西军，北渡淮河降了伪齐，朝野震动。至此，张浚引以为傲的淮西军并未如他所述，而是投奔了金人，张浚也引咎辞职。

于是，岳飞上书平定淮西兵变，赵构答应了。这期间还发生一件小事，导致君臣产生更大嫌隙，不再相互依靠。这一年，岳飞听说金人要放回宋钦宗的太子，于是给赵构上书，让赵构赶紧立太子，否则皇位有变。本来就没有子嗣的赵构一听就不悦了，这不是揭人的短吗？岳飞明明知道自己没儿子，还让立储君。再说了，这本是我赵家的家事，你一个外臣乱参与，成什么样子！这时候秦桧等人又在赵构耳边吹风，说起苗刘兵变、淮西兵变，赵构一想起武将叛变将可能导致灭国，就不寒而栗，而岳飞此举到底是何目的，赵构开始像防贼一样防着岳飞，生怕哪天，岳飞也举起反抗大旗，那他将死无葬身之地。岳飞可不是苗傅和刘正彦，也不是王德和郦琼，岳飞是有真才实学的，他要是有了反心，南宋将面临亡国的危险。

于是秦桧出主意说，皇上你要是不相信，完全可以试一试，岳飞到底有没有反心。于是，赐美人，岳飞不受；赐良田，岳飞不受。秦桧说，一个人不好色、不爱财，那么他只有一样爱好了。赵构问，哪一样？秦桧说，当然是权。于是乎，岳飞与赵构之间的嫌隙越来越大。经过这测试，赵构心里有数了。一个不贪财、不好色的官员，他的爱好是什么呢？

岳飞虽然很气愤，但也无可奈何，他继续与北边金军周旋。宋金两国也时常有小摩擦。完颜宗弼视上次黄天荡之败为一生的耻辱，想着法儿不断与南宋发生摩擦。而金太宗也力主攻宋。驻守在燕京的完颜宗翰更是不灭南宋，誓不罢休。恰恰这时，金太宗完颜晟去世，金熙宗完颜亶即位。这位饱受汉化的皇帝并不想在自己脚跟未站稳前，与宿敌南宋发生冲突，所以，金熙宗在取缔了伪齐政权后，使用了完颜宗磐、完颜宗隽、完颜昌等人。这些人在朝堂之上把持政权，并不想与南宋连年征战，况且，秦桧经常派人与这些金臣来往，金银财宝自然不在话下。于是，在完颜宗磐、完颜昌等人的建议下，完颜亶派出使臣，前往南宋议和，并列出归还黄河以南故宋地、放还赵构生母韦氏、归还徽宗梓宫等条件，这是个很大的诱惑。赵构想了很多年，就是想通过外交手段赎回自己的母亲。这下，有了这条件，南宋很乐意。再说了，还有那黄河以南的大片土地。

此举遭到了南宋民间及主战派的强烈不满，岳飞作为主战派领袖自然要上书，但这个议和决心已定，任谁也改变不了。有一次早朝，在议定其他事项后，岳飞又提出了北伐的事情，赵构心中不悦，耐着性子，给岳飞说了此次议和的重大意义。那意思是今天的和平是千万人的鲜血换来的，既然有这和平，为什么还要不思和而主战呢？岳飞却说："夷狄不可信，和好不可恃，相臣谋国不臧，恐贻后世讥议。"然而议和已定，不可能因岳飞而改变。

绍兴八年冬，宋金和议促成。秦桧代替赵构跪见金使，并答应取消国号，作金藩属，每年纳贡。全国上下一片哗然，河北河南之地的民间反抗势力和声音越来越大。

岳飞见自己的话皇帝并未听从，而是完成了议和，这让岳飞觉得自己毫无用处。此时，赵构为了安抚人心，大赦天下，岳飞看到议和已成事实，让人写了封《谢讲和赦表》，表达了自己绝不是依附权贵之人。他虽然有北伐之志，朝廷却不支持，他自己作为武将，也就无用武之地了，所以请求朝廷解除他的兵权，让他荣归故里，做一个农民。赵构看到这个陈情表后，也很生气。岳飞这家伙，只要让他不满意，他就以辞官威胁，而且他总是有这一招。但眼前的南宋王朝，又不能没有岳飞，所以，赵构尽管很不爽，但他还是笑脸相迎。为了安抚岳飞，赵构加他为开府仪同三司。岳飞竟然不受，原因是他没有功，何来加官晋爵之说。赵构派人三次给他官职，他都没要。为了不驳皇帝面子，他还亲自给这个写了回信，并在信中说："今日之事，可危而不可安，可忧而不可贺。可训兵饬士，谨备不虞；而不可论功行赏，取笑夷狄。"当然，这件事让赵构很没面子，但又不好发作。赵构不得不又下"温诏"（言辞恳切的诏书），那几乎就是恳求了，岳飞这回感觉不好意思，接受了皇帝的册封。

宋金之间有了短暂的和平，相互也来往。岳飞为了掌握金军虚实，请示赵构，想去洛阳给先帝扫墓，遭到了赵构的拒绝。岳飞只能在家里待着，时刻注视着时局变化。但宋廷之上，依然是歌舞升平。赵构在酒肉池林里，飘飘然不知所以。岳飞又上书，说既然朝廷无意北伐，他这个职位也是虚占，为国为民办不了任何事，充其量也就是尸位素餐，再次请求朝廷解除他的兵权。书信里，满是对议和的不满和讥讽。赵构对这个人开始反感，但又不敢夺了他的兵权。一旦金人来打，没了岳飞，怕没人打得过金人。岳飞见这个赵构不允许自己辞职，便不停上书，所得回复都是不允许辞职。即便没仗打，闲居也行，反正吃的是赵家天下的，又不是岳飞个人的。赵构对岳飞不断飞来的辞职信一律用"不允"来回复。

君臣之间，有了前所未有的隔阂。

缓解这种隔阂的，是战争。

完颜亶即位后，为了巩固政权，开始大肆屠杀金太宗时期的旧臣。完颜宗翰失势，并在闷闷不乐中死去，与宋也休战，宋金之间有了短暂的和平时期。

绍兴十年春，在金廷内部发生了政变，完颜宗干（完颜亮的父亲）、完颜宗弼抓住了完颜昌与宋之间来往的事实，伏诛了完颜昌等势力，完颜宗弼、完颜宗干势力加强。军政大权实际落到了完颜宗弼手里，这时候的完颜宗弼总想发挥余力，一泄搜山检海未成功的遗恨。

所以，刚刚有了平静的宋金和平局面被完颜宗弼打破了。这时，完颜宗弼上书给金熙宗，表达了自己要收复中原的意思，并说这也是先帝的意思，颇有些《出师表》的意味，完颜亶只能支持。于是，完颜宗弼亲统大军，分两路，从北方直下，一路以东路战场为主，出兵山东；另一路以撒离喝为主，出兵陕西。金军两路兵马，可谓势如破竹，东路军很快打到安徽，而西路军也力破陕西守军，陕西陷落。五月份时，东路军已经兵临顺昌（今安徽阜阳）城下。此时的岳飞不断派人从前线探知战况，并综合分析。不过，遭受了不断捶打后，岳飞看清了政治，所以，这回他没有急着上前线，而是用恳切的语言给赵构上了一封书信，请求讨伐金军。赵构看到岳飞上书，本来想让他岳飞前去抗敌，但又觉得不能事事都听岳飞的，南宋的当家人是赵构，不是岳飞，所以，赵构便给岳飞回了一封信，言辞也很谦卑，说让岳飞等一等，看看局势如何变化再做定夺。岳飞只能在军营训练大军，毕竟皇帝没点头，他自己贸然出兵那成了欺君之罪了。

然而，此时从顺昌前线不断传来战报，金军有可能破了顺昌府，威胁临安。赵构这才降了一道圣旨，命岳飞上前线，迎击金军。

在鄂州等待的岳飞早就准备好了与金军对峙。等圣旨降下后，立即派张宪、姚政等部率军援救顺昌。

然而，顺昌的守将刘锜迟迟等不到朝廷的救援，只能自己救自己。于是他将手下原属王彦的五千"八字军"全部放在中心地区，作为机动部队，随时听候调遣，其余一万人用于顺昌四个城门的防守。加上刘锜让曹成诈降，投入金军内部，窥探金军军机。金军对顺昌进攻了六天六夜，毫无进展。完颜宗弼十万大军破不了顺昌城。第六天时，完颜宗弼想改道，从其他路段南下，于是他派兵撤退。这时候的刘锜瞅准时机，让五千"八字军"出城追击。金军全线逃亡，一路上，被"八字军"斩杀无数，尸横数十里。刘锜在顺昌防御战上，力挫完颜宗弼的主力部队，创造了顺昌大捷的战事。

随着东路战事的推进，西路军在陕西南面，川陕交界之处，遭到了吴玠吴璘兄弟率领的蜀军顽强抵抗，南下取川之路被阻隔。此时，金军两路军都受到宋军的抵抗和打击，不得不另想出路。赵构看到了自己派出的两路军这样力挫金军，很是高兴，又冒出了刘锜这样的武将，这时心里有了一丝欣慰，大宋朝廷武将，不是只有岳家军。

于是，赵构让司农少卿李若虚给岳飞带去了自己的圣旨："兵不可轻动，宜且班师。"君臣之间，嫌隙可见一斑，此时的赵构和岳飞，早已不是当年论证国家兴亡之事的两人了。本来都是为了国家大事，意见不和都可以理解，但岳飞、赵构已经有了这样的隔阂，之后工作开展一定会有诸多麻烦。赵构已经不相信岳飞了，只是碍于岳飞职高，不能随便罢官，况且，目前局势也需要岳飞，所以，赵构忍气吞声留着岳飞。

岳飞收到赵构的诏书后，踌躇不决，现在进军势如破竹，如果不进军，班师回朝，刚刚收回的诸多郡县不久一定又会落入金军之手。于是，他也给这位皇帝的御史、司农少卿李若虚说了自己的心愿。那么这个司农少卿是个什么官呢？其实就是物资官。用现代人的理念来说，就是军队的后勤保障部长，所有物资的调用全部都是这个人说了算。

听了岳飞的讲述后，他让岳飞继续北上，他会将粮草源源不断输送给岳飞。有了李若虚粮草的保障，岳飞开始北上。当然，他又违背了赵构的意思。不久，张宪攻下蔡州，牛皋连克鲁山等郡县，后又收复颍昌、陈州、郑州和西京河南府（今天的洛阳）。与此同时，韩世忠收复海州，张浚收复亳州。整个河南、河北大片江山落到宋军手里。

岳飞又派人联络各地忠义民兵，全国各地涌出一大批民间抗金力量，完颜宗弼盘踞的东京已被各种势力包围，破金完颜宗弼势力指日可待。然而，就在这时赵构发飙了，既然岳飞不听话，那么好，你可以自己去北伐，朝廷管不了岳家军，但可以断岳家军的粮草。于是，赵构先让张浚、刘锜率军南移。岳飞处境很尴尬，本来可以一举灭掉完颜宗弼，但张浚和刘锜撤军，等于失去了有力助手，合围之势已出现坍塌。岳飞不得不连续给朝廷上书，表达现在是灭完颜宗弼的关键时期，请求朝廷速速派兵。然而，朝廷并未派去一兵一卒。

金军见刘锜、张浚撤军，觉得反击时刻到了。于是，金军把目光移到了守军较少的郾城，意图通过拿下郾城来牵制岳家军。尽管如此，完颜宗弼依然不敢大意，在与岳飞十几年的较量中，他知道岳飞用兵如神。于是，金军的铁浮屠和拐子马全部派上了用场。然而，岳飞经过对铁浮屠的研究，训练出一批背嵬军，专门对付铁浮屠，又让儿子岳云带着游奕军骑兵往来冲杀，打乱了铁浮屠与拐子马的阵形。铁浮屠被背嵬军砍断马腿，成了残疾，发挥不了作用，这时，马夫在两边的步兵随即出动，用麻扎刀、大斧等上砍敌军，下砍马腿，拐子马也遭到严重破坏。

金军先头部队受挫，这让完颜宗弼很没面子。于是，休整了几天后，金军卷土重来。岳飞在郾城北部，设下伏兵，再一次击败金军。完颜宗弼又集结十二万大军准备与岳飞拉开对峙大战。岳飞面对朝廷不支持、前方又是金军大兵压境的情况，积极部署，做好布防工作，派人沿着战线巡视。几天后，岳飞手下大将，杨家将的后人杨再兴在宋金两军布防线上巡查时，在临颍小商桥附近遇上了金军主力部队。杨再兴并未惧怕，而是领着三百多巡查的岳家军，与金军展开了殊死搏斗。三百多岳家军，竟然将金军两千多先锋部队全部杀死。完颜宗弼率领的十二万金军则万箭齐发，三百岳家军全部丧生，临颍失守。岳飞紧急派出张宪攻打临颍，金兵这才退出临颍。

郾城之战，就如同打游戏。金军源源不断，越打越多。被岳飞第二次击败后，完颜宗弼并未想着转变策略，而是又整合了十万人马，继续对郾城发动攻击。不过这一次，结局和前两次一样。但这一次，岳飞运用诱敌深入、伏兵夹击等战略战术，让完颜宗弼的十万人马损失一大半，死伤比顺城大捷还严重。特别是岳云率领的背嵬军，杀得金军人仰马翻，尸横遍野，血流成河。

完颜宗弼只能退守开封。岳飞马上命五百背嵬军向开封进发，并与金军相遇。背嵬军势如破竹，金军一溃千里，完颜宗弼打算放弃开封北返。

眼看着就可以收复失地，还于旧都了，这时候，大家都知道，十二道金牌，八百里加急，带着"如朕临"的口谕从临安府传来。意图很简单，要岳飞还朝。不还朝能行吗？当然不行，结果前面已经说了。将士们劝岳飞：将在外君命有所不受，等打下开封再班师不迟。可桌面上放着十二道金牌，你能无动于衷？一道金牌可以说将在外君命有所不受，两道、三道呢？甚至赵构不放心，连下十二道金牌，可见皇帝对撤军看得有多重要。看着将士们用生命换来的失地，在皇帝眼里不如一道折子，岳飞仰天长啸："十年之力，废于一旦！"在往回走的过程中，留在金营中的探子传来消息，说：金军又占领了河南之地。那可是打了这么多年仗，一寸一寸得来的，岳飞望着北方不禁感叹：所得诸郡，一旦都休！社稷江山，难以中兴！乾坤世界，无由再复！

悲愤交加的岳飞让朝廷撤了他的职务，他想回家养老。赵构觉得岳飞又用这招辞职之举，便不准岳飞辞职，只让他在军营里好好休息。岳飞整日在军营里翘首北望，声声叹息。

岳飞撤军后，金军继续南下，意图灭南宋。这时，赵构又命令岳飞击退金军。赵构说得很明确，只是击退，不能追击，更不能北伐。岳飞打败金军后，只能回营。

金军看到短时间内很难灭了南宋，完颜亶便命人与南宋议和。作为主战派的秦桧，则走上了他人生的辉煌期。在与金军交涉过程中，金军提出了一条议和意见：始杀飞，方可和。

不久，岳飞、韩世忠等人便被罢免了军权，让他们担任没有军权的枢密使。然而此时，宋廷积极准备与大金议和。所以，金国要求杀岳飞的行动也在上演。

赵构让秦桧主管此事。秦桧开始网罗岳飞的"证据"，但他找了很多次，都没有发现任何证据。岳飞的家里被抄，只搜出了一些皇帝写给岳飞的书信和几十两金银细软。

秦桧又策反岳飞手底下的人。被逼无奈的王贵首先站出来说岳飞谋反，但并没有找到谋反证据。唯一一句话就是当赵构加封岳飞为节度使时，岳飞说了他三十也建节了，还和宋太祖赵匡胤相比较，此事，便以罪名加在岳飞身上。

随即，岳飞被拘捕，岳云、张宪也被拘捕。秦桧让大理寺主管此事。当大理寺主管何铸问岳飞是否谋反时，岳飞并不争辩，而是脱下衣服，把脊背展示给众人看。大家定眼看时，只见岳飞背上赫然刻着"尽忠报国"四字，这四个字让说岳飞谋反的罪名不攻自破。何铸无言以对，只能将此事上报主审官秦桧。秦桧对何涛说，这是皇帝的意思，我也没办法。秦桧觉得，何铸这人不善变通，最起码政治站位不高，竟然想替岳飞辩白。于是秦桧起用万俟卨重新审岳飞的案子。得了秦桧交代的万俟卨，想尽一切办法要岳飞交代谋反罪名。甚至，屈打成招，强行逼供。即便这样，岳飞竭力争辩。每次审案，万俟卨都词穷，最后便以莫须有的罪名上报朝廷。韩世忠到宰相府问秦桧，莫须有的罪名何以服天下？秦桧对韩世忠说，这是老大的意思，不是我的意思。韩世忠心拔凉拔凉地走了。

赵构决意与金议和，已顾不得那些人言可畏了，所以，莫须有就莫须有吧。

不久，宋金议和成功，两国签署了议和协议。赵构为了表示自己的诚意，于公元1141年腊月二十九日赐岳飞死。但到底怎么个死法，却难住了人。毕竟岳飞是万寿观使、南宋太尉，不能让岳飞与其他犯人一样斩首示众。最后，赵构赐给了岳飞三尺白绫。而岳云和张宪由杨沂中负责监斩。

这一天，是公元1141年最后一天。天上飘着大雪，这是临安多少年难见的大雪。岳飞被赐死，至此，戎马一生的岳飞走到了生命尽头。南宋用岳飞之死，换来了短暂的和平局面。岳家人为了躲避各种迫害，自此隐姓埋名，在江湖上销声匿迹。直到宋孝宗上位后，力主北伐的他为岳飞平了反，追赠谥号"武穆"。

岳飞死了，但时至今日，我们依然能感受"还我河山"的气势和"靖康耻，犹未雪。臣子恨，何时灭！"的悲愤。

第六章
从蒙兀到蒙古帝国

　　蒙古广袤的草原上，历来都是游牧民族的天堂，他们游走不定，依草而居。水草丰盛的斡难河及不儿罕山地区就居住着乞颜、札答兰、泰赤乌等许多部落。在蒙古草原和贝加尔湖周围的森林地带，还有塔塔尔、弘吉剌、篾儿乞、斡亦剌、克烈、乃蛮、汪古诸部。这其中，以塔塔尔、乞颜部、克烈部、篾儿乞部、弘吉剌等五部最为强大。为了地盘，也为了马匹、牛羊，牧场等生产物料，许多年来，蒙古草原上各部族之间战争不断。

　　在大辽崛起之时，他们因为相互没有统一，便自然成了辽国附属，常年被统治。在辽国铁骑之下，蒙古人在苦苦寻找着自己的出路。到了宣和四年，辽国兵败，蒙古摆脱了辽国统治，各部族之间也进行着融合。这时候，乞颜部首领合不勒逐渐在草原上脱颖而出，成了各部族之间公认的首领。他乘着辽被宋、金夹击之际，很自然地脱离了辽国统治，成为漠北草原上又一股崛起的势力。辽被宋、金灭后，金又灭了北宋，康王赵构在临安偏安一隅，宋金之间，数十年间发生大大小小百十次战争。这时候，强大的金国无暇顾及蒙古人，只能依靠拉拢来稳住蒙古人，因此，蒙古人迅速发展起来。蒙古人在合不勒的带领下，统一了混乱的诸部。二十六年后，合不勒建立了蒙兀国，这里说的蒙兀，应该是"蒙古"的谐音，他也成了蒙古部落第一位可汗。后来，在其子孙也速该和成吉思汗等人的努力下，统一了乞颜、札答兰、泰赤乌诸部。一个崛起于蒙古草原的部落，很快灭了周围的小国家，并将战火绵延到了西域。耶律大石时代的中亚、西亚一带，也全部落入蒙古人之手。

在饱受辽国压迫统治后，蒙古人早就有了反心，只是苦于找不到合适机会，现在机会来了，在宋、金夹击下，辽国日渐式微，国力一天不如一天，蒙古乘此之际，自然也就摆脱了辽国束缚。此时的辽国，已是泥菩萨过河自身难保，只能任由蒙古人脱离自己而去。

合不勒带着蒙古人，开始寻找自己的方向，他们再也不想受那些约束。合不勒明白，要想带领蒙古人崛起，首先就要独立。依附谁，最后都难以成气候。命运，必须掌握在自己手里。绑在别人身上的不是命运，而是性命。于是，蒙古人跳出了宋、金、辽三国纷乱的局面，开始在蒙古高原发展壮大自己的势力。当然，这一过程，也充满着艰辛。蒙古人筚路蓝缕的曲折程度，要比辽、金都要艰难。

不久，天祚帝被金国俘虏，辽对蒙古的管辖权彻底消亡。而此时，久经汉化的大金国有些轻视蒙古部落。金国觉得这帮依附别人生存的鞑靼人属于蛮夷，不足为惧。金国开始把目光注视到富裕的北宋。于是，靖康元年，金对北宋发动战争。两年后，金灭了北宋，掳去了北宋皇室几千人，赵光义一族只剩下赵构。就在这时，蒙古诸部推荐海都长子之孙合不勒为蒙古可汗。从此，蒙古人开始有了可汗，而合不勒成为蒙古史籍记载上的第一位可汗。

金国听说赵构在归德建立南宋，又开始发动灭南宋战争。而这场战争，前前后后持续到绍兴十年，宋、金达成绍兴和议后，才得以已暂缓。这时，金国把主要兵力放在了南宋，疏于对蒙古高原的管控。合不勒率领蒙古人趁势崛起，占领了漠北大片土地，许多草原上的部落也开始归附，合不勒成为草原上的新霸主。

合不勒率领蒙古人从四面八方开始扩展，蒙古势力如日中天。不久，边关上的守军就将合不勒崛起的消息传到了金廷。金太宗完颜晟觉得，这是一股隐患，但不足为惧。在南宋、金、蒙古新三国局面里，灭南宋是当前最重要的，蒙古人可以给予适当的物资，他们肯定会满意的。但金太宗忽略了此时的蒙古和当年崛起的大金何其相似。

于是，金太宗派人给合不勒送去物资，希望蒙古与金修好。这种白给钱和物资的行为，合不勒当然很愿意。他们一边恭维着金国使臣，一边考虑自己的处境。合不勒给金国使臣足够的尊重，也给了他们相当多的金银。这些使臣，自然也很乐意为合不勒说好话。

金国使臣回去报告了蒙古的情况，并对合不勒夸赞一番。金太宗很好奇，就又派人去请合不勒到金国赴宴。合不勒早就想探听一下金国虚实，便率领一队人马向金国开拔。他们一路上留心金国城市的发展，看到了很多在蒙古草原上完全没有见过的世界。合不勒心里痒痒，他也想到这些地方来，毕竟逐草而居，其实是四海为家，到处流浪。可在金国，住着大房子，穿着绫罗绸缎，再看看自己身上的兽皮粗布，相形见绌。

金太宗对合不勒很满意，赐予他美酒，也赐给他金银。酒席间，金太宗试探性询问起蒙古情况，合不勒总是打哈哈，不说实际情况。酒喝着喝着，便有了几分醉意。金太宗觉得，合不勒身上有一股野蛮人的味道，不担心这个合不勒了。没想到，这位酒醉了的合不勒看到金太宗胡子长，竟然就去揪胡子。众人大惊，以为合不勒要遭受灭顶之灾，想不到金太宗竟然哈哈大笑，说合不勒是个真汉子，又赐给合不勒些许美酒和金银。合不勒醉成了一摊烂泥，被人扶回了驿站。到了驿站后，合不勒马上对护从说，赶紧收拾东西，咱们回草原。如果金太宗意识到我刚刚是在演戏给他，那我们就走不掉了。众人大惊，以为合不勒喝醉了，没承想，是在演戏。于是，合不勒带领众人轻装上马，直奔蒙古草原。等出了金上京，合不勒才让众人歇歇马，吃点牛肉干再回。

这时候，随从有些不解。合不勒边吃边说，如果当时我表现得很谨慎，甚至很敌意的话，金太宗可能会叫人杀了我们。我们这次来的目的就是试探金国，没必要为此事丢了性命。所以，我在宴会上，故意出洋相，让他放心，让他觉得我们其实就是一帮野蛮人，不足为惧。汉人鸿门宴的故事，你们听说过没有？随从们摇摇头。合不勒说，算了，说不清，咱们还是赶快回到草原上，那里才是我们的地盘。不然，金太宗反悔了，命人来追，我们怕又走不掉了。

于是，一行人绕过金堵泺西行宫，向呼伦贝尔而来。等回到草原，才到了他们的地界，这里一望无际，绿草茵茵，这里将是他们发家的地方。合不勒开始信马由缰。这次去大金，让他见识到好多草原上没有的文明，这对合不勒影响很大。草原上的蒙古人要强大，也一定要用这些文明。到那时，他们才能走出草原，走进汉人修建的宫殿，睡大床，穿丝绸。

走了半个月，合不勒回到不儿罕山脚下的部落里。这一次，他摸清了金国底细。他利用装傻充愣之际，窥探清了金国对他们的态度。也就是从那时候起，合不勒决定要摆脱金国。不然，又成了金国附庸，就如同当初成为辽国的附庸一样。窝囊不说，还要不停被人使唤，乞颜部人个个都是英勇的战士，不愿意受那窝囊气。再说，乞颜部要想壮大，必须自立自强。如若不然，便又会陷入到各部族混战的局面当中了。

合不勒叫来各部族长老，说了这次去金国的感受，并表现出隐隐不安。如果金国把矛头折回来对准乞颜部，那么蒙古人的命运将会受到前所未有的挑战。合不勒说，这次去金国，金太宗虽然看不起他，但对蒙古人的顾虑还没有打消。所以，他们要早做准备。

事情果真如合不勒所料。没过多久，金国使臣便到了不儿罕山。使臣说，金太宗愿意再请合不勒汗去金国商谈发展大计，希望可以和合不勒一起开创万世江山。合不勒早就知道，金廷会派人再来，于是表面上很客气，但却不愿意再去金上京。当年楚怀王因六百里地去秦国，结果就被扣留，最后死在了秦国。这种诱惑，对合不勒而言力度不够。金国使臣开出了平分天下的筹码，依然不为合不勒所动。

使臣回去了。没过多久，又一波使臣来到了不儿罕山。这回，金国使臣口气变了，说奉了大金国太祖皇帝圣谕，前来招降合不勒。如果合不勒归降，荣华富贵享之不尽；如果不归，金国则发动大军来灭合不勒。第一次，金国使用了诱降策略，金国开始给合不勒下马威。

看着这位傲慢的使臣，合不勒半天没有说一句话。他在心里思谋该怎么做，气氛有些尴尬，过了一会儿，合不勒说，让金使坐吧。双方坐定后，合不勒说，蒙古素来与金井水不犯河水，何来归附之说？金使说，蒙古部之前不是辽国附属吗，现在辽国都被金国灭了，何况一个小小的蒙古？那盛气凌人的样子让合不勒举棋不定的心像被痛击了一下。合不勒顿时火冒三丈，问，你敢羞辱我们蒙古人？使臣更傲慢了，似乎对合不勒的质问感到好笑。一个天天吃肉的野蛮人，也想自大。合不勒喝令一声，两边侍从便将金使推出帐篷。金国使臣大声叫嚷着"大金国会来讨伐你的……"话还没说完，金使臣便被合不勒砍了脑袋。

合不勒说，从今后，就要与金国开始旷日持久的对峙了，众将表示愿与大金周旋到底。果然不久，金军穿过草原，向不儿罕山而来。合不勒利用地理优势，击退了金国第一次进攻。当然，蒙古族人也死伤了许多。大败而去的金军，在休息了一段时间后准备发动第二次进攻。然而此时，金太宗完颜晟去世了，金国暂停了与南宋、蒙古的战争。

完颜亶即位，是为金熙宗。他用短暂的时间平息了金国内部斗争，开始实施自己的扩张政策。与南宋的战争，由完颜宗弼全权负责。而与蒙古人的战争，却是金将胡沙虎。公元1139年，由胡沙虎带领的金国大军第二次征讨蒙古。这回，金国志在必得，想一举灭了合不勒的乞颜部。金国让胡沙虎带着精锐部队向蒙古高原开拔。他们沿着呼伦贝尔大草原，直逼三河源头。在边界上的探子早就将金兵逼近之事报告给了合不勒。

这次，合不勒避开了金军的锋芒，玩了一次空城计。他让蒙古士兵避开金兵主力，埋伏山中，等待时机。草原上的游牧民族进了山，就如同走到了自己家里，而金军这边，却是全副武装，大山成了他们翻不过去的坎儿。

胡沙虎面临进退两难的境地，他们来攻打蒙古时，想着速战速决。而合不勒坚持躲在深山不出，和金兵在山里玩起了捉迷藏，偶尔乘金军不备，打一下，又藏到深山里。金军憋了一肚子气，却拿这些蒙古兵无计可施。这次金对蒙古的战争前后相持了一段时间，最终因粮草不济，加上不断被合不勒骚扰，金军人困马乏，不得不撤兵。

然而，当金军开始撤退的时候，合不勒率部在海岭（今天的海拉尔河）一带，被早就准备在密林里的蒙古士兵乘机追杀，金军大败。逃亡的金兵本身也无心恋战，边退边打，于是，被合不勒的伏兵斩杀无数，丢盔弃甲，死尸蔓延数十里，胡沙虎狼狈逃回了金国。据《史集》记载："天眷元年（或二年）女真万户呼沙呼（胡沙虎）北攻蒙古，粮尽而还，蒙古追袭之，至上京之西北，大败其众于海岭。"

合不勒知道，这一仗，让金军丢尽了颜面，不久，他们还会卷土重来。下一次战争可能远比这一次要惨烈，他必须提前做准备。于是，这时候，合不勒继续加大布防，又派人到了金上京，密切注视金国动向，随时准备与金国再一次开战。然而，情况又发生了转机。把主力投放在南宋战场上的金国，此时却被岳飞大军打得节节败退，最后两军对峙于朱仙镇。南方战场的失利，让金熙宗有些担忧。这时候，北方草原又战败，局势对金国十分不利。金国此时，不得不暂时放下对蒙古的进攻，转而把矛头对准南宋，想与南宋处理好两国关系后，再来对付草原上的合不勒。不久，绍兴和议促成，岳飞惨死于风波亭，宋、金之间有了短暂的和平时期。这时候，金熙宗考虑到了蒙古这股崛起势力的威胁，他必须有所动作。金熙宗让人掉转枪头，直击蒙古。于是，蒙金之间，在所难免的又一场战争正在酝酿。公元1143年春，膘肥马壮之际，金熙宗派人两次向蒙古发动战争，然而，这两次又都被合不勒击败。合不勒成了蒙古人心中的神，成了传奇。许多原来没有归附的部落纷纷来归附，他们必须找一个依靠，才不至于被别人蚕食。

至此，合不勒的势力越来越大了。

在蒙古战场上屡战屡败的金熙宗，心里憋着一口气，想把蒙古灭掉，一泄心头之恨。于是，休整了三年后，金熙宗觉得时机已成熟，应该是对蒙古用兵的时候了。1146年秋，金熙宗让已经高龄的老将完颜宗弼带兵出击，向蒙古发动战争。完颜宗弼在与南宋的战争中，前期有过搜山检海的辉煌，但从黄天荡之后也是屡战屡败，先是被岳飞打败，又被吴玠打败，只能退守燕京。这一次，他作为金国主帅，要一雪前耻。

完颜宗弼率领精兵八万之众，黑压压一片向不儿罕山扑去。合不勒在不儿罕山上祈祷了三天三夜，向长生天表明了蒙古人崛起的心愿，希望可以得到长生天的庇佑。三天后，合不勒率领部众，开始迎接这次命运之战。合不勒对完颜宗弼早有耳闻，这次他亲自带兵来，可见金国志在必得。所以，合不勒不敢有丝毫马虎，时刻关注着金军动向。

在与金国对峙中，合不勒摸清了金兵底细。这一次，完颜宗弼前来，尽管不能大意，但也不能看轻自己。两军相会，他还是实施了之前的游击战与麻雀战法。打得过，就打一仗；打不过，就跑，反正那么大草原，跑到哪里都可以安家落户。

这场战斗，金国气势不小，蒙古完全处于劣势。就是这样不对等的实力，却让蒙古人奇迹一样消耗掉了金国八万主力。在这场持久战中，蒙金之间，半年的时间里先后打过数十仗，合不勒指挥得当，又加上地理优势，往往胜多败少，完颜宗弼再一次受到了打击。金军败退的消息不停从草原传至金上京。金熙宗心里的那口气没出来，但又怕长此下去，只能消耗国力，不如休兵止戈。于是，公元1147年春，金与蒙古议和，在战场上夺得主动权的合不勒，这时候提出了自己的要求。两方相持多日，最终达成和议。金以27团寨割给蒙古，每年给蒙古进贡一些生活生产物资，册封合不勒汗为蒙兀国王。至此，蒙、金早期战争局面得到缓解。蒙金之间，暂时有了短暂的平静，由合不勒带领的蒙古人在漠北草原上正式建国，是为"蒙兀国"。

然而，除了蒙古乞颜部，这时候的草原上还有许多部落，为了生产资料和人口，相互之间都争着地盘。蒙古人却像长在一片草原上的树，个头高出其他部族。12世纪中叶，合不勒让蒙古人彻底摆脱了金国的控制。

合不勒带领着蒙古人有了自己的统一国家。他们继续放牛牧马，继续不断向外扩张着。尽管此时与金国没有了战争，蒙古人与其他部族之间因生产资料也会进行小规模战争。这时候的塔塔尔人与蒙古人经常抢地盘和生产资料，两族人之间仇杀不断。

就在这时候，建立蒙兀国的合不勒却生病了，合不勒感觉到长生天要将他收回去了。合不勒想到了继承人的问题，按照草原上首领推选制度，蒙古的可汗是由德才兼备者为之，而他的弟弟俺巴孩这时候在蒙古人里的威信不断升高。就在合不勒弥留之际，将各部首领叫在一起，表示愿意将堂弟俺巴孩作为继承人来培养。

不久，合不勒去世了。按照他的意思，由泰赤乌部的俺巴孩继承了汗位，成了蒙兀国第二位大汗。然而，金国始终不放心蒙古，不过这次，金国学精明了，他们不断挑起周围人与蒙古人之间的战争。此时草原上的塔塔尔部、篾儿乞部、克烈部、乃蛮部共同占有着草原。其中与乞颜部相邻的塔塔尔部，为了分化蒙古人崛起，不断向金国示好，并愿意尊金国为塔塔尔人的宗主国。金国也有意开始拉拢塔塔尔人，给塔塔尔人生活物资，让塔塔尔人继续和蒙古对立。

这时候，屋漏偏逢连阴雨，又发生了一件事，让塔塔尔人与蒙古人之间矛盾更加恶化。合不勒内兄塞音德金患有重病，他们邀请塔塔尔的一名巫医（一个具有两重身份的人。既能交通鬼神，又兼及医药，是比一般巫师更专门于医药的人物）给塞音德金看病，结果没看好，还给治死了。这便让塞音德金这族蒙古人愤怒至极，遂将这个巫医杀了。在草原上，巫医是上通天地、下能沟通鬼神的人，这样的人在部落里极少，身份极其尊贵。塔塔尔这样的人，被杀害了，势必激起塔塔尔人的仇恨。塔特儿部落里，不断有消灭蒙古人的声音传出。

俺巴孩为了缓解这种矛盾，不让草原其他部落坐收渔翁之利，也为了减少蒙古人历来的战争惨痛教训,他答应塔塔尔人,愿意与塔塔尔人修好,并将自己的女儿嫁给塔塔尔的一位首领。然而,表面上看似要和解的塔塔尔人,并非真心实意要与蒙古人和解,一个很大的阴谋已经在酝酿。

不久,俺巴孩护送女儿去了塔塔尔营地,他带着两个部落重新修好的决心,想通过和亲政策,缓解塔塔尔人与蒙古人的嫌隙。然而此时,塔塔尔人首领铁木真兀格却将俺巴孩捉住,羞辱了一番,斥责了蒙古人不讲道义,并将俺巴孩交给了塔塔尔人的宗主国大金国。金熙宗对塔塔尔人此做法给予了肯定,发了些金银财宝和生活物资给铁木真兀格。看着如牛一般雄壮的俺巴孩,又看看自己的身板,金熙宗有些难为情,毕竟他们都属于草原上的游牧民族。金熙宗为了削弱蒙古人的内部力量,不能再放俺巴孩回去,必须将他处死。

这时候,俺巴孩知道必死无疑。他在被拘押的牢房里,对他的那可儿巴剌合赤说,我这次看来逃不出去了,你出去之后,一定要将我的意思带到蒙古人部落里。你告诉所有蒙古人,说我愿意将合不勒汗的儿子忽图剌推为蒙古可汗,并告诉每一个古列延里的蒙古人,我是在友好地为塔塔尔送新娘的过程中,被塔塔尔人送给了金国人,你要让所有蒙古人记着这仇恨,哪怕是磨断了手指,也要为我报仇。

俺巴孩被金熙宗折磨了一段时间后,金熙宗觉得是时候送俺巴孩上路了,于是,金熙宗让人将他活活钉死在木驴之上。当然,俺巴孩唯一的请求是让他的那可儿回去,金熙宗爽快地答应了俺巴孩,他才不要一个卑贱的跟班呢。

当俺巴孩被钉死的消息传到蒙古部落时,所有蒙古人陷入到慌乱而又悲伤的情绪中。

自此，蒙古人与塔塔尔人的仇恨越来越深。

俺巴孩汗死去后，蒙古人心中有了两大仇人，一个是金国，一个是塔塔尔人。但蒙古乞颜部是由众多部族组成的大联合，这次俺巴孩死后，他们必须选举产生一位新首领，来领导蒙古人。这时候，部族里一些德高望重的年长者，组织各族首领召开了库里台大会，共商蒙古可汗之事。商议后，大家一致觉得俺巴孩临终遗言不能不顾及，俺巴孩让蒙古人传位给合不勒的四子忽图剌，一定有他的道理。尽管蒙古可汗一直都是大家推选的，但这是现可汗的愿望，加上忽图剌为人忠善，素有王者风范，所以，在争辩过后，大家一致推选忽图剌为蒙兀国第三代汗。

慌乱的蒙古人，再一次聚集在以忽图剌为首的主事人周围，开始了继续艰难曲折的壮大之路。

库里台大会后，当众人推举忽图剌为可汗时，整个蒙古大营都沸腾了。为了庆祝新可汗的诞生，蒙古人暂时放下了心中的仇恨，他们穿起了新衣服，端着马奶酒，在营地上欢呼雀跃。

忽图剌的可汗"受任于败军之际、奉命于危难之间"，所以，他登上大汗宝座之后，摆在眼前第一位的便是报仇，报俺巴孩的仇。蒙古人向来有仇必报。而此时的蒙古内部，有三大部族，一为主儿乞家族，二为泰赤乌家族，三为孛儿只斤家族。俺巴孩是泰赤乌家族的人，合不勒又是孛儿只斤家族的人，这回推选的忽图剌是合不勒的三儿子。从可汗继承上来看，大汗的继承权又回到了孛儿只斤家族人的身上，这也为铁木真日后一统草原奠定了正统基础。

忽图剌与俺巴孩的大儿子合达安为了报仇，一直准备攻打金国。

然而，此时的金国早已告别了逐草而居的习惯，他们在汉文化影响下，住在城里，且政治、经济、文化、社会繁荣度都有了很大提高，综合国力只有南宋可以与之抗衡。这种情况下，当忽图剌的大军扑来时，在地理条件上金国就占了优势。忽图剌多次攻打金国边关城池，总是落败而归，胜利的次数很少。金国用高筑起的城墙，将蒙古人的铁骑拒在城外。在草原上所向披靡的蒙古人面对着高大城墙，无可奈何，除了一次次攻击后，留下的一堆堆尸体外，一点便宜都没有讨到。

在与金国对峙的过程中，忽图剌认识到目前攻打金国完全不合时宜。于是，蒙古人又转攻塔塔尔人，毕竟这场仇恨的罪魁祸首是塔塔尔人，这群不守信义的豺狼。

于是，蒙古人与塔塔尔人开始了拉锯战。忽图剌率领蒙古人与塔塔尔人先后展开了十三次战斗，双方各有死伤。

这时候，合不勒的孙子，铁木真的父亲也速该，在与女真人和塔塔尔人的战斗中脱颖而出，成为蒙古部落里有名的"阿秃儿（英雄）"。忽图剌对这位侄子很喜爱，总让他带兵冲锋陷阵，甚至将象征权力的苏鲁锭长矛赐给他。也速该不负众望，在战斗中总是冲在最前面。

然而，忽图剌终其一生，都没能为俺巴孩报仇。在与金国、与塔塔尔人的较量中，蒙古人面临着一次又一次的生死考验。至于说，忽图剌是如何去世的，现存史籍没有明确记载。只在拉施特所著的《史集》等书籍中有大概类似记载：在贝尔湖以东，生活着蒙古的另一个部落，叫朵儿边部。这个朵儿边部因为处在乞颜部与女真人中间，所以地位毕竟特殊，他们是金国的附庸，但又与乞颜部通婚。据说，有一次，忽图剌在与塔塔尔人和女真人的战斗中，没有讨得便宜，归去的途中想打猎，以冲淡内心的苦闷。然而，就在他们途经朵儿边部营地时，被金国授意的朵儿边部突然袭击了忽图剌，他的部众散失较多，死伤一片，而他自己也被逼突围，在湖边陷入泥沼，逐渐沉入沼泽中，随行见此都逃之夭夭。这些逃回去的随从便说忽图剌已死。不久，忽图剌死去的消息仿佛刮过草原上的风，传遍了整个草原，蒙古人又一次陷入到慌乱气氛中。因为忽图剌死去的时候，并未指定继承人，所以，蒙古人又成了一群失去头雁的队伍，开始乱作一团。也速该作为阿秃儿，责无旁贷地挑起了振兴蒙古的重任。他在不儿罕山主持了盛大的祭奠仪式，向长生天祈祷了三天三夜。夜晚时分，一颗流星划过，草原上的蒙古人终于相信，忽图剌真的死去了。

整个部落里，只有忽图剌的妻子相信他没有死。据说，忽图剌确实没死，在被朵儿边部袭击后，有一段日子他处在流浪状态，好不容易摆脱朵儿边部，他便回到了部落。但我个人认为，此种说法不准确，如果忽图剌没死，那么他回去后，可汗自然还是他的，但这时候，也速该成了蒙古部落的首领。由此可以推出，忽图剌应该是死了。他死后，蒙古人推选也速该为蒙古首领。或者，有另外一种假设，他没死，也只能隐姓埋名，远离蒙古人了。毕竟这时候，也速该已经成为蒙古人的首领，他要公然去找也速该，那么将也速该置于何地？也速该接过来的蒙古，其实是一个元气大伤的蒙古。此时的蒙古，因常年征战，早已兵困民乏，实在不适宜再发动战乱。也速该接过来的蒙兀政权，到了岌岌可危的境地。各部族混战，有意无意间，将蒙古人卷入其中。另外，还有强大的金国，在对蒙古虎视眈眈。金世宗以后，金国每隔一段时间，对草原上的蒙古人都要实行"减丁"政策，就是抓青壮劳动力，回去给金国做奴隶，金国与蒙古人势如水火。

在这种情况下，也速该要想让蒙古人立于不败之地，必须有盟友。然而，老天似乎是有意眷顾也速该，这个盟友真的到来了。这个盟友在他死后，还帮助铁木真实现了蒙古的统一。这个人，就是克烈部的汪罕。

此时，克烈部的汪罕正面临着一场生死较量。汪罕的父亲，克烈部的王去世后，汗位暂时由汪罕继承。而汪罕的叔叔古儿汗却意图夺取克烈部汗位，于是，古儿汗合兵围住汪罕，意图让汪罕放弃汗位。汪罕率兵迎敌，被古儿汗击败。汪罕游走于蒙古草原上，他带着残部向也速该求救。也速该带领蒙古人与汪罕合兵一处，对其叔父古儿汗实施有力打击。古儿汗兵败，退出了权力争夺圈。也速该又帮汪罕收拢了流失的部众，克烈部逐渐恢复了元气，成了草原五部之一。汪罕为了报答也速该，与也速该结为安达，在长生天底下发誓：有福同享，有难同当。《太祖本纪》记载："……初，汪罕之父忽儿札胡思杯禄既卒，汪罕嗣位，多杀戮昆弟。其叔父菊儿罕率兵与汪罕战，逼于哈剌温隘，败之，仅以百余骑脱走，奔于烈祖。烈祖亲将兵逐菊儿罕走西夏，复夺部众归汪罕。汪罕德之，遂相与盟，称为按答。"

草原上的部落，为了生产资料，为了部众，进行着大洗牌，都有一统草原的雄心。这时候的乞颜部，却被塔塔尔人欲除之而后快。在也速该当了首领后，总免不了要和塔塔尔人发生冲突，战争一触即发。蒙古人与塔塔尔人之间的仇恨，随着岁月流逝，并未消除，而是越来越深厚。

有一次，塔塔尔人的首领铁木真兀格为了挑起蒙古人与篾儿乞人的矛盾，在篾儿乞首领脱黑脱阿弟弟赤列都迎娶妻子从弘吉剌部过乞颜部营地时，铁木真兀格假扮乞颜部人，带人袭击了婆亲队伍，表示只要放下新娘，就可以饶了他们。赤列都看到对方人多，便怯战了，准备逃跑，然而在逃跑过程中，被塔塔尔人所杀。这是一招借刀杀人，这笔账，以后如数算在了也速该身上，也算到了铁木真身上。当十九岁的铁木真迎娶妻子孛儿帖的途中，就遇上篾儿乞人，他们抢了孛儿帖。一年后，铁木真联合札木合与汪罕，击败了篾儿乞人。但此时，蒙古人营地上，流传着关于铁木真刚刚出生的大儿子术赤的一些流言，说术赤是篾儿乞人的种。长大后，札木合利用了这一点，挑起察合台与术赤的内斗，来坐收渔翁之利。铁木真怕兄弟不睦，到时候会有血光之灾，于是在征服花剌子模后，就将中亚包括西辽与花剌子模在内的土地封给术赤。

回过头来再说铁木真兀格抢了赤列都的妻子诃额仑，也就是后来成吉思汗的母亲。恰巧这时，也速该率领部众路过，他们看到一帮人在追赶戏弄着一位新娘子，也速该带着人挥起马刀冲向了假扮蒙古人的铁木真兀格。一些假扮蒙古人的塔塔尔人被杀掉了，另一些腿脚麻利的逃跑了。

赶走了铁木真兀格带领的塔塔尔人，也速该问清了缘由，才知道刚才那帮人是塔塔尔人，这明显是故意挑起蒙古人与篾儿乞人的矛盾。这时候，俺巴孩汗的孙子塔里忽台说，应该把这个有血光之灾的女人送给篾儿乞人，告诉篾儿乞人实情，不然蒙古人将有血光之灾。也有人建议说，既然塔塔尔人想嫁祸给我们，我们就接受吧，反正跟随赤列格尔的篾儿乞人，不久就会将你也速该抢了诃额仑的事情传到篾儿乞人的大营，这笔账，你是赖不掉了。这一层，也速该早就想到了，赤列格尔的随从一定会将他抢妻之事告诉给篾儿乞人。如果这时候他们再将新娘子送给篾儿乞人，他们不一定相信蒙古人，毕竟赤列都已死，这是铁的事实，谁也改变不了。也速该对着塔里忽台说，我们没有惹他们的时候，我们的血光之灾还少吗？塔里忽台红着脸，青筋暴露着，面目有些狰狞，边走边说，不听劝告的该死的也速该，你会把蒙古人卷入战争的旋涡……也速该看到了诃额仑那美丽的脸庞、优美的身躯，动心了。一不做二不休，他索性就抢了这赤列格尔的妻子。反正现在将诃额仑送给篾儿乞人，也避不掉抢新娘子的嫌疑，就将抢来的媳妇带回营地吧。

诃额仑被众人搀扶着向乞颜部走去。不久，蒙古大营里，就传来也速该迎娶诃额仑的马蹄声，整个蒙古大营都处在一种兴奋中。然而，逃回去的篾儿乞人将也速该杀弟夺弟媳的事情告诉篾儿乞人首领脱黑脱阿时，愤怒点燃了篾儿乞人的战争欲望，一场生死拼斗正在酝酿。

脱黑脱阿祭奠了赤列格尔，在三军将士前，绘声绘色地诅咒着也速该。不久，篾儿乞人袭击了蒙古人营地，沉浸在欢乐中的蒙古人完全想不到，战争来得这么急，来得这么猛，蒙古人死伤惨重。好在，篾儿乞人袭击的只是乞颜部的一个边防部落，也速该并未受伤。当也速该带人赶到营地时，脱黑脱阿早已不见踪影。也速该为了报仇，不久，就聚集部众对篾儿乞人发动了战争。然而，篾儿乞人和塔塔尔人合起伙来攻击也速该，战争惨烈，蒙古人没有胜利。于是，蒙古人、篾儿乞人又陷入到长久的混战中。

公元1161年春，塔塔尔人依靠金国为靠山，不断挑衅蒙古人。蒙古人再次向塔塔尔人发动战争，金国与塔塔尔部联军在捕鱼儿湖一带，打败了蒙古军。

蒙古人向来有仇必报，公元1162年春夏之交，休整了一年的蒙古继续发动对塔塔尔人的战争，并在这场战争中，击败了塔塔尔人，意外俘获了塔塔尔部落首领铁木真兀格，剩余的塔塔尔人在其子札邻不合领导下移营到其他地方去了。

当也速该拘押着铁木真兀格赶回乞颜部时，诃额仑生下了一位手握凝血的男孩儿。

战争上的胜利，加上手握凝血诞生的长子，也速该有些春风得意。他对众人说，你看这小家伙手里握的不是凝血，而是一柄苏鲁锭长矛。众人提议给孩子取个名字，看着拘押在外的铁木真兀格，也速该说，就叫铁木真吧，也只有我的儿子，才能叫铁木真。随即，也速该召开了族人大会，在全族人面前，陈述了铁木真兀格是如何将俺巴孩汗送给金国，金熙宗又是怎样将俺巴孩钉死在木驴之上的。在群起愤怒的呼声中，也速该命人将铁木真兀格脑袋砍下来，以祭奠俺巴孩的在天之灵。

然而，他想不到的是，杀了铁木真兀格后，塔塔尔将这笔仇恨记在了蒙古人身上。

　　经过此战后，草原上有了短暂的平稳期。这段时间里，诃额仑为也速该生了四个儿子、一个女儿。他们分别是：长子铁木真、次子哈撒儿、三子合赤温、四子帖木格，及女儿帖木仑。铁木真作为长子，也速该对其寄予了厚望，经常带着铁木真四处打猎。铁木真很小时，箭法已有了一定功底。有一次也速该带着铁木真去打猎，在路上碰到了札木合，两人相互交换了信物，第一次结拜为安达。也速该看着他们，仿佛看到了两只即将展翅翱翔的海东青。

　　就在铁木真无忧无怨过着童年时，那些暗藏在蒙古内部的斗争却一刻也未曾停歇。一个更大的祸端，正在酝酿着。

　　铁木真九岁那年，按照草原上的习俗，应该提亲了。也速该带着铁木真去弘吉剌部（一个以盛产美女闻名的部落）提亲。他们过了三河源头，在两山之间的狭谷地带遇到了弘吉剌部的智者特薛禅。

　　也速该询问了弘吉剌部的地址，表明了来意。特薛禅早就听说过也速该，并表示愿意与也速该结为亲家。特薛禅说，我昨晚做了一个梦，梦见一只海东青一只爪子抓着太阳，一只爪子抓着月亮，它飞到我跟前。我不知道这个梦是吉是凶，于是询问了族里老人，老人们说，这是吉兆啊，太阳和月亮平时总是抓不住，一个在白天，一个在夜晚，互不相见。而你梦见海东青抓着太阳和月亮，正在朝着我们弘吉剌部而来，这就是说，弘吉剌部将诞生一位草原巴特尔，他会成为草原的太阳，而他美丽的妻子将是我们弘吉剌部诞生的月亮。

　　特薛禅表示，这是上天将铁木真送给他当女婿，这是长生天的意思，他们必须遵从。也速该也觉得有道理，便与特薛禅认作了亲家。这位弘吉刺部的智者，总是喜欢按照天意来揣摩人生，他对自己做的梦深信不疑。

特薛禅邀请也速该去他家里，也速该自然欣然愿往。在往回走的途中，特薛禅感慨万千，他用智者的口吻感叹道：

我们翁吉刺惕人，

自古就是——

诚实的外甥们啊，

身材健美相貌英俊；

温顺的女儿们啊，

姿色娇美性情绵顺。

我们不与他人争夺国士，

但愿脸庞美艳的女儿们，

幸福地生活在你们的部落里，

端坐在可汗那高轮的巨辇内，

驾驭着黑色的骆驼欢喜而去，

和可汗的皇后们和睦地坐在一起，

共同享受那一口锅里的芳香之乳。

我们翁吉刺惕人，

自古就是——

健壮的男子们啊，

以诚实可信为美德；

宽厚的女人们啊，

以善良贤惠量人品。

我们不与他人争夺百姓，

但愿容颜姣好的女儿们，

端坐在可汗那有沿的篷车里，

驾驭着青色的骆驼欢喜出嫁，

和可汗的皇后们肩并肩坐在席间，

共同感受那一份友善的亲人之情。

我们翁吉剌惕人，

自古就是——

端庄的夫人们啊，

都有雕花的围屏，

遮蔽她们尊贵的身体；

美丽的女儿们啊，

都有勤快的侍者，

显示她们地位的高尚；

外甥们啊，

个个都是相貌堂堂，

女儿们啊，

个个都是姿容艳丽。

——《蒙古秘史》

说着，特薛禅将也速该与铁木真带进了自己家里。一个漂亮的女娃跑到特薛禅跟前好奇地问，这是谁？他说他叫铁木真。女娃说她叫孛儿帖。不一会儿，两个孩子便混熟了，一起相跟着，在院子里玩儿。也速该坐在帐篷里，受到了特薛禅的热情款待。他们喝着马奶酒，看着眼前的两个孩子尽兴玩。

这样，铁木真与孛儿帖的关系正式确立起来。草原上有个不成文的规定，就是男方去女方家里提亲，亲事定了以后，男孩子就要留在女方家里，直到长大成年，领着妻子回自己的营地。于是，这一次，铁木真留在了弘吉剌部，也速该带着自己的随从回去了。

当他们途经塔塔尔人的营地时，塔塔尔营地上升起了炊烟。按照草原上的习惯，如果在赶路途中，有人正在进食，那么赶路人也要停下脚步，加入到进食人的阵营，相互唱赞歌，一同分享美味佳肴。也速该看到塔塔尔部边上，有人在野营，于是和随从下马，准备加入塔塔尔人的进食队伍中。随从提示：是不是不进食了，绕道赶紧离开？也速该却不这么认为，他觉得他们是光明正大的人，即便和塔塔尔人有世仇，那也只能放在战场上，而不是在进食过程中。

也速该加入到了塔塔尔人的进食队伍中，一边吃着热气腾腾的牛羊肉，一边喝着马奶酒。他感谢主人的盛情款待，表示日后也一定款待主人。酒过三巡后，塔塔尔人中，一个孩子站了起来说，也速该，我父亲铁木真兀格被你杀死，今天我让你喝进带着毒药的马奶酒，算是一报还一报吧。也速该这才大惊失色，没想到他以君子度人，却被小人暗算。而这个孩子，正是铁木真兀格的儿子札邻不合。

他们没有急于将也速该杀死，而是让他骑着马往回赶，交代最后的遗言。也速该撑着一口气，让随从加快脚程往回赶。回到乞颜部后，铁木真的一些亲人和心腹都乱作一团，不知道该如何处理眼前的变故。也速该命人去弘吉剌部将铁木真带回来，他有后事需要交代给这个黄金家族的继承人。等了整整一夜的也速该，强撑着最后一口气，终于等来了铁木真。他交代了自己是被塔塔尔人用毒酒毒死的，以后蒙古人强大了，就要对塔塔尔人实施灭种，还说他是被一个车轮高的塔塔尔孩子用毒酒毒死的，以后蒙古人强大了，要把高过车轮的塔塔尔男人全部杀掉……也速该还想说点其他的，却撒手人寰。他将诃额仑母子丢在了人世间。然而，这个遗言，铁木真一直没有忘记，许多年后，征服了塔塔尔人后，铁木真将自己的弟弟和亲信叫在大帐内议事，说出了也速该的遗言，所有人都沉默不言。如果这些塔塔尔人在战场上和蒙古人刀兵相见，那么他们自然不会心软，但此时的塔塔尔人已经全部成了蒙古人的俘虏。所有人心里有了为难情绪，但大汗的话不能不执行。然而，这个消息不胫而走，当降服的塔塔尔人知道铁木真要将他们置于死地时，开始起来反抗。许多人随地捡起刀枪棍棒，与前来实施灭种计划的蒙古人死扛到底。这场反抗中，蒙古人死伤人数远比征服塔塔尔人时死得多。

再说，也速该死后，那些蒙古内部的不安定势力开始找到了突破口，准备实施新的变故。最为明显的就是泰赤乌部的塔里忽台。这段时间，蒙古人没有首领，一切大事都由大家议定。当然，这时候，还有个重要人物，便是俺巴孩汗的老婆，塔里忽台的奶奶翰儿伯。她因为是俺巴孩汗的老婆，在没有首领的蒙古人部落里地位尤其高，许多大事也都是她做主的。这便从某种程度上说明了蒙古人的领导权将会落在她的孙子塔里忽台身上。

　　一年后，趁着诃额仑带着孩子给也速该上坟的机会，俺巴孩汗的老婆，乞颜部最老也最有威望的人——翰儿伯，主持了祭祖典礼。

　　蒙古人是信奉祖先的民族，所以，每年春季，万物复苏的时候，都要祭祖，来让祖先保佑蒙古人牛羊多多、人口多多。而主持这个典礼的，一般是大汗或者首领。然而此时，蒙古部落里还没有新大汗或者首领，但祭祖大会又不能拖延，所以，就由俺巴孩的老婆翰儿伯来主持祭祖典礼。这个典礼规格比较高，它要求所有蒙古贵族都要参加。然而，诃额仑却不知此事，她带着孩子去山上给也速该上坟。等他们从山上回来时，祭祖的贡品已经被分完，这也就预示着从今而后乞颜部将铁木真一家除名。

　　诃额仑找翰儿伯理论，翰儿伯早就想将汗位传给她的孙子塔里忽台。所以，这时候，翰儿伯说，祭祖这么大的事情，你们都不来参加，说明你们眼中根本没有祖先。既然你们不认祖先，那么，祖先也不会给你们正式的蒙古人身份。

　　不久，俺巴孩的孙子泰赤乌部的首领塔里忽台带着人拆散了也速该聚集起来的部众，强迫他们跟着自己离开。一些人跟着塔里忽台走了，另一些人商议了一下，向另外一个地方走了。反正在草原上，只要有水草，只要有牛羊，就能养活人，跟着谁放牧不是放牧。乞颜部里的主儿乞人不服塔里忽台，不愿意受塔里忽台领导，原因是他们是合不勒可汗的长子斡勤巴儿合黑的后裔，是最勇敢的蒙古人，塔里忽台也奈何不了他们。于是，主儿乞人在斡勤巴儿合黑老婆额里真妃的带领下，向另一个地方移营。乞颜部，单单丢下了铁木真一家。

至此，从宣和四年，合不勒挣脱辽国，独立成为草原蒙古民族起，到1148年，合不勒建立"蒙兀国"，再随着也速该的死去，合不勒建立的蒙兀国灭亡。

蒙兀国灭亡了，但蒙古人的后裔并没有因此绝望。他们游走于草原上个个有水草的地方，逐草而居，过着天人合一的日子，又开始了最早的生活方式。然而，上天却给这位黄金家族的后裔，摆出了一条艰难的路子。他要突破自身局限，一举成为弯弓射大雕的成吉思汗，还需要生活一次又一次的摔打和锤炼。

乘着这个空当，我觉得有必要介绍一下蒙古的起源，以及这些部族的来源。比如说泰赤乌部，比如说主儿乞部，比如说札答阑部，如果不说这些起源，后面交代各种事情时只能插入其中，导致整个结构就有了断裂之嫌。

在说辽国时，我们说起了木叶山下的骑白马和骑青牛的契丹人祖先。这回说的是蒙古人的起源。契丹人说自己的祖先是骑着白马和青牛的男女相遇了，然后拜了天地，繁衍子嗣。

但《蒙古秘史》里却说，成吉思汗的祖先是苍狼和白鹿。当然，这也并不奇怪，如果细观中国人对祖先的崇拜，可以追溯到半人半蛇的女娲、半人半神的轩辕黄帝，以及更为玄妙的龙，至今我们都说自己是龙的子孙。这些传说中的祖先都是赋予了神力的，异于普通人的。而作为草原上的蒙古人，将自己的祖先说成苍狼和白鹿自然也在情理之中。

但我更愿意相信，蒙古人的祖先是骑着白鹿和苍狼的林居人。

他们在额尔古纳河南岸的丛林里生活，就如同契丹人祖先一样。他们生活在丛林深处，以天为被，以地为床，开展着最早的打猎生活，慢慢开始走向文明，走向游牧民族。

蒙古人的祖先里，骑白鹿的叫豁埃马阑勒，骑苍狼的叫孛儿帖赤那。这两个人走在了一起，魔法般地自由恋爱，自由结合，在额尔古纳河边上，过着天人合一的日子。寒来暑往中，他们生下了儿子巴塔赤罕。他们给这个孩子喂马奶，吃牛肉，很快，巴塔赤罕就长成了一个魁梧的青年人，而他的父母却逐渐衰老了。那匹白鹿，以及那匹苍狼，也日渐衰老了。豁埃马阑勒开始给自己的儿子物色女人，传宗接代的事情不能马虎，更不能拖延。不久，豁埃马阑勒就为巴塔赤罕娶到一位年轻漂亮的妻子。一家四口人，开始继续在额尔古纳河生活。

后来他们从额尔古纳河南岸，搬迁到土拉河、克鲁伦河、斡难河一带，以不儿罕山为主山，继续过着与世无争的生活。这时候，他们的始祖母骑白鹿的豁埃马阑勒，始祖父骑苍狼的孛儿帖赤那都已去找长生天报到。而巴塔赤罕夫妻，则开始继续沿袭着父母的秉性，日出而作，日落而息，迎着朝阳，送着落日。时间总是在重复着，今天和昨天实际上没有多少区别，所不同的是，他们的牛羊开始多了起来，马匹也数目可观。

不久，他们生下儿子塔马察，然后塔马察长大，娶亲，成家，生子。时间好像停止不转，生活在不儿罕山的蒙古祖先，迎来送往着时间。岁月流逝，人根本感受不到。

以后几代人，都是单传，子又生孙，孙又有子，子子孙孙将祖先的血脉传承下来。塔马察的儿子叫豁里察儿。不过这个豁里察儿比他的父亲和祖父技高一筹，他是神箭手，可以在三百步内射中林中奔驰的动物，可以射下来天空飞翔的雄鹰，还敢从海东青的嘴里抢夺食物。豁里察儿的英雄事迹也让草原上未出嫁的女子神往，不久，便有人上门提亲。豁里察儿娶了一位丰满的女子，并很快生下了儿子。这儿子继承了父母的血统，长得高大威猛，豁里察儿为他取名为孛罗温勒。孛罗温勒延续了父亲的路子，长大成人，娶妻生子，人生轨迹和父亲及祖父很相似。孛罗温勒的儿子小时候身体不好，可能是小时候受了风寒，孛罗温勒夫妇为这个孩子操碎了心。后来，他逐渐长大，体质也变好了。他长得颇为威武，虎背熊腰，最吓人的当数他的那一脸大胡子，浓密的胡子连着头发，将整个脑袋紧紧包裹着。那时候，还没有剃须刀。孛罗温勒为这个孩子取名为撒里合察兀。撒里合察兀小时候感冒过一次，发高烧，留下了后遗症。直到他长大后，整个人都疯疯癫癫的。为了有人管住他，不至于让他一个人孤老，撒里合察兀的父母为他娶了一个大眼睛的丑姑娘。姑娘为他生了一个儿子，也是大眼睛，这个大眼睛的孩子叫也客你敦。也客你敦又有了儿子，然后有了孙子。儿子叫锁赤，孙子叫合尔出。也客你敦去世后，他孙子合尔出也生下了一个儿子，这孩子叫孛儿只吉歹，眼睛是绿色的，炯炯有神，这孩子还有个他父亲他祖父他曾祖父都不曾有的技能，就是百步穿杨的箭法。他们祖上，只有远祖豁里察儿是神箭手。这时候，一些人和他们移居在一起，不儿罕山下，有了一大片人。

　　锁赤充分发挥了儿子的长处，带着他打猎，教给他武功。不久，孛儿只吉歹成了部落里有名的神箭手。这时的部落里，已经陆陆续续聚集了一些人，他们继续壮大着这支队伍。锁赤两口子为儿子孛儿只吉歹娶到了部落里最美的女子。

忙豁勒真，人们都叫她豁阿。豁阿为家里生下了儿子脱罗豁勒真伯颜。脱罗豁勒真伯颜在父母的呵护下过完了美好的童年，且在整个部落里，以聪明著称。在与部族其他孩子的玩耍中，脱罗豁勒真伯颜总是利用自己的聪明才智赢得别人的尊重。

脱罗豁勒真伯颜长大后，也发挥了自己的聪明才智，开始做简单的生意，让家里逐渐有了许多财富。这时候部落里新出现的一茬美女中的孛罗黑臣，便相中了他。他也相中了孛落黑臣，两人一见钟情。很快部落里为他们准备了新婚篝火晚会。大家围着篝火，喝着马奶酒，唱着古老的歌谣，相互传递着祖先一辈辈传下来的故事。后来，他的生意日渐做大，便有个叫孛罗勒歹速牙勒必的人很愿意做他的仆人，跟着他学做生意，也为家里赚一些补贴之用。于是，脱罗豁勒真伯颜与仆人孛罗勒歹速牙勒必经常外出，穿梭于整个草原之上。他们骑着家里最健壮的两匹宝马，一匹叫答驿儿，另一匹叫孛罗。

故事其实也正式从这里开始。按照《蒙古秘史》记载，蒙古人一代一代的祖先，只是记住了一个名字。到了这一代手里，才有了真正的故事。而这位富人的儿媳妇阿阑，也成了神一般存在的始祖母。

脱罗豁勒真伯颜生意逐渐做大，他老婆孛落黑臣也很争气，给他生了两个儿子，彻底摆脱了祖上一直单传的厄运。然而，不幸也落在他的身上了，他的两个儿子中，一个叫朵奔，是个神箭手，这一点继承了祖先的伟大基因；而另一个儿子叫都蛙锁豁儿，却是个独眼人，这对于脱罗豁勒真打击不小。这个孩子不像正常人，两只眼睛长在双眉下方、鼻子的两侧，而是只有一只眼睛，长在两眉中间，像二郎神一样。不同的是，二郎神三只眼，而都蛙锁豁儿一只眼。本该长眼睛的地方，却是面颊。这在部落里引起了不小震动。但脱罗豁勒真伯颜夫妇却很爱这个孩子，不管长成什么样，都是他们的骨肉。

也就从这时候起，蒙古人的祖先中出现了异于常人的人。

都蛙锁豁儿与弟弟朵奔关系很好，一起吃饭一起睡觉，一起玩耍。弟弟朵奔并未因为哥哥独眼而远离他，两个人总是形影不离地玩耍着。

渐渐地两个孩子长大了，关系依然很好。只是，朵奔箭法更好了，而都蛙锁豁儿的独眼却显示出了特有的功能。尽管他只有一只眼睛，却能看得更高，看得更远。草原上三天路程之外的东西，他都可以用自己的独眼看得一清二楚，有点像神话传说里的千里眼。

有一天，都蛙锁豁儿和朵奔两个人你追我赶着，便上了不儿罕山。不儿罕山是蒙古人的主山，他们的营地就在不儿罕山底下。两个人登上不儿罕山后，远远望去，看到了一群人正在向他们营地这边而来，好像是要与他们合营。都蛙锁豁儿看着这群人越来越近了，就对弟弟朵奔说，弟弟，我看到这一群人中间，有一个漂亮的姑娘，你可前去询问，如果这个姑娘没有嫁人，你就把她娶了吧。弟弟朵奔半信半疑，哥哥的视力他是佩服的，但他在这么一大群人中，看出一个未嫁姑娘，这倒是新鲜的事儿。朵奔为了满足好奇心，还是下了山，走向了这群对面而来的人。

当朵奔火急火燎走在这群人中间时，果然看到有个车辕上坐着一个漂亮的姑娘。她正用火热的眼睛，朝他投来热烈的目光。朵奔走近人群，问清了情况，才知道这是另外一个叫阿里黑兀孙河之地的牧民。他们的首领叫豁里剌儿台，是个神箭手，而坐在车辕上的美女，叫阿阑，是首领的女儿。他们原来在阿里黑兀孙河的营地放牧打猎，但那里有个不成文的规定，就是不能猎捕貂鼠、青鼠等野兽。这让豁里剌儿台很不爽，明明看到猎物却不能射杀，对于猎人而言其实是一种耻辱。豁里剌儿台于是带着自己的部众，离开阿里黑兀孙河，边走边寻找可以栖身的地方。不久，他们就听三河源头的人说，不儿罕山地区猎物多，水草丰盛，适于定居。而不儿罕山的族长脱罗豁勒真伯颜又是个富翁，乐善好施，很乐意别人迁到自己的营地上放牧。于是，这位不愿意受那些规矩约束的豁里剌儿台便带着妻女和族人向不儿罕山而来。

当朵奔走向他们时，他以为朵奔就是脱罗豁勒真伯颜，便询问具体情况。朵奔告诉豁里剌儿台，他是脱罗豁勒真伯颜的二儿子。朵奔便将这一族人带到了父亲面前。富翁脱罗豁勒真伯颜对于豁里剌儿台的合营，表示出极大兴趣。这样一来，他的营地就又扩大了，从某种程度上讲，他们的部众也就壮大了。等豁里剌儿台将族人安顿好后，两族人正式合营生活了。过了一段时间，脱罗豁勒真伯颜便上门提亲，希望豁里剌儿台将女儿嫁给他的儿子朵奔，豁里剌儿台欣然答应。这样，在一个部落里单传的血统因为阿阑与朵奔的结合，让阿里黑兀孙河血统与不儿罕山血统结合了。

也正是从这一代开始，蒙古人开始有了很大的分支。

阿阑嫁给朵奔后，开始甜蜜的婚后生活。不久，阿阑就为朵奔生下了两个儿子，一个叫不古讷台，另一个叫别勒古讷台。而此时的独眼大哥却还单着，这成了父母的一块心病，因为没有人愿意将自己的女儿嫁给一个独眼人。老两口为此事操心着。然而，上天总是眷顾那些生活坎坷的人。时间不久，便有一个女子答应嫁给都蛙锁豁儿。家里花了重金，为他们举办了婚事。马奶酒喝了几天几夜都没有喝完，煮熟的香喷喷的牛羊肉，吃完了再煮，宴会持续了很长一段时间。都蛙锁豁儿与妻子也有了自己的小日子。在日渐平淡的日子里，都蛙锁豁儿的老婆先后给他生了四个儿子。且这四个儿子都是双目有神、虎背熊腰的汉子。这让想看生下来的孩子又是独眼人笑话的人们大失所望。至此，蒙古人的祖先像一棵树一样，分出了好多树杈。

日子如斡难河的流水，不经意间就溜走了。岁月流逝，匆匆过了几年，都蛙锁豁儿死去了，他的神人一样的独眼，并没有发挥真正的效用，就被长生天收回去了，他来人间的目的其实就是为了生下这四个儿子。都蛙锁豁儿消失在人间世界，没过多久，人们就将他遗忘，即便是他的四个儿子，也只有在祭祖的时候才会想起有这么个先人。

都蛙锁豁儿的四个儿子却如牛一般健壮，在营地里成长起来了。

随着四个侄子以及自己两个儿子逐渐长大，朵奔老了，再也不见当年神箭手的风采，反而是多了些絮絮叨叨。都蛙锁豁儿的四个儿子，论箭法都比朵奔好，论力气都比朵奔大，论智慧，那也胜过了朵奔，这四个初出茅庐的年轻人便不喜欢这个二叔了。本来生活在一起的一家人，这时候有了嫌隙。相互彼此有了叫"气"的东西，这东西在各自体内越堆积越多，最后必然会变成一种外在的破坏力，直接破坏这个家族的和谐。

于是，都蛙锁豁儿的四个儿子，领着自己的族人离开了不儿罕山，向东迁移，在呼伦贝尔以东的地方定居了下来。他们延续了蒙古人的习惯，在那一片新天地里，繁衍生息，一代又一代传递着对祖先的敬重。到了12世纪时，他们成了朵儿边部，地处在蒙古乞颜部与金国中间，他们也与蒙古人通婚，但他们却是金国的附庸。和蒙古人一个祖先的他们，在一次冲突中袭击了忽图剌的军队，忽图剌便神奇死亡了。

再折回来说朵奔。随着都蛙锁豁儿四个儿子的离开，蒙古人分成了两股，各自发展着。

不儿罕山下，留下了朵奔和岳父带来的牧民继续生活着。代代繁衍的人，越来越多，各种牲口也不断下崽儿。不儿罕山下，已经是一个大部落了。他们的古列延，在不儿罕山下排出了一大片，看上去非常壮观。

日子继续向前推移着。留在不儿罕山的蒙古人，在族长朵奔的带领下，一点点形成了一个蒙古早期部落雏形。但这时候的部落，还没有明显的等级制度，只是大家在一起群居，有重要的事情便让那些德高望重的人相互商量对策。整个蒙古部族，处在一种原始平等状态中。

但总有些变故在默默进行着，总有些不好的预兆，提前表现出来。

朵奔一家人作为不儿罕山最古老的住户，自然担任着族长或者氏族长之类的职务。他们在族人的拥护下，继续过着平静舒缓的日子。男打猎，女抚养孩子、照顾家人。岁月像斡难河水，不知觉中流逝了。白驹过隙的光阴，在蓦然回首间便过了一年又一年。

朵奔有时候很怀念哥哥在的时候，他们无所芥蒂。如今，都蛙锁豁儿已是黄土一堆，可是他自己还依旧活着，生活在这片祖先留下来的土地上，领着族人，在尚未可知的路上继续摸索着。他的那四个侄子，不知道流落到什么地方去了，这帮不肖子孙，祖先的灵魂在这片土地上，他们却离祖先而去。

朵奔，精心抚养着两个孩子，阿阑脸上总是充满着笑容。日子虽然细水长流，却也幸福美满。

有一天，朵奔和往常一样，带着工具，去了远山打猎。他在山上转了一天，没有任何收获。那些动物的脚印都是好几天前的，许多粪便，已经被风化。可以看出来，最近已经很少有动物在山里出没了。朵奔恨苦恼，转了大半天，太阳已经西斜，可他一点收获都没有。一家人都在等着他去养活，打不了猎，没有收获，预示着他们家人就要饿肚子了。

朵奔沮丧地往回走，眼睛不停地注视着周围，期待有猎物出现。然而，他的希望变成了失望。直到快下山时，依然一无所获。他疲惫地走着，这时候，朵奔听见前面森林里有动静。他匍匐前行，躲在一棵树后面观望。他远远看见，一个兀良合惕部人在与一头鹿搏斗，鹿已经中箭，正在做着垂死挣扎。朵奔快速跑过去，用自己的短刀在鹿的脖颈上猛烈一击，鹿便倒下了。两个人便在森林里肢解鹿。朵奔说他家里还有几口人，今天却一无所获。那位兀良合惕部人二话没说，便将鹿的头部、气管和鹿皮自己留下，把鹿肉全部给了朵奔。

朵奔很高兴，毕竟这几天家里的伙食问题解决了。明天他打算再出来看看，不可能天天都一无所获，只要足够勇敢，只要走别人没有走过的路，一定会有猎物出现。

朵奔扛着一大包用树皮包裹的鹿肉往回走，一路上哼起了古老的歌谣。这是长生天的眷顾，所以他格外高兴。

就在朵奔快下山时，不远处迎面走过来两个人。这两人衣衫褴褛，疲惫不堪，一眼就可看出是多日奔波的。老者皱纹纵横，年轻人愁容满面、脸色蜡黄，明显是长期营养不足所致。老者见朵奔扛着鹿肉，便横在了路中间。朵奔以为歹人，遂将扛在肩上的肉放在地上，准备随机应变。那老者依旧皱纹纵横地说，我是马阿里黑伯牙吾部人，已经出来好多天了，没有吃食，请求你把鹿肉分给我一点，我将这个孩子送给你做奴做仆。朵奔见此，便将鹿的一条后腿给了那人，扛起鹿肉就走。那人追上来，让儿子跟着朵奔走。朵奔并未曾想过要这孩子为他做奴做仆，没承想这老者却是个执拗人，非得让儿子跟着朵奔，授人以恩，必须要报答，况且他说过的话就像东流而去的斡难河水，没有收回的可能了。朵奔无奈，只好将那孩子带回了家。那孩子比朵奔小，但比他的两个儿子大。回到家里，朵奔将那孩子安置了，给他介绍了家里的成员，希望他不要拘束。那孩子不说话，吃饭的时候闷头吃，白天黑夜家里的活抢着干，尽到了一个做仆人的本分。

几年以后，朵奔去世，他美丽的妻子阿阑和两个儿子及一个仆人一起生活。然而，一天晚上，所有人都睡着了，一道亮光从窗户里投了进来，一个金光闪闪的人也从窗外飘了进来。睡梦中的阿阑，想起身看看，但她一点力气都没有，她看着窗户里飘进来的这个人，走到她身边，在她的肚子上抚摸了一下。阿阑在梦中挣扎着，想摆脱这种尴尬的局面，但她的身体仿佛被某种力量压着，根本不能动弹。等到那神人又从窗户里飘出去时，她才猛地惊醒，发现原来是一场梦。外面天还未亮，一轮皎洁的月亮，透过窗户向屋子里射入金黄的月光。阿阑再也睡不着了，她不知道刚刚的梦意味着什么，但她心里总有一种担心，担心不好的事情发生。

不久，阿阑发现，她预感的不好的事情真的发生了。阿阑发现自己的肚子开始鼓胀，仿佛受孕了一般。可朵奔已经去世了，她一直保持着一个女人的贞洁，努力养护这两个孩子。可是这呕吐的症状，以及时时翻上胸口的恶心，分明是受孕的症状，怎么回事啊？她陷入到无尽的苦恼中，寻找这一切发生的根源。最终，她觉得这件事与那个晚上的梦脱不了干系。阿阑的肚子一天天变大，所有人都看在眼里。她和朵奔生的两个儿子早已知晓了男女之事，所以，不时会有疑问和羞耻的眼神瞟过来。阿阑的肚子很大，这在部落里很少见到。不久，阿阑就分娩了，她生了三胞胎。阿阑按照这三个孩子先后降生的时间，分别给他们做了命名：一个叫不忽合塔吉，一个叫不合秃撒勒只，一个叫孛端察儿蒙合黑。这三个孩子和他两个哥哥一样，壮实而富有蒙古人的特色，不过这个叫孛端察儿蒙合黑的，小时候似乎智力出了问题，长到好几岁了，也不会说话，只知道傻笑。

这件事在族里产生了重大影响，许多人都在背后议论纷纷。早年出生的两个儿子别勒古讷台、不古讷台本来就有怀疑，当他们听了外人在传母亲阿阑的事情，一些好的坏的言论自然也进到他们的耳朵里。最后，他们和其他族人一样，将这件事怪罪到父亲朵奔带来的那个仆人身上。总觉得，是那个仆人和阿阑生下了这三个孩子，这导致了阿阑的五个儿子站在了两个阵营里。阿阑与朵奔生下的两个大儿子与后面出生的三个儿子之间也有了矛盾，矛盾由简单的语言对抗，最后演变成了相互打架。

阿阑知晓事情后，就将自己的五个儿子叫在一起，告诉了他们关于那个神人入梦的事情。但这并未打消儿子们心里的疑问，阿阑知道，要想让孩子们彻底打消疑问，她必须想出一个好办法来，不然，兄弟之间容易产生误会，影响和睦，对以后家族的发展也不好。

阿阑思来想去，还是没有想到更好的办法。春天的时候，他看到朵奔打猎的弓箭，忽然觉得有办法了。她将五个儿子叫在一起，给他们每个人发了一支箭，让他们折断，五个孩子很容易将箭折断了。阿阑抽出五支箭放在五个孩子面前，五个儿子看着五支箭，不知道母亲是何意图，都面面相觑。阿阑说，你们现在也将这五支箭折断。每个孩子拿起五支箭，拼尽全身力气，依然折不断。这时候，阿阑拿着五支箭说，孩子们，你们兄弟就像这五支箭，分开的一支箭，很容易被折断，如果五支箭合在一起，就没有人能把它折断了，这是浅显的道理，你们每个人都懂。所以，你们五个弟兄要团结，只有团结在一起，才不会有力量破坏你们。

阿阑继续对两个大儿子说，关于你们三个弟弟的事情，我说过了，他们是神人的子孙，他们以后会成为统一草原的巴特尔，或者他们的子孙会成为草原上的英雄。五个兄弟相互看了看，只有那小弟弟傻呵呵地笑着，完全不知道怎么回事儿。阿阑说，人的寿命是有限的，等我死了之后，你们要好好善待你们的弟弟，相较而言，他可能更需要人照顾，你们要尽到哥哥的责任。

几个兄弟眼睛里各有各的思谋，但嘴上都满口答应。

时间很模糊地过着，不知今夕何夕。不知道过了多久，阿阑将孩子逐渐都拉扯大了。但她自己，却走在了人生的黄昏之中。没隔多久，阿阑便去世了。

阿阑死后，她的五个儿子，开始准备要分开各过各的了，毕竟每个人的想法不同，要在一起生活，难免会有争议，不如分开得好。亲兄弟明算账，于是，他们将家业一分为四，四个弟兄一人一份，而给傻子孛端察儿并未分任何家业。孛端察儿虽然少言寡语，但他很聪明，别人说的话，或者做过的事情，他都能记住，也能理解。他有时说一些别人听不懂的话语，这就给族里人造成一种孛端察儿人傻的表象。

孛端察儿心思很缜密，他看到几个哥哥分家业，没有给他留一份，知道几个哥哥嫌弃他，害怕他拖了后腿，于是，心气很高的孛端察儿便骑了一匹马，离家出走了。既然几个哥哥不把他当人看，他还留在这里做什么？自讨没趣。孛端察儿骑着马离开了不儿罕山，沿着斡难河继续走着。最后，他来到了巴勒谆阿剌勒（鄂嫩河上游与巴勒济河汇流处形成的一个河心岛）。此处远离几个哥哥，不至于再有怕他连累他们的想法。于是，孛端察儿与他的那匹白马为伴，在那里生活。

这里没有人烟，有的只是无尽的草原和呼啸的风。静静流淌的斡难河水，咕咕发出人听不懂的说话声。孛端察儿学着族人教给他的办法，在河边上搭了一间茅草屋，用于遮风避雨。他还制造了弓箭，学会了放鹰。他白天打猎，晚上制作兽皮衣物。一个人的日子，倒也过得有滋有味。

不久，便从山的东面，又来了一群人，和他住在了一起。他们很友好地和孛端察儿成了朋友，并愿意与他一起放牧。孛端察儿白天继续放鹰捕猎，也把自己打来的猎物用于交换马奶酒吃。夜晚，他便回到自己的住处。那群人并未询问孛端察儿是谁，孛端察儿也没问那群人来自何方，是哪个部落的人。相互陌生的人，却走得很近。

后来，孛端察儿的哥哥合塔吉知道弟弟离家出走这么多天，依然没有返回去，便对弟弟担心起来。好歹是一母所生，这样不顾他的死活，有些不人道。况且，他们在母亲临终前答应过她，要照顾好弟弟。于是，合塔吉骑着马，沿着斡难河走，一路打听孛端察儿的下落。有人说，他沿着斡难河而下，不知道走到哪里去了。合塔吉也沿着斡难河下游寻找，最后找到了那群人居住的地方。合塔吉询问了那群人，那群人按照他描述的，表示很像和他们一起生活的一个人，但这个人很奇怪，不愿意与他们来往，总是各过各的。

合塔吉沿着那些人指出的方向寻找着，终于在斡难河边找到孛端察儿。兄弟两个相顾无言，哥哥合塔吉觉得有些不好意思。他答应过母亲，要好好照顾弟弟，可却让他一个人像野人一样在草原上流浪。合塔吉下了马，向弟弟走去。兄弟两个人在河边谈了很多，合塔吉表示无论如何孛端察儿得跟着他回去。孛端察儿表示自己愿意跟着哥哥回去。于是，两个人就骑着马往回走。走在半路上，孛端察儿对哥哥合塔吉说，哥哥，我给你说个事情。合塔吉说，你说。孛端察儿说，人要能活着，首先应该得有脑袋；而衣服要好看，首先要有领子。合塔吉不明白他说的意思，觉得是不是弟弟傻劲儿又犯了，所以没有搭理弟弟，两个人骑着马继续前行。途中，孛端察儿又将刚刚的话说了两遍。这时，合塔吉好奇地问，你刚刚那么说，到底是什么意思呢？孛端察儿这才走近了他哥哥，挤了挤眼睛说道，刚才那群人，我和他们一起生活了一段时间，发现这些人没有主见，我们完全可以把他们掳过来，给我们当子民。

哥哥合塔吉并未表态，而是将孛端察儿带回了家。回到家里，几个哥哥都对弟弟离家出走感到遗憾，希望弟兄几个一起共同生活。说着说着，合塔吉就说到了刚刚和弟弟回来时的对话，几个弟兄商量了一番，觉得可以一试。于是，几个兄弟驰马而出，冲向了那帮在斡难河下游生活的人。

果然，当兄弟们扑向那群人时，他们就像一群待宰的羔羊。孛端察儿跑在最前面，很快捉住了一个怀孕的妇人。

兄弟五人把那群人掳来，成了他们的附属。兄弟五人又对他们说了一些只要愿意和他们一起放牧，就让他们归附不儿罕山下的室韦部落之类的话语。这群人非常想在不儿罕山下放牧，于是便被五兄弟全部收编了。那些人在不儿罕山下安营扎寨，并愿意将马群、食物贡献给这弟兄五个，于是，这群人成了他们的属民和奴婢。

孛端察儿的几个哥哥想撮合孛端察儿与那个孕妇，让他们成为一对儿。即便弟弟偶尔有点傻，也应该有个女人在身边，给他挤牛奶，给他煮牛羊肉，这样，便省了他们的照顾。孛端察儿没说愿意，也没说不愿意，就和孕妇生活在一起了。不久，孕妇便诞下一名男婴。

因为是外姓人的儿子，便为其取名札只剌歹，这就是后来蒙古诸部里札答阑部的祖先。所谓札答兰其实就是掳来的孕妇生的后代。他们的子孙札木合曾经是轰动草原的巴特尔，与铁木真在争霸草原雄主的过程中发动过十三翼之战。

这个外姓人的子孙札只剌歹，在蒙古部落里长大。孛端察儿夫妇给他娶了一个女人，女人又为他生了儿子叫土古兀歹。就如同早期蒙古人的祖先一样，这一族人，也是兴旺发达，一代代繁衍下去。后来土古兀歹有了儿子，名叫不里不勒赤鲁。不里不勒赤鲁又生了儿子，长相黝黑，族里人都叫他合答安。而这位长相黝黑的合答安，便是札木合的父亲。

后来，那掳来的妇人和孛端察儿生活在一起后，又为孛端察儿生了一个儿子，叫巴阿里歹，意思是捉拿来的人。他成了巴阿邻氏的祖先，后来这族人不断繁衍壮大，形成了阿巴邻部。这个阿巴邻部在12世纪时，曾依附强大的札答阑部，后来逐渐有了分裂，一部分部众在豁儿赤率领下归附了铁木真，其余的部众已然跟着札答阑部的札木合。十三翼之战后，札木合被铁木真击败，这部分阿巴邻部人也归了铁木真。

孛端察儿除了与掳来的女人生了后代，衍生出札答阑部和巴阿邻氏，他后来还与另外一个女人成了亲，这个女人成了他的结发妻子。而他结发妻所生的大儿子，名为巴林失亦剌秃合必赤，这就是成吉思汗的九世祖。而随着结发妻子而来的仆人，被孛端察儿纳为妾，她生下一个儿子，名为沼兀列歹。因为这沼兀列歹与被五个兄弟掳来的这些人经常来往，大家就怀疑他是那群掳来外人的后代，被赶出了祭天仪式，成为后来的照烈氏，那个仆人就是照烈氏的始祖母。

除了孛端察儿，他的其余四个哥哥各自也繁衍出一族人来。

别勒古讷台的后裔，成为别勒古讷惕氏。

不古讷台的后裔，成为不古讷台惕氏。

合塔吉的后裔，成为合塔斤氏。

撒勒只的后裔，成为山只昆氏。

这里需要说的是后来的黄金家族。他们是孛端察儿的长子后裔，他们成为孛儿只斤氏。据说他们都长着蓝眼睛，以后的蒙古人都将阿阑作为他们的始祖母。

孛端察儿结发妻子所生的山猫（合必赤）的子孙，生下了很多优秀的人物，其中就有合不勒、俺巴孩等。也就是说，孛儿只斤氏，其实是孛端察儿的后代。孛端察儿后代里，衍生出了合不勒。合不勒的大儿子带着一些勇士组成了主儿乞部，而合不勒的弟弟俺巴孩又组成了泰赤乌氏。等到了蒙兀第三位可汗忽图剌手里时，孛儿只斤登上了政治舞台。以后的也速该、铁木真都是孛儿只斤氏人。

当然，这些子孙中，需要提到一个叫海都的人。他是成吉思汗的六世祖，早年间因战乱被母亲放在积木中逃过一劫。长大后，在叔叔的帮助下，击败了蒙古的世仇押剌伊而部，成为草原上新的首领，一时间，草原上的诸多部落全部归附，他成为最早在草原上统一蒙古诸部的人。

至此，我们就将蒙古人的起源说清楚了。蒙古早期的祖先繁衍，都是单传。到了孛端察儿这一代，便有五个弟兄，加上他们的叔叔都蛙锁豁儿的四儿子，蒙古就在这九大部众中开始繁衍，一直成了统治草原的游牧民族。

等到了合不勒这一代，各部落之间便由合不勒统一，并在1148年，被金国赐予"蒙兀国"后，正式建立各部族组成的部族联合。蒙兀国，共经历四世。也速该死后，蒙兀国灭亡。乞颜部也被塔里忽台拆分成四分五裂的局面，被也速该聚集起来的部众开始四散开去。也速该的儿子，铁木真开始在草原上流浪。

话说，铁木真在极其屈辱与苦难的条件下，领着一帮兄弟姊妹和两个父亲的女人开始单居生活。就在前不久，蒙力克因为塔里忽台的驱赶，也已离开了他们。整个乞颜部驻扎的地方，只有他们一家人。蒙古人向来都是群居的，脱离人群，意味着随时有可能会被草原上恶劣的条件所吞噬。塔里忽台之所以丢下他们一家，而没有置铁木真于死地，除了怕草原上人说他欺负孤儿寡母外，更重要的，就是要铁木真一家在脱离人群的条件下自生自灭。

然而，苦难的铁木真并未被恶劣的自然条件打败。他在举目无亲的条件下，开始带着一家人寻找出路。这时候，他才九岁。对于一个九岁的孩子，应该是衣食无忧、享受童年的美好时间，而铁木真却带着弟弟妹妹，还有父亲也速该的两个女人，以及仆人豁阿黑臣在草原上为生存挣扎着。苦难的环境折磨人，也锻炼人。铁木真在与自然对抗的过程中，磨炼出了坚强的品质。

这时候，他遇到了曾经结为安达的札木合，在这种恶劣的条件下，札木合与他进行了第二次结拜，立誓有福同享有难同当。札木合表示，如果铁木真愿意到他们札答阑部去扎营，他会欣然接受的。这时候的札木合，已经是札答阑部的王子，部落首领的继承人，而铁木真，则是被人丢弃的孤儿。铁木真不想依靠别人的力量，他要在这种恶劣的条件下丰满自己的羽翼，只有经过地狱般的磨炼，才能练出创造天堂的力量！只有流过血的手指，才能弹出世间绝唱！铁木真拒绝了札木合的邀请。

铁木真童年的事情，历史上记载得比较烦乱，有的部分也模棱两可。但在今天成吉思汗陵里，却有一幅两百多米的油画，上面生动形象地画着成吉思汗的一生，这一点，为我们研究成吉思汗的童年补充了材料。我曾在这幅油画前，静静地观望，观望一代草原雄主创下的伟业。

铁木真领着一家人继续在图拉河、克鲁伦河边上生活着，他们靠山吃山，靠水吃水。他的箭法，指到哪儿打到哪儿。蒙古人向来不吃鱼，但此时的铁木真管不了这些，只要能填饱肚子，没有什么是不能吃的。母亲诃额仑全力支持铁木真，铁木真成了这个小小家族里的领袖，领导着一家人与自然环境做抗争。恶劣的条件不但没有击败他，反而让他更加坚强了。这期间，为了生存，为了征服兄弟几个，树立自己的权威，铁木真亲手杀死了自己同父异母的弟弟别克帖儿，这也成为他后来悔恨终身的事情。兄弟相残，给他造成的影响比较大，所以，在后来对待别勒古台问题上，他更多了一份谦让。吃一堑长一智，铁木真不断地成熟起来。

这是一段无法回顾的往事，一个孩子，过早地接过了命运对他的馈赠。铁木真几乎每天都面临着活下去和活不下的难题。他就在这种夹缝中，苦苦寻找着自己的方向。那远离自己的部众，也不知道流落在何方。

铁木真一家人苦难的日子一过就是七年。整个草原上，再也听不到铁木真三个字了。当草原上群雄并起时，他被人忽略了。这也好，省得那些心怀鬼胎之人有想法。

七年后，铁木真十六岁，此时的铁木真已经是一个男子汉了。他能执弓射大雕，力气大得能将一头豹子打死。当然，他也被自然界恶劣的条件捶打成了一个皮肤黝黑不爱说话的人。他会在黄昏时，站在山冈上远眺连绵的草原尽头，什么时候，可以到更远的地方去游历一番呢？

铁木真在等待着某种神秘的召唤。

有一日，铁木真的弟弟们将家里仅有的几匹马赶到山坡上吃草。这几匹马，长得彪悍、矫健，这是铁木真一家仅有的一些家产。就在哈撒儿放牧时，一群盗马贼看见了这几匹好马，就将这几匹马据为己有了。看着盗马贼将自家的马赶走后，哈撒儿偷着绕过这些人，将这些人盗马的事情告诉了铁木真。铁木真果断地追了出去，并在半路上碰到了博尔术，也就是蒙古后来的开国元勋，成吉思汗的四杰之一。

博尔术家里的马也被人盗了，两个人沿着草原上的马粪和足印一路狂追。到了傍晚时分，找到了盗马人。好在这些盗马贼并没有急着走，而是将盗来的马匹集中在一起。盗马贼们围着火堆在吃羊肉，看来打算在草原上过夜。铁木真和博尔术便等着这些人睡着后，悄悄从圈着的马群里将各自的马赶了出去。天亮时，盗马贼发现马匹丢失，便一路追来。铁木真与博尔术被这群盗马贼团团围住。几个盗马贼向他们夹马而来，铁木真抽出背上的箭，嗖的一箭便射了出去，一个人从马上掉落。铁木真又抽出一箭，对准了即将冲向自己的盗马贼，又一个盗马贼落马，这帮盗马贼便再也不敢贸然前进，而是质问铁木真为何偷他们的马。铁木真说，这世界上还有把别人的马据为己有反而叫别人是盗马贼的无耻之徒吗？这帮盗马贼一愣神，觉得好像挺有道理。这时候，处在盗马贼中间的一人，似乎认出了对面所站之人就是铁木真。于是那人便问，你是铁木真？铁木真说，正是。这帮人以为铁木真全家早已饿死在草原上了，不承想，七年过去，铁木真已经成了这么壮实的小伙子。这帮人原来是塔里忽台的随从，此刻听说前面站着的就是铁木真，便都想抓住铁木真，到塔里忽台面前领赏，于是停下来的塔里忽台的人又挥动马刀向铁木真而来。铁木真执弓搭箭，嗖一箭又飞出去了。一个人落马，登时不动了。这帮人看到铁木真箭法如此精准，便不敢再上前，而是掉转马头，向更远的地方跑去了。很快，他们把铁木真还活着的消息带给了塔里忽台。塔里忽台以长辈教训铁木真射杀自己的弟弟别克帖儿为由，率大队人马向铁木真扎营的地方扑来。铁木真知道塔里忽台会来抓他，所以当他赶着马匹回去后，就将此事与母亲诃额仑说了。全家人都很震惊，但铁木真很淡定。铁木真为了不让家人遭受塔里忽台的迫害，让家人赶着牛车钻进树林，而他站在最高的山冈上，等待塔里忽台的大军。

当铁木真看到塔里忽台的大军后，便骑马向另一个方向逃去，这样一来，塔里忽台的大军就会注意到他，而让他的家人幸免于难。塔里忽台带着人来抓捕铁木真，铁木真就漫山遍野到处乱窜。塔里忽台这次下定了决心，一定要抓住铁木真处死，这样他就少了一个潜在的敌人。不然等铁木真壮大起来，他就会成为铁木真的箭下之鬼。铁木真领着塔里忽台的军队跑出很远。这次，塔里忽台让自己的人形成一个包围圈，把铁木真包裹在里面，确保铁木真跑不出去。铁木真在泰赤乌部的追击下，无处可逃，最终，被塔里忽台俘获。然而，伟人总有些不可预料的奇遇，就在塔里忽台要杀了铁木真祭天时，铁木真顺利逃脱了。就在铁木真逃走后不久，塔里忽台带人到处搜索铁木真的踪迹。此时的铁木真，还在泰赤乌人的营地。他面对追兵，不知道该向哪里去。慌乱之中的铁木真钻进了一个叫锁儿罕失剌的古列延。铁木真自报家门，说了自己的来历。这位锁儿罕失剌觉得铁木真是黄金家族的小主人，便生了恻隐之心。让他藏在自家的古列延里。不久，就听到有人来找铁木真的下落。焦急之中的锁儿罕失剌不知道该将铁木真藏在何处，这时候，铁木真看到古列延外面堆积着一大堆刚刚剪下来的羊毛，铁木真就钻进了羊毛堆里。以后几天，都有人来巡视，并告诉锁儿罕失剌，如果有铁木真的下落，就得赶紧报告，锁儿罕失剌满口答应。直到塔里忽台觉得铁木真确实已经逃出了泰赤乌人营地时，也便死心了。然而此时，铁木真就在泰赤乌人锁儿罕失剌的羊毛堆里。锁儿罕失剌让女儿也钻进羊毛堆和铁木真一起撑起羊毛堆里的空间，这样，钻在羊毛堆里不至于太闭气。自此，铁木真与合达安结识了。直到塔里忽台的巡逻队不再来这里时，锁儿罕失剌一家人才让铁木真走出羊毛堆，让他吃饱喝足后，锁儿罕失剌将自己一匹马送给了铁木真。铁木真乘着沉沉的夜色离开了。铁木真逃走时告诉合达安，等他有实力时，就回来娶合达安。

逃脱后的铁木真搬家了。他要远离塔里忽台，不再将自己置于危险境地。他和博尔术一起放牧。铁木真有了自己的牧地，还有了部分部族。两年后，在博尔术、札木合等人的帮助下，铁木真开始收拢曾经离他们而去的蒙古部众。也速该原来的部众听说铁木真成年了，正在收集人马，便都率众纷纷来投。铁木真的部落里，有了大批的人马。当年不顾他们死活离开的叔叔们，这时候，也都来投奔铁木真。铁木真敞开大门，欢迎着所有人。

　　公元1178年，铁木真十八岁。他去了弘吉剌部迎娶自己的新娘孛儿帖。然而，当铁木真护着自己的新娘往乞颜部落走时，他迎娶孛儿帖的消息便在草原上四散开来。那些与乞颜部有着深仇大恨的人，开始找时机报复。当他们过了弘吉剌部营地后，他的部众就被篾儿乞人袭击了。铁木真这次出来，带的随从并不多，在与篾儿乞人对抗途中，孛儿帖因为马车陷入泥沼，没办法跟着大部队逃走，她被篾儿乞人抢走了。随孛儿帖一同被抢走的，还有也速该的别妻，别勒古台的母亲。孛儿帖被篾儿乞人首领送给了赤列都的弟弟赤列格尔。这或许是一种冥冥之中的宿命，当年也速该抢了赤列都的妻子诃额仑，现在又是赤列都的弟弟抢了铁木真的老婆。

　　逃出篾儿乞人的包围之后，铁木真开始收集被篾儿乞人打散的部众。这时候的铁木真，还没达到能与草原群雄抗衡的实力。塔塔尔人是他们的世仇，而篾儿乞人因为也速该抢了诃额仑而结怨，至今如鲠在喉，加上抛弃他们一家并想置他于死地的塔里忽台，以及兄长主儿乞人撒察别乞，都成了潜在的敌人。当你的力量撑不起你的野心时，必须低下姿态，接收一切可以利用的力量，哪怕这力量是暂时的。这时候的铁木真，拉拢所有能拉拢的人，为他日益壮大准备力量。

当然，他首先想到的是父亲也速该的安达汪罕，也速该对汪罕有救命之恩，所以他要请汪罕帮助自己。另外，他想到了自己的安达札木合。这时候的札木合，已经是札答兰的首领，实力远在铁木真之上。先前离开他们的主儿乞人，也在额里真妃的带领下归附他们。

于是，公元1178年秋季，铁木真约汪罕、札木合联军对付篾儿乞人，这次札木合任联军指挥。联军在三河源头聚集，开始对篾儿乞人实施打击。这一次，篾儿乞人无法抵抗三方联军，只能败退。铁木真抢回了自己的妻子孛儿帖。别勒古台的母亲却因被篾儿乞人侮辱，无颜再面对乞颜部和自己的儿子别勒古台，所以当联军进攻篾儿乞人营地后，她知道孛儿帖将被救走，便自杀了。此事，让别勒古台失去了理智，他在俘虏中挥刀便砍，以泄心中的怒气。

孛儿帖被掳去十个月，被铁木真抢回来时，已经大着肚子。尽管铁木真相信这个孩子就是他的孩子，但他依然抵不住外界的流言蜚语。所以，当长子术赤出生时，便有人说，术赤是篾儿乞人的野种，此事后来也是铁木真四个儿子间嫌隙横生的重要原因。

再说，札木合、汪罕帮着铁木真打败了篾儿乞人，汪罕回到了克烈部，而铁木真则依附于札木合，继续在草原上不断壮大。就在铁木真不断壮大的过程中，已经是札答阑部首领的札木合开始对这位昔日的安达铁木真产生了警惕，毕竟他们都想成为草原枭雄。而铁木真又是黄金家族的继承人，相较而言，札木合的出身就没有铁木真高贵，更没有铁木真乞颜部首领长子的光环。铁木真与札木合之间嫌隙不断，摩擦也不断。最后，铁木真不得不脱离札木合而独自壮大。但札木合依然对这位昔日的安达不放心，加上身边的人不断挑唆，札木合与铁木真的关系势同水火。

公元1183年前后，铁木真在众人推举之下，成了乞颜部的可汗，这让一心想称霸草原的札木合内心生了恨。札木合也是蒙古人的后代，铁木真称汗为什么不告诉他？从正统论上来说，铁木真成为乞颜部的可汗，那是板上钉钉的事情，札木合尽管是一代枭雄，但他出身在札答阑部，意思是被抢来的孕妇生的后人，血统不纯，尽管他们都是孛端察儿的后代。这一点，让札木合很不服气，所以，他要想办法改变这种现状，想办法吃掉铁木真。于是，一场潜在的斗争正在酝酿。

尽管铁木真与札木合分开各放各的牛羊，但草原上总有边沿交叉的地方，国家也有相互扯不清的边界问题，何况在没有边界的草原。乞颜部的牧马地，就和札答阑部的牧马地相互连接着。事情就因为马群而起。这看似简单的邻边纠纷问题，却导致了草原上两个英雄你死我活的斗争。世界上所有大事，都是由小事诱发的。就是第二次世界大战这样轰动全球的事情，它的导火索，也是一个人在一条巷子里杀了另外一个人。而铁木真与札木合的事情，也是小事情引发的。

事情因马而起。铁木真这边的牧马人术赤答儿马剌，与札答阑部的牧马人管理者札木合的弟弟给察儿经常因为牧草问题大吵大闹，两个人彼此都有意见，加上札木合与铁木真日渐紧张的关系，影响到了这位给察儿。公元1190年夏，铁木真的马倌术赤答儿马剌睡了一觉起来，就发现马圈里最好的十几匹马丢了。他翻身上马，沿着马蹄印找去，就在不远处看见了嘻嘻哈哈因盗了马而高兴的给察儿。术赤答儿马刺策马上前，要求给察儿将马匹还给自己。给察儿不但不还，反而说术赤答儿马刺诬陷他是盗马贼，这场风波就此而起。术赤答儿马刺见给察儿不还马匹，还虎视眈眈，便抽出箭。给察儿故意挑衅一般，伸着脖子让术赤答儿马刺射死他。这位术赤答儿马刺也是年轻，受不得别人的侮辱，嗖一下就射了过去。随即，给察儿便倒地而死。其他人见给察儿已死，早就吓破了胆，纷纷逃窜。术赤答儿马刺并未意识到问题的严重性，而是将自己的马匹赶了回来。一路上，他还得意扬扬。他没有想到自己射出的这一箭，其实就是乞颜部向札答阑部射出的箭。

这件事，直接导致了铁木真与札木合的反目。

看到铁木真将自己的亲弟弟处死，札木合愤怒了。本来两人相互就较着劲，只是没有爆发的导火索。给察儿之事，成了这两位三次结拜为安达的弟兄挥刀相向的导火索。

于是，公元1190年，札木合纠集了乞颜部的新旧仇人十三部，开始对铁木真实施致命打击。这十三部里有旧仇家塔塔尔人、篾儿乞人，还有泰赤乌人、札答阑人等，他们形成了强大的合围之势，将铁木真大军紧紧包裹起来，准备合而歼之。两军相峙于答阑巴勒主惕。这场战役，札木合率十三部三万人，铁木真率三万人，可谓势均力敌，但这次战役，铁木真却被打败了。在战争一开始，铁木真就避其锋芒，但札木合的联军穷追不舍，铁木真只能在蒙力克处撕开口子，带着人败退。铁木真带着部众走到了斡难河上游一个峡谷处，两边为山，中间只有一条峡谷，可供车马通过。札木合首战胜利后，追至峡谷处，不敢贸然前进，怕中了铁木真的埋伏。于是，他让人守住峡谷口，想来个守株待兔。他在峡谷口举行了盛大的宴会。宴会上，为了恐吓躲在峡谷里的蒙古人，他将俘虏用七十口大锅煮了，并将煮熟的肉酱分给十三个部落首领。大家在札木合的强迫下，吃了人肉。这一招看似是给铁木真看，其实是给草原各部落看，不从他札木合者，便是这被煮的下场。当初大家答应札木合出兵，其实都各怀心思，反正众人的目的都差不多，不能让铁木真独大。草原上，世世代代都是由这些民族组成的，让铁木真强大了，其他人就得灭亡，所以，十三翼之战最初的目的是相同的。但随着战争的持续，大家看到札木合的残忍，比铁木真有过之而无不及，札木合的这种残忍做法，让聚集起来的十三翼部众随即溃散。许多首领，带着自己的人离开了联军，十三翼之战结束。相对而言，十三翼之战的结束告别了草原你争我斗的局面，铁木真继续收编人马，乞颜部成了草原上最强大的部落。

十三翼之战看起来是铁木真败了，实际上是铁木真胜利了。这一次，他收拢了更多来归附他的人。此时的铁木真，已经是蒙古草原二分天下的人了。其他部落在十三翼之战后逐渐削弱下去，蒙古人却越来越聚集。

随即，札木合不死心，他游走于草原各部落之间，表明铁木真一旦强大，所有人都会成为炮灰的言论。加上草原诸部本就担心铁木真一家独大，于是在札木合的游说下，很快，十二部又组成了联盟，共同对付铁木真。这时候，铁木真又想到了汪罕，这是个强大的盟友。

铁木真这时派人去请汪罕，请求汪罕相助。汪罕爽快地答应了铁木真的请求，带兵与铁木真合兵一处，等待着札木合联军。

不久，十二部组成的盟军又开始对付铁木真与汪罕联军，这便是蒙古历史上著名的"阔亦田之战"。这场战役，注定了这些目的互不相同的十二部盟军会失败。战争一开始，铁木真就与汪罕分兵对盟军进行强烈打击。盟军抵挡不住铁木真与汪罕的精锐大军，瞬间溃败成一片。随即，盟军一败千里，纷纷逃散。札木合消灭铁木真的想法彻底破灭，札木合也被捉。这次，铁木真并未杀札木合，而是让人把札木合送给了汪罕，让汪罕好生待札木合。毕竟这个人在自己最需要帮助的时候，伸出了援手。当然，这将为以后汪罕与铁木真兵戎相见埋下了隐患。

此时，漠北中部草原成了铁木真与汪罕两大巨头的天下。也就是这时候，大金国为了安抚崛起的铁木真，赐给他一个官儿，意思是让他管理漠北草原。此前，塔塔尔人看到金国日渐式微，国力衰退，皇帝昏庸，早就有了摆脱金国束缚的打算，金国的圣旨他们不再接，金国的要求他们不再履行。金国使臣此次来的目的，一则是给铁木真一个虚官，另一则是让铁木真去灭了塔塔尔人，而大金国则坐收渔翁之利。铁木真这次看到塔塔尔人不再有金国的庇护，便觉得消灭塔塔尔人的时机成熟了。

他迅速召开领导班子大会，表达了自己的意思，并把主意交给大家，让这些领导班子成员都说说自己的想法。

已经强大的蒙古人，这回群起愤怒。那些与塔塔尔人有着世仇的蒙古贵族，表示该与这个世仇塔塔尔一较高下了。俺巴孩是塔塔尔人送给金国的，被金熙宗所杀，而也速该则是塔塔尔人现在首领札邻不合用毒药毒死的，这种深似海的仇恨到了该清算的时候了。

公元1202年春，三江源的水草还没长上来，战马都有些消瘦了，但就是这时，铁木真将矛头对准了塔塔尔人。随即，铁木真带领精兵攻塔塔尔部。两军交战，塔塔尔部就被乞颜部强大的阵势所惧，塔塔尔人不敌，败退，最后被铁木真全部俘获。塔塔尔首领札邻不合看到大势已去，不想苟活于世间，更不想被铁木真抓住羞辱，于是，服毒自杀，那些像失散了头羊的塔塔尔人在草原上乱窜，铁木真乘机追击。塔塔尔部另一首领也客扯连率塔塔尔残部投降了铁木真，也客扯连的两个女儿，也遂与也速干成了铁木真的妃子。铁木真这时候，想起了也速该的临终遗言：只要高过车轮的塔塔尔男子全部杀死。作为儿子，他实现了灭亡塔塔尔部的愿望，这时候，他就要报仇。这是对也速该的告慰，也到了对也速该遗言履行的时候了。他将众人叫到大帐内，商量如何杀掉这些塔塔尔俘虏。没承想消息走漏，塔塔尔人群起反抗，这时候，也客扯连表示愿意一死，替他的族人受过，也遂妃也愿意赴死。铁木真看到此举有失人心，于是，听取众人意见，饶恕了塔塔尔人，并厚葬了也客扯连。至此，塔塔尔人彻底归于蒙古部。

接下来，铁木真将目光转移到了泰赤乌部。这个同一祖先的兄弟部落却在他最无助的时候抛弃了他，后来又差点将他杀掉。这个仇，势必要报。不久，铁木真发动对泰赤乌的战争。然而，这场看似毫无疑问的战争，铁木真却马失前蹄，让泰赤乌部神箭手哲别射中脖子，差点丧命。铁木真缓过气后，收编了泰赤乌部，并发现了哲别、纳牙阿这样的得力大将，可谓因祸得福，而泰赤乌部的首领塔里忽台不知所终。

泰赤乌部最终归到乞颜部。这时，铁木真开始关注西边强大的乃蛮部。这个部族在强大的西辽面前依然没有被西辽收编，一定有其存在的原因。

这一次，铁木真再度相约汪罕，意图对乃蛮部实施打击。汪罕欣然前往。汪罕的阵营里，还有札木合，以及不服铁木真领导的以阿勒坦为主的蒙古贵族。两军相会，黑压压一片，扑向乃蛮部。乃蛮部积极迎战。

为了试探乃蛮部，铁木真发动了一次佯装进攻，很快被乃蛮部击退。这时候，以札木合为主的铁木真的敌对势力开始给汪罕灌耳音，说，铁木真打算与乃蛮部联合灭了汪罕。汪罕最终没有经受住诱导，就在两军对峙时，让克烈部悄然退出战场，这让铁木真措手不及，只能领着蒙古人也撤出战场。此时，乃蛮部集中兵力对克烈部进行打击，克烈部险些灭亡，铁木真又出手相救，帮汪罕恢复了被乃蛮部打散的部众。

乞颜部与克烈部和好如初。为了进一步巩固这种友谊，哪怕是暂时的友谊，铁木真也想通过联姻的方式来联合汪罕的力量。他建议将汪罕的女儿察兀别姬嫁给他的大儿子术赤，而他也愿意将女儿嫁给桑昆（汪罕的儿子）的儿子做妃子。这种换亲礼仪遭到了桑昆的强烈反对，又扯出了术赤是篾儿乞人血统的流言。这让铁木真陷入了痛苦的思索中。一直以来，他和术赤的关系一直不好，两个人彼此都猜忌着，该如何来处理这个事情，成了铁木真的一块心病。他的四个儿子之间也彼此有了猜疑，特别是术赤与察合台之间，明显仇恨了起来。当然，术赤血统的问题，也成为后来蒙古四大汗国之间战乱的隐患。

桑昆的反对，扯出了铁木真家族的纠纷，这点，让铁木真很不爽，不联姻就不联姻，何必要像毒蛇一样，到处乱咬人。联姻之事只能束之高阁。

然而，汪罕的儿子桑昆却隐隐担忧起来，他多次给汪罕建议，消灭铁木真。汪罕有顾虑，毕竟也速该是他的安达，铁木真又多次救过他们克烈部。可反观乞颜部，士气正旺，汪罕想不到这个一路被自己扶持的义子，这时候竟成了他最大的对手。但汪罕并未想过要与铁木真刀兵相见。

此时的桑昆，很惧怕铁木真反过来一击，这样他们克烈部就完了。实际上，两个部落尽管在一起放牧，但彼此心里都开始有了猜疑。加上札木合等人不停在汪罕和桑昆耳边吹风。汪罕的犹豫不决，像上一次与乃蛮部战役一样，终究没有受住诱惑。

汪罕在众人的怂恿下，决定对铁木真实施有力打击。公元1203年春季，还在草原上放牧的铁木真完全没预料到，桑昆带大军偷袭他的大营，让他措手不及。铁木真与汪罕之间的战役不可避免地发生了。

这场偷袭之战，在熟知铁木真底细的人的带领下，铁木真的实力遭受到了前所未有的重创。铁木真大败，带领仅有的四五千人逃到了漠北草原东面班朱泥河流域一带，这便是著名的"合阑真沙陀之战"。此战，让铁木真成了孤家寡人，身边只有几个弟兄，族人和将士们基本上被克烈部打散，哈撒儿不知去向。他们流浪在班朱泥河畔，供给粮草、牛羊马匹等生活资料全部丢失。好在，天无绝人之路，就在这时，有三个回回（一个叫阿剌浅，一个叫哈散纳，一个玉速阿剌）投奔了铁木真，同时投奔铁木真的还有大金国的耶律阿海，及周游世界的镇海等人，他们带来了大量物资。铁木真被拯救了，他率众人在此盟誓，共享富贵。据《元史·札八儿火者传》记载，在班朱泥河畔，铁木真对着眼前的众人，舀起一碗浑浊的河水发誓："使我克定大业，当与诸人同甘苦，苟渝此言，有如河水。"不久，铁木真收揽了四散的部众，用几个月休养生息，到了秋天的时候，铁木真基本上恢复了元气。这时候，他用了一招"以彼之道还施彼身"的做法，命人对克烈部实施偷袭。于是，一个约好的夜里，乞颜部的士兵冲进了克烈部，克烈部人在慌乱中四散溃逃。汪罕带着部分人跑去了乃蛮部，投靠太阳汗，结果被乃蛮部边关守军砍了头，莫名其妙地成了冤魂。而汪罕的儿子桑昆则逃亡西夏，成为一股继续对抗蒙古的势力。至此，克烈部灭亡。原先依靠汪罕的以札木合为首的那些被铁木真战败的草原部落残余，也逃到了乃蛮部，意图通过太阳汗的力量来消灭铁木真。至此，铁木真统一了东部草原。

这些逃到乃蛮部的草原部众首领，想挑起蒙古人与乃蛮人的战争，意图从中得利，收复他们的失地和牧场。铁木真与乃蛮部之前对峙时，因汪罕临时撤军，导致战争还没开始便输了，乃蛮部的太阳汗觉得铁木真不堪一击。于是，在那些铁木真敌对势力的怂恿下，乞颜部与乃蛮部的战争正在酝酿。随即，铁木真对乃蛮部发动战争。这场战争可谓势均力敌，但乃蛮部的太阳汗见铁木真来势汹汹，精兵众多，便开始怯战，加上指挥不当，不久，乃蛮部便在纳忽崖被蒙古人打败，太阳汗被杀。乃蛮部的残余全部投了蒙古人，另一部分在太子屈出律带领下投靠了篾儿乞人，铁木真又在额尔齐斯河畔将篾儿乞人打败，脱黑脱阿阵亡。屈出律逃到西辽躲避，乃蛮部灭亡。关于屈出律篡权西辽之事，之前在耶律大石那一节中已经讲到，这里不再赘述。

至此，铁木真统一了整个草原。

公元1206年春夏之交，铁木真在斡难河源头召开库里台大会。蒙力克的儿子通天巫阔阔出作为萨满教教主，通过与长生天的不断沟通，赐予铁木真以"成吉思汗"称号，意为"拥有海洋四方的大酋长"。铁木真开始登上称霸草原的政治舞台。参与铁木真创业的那些人，都封疆拜相，各个领地都分了王侯，这也形成了蒙古四大汗国的雏形。

随着草原诸部的统一，铁木真接触到了中原王朝的统治基础：集皇权于一身的君主制。为了实现自己掌管一切的意图，铁木真又摆脱了天神（也就是长生天）的力量。原来依靠天神传递信息的时代结束了，他不再用萨满来传递天意，而是将自己的意志作为法令来执行。不久，他对草原边关小部落进行了收编，开始显露出向外扩张的勃勃野心。

且说铁木真统一了草原诸部后，开始了他向外扩张的征途。第一站，他便将目光注视到了西夏。这个党项人建立的王朝，很多年来与金国联盟，总是有事没事就骚扰蒙古人。

但与西夏的战争，远没有预想的顺利。西夏在中原与蒙古的中心，久经汉文化熏陶，其实力不可忽视。西夏虽然是少数民族建立的国家，但它能历近十世，绝不是传奇。他们可不是蒙古草原上未经文化熏陶的部落。要消灭西夏，必须选择正确的方法，况且，北宋王朝多次派兵围剿，都没有灭掉这个小国家。

公元1205年，铁木真觉得时机成熟，便带人正式攻打西夏。西夏还收留了他们的仇人桑昆，这完全是不把蒙古人放在眼里。现在草原上已经四方平定，不攻西夏，更待何时？于是这次，铁木真率蒙古部众扑向了西夏王朝。

西夏早就知道迟早要面对蒙古人的铁骑，只是这一天，竟然来得这么快。两军一开战，蒙古大军便势如破竹，占领了部分西夏边陲城镇，并在这些城镇烧杀抢掠，这点与金国有一拼。据《元史·太祖本纪》记载："岁乙丑，帝征西夏，拔力吉里寨，经落思城，大掠人民及其橐驼而还。"此战只在两国边界上展开，但西夏主力部队并没有因此而损失。蒙古大军虽然小有胜利，却也受到了西夏军的顽强抵抗。加上此时，西夏与大金联盟，当蒙古人攻打西夏时，大金军队也在后方蠢蠢欲动。鉴于此，蒙古便撤军了。

库里台大会以后，铁木真成了成吉思汗。草原四方，都开始依靠铁木真这棵大树。于是，铁木真收集了所有部众，在草原上组成了一个统一的大家庭。这时候，铁木真把目光转到了大金，这个强大的敌人身上。

但要攻打金国，按蒙古当时的实力来讲，并不一定能打过。大金毕竟经历了那么多年，久经汉化。大金军队装备精良，武器先进，不是想灭就能灭了的。这时候,铁木真想到了先破金夏联盟,否则,蒙金战争开始后,难保西夏会有动作,到时候,蒙古将会处于腹背受敌的境地。于是铁木真开始分化和孤立金国,他先对西夏实施打击,只要灭了西夏,大金就像失去了一只臂膀,到时候再折回来攻打大金,自然要容易得多。于是。公元1207年春夏之交,铁木真带领大军开始对西夏实施第二次进攻。蒙古军很快攻取了斡罗孩城(今内蒙古乌拉特中后旗西境),但这次与西夏的战争,蒙古人也受到了惨痛的损失。当蒙古大军挥师西夏时,西夏出动了主力部队。蒙夏两军交战,西夏军毫不示弱,整个战争打得异常惨烈,蒙古军并没有讨到多少便宜。于是,铁木真命人撤军。

公元1209年,西辽的统治日渐黑暗,许多西辽的归属国家纷纷有了反心,加之蒙古人收编了西边巨大的乃蛮部。整个西域诸国,都面临着被蒙古人攻陷的威胁。此时,高昌回鹘国国王脱离了西辽统治,率部投奔蒙古人,蒙古趁机占领了高昌回鹘王国。此举让西辽王朝备受打击。当然,随着高昌划入蒙古版图,西夏的河西地区失去蒙夏间的缓冲。

局势就是这么不可预料。在第二次攻取西夏时受了挫折的蒙军,这次接受了回鹘国的投降后,等于敞开了西夏的西北大门,蒙军可以直接从河西地区进攻西夏。铁木真早就想一雪前耻,对西夏进行毁灭性打击。不久,蒙古人便从河西进攻西夏。蒙军猛烈袭击西夏重要市镇斡罗孩,西夏李承祯战败,蒙军拿下斡罗孩城。西夏组织了几次有规模的反击,意图击败蒙古军,结果都失利。蒙军已经攻打到西夏的腹地,就连都城中兴府也被蒙古军队包围。西夏向宗主国大金求救，此时，完颜永济却置西夏于不顾，西夏不得不遣使求和。占有优势的蒙军狠狠地敲诈了西夏，让他们赔款，同时还要承认西夏是蒙古的附属国，蒙古是西夏的宗主国。西夏打不过蒙古，自然只能将所有条件都答应了。

蒙古让西夏成为自己的附属国后，夏金联盟不复存在。这时，铁木真觉得攻打大金的时机到了。铁木真先断了给大金上贡的岁币，金国很不满意。随即，蒙金边防不断出现摩擦。这时蒙古对大金出兵，西夏作为蒙古的附属国也必须对大金出兵。

于是，蒙金之间的战斗一触即发。第一仗便是蒙金野狐岭之战。金国皇帝见铁木真气势汹汹而来，就有了惧怕心理。金国皇帝派出使臣向铁木真乞和，铁木真不许。于是，金国只能被迫出战。

公元1211年秋天，草原上的士兵已经等了很久的战争终于爆发了。这次，金国倾巢出动，四十五万金军浩浩荡荡冲向了野狐岭。此时，蒙古主力总共十万。这场敌强我弱的战斗，铁木真其实没有十足把握，毕竟兵力悬殊。

铁木真将蒙古大军分成两路，一路由他的三个儿子率领，直取金西京府（今天的山西大同），另一路则由铁木真自己率领，攻打金军东边的乌沙堡等地。这次，铁木真的东路军采用偷袭的方式，很快取得了主动权，乌沙堡陷落。之前独吉思忠动用大量人力物力修建的战壕，根本挡不住蒙古大军，金军败退。这时候，金国皇帝临阵换帅，将独吉思忠换成了完颜承裕。这位完颜承裕本就惧怕蒙古人，战争的天平开始向蒙古倾斜，一开打蒙古军便取得了胜利。天气渐渐变冷，蒙军开始撤军。次年，蒙古军卷土重来。蒙军围住了金大都北京，却一时难以攻破。蒙金之间便拉开了打持久战的序幕，铁木真让木华黎与金军周旋。

然而不久，铁木真派使者出使花剌子模的商队，全部被花剌子模国王杀害。相当气愤的铁木真看到花剌子模竟然这样对他的商队，便准备对花剌子模进行打击。于是，铁木真暂时放下与金军的周旋，封木华黎为太师、国王，让木华黎指挥攻金战争，而他自己准备御驾西征。

这便是铁木真西征花剌子模的事情，这些事被世界各地的作家大书特书。《世界征服史》《史集》里有详尽的描述，这里不再赘述，重点说蒙夏战争。

与蒙古联盟后，蒙古每次出兵，西夏也必须出兵，这样才不至于背盟。然而，自从与蒙古结为联盟后，西夏的苦日子也就开始了。这种消耗战，西夏根本赔不起。西夏军因长期征战，新旧兵士更新严重，战斗力也积弱不振。加上此时西夏官场卖官鬻爵成风，整个官场政治充斥着黑暗和腐败。夏襄宗昏庸无道，整天沉醉于酒色之中。西夏面临着多重矛盾。公元1211年，西夏齐王李遵顼发动政变并夺权，为西夏神宗。这位夺取皇位的神宗是个状元皇帝，满口的经史子集，胸中却毫无韬略。他接受帝位后，不但不思图变，发愤图强，还继续依附蒙古。夏神宗天真地以为做了蒙古的附属国，蒙古就会保护岌岌可危的西夏，这给不稳定的西夏又制造出了不安稳的因素。西夏已经经不起任何折腾。加上此时，夏神宗为了表达与蒙古同仇敌忾，继续让西夏部队攻击金朝。连年的征战，为了军队开支不得不加增赋税，导致国内怨声载道，以至于西夏国力日渐衰败，国内民不聊生，暴乱之声此起彼伏。这位皇帝并未意识到问题的严重，继续依附蒙古，依旧过着纸醉金迷的生活。

公元1217年，铁木真带领蒙古大军进攻西域，临走时，铁木真差人去约西夏一起攻打花剌子模。但这次，西夏拒绝了，原因是西夏实在承受不了一次又一次陪着蒙古去打仗。蒙古军独自去攻打花剌子模。

于是次年，铁木真又发动第四次征夏战，原因为去年西夏拒绝协助成吉思汗西征。听说铁木真又带兵来了，夏神宗非常害怕，还没开战便逃到了灵州，让太子李德任留守都城中兴府。当然，这次，蒙古军只是想给西夏点颜色看看，让西夏知道不听话的后果便是挨打。不久，蒙军便撤军了，夏神宗才又回到中兴府。

此时，铁木真把全部精力放在了西域，并由他率蒙古主力去攻打花剌子模，没有理会如惊弓之鸟一样的西夏。

蒙夏之间的战争，暂时止息干戈。然而，依附蒙古给西夏人带来了灾难，不断遭到西夏子民的强烈反对，民间怨声载道。即便是西夏王朝内部，关于联金还是联蒙都意见不统一。大家觉得金国实力更强大，况且之前与金国有那么多年的联盟。本想着联蒙可以壮大自己，没承想，不但没壮大，反而人越打越少，民越打越贫，国力越打越弱。就是太子李德任也强烈反对联蒙灭金。

公元1223年，由木华黎率领的蒙军又对大金进行了攻击，木华黎派人请西夏出兵，两国形成合围之势，共同夹击金国。收到木华黎的邀请后，夏神宗便意图让自己的大儿子李德任带着西夏将士去攻打金国。李德任早就对与蒙古人的联盟持反对意见，所以，当夏神宗让他带人去攻打大金时，这位西夏太子却出说了另一番话。李德任对夏神宗说，如今，蒙金都是强国，我们去攻打，无疑是以卵击石。而且蒙古人这些年来，只顾让我们陪着他们打仗，却一点战利品都没有分给我们，很明显是要耗死我们，他们坐收渔翁之利。与其这样，不如与大金讲和。至少这样，我们会少一个仇人。西夏本就孱弱，再也经不起折腾了，这一番话，说出了西夏当时官民的共同心声。然而，夏神宗却说，太子不懂国家大事。蒙古人得罪不起，要是得罪了蒙古人，他们会掉转枪口，对准西夏。到时候，西夏将会遭受灭国之灾。

这场父子两个人的辩论，似乎谁都说服不了谁。太子李德任坚持联金，不愿带兵去攻打金国。夏神宗一看自己的儿子都不听话，这还了得，一气之下的夏神宗就做出了错误决定。夏神宗废掉了太子李德任，并把他囚禁在灵州。到了秋季，蒙古军又对西夏边界进行了一次攻打，这便如一记响亮的耳光打在了一直要联蒙灭金的夏神宗脸上。然而，这一巴掌，并未打醒夏神宗，他还是主张攻打金国。这时，夏御史中丞梁德懿上书，分析了当前西夏国内国外形式，指出蒙古人是喂不熟的白眼狼，给他们多少好处都不满足。夏神宗不但不听劝阻，反而罢免了梁德懿。不久，又传来蒙军攻夏的消息，西夏国内反对联蒙灭金的呼声不断。看到自己的做法引起了众怒，夏神宗退位了，他把帝位传给了二儿子李德旺，也是后来的夏献宗。

这位李德旺，也算是有作为的皇帝。在他上位后，就想着力挽狂澜，救西夏于水火之中。他全面分析了国内局势，决定联金灭蒙。然而此时，金国已是强弩之末，连自己都顾不过来，哪有时间来管西夏。李德旺又找了蒙古草原上那些与铁木真有新仇旧恨的人，准备在铁木真西征未回之际，对蒙古实施毁灭性打击。得知此消息的铁木真便有了新的部署。铁木真给驻守在西夏附近的蒙古大将孛鲁（木华黎的儿子）一道密令，让他带人对西夏进行围攻，消灭西夏意图联合蒙古旧部势力的计划。得了命令的孛鲁于这年秋天率军攻打西夏，不久，孛鲁率领的蒙古大军攻破银州（今陕西米脂），斩杀了西夏主力部队数万人，掠夺了西夏牛羊马等牲畜数十万匹。这次战斗，重创了西夏。此后，西夏与蒙古的关系达到了白热化。李德旺决定抗击蒙古。

整个西征持续了七年之久。公元1123年还在西征路上的铁木真听说木华黎病逝，悲痛交加。当然这时候，让他更郁闷的是，西夏又和金国联盟了，而且西夏不断对蒙古边界实施侵扰。铁木真在西征中加快了脚程。两年后，也就是公元1225年，铁木真西征结束，返回草原。他回来后，就决定攻取西夏。这个随风倒的西夏根本不值得结盟，一举消灭最好不过。铁木真先派去了使臣，质问西夏皇帝为何不守信用，改盟大金，并要求李德旺将自己的儿子作为人质押在蒙古。然而，这位早就想与蒙古断了关系的李德旺却赶走了蒙古使臣。此举，彻底激怒了铁木真。于是，次年二月，六十四岁高龄的铁木真准备再次亲征，众人都劝阻，让他坐在家里等着，让年轻人去攻打西夏，可铁木真这回非要自己去。西夏听说铁木真再次带领大军向西夏而来，便也做着积极应对之策，同时一面与金国来往，希望大金国能帮西夏一把。

然而，十多年卷入战乱的西夏早就国疲民乏，哪里是蒙古铁骑的对手。不久，蒙军拿下西夏重镇黑水城。而铁木真派出的另一支大军也相继拿下甘州、沙州和肃州等地。李德旺在蒙军强大的攻势下，叫天天不应，叫地地不灵。不久，夏献帝李德旺便病逝了。夏朝和北宋一样，在夏献帝死后没了继承人，帝位落到南平王李睍身上。这时候的西夏早已成了覆巢，西夏军一边向蒙古人乞和，一边继续抵抗着。

铁木真这次是铁了心要灭掉西夏。他根本不听西夏使臣的求和，一心要灭西夏。然而，就在这当口，外出围猎的铁木真不小心受了伤，回到营地后便高烧不退。随行的军医直摇头，表示无计可施。铁木真生病期间，让蒙军继续对西夏进行打击，而他则退守在六盘山养病。

蒙军攻势正猛，西夏许多城池陷落。眼看着国破山河碎，夏末帝根本扭转不了时局。面对蒙军大军压境，夏末帝无奈之余只能带着文武百官出城投降。随即，西夏正式宣告灭亡。随着西夏的灭亡，蒙金之间历时二十二年的战争也结束了。

得知前方蒙军灭了西夏，铁木真心中悬着的石头落地了。用了二十二年，终于将这个西夏灭了，蒙古人为此也付出了沉痛代价。好在，西夏已经灭亡，整个河西地区都成了蒙古人的领地。然而，就在铁木真高兴之余，他的伤疾加重，铁木真感到了死亡之神的脚步。在铁木真身边，陪着他的是妃子也遂、耶律楚成等人。这时候，铁木真意识到大限将至，便把众人叫到跟前，做了临终安排。他立了三条遗嘱：其一便是由三子窝阔台继承蒙古大汗位；其二，借道宋境，联宋灭金；其三，他死之后秘不发丧。不久，铁木真便去世了。

铁木真的去世，对蒸蒸日上的蒙古帝国可谓损失惨重。蒙古贵族们按照铁木真的遗嘱，由他的第三子窝阔台继承蒙古大汗，而给大儿子术赤和二儿子察合台单另分了领地。不久，蒙军撤回到草原上。至于是如何灭金的，在金国那一节中已经讲到，此处不再细表。

以后蒙军继续西征，并联宋灭了金国。随即又掉转枪口，向南宋进军，与南宋进行了几十年的持久战，直到那场蹈海，南宋灭亡。蒙古由忽必烈建国，史称"元"。这些内容，在各种版本的史籍中都有详尽描写，这里不会再述。这时，我只是想起宣和四年，天祚帝被阿骨打打败后，蒙古乘机摆脱辽的统治，并在合不勒、俺巴孩、也速该等首领筚路蓝缕的创业过程中，早就奠定了会崛起的根基。

历史已矣，那些在宣和四年前后出现的人、发生的事，都已定格在历史中，任由后人评说。让后人在无比唏嘘感叹中深深追思历史的真实和虚构。这不禁让人想起了伟大的明代文学家杨慎在他的《廿一史弹词》第三段说秦汉开场词里的这首《临江仙》：

滚滚长江东逝水，浪花淘尽英雄。是非成败转头空。青山依旧在，几度夕阳红。白发渔樵江渚上，惯看秋月春风。一壶浊酒喜相逢。古今多少事，都付笑谈中。